国家哲学社会科学成果文库

NATIONAL ACHIEVEMENTS LIBRARY
OF PHILOSOPHY AND SOCIAL SCIENCES

马克思主义政治哲学的历史阐释与当代建构

李佃来 著

中国人民大学出版社
·北京·

策划编辑：崔　毅
责任编辑：吴冰华
装帧设计：彭莉莉

图书在版编目（CIP）数据

马克思主义政治哲学的历史阐释与当代建构 / 李佃来著 .-- 北京：中国人民大学出版社，2023.5
（国家哲学社会科学成果文库）
ISBN 978-7-300-31649-9

Ⅰ . ①马… Ⅱ . ①李… Ⅲ . ①马克思主义－政治哲学－研究 Ⅳ . ① D0

中国国家版本馆 CIP 数据核字（2023）第 077174 号

马克思主义政治哲学的历史阐释与当代建构
MAKESI ZHUYI ZHENGZHI ZHEXUE DE LISHI CHANSHI YU DANGDAI JIANGOU
李佃来　著

中国人民大学出版社　出版发行
（100080　北京中关村大街 31 号）
涿州市星河印刷有限公司　新华书店经销
2023 年 5 月第 1 版　2023 年 5 月第 1 次印刷
开本：710 毫米 ×1000 毫米 1/16　印张：34
字数：445 千字　印数：0,001–3,000 册
ISBN 978-7-300-31649-9 定价：128.00 元
邮购地址 100080　　北京中关村大街 31 号
中国人民大学出版社读者服务部　电话（010）62515195　82501766

《国家哲学社会科学成果文库》出版说明

为充分发挥哲学社会科学优秀成果和优秀人才的示范引领作用，促进我国哲学社会科学繁荣发展，自2010年始设立《国家哲学社会科学成果文库》。入选成果经同行专家严格评审，反映新时代中国特色社会主义理论和实践创新，代表当前相关学科领域前沿水平。按照“统一标识、统一风格、统一版式、统一标准”的总体要求组织出版。

全国哲学社会科学工作办公室

2023年3月

目　录

CONTENTS

引 论
马克思主义政治哲学为什么重要？

马克思主义政治哲学是21世纪初以来在中国学术界兴起的一个热点和前沿领域。研究者们在这个领域内所进行的不懈探索及其所取得的成果，为丰富和推动马克思主义哲学以及政治哲学的研究，做出了独特甚至是不可替代的贡献。然而，从这个领域开始确立直到现在，始终存在一种对马克思主义政治哲学的合法性进行质疑甚至彻底否定的观点。根据这种观点，以唯物史观为内核的马克思主义哲学把经济生产关系认定为世界的本源，把政治问题认定为次生问题。而政治哲学则是将政治抽象成一种独立自生的东西，并认为它具有本体性的意义，这与马克思主义哲学的理论特质大相径庭，与唯物史观风马牛不相及，因而在马克思主义哲学和政治哲学之间，并不存在可以相互打通的有效桥梁。这种观点看似理据充分、无懈可击，但实质上犯了简单化的错误。本引论则力图阐明，马克思主义哲学虽然不能被粗暴地化约为政治哲学，但不管从实然来看还是从应然来看，政治哲学在马克思主义哲学中都占据着重要地位。所以，在政治哲学的意义上来阐释和建构马克思主义哲学，不仅不会必然性地疏离马克思主义哲学的理论特质，相反，正是“回到马克思”和发展当代中国马克思主义哲学新形态的题中应有之义。

一、马克思对近现代规范性政治哲学的推进

马克思主义政治哲学在中国学术界得以兴起的一个重要理论背景，是罗

尔斯的《正义论》发表之后，以平等的权利和公正的分配为主题的当代西方规范性政治哲学在世界范围内的全面复兴。事实上，人们通常就是以这种政治哲学为模型，来阐释和建构马克思主义政治哲学的。仅从字面来看，政治哲学似乎就是关于上层建筑层面的“政治”的哲学，而当代西方规范性政治哲学也不外乎此。但这是一种过于简单化的理解。就当代西方规范性政治哲学而言，其最根本的立论前提和价值基点，其实不是政治权力，而是从属于每一个人的权利。罗尔斯在《正义论》中强调“每个人都有一种基于正义的不可侵犯性”，在很大意义上就是在为每一个人的权利做辩护。就此来说，当代西方规范性政治哲学与其说是一种自上而下的关于“政治”的哲学，不如说是一种自下而上的关于“权利”的哲学。这种关于“权利”的哲学虽然承担起了为宪法以及各种法律的制定提供价值前提和理论指导的政治功能，但从“权利”本身来看，我们则不能将这种哲学放在纯粹上层建筑的层面来予以理解。如果将这个问题追溯到当代西方规范性政治哲学的源头和前身——近现代西方规范性政治哲学，那么真实的情形就会一目了然。

事实上，当代西方规范性政治哲学是在霍布斯、洛克开启的近现代西方规范性政治哲学的基础上发展起来的，前者在一定意义上，是后者的一个当代复活和延展。以当代西方规范性政治哲学为模型来阐释和建构马克思主义政治哲学，本身就蕴含着一条从近现代西方规范性政治哲学的理论逻辑来理解马克思的思想史线索。进一步说，在思想史的链环上，考察马克思有没有政治哲学，一项必不可少的工作，就是考察马克思有没有实质性地介入近现代西方规范性政治哲学所关涉和链接到的问题域。

更为具体地说，这里所讲的近现代西方规范性政治哲学，是指17—19世纪在欧洲特别是在英国得到充分发展的一种政治哲学传统，霍布斯、洛克、休谟、亚当·斯密、约翰·穆勒（又译为约翰·密尔）是这一传统的主要代表人物。在作为一种特定政治哲学传统的近现代西方规范性政治哲学中，的确也包含了上层建筑层面的政治性问题，其中最重要的一个问题，就是政府或政治国家的合法性基础。比如，霍布斯的《利维坦》、洛克的《政府论》和穆勒的《论自由》，都直接涉及了这个问题。不过，在霍布斯、洛克、穆勒等人的立论逻辑中，政府或政治国家并不具有始源性的地位，而真正具有始源性地位的是表征人的福祉或自由的权利。之所以如此，乃是因为按霍布斯、洛克、穆勒等人的解说，政府或政治国家的合法性基础不在于其自身，而在于个体权利和个人价值，即以他们之见，只有能够有效地守护个体权利和个人价值的政府或政治国家，才是具有合法性的政府或政治国家。透过这个立论逻辑我们能够清楚地看到，如同当代西方规范性政治哲学，近现代西方规范性政治哲学的根本主题其实也不是政治权力，而是权利。可以说，对于权利的证成和辩护，构成了近现代西方规范性政治哲学最关键的一条主线。

在对权利的证成和辩护上，近现代西方规范性政治哲学所采用的最主要概念框架，是具有先验形式的自然法。但自然法只是洛克等人为权利提供强力辩护（强调权利的不可侵犯性）而确立的一个手法，这并不意味着其所辩护的权利具有先验性和超历史性的特点，也不意味着近现代西方规范性政治哲学是一种与历史无关的纯先验化的哲学。事实上，我们只有将近现代西方规范性政治哲学放在一个特定的历史情境下而不是将之从历史中孤立出来，才能够透彻地把握其所证成和辩护的权利。概括地说，作为一种政治哲学传统，近现代西方规范性政治哲学得以形成的一个重要历史背景，是近代西方社会所发生的重大社会转型。这种社会转型的实质，是商品生产和商品交换关系的逐步确立，也就是黑格尔所说的作为需要和劳动之体系的市民社会的逐步形成。从这个历史背景来看，为近现代西方规范性政治哲学所着力辩护的权利与其说是一种先验的自然法，倒不如说是一种来自现实市民社会的“法”。这种来自现实市民社会的“法”的最根本形式，就是财产权或所有权，因为显而易见，在一个需要和劳动的体系中，最能确证人的存在的东西，正是财产权或所有权；同时，一种经济关系只有建立在财产权或所有权的基础上，才可能成为一种商品生产和商品交换关系。对于财产权或所有权的辩护，尤为鲜明地体现在洛克的《政府论》中。在这本政治哲学的经典作品中，洛克的确没有为一种抽象一般的权利提供规范性的证成和辩护，毋宁说其所证成和辩护的，正是人们基于劳动的财产权或所有权。洛克固然是将财产权或所有权说成是人生而具有的、先验的、跨越一切时代的法权，但其辩护性的工作，却既顺应了正在形成的市民社会的内在要求，也在实质上起到了为市民社会确立内在法则、为商品社会的发展鸣锣开道的历史作用。这就告诉我们，以洛克为重要代言人的近现代西方规范性政治哲学作为一种关于"权利"的哲学，归根结底乃是一种关于"市民社会"的哲学。这种政治哲学固然要求将其价值主张运送和转化到实定法的制定与政治制度的构建当中，但这并没有改变市民社会作为其生成基础的基本事实以及其为市民社会立法的基本功能，亦即没有改变其作为关于"市民社会"的哲学的基本底色。

由上不难推知，马克思有没有介入近现代西方规范性政治哲学所关涉和链接到的问题域，关键的一点，就是他有没有对这种政治哲学所由以生成的历史基础——市民社会做出实质性的探察。众所周知，市民社会是马克思文本中的一个极其重要的概念。从 1843 年批判黑格尔法哲学直到《资本论》及其手稿的写作，马克思始终都没有离开过对市民社会的分析和批判（《资本论》及其手稿是马克思批判市民社会的一个推进和完成）。如果这个情况可以表明，马克思虽然没有像洛克那样构建一个在逻辑上自洽的政治哲学体系，但他介入霍布斯、洛克以来的政治哲学所关涉和链接到的问题域，却是一个不容否认的基本事实，那么进一步说，马克思介入近现代西方规范性政治哲学所关涉和链接到的问题域，既不意味着他像洛克、斯密那样，在自然法的框架下，对权利、自由、平等、正义之类的价值做出规范性的证成和辩护，也不意味着他像休谟以及后来的罗尔斯那样，通过激发人们的正义感，来建立一种有利于良序社会之构建的道德心理学模型。毋宁说，马克思的工作，主要在于对近现代西方规范性政治哲学所关涉和链接到的关键问题，进行了一种具有宏大历史感的“再”探析。这个“再”探析代表了一种理论上的重大推进。概括地说，这种以理论上的重大推进为实质的“再”探析的关键，是对包藏于近现代西方规范性政治哲学所证成和辩护的价值与规范中的深层次社会矛盾予以揭示和考察。

如果说近现代西方规范性政治哲学所证成和辩护的主要价值与规范，是以财产权或所有权为表征的权利，那么洛克、斯密等人，实际上是本着一种“建构主义”的原则而非“反躬自问”的原则，来对待这一价值与规范的。这就决定了，近现代西方规范性政治哲学不仅不会把以财产权或所有权为表征的权利视为一种有矛盾的价值与规范，而且必定会将之认定为一个良序社会和文明社会之构建的必要前提与重要基石。具体言之，在洛克、斯密等人看来，以财产权或所有权为表征的权利在现实社会层面上的实现，在让每一个个体获得利益、自由以及尊严的同时，也塑造了一个“个人只为别人而存在，别人也只为他而存在”的，亦即“既利己又利他”的和谐共同体。这个“既利己又利他”的和谐共同体，实质上就是洛克以来的西方政治哲学家们在“建构主义”的原则下所描绘的市民社会。然而，根据马克思的审理，在现代市民社会的结构下，以财产权或所有权为表征的权利只具有形式上的规范性意义，在其实际的展开中，却带来了深层次的社会矛盾。这种深层次的社会矛盾，主要体现在两个方面：一是由私人利益与普遍利益之间的冲突所带来的社会矛盾，二是由劳动与资本的分离所带来的社会矛盾。

我们先来看第一个方面：由私人利益与普遍利益之间的冲突所带来的社会矛盾。在近现代西方规范性政治哲学的理论叙事中，权利所造就的，是一个私人利益与普遍利益的价值统一体。但黑格尔深刻地看到，作为市民社会根本标识物的权利，在其本来的意义上，代表的是一种私人利益和为我主义。从个体权利中，并不可能自行地生长出一种达到普遍利益的逻辑，相反，以财产权或所有权为表征的权利的实现过程，在一定意义上，也就是私人利益与普遍利益相冲突的过程。而这一点，正是现代市民社会的一个真实写照。黑格尔的这个看法，对马克思产生了深刻影响。在《论犹太人问题》中，马克思以充分吸收黑格尔的观点为基础，对私人利益与普遍利益在现代市民社会的界面上发生冲突的事实，同样做出了深刻的指认和剖析。马克思指出："自由这一人权的实际应用就是**私有财产**这一人权。……私有财产这一人权是任意地（à son gré）、同他人无关地、不受社会影响地享用和处理自己的财产的权利；这一权利是自私自利的权利。这种个人自由和对这种自由的应用构成了市民社会的基础。这种自由使每个人不是把他人看做自己自由的**实现**，而是看做自己自由的**限制**。……任何一种所谓的人权都没有超出利己的人，没有超出作为市民社会成员的人，即没有超出封闭于自身、封闭于自己的私人利益和自己的私人任意行为、脱离共同体的个体。在这些权利中，人绝对不是类存在物，相反，类生活本身，即社会，显现为诸个体的外部框架，显现为他们原有的独立性的限制。把他们连接起来的唯一纽带是自然的必然性，是需要和私人利益，是对他们的财产和他们的利己的人身的保护。"[1] 如果说马克思在这里讲到的权利，正是近现代西方规范性政治哲学所证成和辩护的权利，那么在马克思看来，这种权利归根到底，就是一种脱离共同体和普遍利益结构的、以私人利益的达成为结果的权利。事实上，马克思对这种权利之本质的检视，也就是对现代市民社会中由私人利益与普遍利益之间的冲突所带来的社会矛盾的检视。

我们再来看第二个方面：由劳动与资本的分离所带来的社会矛盾。在近

1《马克思恩格斯文集》第 1 卷，人民出版社，2009，第 41—42 页。

现代西方规范性政治哲学的理论叙事中，权利是属于每一个平等的个体的，因而是一种平等的权利。这种平等的权利在现代社会中的实现，意味着传统社会中以出身、等级来定命运的先在歧视性和强制性社会结构的土崩瓦解，从而也意味着一个平等而公正的社会制度的真正到来。然而，马克思看到的却是一种完全不同的情况。在现代资本主义社会中，平等的权利的确是在实定法中得到保护的价值与规范；作为最重要的权利形式，财产权或所有权的确是在商品生产关系中起维系作用的东西。然而在马克思看来，劳动与资本的分离，却使得平等的权利和所有权原则，只具有局部意义和形式意义。具体一点说，平等的权利和所有权原则，至多只是体现在工人和资本家就劳动力相交换的环节——在这个环节，工人得到与其劳动力相对等的价值，而资本家付出了用以购买劳动力的价值。在对于资本主义生产关系和社会制度来说起决定作用的生产环节，平等的权利和所有权原则的实现，则走向了其反面。这是因为，作为劳动者的工人并不占有生产资料和劳动条件，从而也不真正占有自己的劳动成果。在这个情况下，资本家相当于是以剩余价值的形式占有了他人的所有权，而工人则相当于是丧失了自己的所有权。这个以平等的权利为出发点的社会关系结构，事实上代表的是一种最不平等、最不公正的社会制度结构。这种社会制度结构的实质，就在于利用平等的权利和所有权原则来剥削他人。这是一种充斥在现代市民社会和现代资本主义社会中的占有关系，而这种占有关系也代表着一种制度层面上的深层次社会矛盾。这种社会矛盾，实质上正是以财产权或所有权为表征的权利在商品生产关系中得到贯彻的一个结果，从而也是从近现代西方规范性政治哲学所证成和辩护的价值与规范中所引申出来的东西。

无论是就由私人利益与普遍利益之间的冲突所带来的社会矛盾而言，还是就由劳动与资本的分离所带来的社会矛盾来说，马克思所处理的问题，依然还是近现代政治哲学所涉及和链接到的问题，或者更准确地说，是从近现代规范性政治哲学直接探讨的问题中进一步发展起来的问题。后一类问题往往已经超出了以洛克为代表的政治哲学家的视野，但它们依然需要放到近现代规范性政治哲学的问题链上来加以把握。这实质上也是马克思和近现代规范政治哲学之间的真实关系之所在。根据这种关系将马克思哲学阐释和建构为一种“政治哲学”，不仅没有疏远和背离唯物史观，相反，唯物史观是在这种阐释和建构中占据主线的理论原则。之所以这么说，原因不仅仅在于，作为一种关于市民社会的哲学，近现代西方规范性政治哲学所关涉和链接到的问题，从内容上来看本就不是纯粹抽象的政治问题，而是孕育着重大社会变动和时代法则的历史性问题，原因更在于，马克思对此历史性问题的考察和分析，始终是在一条与自然法判然有别的现实主义和历史主义路径上进行的，而这在彰显唯物史观之原则的同时，也使这种考察和分析，切实地成为把握现代历史的切入口。

二、马克思建构新世界的主线

要全面地理解、阐释和建构马克思的政治哲学，需要看到两个不同的语境。这两个不同的语境，分别是指对资本主义进行批判的语境和对共产主义进行勾绘的语境。这两个不同的语境，对应的是两个不同的历史位阶。如果说马克思在第一个语境和位阶下的主要工作是历史批判，那么他在第二个语境和位阶下的主要工作，则是理论建构，这两者有显而易见的差异。而如果说在第一个语境和位阶下考察马克思有没有政治哲学，关键是要看他有没有批判性地介入近现代西方规范性政治哲学所关涉和链接到的问题域，那么在第二个语境和位阶下考察马克思有没有政治哲学，关键则是要看他有没有形成一种以建构性为根本问题意识的规范性政治哲学思想。

罗尔斯在《政治哲学史讲义》中的一段论述，对于我们把握上述问题具有重要启示。在《政治哲学史讲义》的“马克思讲座”中，罗尔斯追问共产主义社会的正义问题时说道：“对我而言，正义的逐渐消失既是不值得欲求的，也是在实践中难以实现的。我认为，正义的制度不会自发地就产生，而是需要在某种程度上依赖于——当然不是仅仅只依赖于——具有某种正义感的公民；这些公民是通过正义的制度背景来习得这种正义感的。对正义的关注的缺失之所以是不值得欲求的，乃是由于，具有某种正义感以及具有与正义感相关的各种理念是人类生活的一个部分，是理解其他人、承认其他人的权益的一个组成部分。总是随着我们自己的心愿去行动，从不担心或意识不到他人的权利——这种生活将会是这样一种生活，它完全意识不到体面的人类社会所必需的根本条件。”[1] 在这段论述中，罗尔斯对正义和权利等价值的重要性进行了说明。他的观点是，正义和权利乃是构建一种体面的人类社会生活所不可缺少的条件，所以，即便到了共产主义社会，也需要保持对正义理念和正义问题的持续关注。罗尔斯的这个观点未必会得到人们的普遍认同，但也有一定的合理性。在理解马克思上，这个观点给我们提出了如下需要深入探讨的问题：如果正如上述，马克思没有像洛克、斯密等人那样，对在近现代西方规范性政治哲学中得到系统证成和辩护的价值予以再辩护，同时，他从以财产权或所有权为表征的权利的展开中审理出了深层次的社会矛盾，那么，这些情况是否意味着，对于权利、自由、平等、正义等在现代社会中具有标志意义的价值，马克思采取了一种断然决然的批判和拒绝态度？在对共产主义的规划和设计上，马克思究竟有没有提出一种基于这些价值的规范性思考和建构？

事实上，近现代西方规范性政治哲学在为权利、自由、平等、正义等价值提供规范性的证成和辩护时，其所依赖的制度载体，就是资本主义。在资本主义这个制度载体上，这些价值的实现形式，在一定意义上，成了与这些

1〔美〕罗尔斯：《政治哲学史讲义》，杨通进、李丽丽、林航译，中国社会科学出版社，2011，第385—386页。

价值的精神意蕴相背离的东西，起到了为资本主义私有财产制度和以剩余价值的生产为实质的剥削关系做辩护的实际作用。面对这个情况，马克思就不可能为这些价值提供一种直接性的、系统化的辩护，相反，他还要竭尽全力地去揭示和批判从这些价值的具体实现中生发出来的社会矛盾，同时也要去批判诸如“平等的权利”“公正的分配”之类的说法和语词。但需要看到的是，马克思的这些批判，并没有将矛头指向这些价值本身，而是重点指向了这些价值在市民社会和资本主义这个制度载体上的具体实现形式。对于这些价值本身所具有的规范性意蕴，马克思不仅在观念和思想深处予以认可，而且也切实地将之贯彻到对共产主义的规划、设计和描绘中。正是在基于这些价值来规划、设计和描绘共产主义的意义上，马克思阐发并确立起了一种以建构性为根本问题意识的规范性政治哲学思想。这种政治哲学思想的内核，就是关涉到平等的权利和公正的分配等问题的分配正义。

马克思最早从建构性的问题意识出发探讨分配正义问题，大概是在和恩格斯合写的《德意志意识形态》的如下论述中：“共产主义的最重要的不同于一切反动的社会主义的原则之一就是下面这个以研究人的本性为基础的实际信念，即人们的**头脑**和智力的差别，根本不应引起**胃**和肉体**需要**的差别；由此可见，‘按能力计报酬’这个以我们目前的制度为基础的不正确的原理应当——因为这个原理是仅就狭义的消费而言——变为‘**按需分配**’这样一个原理，换句话说：活动上，劳动上的**差别**不会引起在占有和消费方面的任何**不平等**，任何**特权**。”[1] 一目了然的事实是，马克思在这段论述中，提出了关于在未来共产主义社会如何进行分配的认识和主张。他的一个核心主张便是，人们在头脑和智力上的差异不应引起胃和肉体需要的差别，或者说，劳动上的差别不应当引起在占有和消费方面的任何不平等及任何特权。这个主张的深层目标指向是人的本性的实现，但在其中也包含了一个为平等予以立

1《马克思恩格斯全集》第3卷，人民出版社，1960，第637—638页。

言的规范性判断，这说明马克思已经开始提出其建构性的分配正义思想。

在 1875 年为批判《德国工人党纲领》，特别是其中的拉萨尔主义观点而写成的光辉文献——《哥达纲领批判》中，马克思的分配正义思想得到了进一步的阐发。众所周知，在这篇文献中，马克思对共产主义做出了两阶段的界划，亦即将共产主义界划为第一阶段和高级阶段。严格说来，在共产主义高级阶段，人们不需要思考如何按照正义原则来分配社会财富或者如何在社会财富的分配中体现正义性这样的问题，因为按照马克思的界定，共产主义高级阶段是一个物质财富无限涌流的社会发展阶段，而物质财富的无限涌流状态，将会从根基上消解权利、自由、平等、正义等价值的规范性意义，用人们常说的话就是，共产主义高级阶段是一个超越了正义的社会。不过，共产主义第一阶段的情形有很大不同。在这个阶段，基于正义的规范性思考和设计并非可有可无，相反，正像罗尔斯所认为的那样，对于一种体现社会生活的建构和维系来说具有不可或缺的重要性。之所以这么说，一方面是因为在共产主义第一阶段，已经消除了那种通过对社会产品的占有而剥削他人的情况，权利、自由、平等、正义等价值在具体实现形式上，不可能再具有为资本主义私有财产制度与剥削关系辩护和张目的功能；另一方面则是因为，物质财富在这个阶段并没有达到无限涌流的状态，而面对有限的资源和财富，则必须思考如何公正合理地进行分配这个重大社会问题。在这个意义上，我们可以说，共产主义第一阶段是一个孕育和包含着重大规范性问题的历史发展阶段。在关于这个阶段的理论规划和设计中，分配正义是一个根本无法绕开的重要问题。在《哥达纲领批判》中，马克思对这个问题予以了慎重思考，从而推进了他和恩格斯在《德意志意识形态》中提出的以建构性为根本问题意识的分配正义思想，虽然他在前后两个文本中，始终都没有直截了当地使用“分配正义”这样的语词。

在《哥达纲领批判》中，马克思针对共产主义第一阶段的分配问题所提出的关键主张，就是按劳分配。“每一个生产者，在作了各项扣除以后，从社会领回的，正好是他给予社会的。他给予社会的，就是他个人的劳动量。”[1]如果说从质的规定性上说，按劳分配包含、体现和彰显了正义性，那么这个正义性，主要就在于权利的平等性。因为按劳分配的基本要求和规则，是多劳多得、少劳少得、不劳不得，这个基本要求和规则在精神实质上，就相当于根据人们的禀赋、抱负、贡献、资质进行分配，而平等的权利或权利的平等性在这种分配方式中得到了落实和体现。

不过，权利的平等性主张，只是马克思分配正义思想的一个方面。除此之外，马克思还看重结果的平等性。在他看来，不同的人在体力或智力等禀赋方面以及家庭情况方面，都会存在差异，甚至存在不可同日而语的差异，所以，根据“平等的权利”或“权利的平等性”，亦即根据劳动量进行分配时，也必然会存在结果上的不平等，也就是会存在“有人多得、有人少得”“有人富些、有人穷些”的弊端。要克服这个弊端，就需要在一定意义上弱化权利的平等性主张。“要避免所有这些弊病，权利就不应当是平等的，而应当是不平等的。”[2]马克思的这个观点，与他和恩格斯在《德意志意识形态》中所提出的核心主张——劳动上的差别不应当引起在占有和消费方面的任何不平等及任何特权——是完全一致的，其在正义上的精神实质，就是主张结果的平等性。

在这里，我们需要看到两点：第一，马克思虽然从《德意志意识形态》到《哥达纲领批判》始终都看重结果的平等性，但他也认为，在共产主义第一阶段，完全实现分配结果的平等是不切实际的，因为权利决不能超出社会的经济结构以及由经济结构制约的社会的文化发展。这表明，在马克思的心目中，基于“平等的权利”或“权利的平等性”的按劳分配虽然存在弊

1《马克思恩格斯文集》第 3 卷，人民出版社，2009，第 434 页。

2《马克思恩格斯文集》第 3 卷，人民出版社，2009，第 435 页。

端，但它依然是共产主义第一阶段最优的分配原则，而这个分配原则所彰显的正义性，也具有其来自特定历史发展阶段的坚实根基。第二，马克思在分配正义问题上虽然提出了两个看上去大不相同的主张——权利的平等性主张和结果的平等性主张，但这并不表明马克思的思想是有矛盾的。因为这个结果的平等性，不是指一种无原则的、对权利的平等性会造成必然伤害的平均主义，而是指一种与权利的平等性形成张力的正义主张。事实上，马克思根深蒂固、从未动摇的一个观念是，生活在世的每一个人，都应当得到平等对待，都应当实现自由而全面的发展。这个观念表征着一个深层次的、彰显着正义原则的规范性主张，它贯彻在马克思的最高价值追求——人的解放中，也体现在他关于共产主义第一阶段分配问题的思考中。无论是权利的平等性还是结果的平等性，都与这个观念相符合，而这两个正义性主张的结合与互补，则更能体现这个观念的精神性原则。

马克思对共产主义第一阶段分配问题的思考，使其分配正义思想得到进一步阐发，这是他拥有以建构性为根本问题意识的规范性政治哲学的一个充分证据和根本标志。毋庸讳言，在理论的完备性上，马克思所拥有的这一规范性政治哲学，并不及他之前的洛克或他之后的罗尔斯的政治哲学，但它在马克思的全部理论中，依然占有不可被忽视的重要地位。理由是，马克思所从事的理论研究的重点，不仅在于批判和解构一个旧世界，同时也在于憧憬和建构一个新世界。而在对共产主义这个新世界的憧憬和建构中，以分配正义为内核的规范性思考，则是一条主线。不仅如此，马克思的这一规范性政治哲学思想，同样没有偏离唯物史观。因为不管是马克思对共产主义所做出的两阶段的划分，还是他针对第一阶段的分配问题所进行的思考，都贯彻了一种从现实出发的历史主义思路。而这一历史主义思路，也正是唯物史观的一个基本体现。

三、建构和发展当代中国马克思主义哲学的应有之义

一个不争的事实是，在中国学术界，包括马克思主义政治哲学在内的整个政治哲学的研究，在21世纪初以来的学术开展中，不断展现出蓬勃生机和长盛不衰的发展趋势，并由此成为可以用“第一哲学”来加以认识的显学。政治哲学的研究之所以呈现出这样一个可喜的情况，一方面是因为这种研究顺应了20世纪70年代以来政治哲学在国际学术界不断走向复兴这个大背景，另一方面则是因为来自当代中国的重大现实问题，为这种研究提供了重要契机和源源不断的内驱力。可以这么说，在当代中国的历史方位上，包含着一系列需要由政治哲学来回应和回答的重大现实问题。正是这些问题的存在和不断凸显，成为政治哲学不断出场并逐步走向繁盛的坚实理由和深刻根基。对于此，我们可以从三个方面来看。

第一，如果我们以改革开放以来的历史方位来认识和界定当代中国，那么毫无疑问，当代中国所处的历史阶段，是社会主义初级阶段。在中国特色社会主义进入新时代、社会主要矛盾发生历史性变化的情况下，社会主义初级阶段这个基本国情也没有变。社会主义初级阶段与马克思在《哥达纲领批判》中所界划出的共产主义第一阶段具有对应性，社会主义市场经济是这一阶段的主要经济形式。在这个阶段，根本的规范性问题的确不存在于“道德爬坡还是道德滑坡”及“姓社还是姓资”的争论中，而是存在于如何为自由、平等、所有权及以之为前提的公正性提供论证的理论建构中。同时，既然这个阶段的物质财富和其他各种资源远未达到共产主义高级阶段那种无限涌流的程度，那么，在这个阶段本来就蕴含着如何公正地分配社会资源这样的规范性问题，这正如马克思在考察共产主义第一阶段时所看到的情形。而如果说这些规范性问题需要由政治哲学来回应和回答，那么，政治哲学在当代中国这个历史方位上的出场与不断开展，就是顺理成章的事。

第二，如果我们以改革开放以来的历史方位来认识和界定当代中国，那

么在当代中国，实际经历着一场深刻的社会转型和社会变革。从本质上说，这场社会转型和社会变革，是一种朝向现代化和市场经济的社会实践的展开。历史表明，任何重大的社会转型和社会变革，总会带来价值领域的深刻变化和社会生活规范的深刻调整，从而也总会为政治哲学的发育、生长和发展提供有利土壤。比如说，在近代西方所发生的以商品社会的确立为标志的社会转型和社会变革，就造就了近现代西方政治哲学大发展的格局。事实上，在当代中国所发生的朝向现代化与市场经济的社会转型、社会变革和社会实践，同样也带来了价值领域的深刻变化，同样也使社会生活规范的调整成为具有时代意义的重大问题。这些新变化和新问题，不仅让在社会主义初级阶段本来蕴含的以分配为主要内容的规范性问题更加凸显，而且也使理性、契约精神、平等的政治人格和权利、公正、法治等价值普遍化地确立起来。这不仅呼唤着政治哲学的出场与在场，而且也为政治哲学的发展创造了前所未有的机遇和条件。

第三，如果我们以改革开放以来的历史方位来认识和界定当代中国，那么在当代中国，始终存在着如何推进社会公平正义事业，从而让人们在生存、竞争和发展上都有平等的机会或者让人们都有机会享受改革开放的成果这个重大问题。这个重大问题，既与改革开放过程中所存在的效率与公平问题相关联，也与在城乡之间、不同区域之间、不同行业和领域之间所存在的收入分配差距问题相关联。在中国社会主要矛盾发生历史性变化，不平衡发展成为制约社会发展的主要因素之一的情况下，这个重大问题不仅没有沉寂下去，反而更加凸显。这个重大问题的解决，与中国共产党所坚持的以人民为中心的发展思想、共享发展理念以及共同富裕的发展道路，在价值追求和精神实质上，是完全相符合、相一致的。这个重大问题的解决程度，在很大意义上，决定着我国社会主要矛盾的解决程度，也决定着中国特色社会主义事业的推进程度。显而易见，这个重大问题，就是一个需要由政治哲学来回应和回答的问题，而政治哲学的研究，自然也就有了来自现实的深刻根据和坚实基础。

如果说来自以上几方面的重大现实问题，使政治哲学具有了“第一哲学”的重要性，甚至使之成为我们这个时代最引人注目的、最重要的学术之一，那么作为一项学术事业的政治哲学研究，则需要多个学科、多种学术传统的力量来共同参与和推进。在这当中，马克思主义哲学不仅不能保持沉默和失语状态，反而应当积极地介入进来，发挥其应有的理论作用，彰显其责无旁贷的理论使命，这就使马克思主义政治哲学的研究具有了重大的理论意义和时代价值。之所以如此，并不仅仅是因为，在传统的马克思主义哲学解释框架和学术体系中，一种能够回应和回答上述诸方面重大现实问题的政治哲学并没有占有一席之地，而马克思主义政治哲学研究在今天的新发展，则能够为马克思主义哲学开辟出一个新的学术生长点和增长点，从而达到丰富马克思主义哲学研究的学术目标。马克思主义政治哲学的研究之所以在今天具有了重大的理论意义和时代价值，原因更在于以下三点：

第一，开展马克思主义政治哲学的研究，是彰显马克思主义哲学从现实出发的唯物史观和实践品格，让马克思主义哲学真正走向当代并不断实现中国化的应有之义。

我们绝不能把以上需要由政治哲学来回应和回答的现实问题，简单而粗率地认定为是处在上层建筑层面上的、为更重要的问题所决定的问题，相反，我们要看到，这些问题，正是在当代中国的历史方位和历史界面上具有时代表征意义的重大现实问题。对于这些问题的理解和把握，彰显了学术切近实践、理论走入现实的要求和责任。对于马克思主义哲学来说，情况尤其如此。我们都知道，立足现实、从现实出发的唯物史观品格和实践品格，是马克思主义哲学最鲜亮、最具有标志意义的理论品格之一。毫无疑问，在当代中国，马克思主义哲学只有充分彰显这一理论品格，才能够真正走向当代，从而也才能够真正实现中国化。而马克思主义哲学要彰显这一理论品格，就不能不介入在当代中国的历史方位和历史界面上得到凸显的、需要由政治哲学来回应和回答的重大现实问题。对于这些问题的研究，不仅不会因为停留于政治上层建筑而偏离唯物史观，相反正是唯物史观在当代中国得以运用与发展的生动体现。如果认为这些问题不在马克思主义哲学所应负责或有能力负责的范围之内，那么，这种观点则是有悖事实的、站不住脚的。

第二，开展马克思主义政治哲学的研究，是马克思主义哲学博大的理论和思想视野为其赋予的一项重要使命。

上述需要由政治哲学来回应和回答的重大现实问题，呼唤的是一种现代意义的政治哲学。现代性和市场经济，构成了这种现代意义的政治哲学的重要叙事框架。在这种现代意义的政治哲学中，占据主线的价值和问题，即是权利、自由、平等、公正、法治等现代价值。这种现代意义的政治哲学的开展，有赖于一种向现代性和市场经济开放或者容纳现代性和市场经济的理论视野的支持。如果说西方近代之后所发展起来的规范性政治哲学，就具有这样的理论视野，那么，马克思主义哲学实际上也具有这样的理论视野。马克思主义哲学是一种面对现代社会的理论和思想传统，它虽然对现代性和市场经济中可能具有的负面现象保持了批判的态度，但并不是全然地拒绝对于现代社会来说具有标志意义的东西。不仅如此，马克思主义哲学与西方政治哲学相比，还包含一个几乎被后者普遍忽视的思想维度。这个思想维度，就是指向未来历史的维度。这个思想维度的重大意义，在于为现实提供一种朝向前方的思想指引。近代之后的西方政治哲学普遍缺乏思想指引的功能，但马克思主义哲学在这方面大有可为。马克思主义哲学的这种既容纳现代社会又朝向未来的博大的理论和思想视野，正是一种现代意义的政治哲学最需要具有的视野。因为从应然性来看，这种现代意义的政治哲学不仅要与现代性和市场经济相融，而且也要发挥为现代性和市场经济提供思想引导的功能。在此意义上，马克思主义政治哲学的研究，是有其坚实的合法性根据的。

第三，开展马克思主义政治哲学的研究，是避免政治哲学研究的西化和抽象化的必然要求。

改革开放以来中国学术界政治哲学的研究，几乎是在没有任何独立的学术资料和理论框架的“空白”状态下开始的，所以，在译介西方政治哲学的基础上，人们很容易借助西方理论话语来确立自身的问题域和学术范式，并从中获取其所需要的原始资料，这就使政治哲学研究难以根本摆脱简单地向西方取经的“学徒状态”，亦即使政治哲学研究出现了西化现象。与这种西化现象相伴随的，是一种抽象化现象。政治哲学研究的这种抽象化现象，特别明显地体现一个方面，这就是对抽象的政治哲学概念和论题进行拆解、组合、扩充、演绎。不管是西化还是抽象化，都意味着政治哲学研究的“去中国化”。我们的政治哲学研究既然要面对在当代中国的历史方位和历史界面上所呈现出来的重大现实问题，那么西化、抽象化，都是必须要克服的。而要有效克服政治哲学研究的西化、抽象化，就特别需要马克思主义哲学的出场和介入。马克思主义哲学需要在政治哲学的研究中全面发挥指导作用，这种指导将是政治哲学研究能够切实地将其思维的触角伸向中国重大现实问题的重要前提。这一点，也是马克思主义政治哲学的研究之所以具有重大理论意义和时代价值的一个重要原因。

进一步说，要开展和推进马克思主义政治哲学的研究，既需要回到过去，对马克思主义经典作家特别是马克思，进行一种政治哲学意义上的阐释和建构，也需要立足当代中国，建构一种与时俱进的、有理论观照能力和思想指引能力的马克思主义政治哲学。以上论述充分说明，这种马克思主义政治哲学，绝不是马克思主义哲学的一个无关紧要的分支，相反，它是当代中国马克思主义哲学在立足现实的意义上所应该发展的理论形态。换言之，立足当代中国建构马克思主义政治哲学，不是要为中国学术界的马克思主义哲学研究增添或者“点缀”一点“额外”的东西，更不意味着会将马克思主义哲学的研究引向背离唯物史观的歧途，而是建构和发展当代中国马克思主义哲学、21世纪马克思主义哲学的题中应有之义。马克思主义政治哲学为什么重要，由此也能够窥见一斑。

由上可见，我们在政治哲学的意义上来理解、阐释和建构马克思主义哲学，无论如何都不是要将马克思主义哲学的研究，拉入一个抽象的政治概念当中，使马克思主义哲学变成一种疏远唯物史观的“政治”的哲学。相反，我们的这种理解、阐释和建构，会将马克思哲学和当代中国马克思主义哲学，拉入本该到达的概念框架和问题域。因为事实上，马克思不仅有一种可与西方规范性政治哲学相对话的政治哲学，而且这种政治哲学始终是立基于唯物史观的，始终是马克思对资本主义进行批判和对共产主义予以设计的中轴，在马克思的全部理论中始终占有不可撼动的重要地位。同时，当代中国马克思主义哲学要持续不断地在面向现实中实现其在场性，从而充分彰显其唯物史观品格和实践品格，也必定要义不容辞地参与到政治哲学的研究中来，并由此发展出能够表征当代中国马克思主义哲学和21世纪马克思主义哲学新形态的当代中国马克思主义政治哲学。

顾名思义，本引论就是本书的一个引子。本书最重要的工作，在于以马克思和当代中国为立论基点，从理论、现实、文本以及思想史等多重视域，来系统地建构一种既能反映马克思本人的思想又能彰显当代中国马克思主义哲学的应有指向的马克思主义政治哲学。本引论通过分析和说明“马克思主义政治哲学为什么重要”，不仅引出了关乎本书工作的一些重要问题，而且也为这些问题的解决提供了重要线索。比如说，根据本引论，要在建构马克思主义政治哲学上取得实质性的进展，就需要找到理论的突破点。这既要求我们突破一些相沿成习的认识——政治哲学与唯物史观是不相兼容的、政治哲学就是关于上层建筑层面上的“政治”的哲学、政治哲学是马克思主义哲学的分支哲学或部门哲学等，也要求我们把市民社会批判、共产主义第一阶段的分配、当代中国社会变革等看似与政治哲学无关的问题，作为破解难点、打开思维视野的切入点等。本书后面各章节的探讨，将在本引论的基础上进一步展开。

第一章
马克思与政治哲学

毋庸讳言，在中国学术界，20 世纪 90 年代末之前的马克思主义哲学研究，并没有根本性地涉及政治哲学。所以，近些年来马克思主义哲学界积极介入政治哲学问题域，进而使马克思主义政治哲学迅速成为一个前沿和热点领域，无论如何都是一件引人注目的学术大事。不过，要将这个领域的研究实质性地向纵深推进，特别是要将作为一种特定政治哲学理论的马克思政治哲学系统地建构起来，就必须从源头上追问、回答和澄清如下具有前提意义但又难以达成共识的问题：为什么将马克思认定为政治哲学家？政治哲学在马克思的理论中占有什么地位？从何种角度、进路来认识和研究马克思的政治哲学？马克思的政治哲学是什么类型？

第一节　政治哲学作为马克思的“第一哲学”

我们知道，自 19 世纪末以来，马克思理论的诠释者们，不管是基于何种立场、出于何种意图，往往都相沿成习地在科学性和事实性的思维路数上来图绘马克思，结果长期以来，在人们心目中造成了马克思主义哲学缺乏规范性基础的刻板认识，致使马克思主义哲学在关涉权利、正义等政治哲学论题和重大现实问题上失去了话语权，也由此而招来自由主义者的不断批评和围攻。20 世纪 70、80 年代以来，以柯亨、杰拉斯、埃尔斯特、麦克布莱德等为代表的一些英美学者虽然从规范性和政治哲学的视角对马克思的著作进行了这样那样的解读，并且也提出了不少发人深省的学术论见，但他们对马克思政治哲学的理解、阐释和建构，总体来看却是零散的、不自觉的、非反思的，这主要表现为，他们大多是通过甄别、挖掘《1844年经济学哲学手稿》《资本论》等著作中的字句、论题中的规范性寓意而为马克思政治哲学（尤其是正义思想）的在场性予以辩护，而没有从整体上把握马克思理论的政治哲学意蕴，所以，马克思作为政治哲学家的形象并没有随着这些英美学者的阐释和建构而真正树立起来。这种非政治哲学和“半政治哲学”的解读，在理解马克思上都是极其不得要领的。事实上，马克思不仅有政治哲学，而且其政治哲学占有“第一哲学”的重要地位。

一、近现代政治哲学的“第一哲学”身份

第一哲学通常是指形而上学。近代以来，形而上学开始走向衰落，在哲学大厦中的合法性根基开始动摇，但我们依然有必要确认这个时代的“第一哲学”。这个“第一哲学”，自然不再指形而上学，而是指其重要性远超这个时代的其他哲学的哲学。就此而言，政治哲学就是西方近现代的“第一哲学”。

要认识政治哲学在西方近现代所具有的“第一哲学”身份，关键在于认识西方近现代的历史和时代。黑格尔在《法哲学原理》中曾深刻地指出，哲学是思想中的时代，“妄想一种哲学可以超出它那个时代，这与妄想个人可以跳出他的时代，跳出罗陀斯岛，是同样愚蠢的”[1]。事实上，近现代西方哲学是近现代西方历史的产物，其理论逻辑的确立与不断延展，深刻反映着西方近代以来所发生的重大历史变迁。在西方近代以来所发生的历史变迁中，商品经济与市民社会的生成和不断发展，是最具有标志性意义的事件之一。

1〔德〕黑格尔：《法哲学原理》，范扬、张企泰译，商务印书馆，1961，序言第12页。

一部西方近现代的历史，就是一部商品经济和市民社会的形成史，或者说，与商品经济和市民社会具有同构关系的历史。近现代西方哲学的问题，在很大意义上，是从商品经济和市民社会的土壤中孕育与生长出来的。在商品经济和市民社会的土壤中，孕育了什么样的哲学问题？

商品经济和市民社会的生成，造就了一个经济的世界和社会的世界。这个经济的世界和社会的世界在中世纪曾包裹在政治的世界和国家当中，并不具有独立自存的资格和形态。但现在，这个世界已从政治的世界和国家当中脱离出来，与后者保持了相对明确的分界。这个经济的世界和社会的世界虽然不再具有中世纪的那种政治色彩，但却决定性地成为现代政治的根本发源地。从另一个角度说，商品经济和市民社会虽然看似具有远离政治的特点，但实质上却具有超出人们通常认知的政治性质。之所以存在这个情况，一个很重要的原因在于，商品经济和市民社会在近现代社会的生成，为这个时代的人们提出了一项重大任务，这就是如何为一个行将到来或业已到来的经济的世界和社会的世界制定新的政治规范与价值准则，从而最终塑造一个“成为一个人，并且尊敬他人为人”或“个人只为别人而存在，别人也只为他而存在”的良序共同体，同时也达到为商品经济的发展鸣锣开道的目的。这个经济的世界和社会的世界所需要的政治规范与价值准则，具体说来，包括权利（特别是财产权或所有权）、自由、平等、正义、法等。只有当这些政治规范和价值准则坚如磐石地确立起来时，一个自足的、有序的、靠契约来维系的商品经济系统才能够真正建立起来。而建立这样一个商品经济系统，是近现代社会的当务之急。

上述政治规范与价值准则的凸显，使政治哲学顺理成章地成为近代之后的显学。可以说，17—19 世纪，是一个政治哲学得到蓬勃发展的黄金时代。在这个时代，诞生了以霍布斯、洛克、休谟、卢梭、康德、亚当·斯密、黑格尔、边沁、穆勒等为代表的一大批政治哲学家。这些彪炳思想史册的政治哲学家不仅在政治哲学领域进行了卓越的探索和建构，而且也引领着这个时代的哲学智识活动乃至一切理论活动。就政治哲学作品来说，《利维坦》《政府论》《人性论》《社会契约论》《论人类不平等的起源和基础》《道德情操论》《实践理性批判》《法哲学原理》《道德与立法原理导论》《功利主义》《论自由》等，都堪称由这个黄金时代所赋予的、占据精神高度的不朽典籍。政治哲学在商品经济和市民社会时代的这种繁荣，标志着这门曾经在古希腊具有中流砥柱地位的学问，再次成为哲学王冠上最璀璨、最耀眼的明珠，成为实至名归的“第一哲学”。

当然，人们通常会在认识论的层面和维度中去理解、概括和描绘近现代西方哲学，并由此界划出经验论和唯理论两大分殊性的哲学传统。然而，我们知道，认识论是伴随着主体性的出场和凸显而形成的哲学形态。作为近现代社会的一个标志性原则，主体性展现在两个方面，一是作为认知主体的主体性，二是作为价值和行为主体的主体性。就后者来说，主体性主要兑现为权利和自由，即只有当一个人拥有权利和自由时，他（或她）的主体性才得以确立起来。由此可见，主体性原则在近现代社会的普遍确立，不仅为认识论哲学的发展创造了先决条件，而且也为现代政治哲学的发展提供了坚实的价值前提。所以，考察近现代西方哲学史不难发现，那些在认识论问题上树立了理论丰碑的哲学家，如洛克、休谟、康德和黑格尔，无不把思维的触角同时根本性地伸向政治哲学领域，从而在不尽相同的路数和传统中推进了政治哲学的发展，由此将近代以来的资本主义历史实践提升到理论层面予以整体性反思、批判和规范，并为资本主义的经济生活构建起以权利、自由及正义为价值底色的政治伦理秩序。不仅如此，对于这些具有双重身份的哲学家而言，认识论哲学和政治哲学往往不是并驾齐驱的两个方面，情况毋宁是，政治哲学占有更加重要的地位。比如，洛克、休谟的情况就是如此。而康德的政治哲学是与其道德哲学整合在一起的。相比建基于《纯粹理性批判》的认识论问题，建基于《实践理性批判》的道德哲学和政治哲学问题，应当说更为康德所重视。黑格尔的情况看似有所不同，因为在他的哲学体系中，法哲学和政治哲学作为精神哲学，被视为在理论逻辑上处于后端的“应用逻辑学”，而包括认识论在内的逻辑学，才是其哲学的“本体”。但实质上，作为马克思之前最富有历史感和现实感的哲学家，黑格尔对于现代商业社会和市民社会的研究，对于现代伦理世界和政治世界的把握，在其全部哲学的创造中占有不可撼动的重要地位。甚至在他的认识论和逻辑学中，也都暗含了对现代商业社会、市民社会、伦理世界、政治世界的认知、理解以及理论上的重构。照此而论，说黑格尔的政治哲学比其认识论哲学更重一码，大概也是站得住脚的。

一言以蔽之，在近现代西方哲学的发展中，政治哲学具有“第一哲学”的地位、身份和名分。而这一点，是理解、阐释和建构马克思政治哲学的思想史前提。

二、法哲学批判与马克思政治哲学的全面出场

马克思不是一位“纯粹的”政治哲学家，没有专门写过政治哲学著作，但政治哲学在其思想探索中，却同样占有“第一哲学”的重要地位。马克思的政治哲学思想展现在他对政治哲学问题的关注、思考和研究中。马克思对政治哲学问题的关注、思考和研究，是终其一生的，追溯起来，则大致始于1843年之前他在《莱茵报》工作期间。在此期间，马克思撰写了一系列政论性文章。这些文章虽然主题并不相同，但都在于从某个侧面来表达对“政治”的见解。马克思此时的一个基本问题意识，是在理性、自由、平等的价值基点上对现代社会制度的正义性予以质询与批判，从而达到批判不合理的政治制度的目的。马克思的这个问题意识可归结为四个字——政治批判。

政治批判不仅让马克思开始正式踏上政治哲学的思想之旅，而且也使他与青年黑格尔派形成了根本分野。当青年黑格尔派停留在“前黑格尔”的水

平上，围绕“宗教批判”展开这样那样的争论时，马克思已经深入比宗教更具有本质意义和“本体”意义的政治制度层面及其指涉的世俗层面。这正如马克思在《〈黑格尔法哲学批判〉导言》中所一针见血地指出的：“**真理的彼岸世界**消逝以后，**历史的任务**就是确立**此岸世界的真理**。人的自我异化的**神圣形象**被揭穿以后，揭露具有**非神圣形象**的自我异化，就成了为历史服务的**哲学的**迫切**任务**。于是，对天国的批判变成对尘世的批判，**对宗教的批判**变成**对法的批判**，**对神学的批判**变成**对政治的批判**。”[1] 马克思在这里是说，在现代社会，因人与神的关系而形成的传统矛盾结构已经解体，取而代之的是体现在法和政治关系中的世俗矛盾，所以现代哲学研究的中心任务，在于从宗教批判转向政治批判，进而揭露具有非神圣形象的自我异化，并由此确立此岸世界的真理。

政治批判固然是马克思持有政治哲学思想的一个佐证，但其政治哲学的全面出场，是批判黑格尔法哲学之后的事。法哲学批判是马克思思想发展过程中的一个极其重要的转折点。应当说，政治批判也是法哲学批判的一个重要目标和落脚点。但如果仅仅停留在“对不公正、不合理的政治制度进行批判”这样的理解层面，就不足以充分挖掘和开显马克思的政治哲学思想。毋宁说，在法哲学批判的视域中来把握马克思的政治哲学，我们更应该聚焦于他对市民社会的批判。

“市民社会”是马克思批判黑格尔法哲学时所得到的最重要的概念。在写于 1859 年的《〈政治经济学批判〉序言》中，马克思对自己的这个研究经历做过一个概括性的回顾：“为了解决使我苦恼的疑问，我写的第一部著作是对黑格尔法哲学的批判性的分析，这部著作的导言曾发表在 1844 年巴黎出版的《德法年鉴》上。我的研究得出这样一个结果：法的关系正像国家的形式一样，既不能从它们本身来理解，也不能从所谓人类精神的一般发展来

1《马克思恩格斯文集》第 1 卷，人民出版社，2009，第 4 页。

理解，相反，它们根源于物质的生活关系，这种物质的生活关系的总和，黑格尔按照 18 世纪的英国人和法国人的先例，概括为‘市民社会’，而对市民社会的解剖应该到政治经济学中去寻求。”[1]

如果正如上述，商品经济和市民社会具有政治性质，那么，马克思对市民社会的研究和批判，也就使他很自然地进入政治哲学的问题域。这倒不是说，马克思和近代以来以洛克为代表的政治哲学家一样，在竭力地思考、探索如何为经济的世界和社会的世界确立新的政治规范和价值准则，而是说，他通过揭示市民社会与政治国家的关系，将前者的政治性质极其深刻地揭示了出来，同时也为全面检视现代社会的政治规范和价值准则，提供了一个批判性的视角。

我们先来看第一个方面：通过揭示市民社会与政治国家的关系而揭示市民社会的政治性质。

马克思认识到，在中世纪，市民社会由于是从属于政治国家的，因而它直接具有政治性质；而在现代社会，市民社会虽然与政治国家完成了二元分野从而不再具有直接的政治性质，但由于现代政治制度“本身只有在私人领域达到独立存在的地方才能发展。在商业和地产还不自由、还没有达到独立存在的地方，也就不会有政治制度”[2]，所以，市民社会实际是政治国家的内容，而政治国家本身则只是一种形式。马克思的这个认识概括为一句话，就是市民社会决定政治国家，而不是相反。

马克思的这个认识无疑是准确而深刻的，因为现代西方政治与中世纪相比的一个重大不同，就在于它的生成结构，是一种从下而上的“倒序”结构，即政治的合法性不是由政治本身所给予的，而是由褪去政治光环的市民社会所给予的，或者说政治的内容不在政治本身，而在市民社会。从现代西

1《马克思恩格斯文集》第 2 卷，人民出版社，2009，第 591 页。

2《马克思恩格斯全集》第 1 卷，人民出版社，1956，第 283—284 页。

方政治的这个生成结构看，市民社会是具有显而易见的政治性质的。说市民社会具有政治性质，自然不是说市民社会重新被塑造为一个政治的领域，从而起着维系一个国家的政治统治的作用，而是说一种政治和法律制度，只有建立在市民社会的基础上，并切实发挥保护市民社会并促进其发展的政治功能，才是具有合法性的。所以归根结底，这是一个关涉到政治的合法性的问题。霍布斯和洛克在论述国家及政府的起源时，都曾阐发过这个问题。以他们之见，国家和政府之成立的根本理由，就在于守护人们的生命、健康、财产、自由等一切能够促进福祉的东西，而如果起不到这个守护作用，国家和政府的成立就不具有合法性。霍布斯和洛克在理论上的阐释与建构，为后来西方政治和法律制度的现实建构提供了重要的价值前提。所以实际上，后来西方的政治和法律制度，通常就是根据市民社会的利益诉求而建立起来的。比如，法国大革命之后所颁布的法典，就明确地把保护市民社会的私有产权作为重要内容。马克思在《论犹太人问题》中，主要就是依据法国资产阶级宪法对私有产权的保护，来指认市民社会与政治国家之关系的。而马克思的这个指认，揭示了现代西方政治的生成结构，揭示了市民社会何以成为现代西方政治的合法性基础，从而将市民社会的政治性质极其深刻地揭示了出来。

需要在此指出的是，根据马克思的批判，现代西方政治建基于市民社会的这一合法性，最终体现为资本主义政治国家对资本主义私有财产权和剥削关系的保护。所以，对市民社会的批判与对政治国家的批判，构成对资本主义进行批判的一体两面。当然，由于市民社会是现代资本主义机体的“本体”，故而只有对市民社会做出深刻批判，才能够从根本上批判资本主义。

我们再来看第二个方面：为全面检视现代社会的政治规范和价值准则提供批判性的视角。

近代之后、马克思之前的政治哲学家的主要工作，是在价值和规范层面思考现代西方社会运行的基本法则，亦即思考、探索如何为现代西方社会确立政治规范和价值准则。最为这个历史时期的政治哲学家所重视并得到他们强力辩护的政治规范和价值准则，是权利和自由。权利和自由既是以洛克为代表的政治哲学家们在理论层面所辩护的政治规范和价值准则，也反映了现实市民社会的利益诉求。市民社会作为劳动和需要的体系，既需要建立在以财产权为中心的权利和自由体系的基础上，本身也构成了一个权利和自由的契约系统。就此来说，近现代西方政治哲学，特别是洛克式的政治哲学，实际上充当了市民社会的伦理意识形态，起到了为市民社会张目的实际作用。然而，随着资本主义不断向前发展，市民社会内部包藏着的矛盾也不断地暴露出来。于是，对市民社会及其伦理意识形态——近现代西方政治哲学进行检视与批判，又成为一个新的具有重大时代意义的政治哲学课题。这个课题的落脚点之一，就是对权利和自由予以批判性检视与审查。

上述课题在德国古典哲学的传统中受到了格外重视。作为德国古典哲学开创者的康德，虽然对自由做了一种严格的证成，但其目标并不在于为洛克式的以“个人”与“自我”为中心的自由和权利做辩护，而在于建构一种“自律”的、能够兼顾和通达他人利益的自由。尽管康德的这项工作没有明确地指向在洛克的方向和路线上所发展的政治哲学以及市民社会的矛盾，但在实质上，构成了对后者的一种内在批判。在黑格尔那里，这个课题以法哲学的形式而直接被主题化，亦即直接成为法哲学的显在问题和核心论题，这从《法哲学原理》中可以看清楚。在《法哲学原理》中，黑格尔没有像洛克那样，通过先验的自然法来为权利和自由提供辩护，而是在法哲学的范式中，对个体权利、个体利益与普遍的社会伦理体系之间的紧张关系进行了深刻的检视和批判。黑格尔的一个重要目标，在于重构现代社会的政治规范与价值准则以及立于其上的制度框架，但与此同时，他的工作也构成了对洛克式的政治哲学以及现代市民社会的一种有力批判。当然，无论是康德还是黑格尔，其所展开的批判都没有超出资本主义的框架，故而也不是在探索一种新的制度模式如何可能的问题。

黑格尔的政治哲学深刻地影响了马克思。很确定的一点是，马克思切近并介入了霍布斯、洛克以来的近现代西方政治哲学所指涉的问题，但这是以黑格尔为坚实中介而实现的，具体地说，这是他系统而深入地研究和批判黑格尔法哲学的一个重要结果。在马克思 1843 年从社会舞台退回到书房之前，即在接触和研究黑格尔的法哲学之前，霍布斯、洛克以来的政治哲学所涉及和链接到的问题，并没有真正进入马克思的思维视野。不过，在研究黑格尔法哲学的第一个文献——《黑格尔法哲学批判》中，马克思依然没有与这种政治哲学发生实质性的碰撞。但在不久之后写作的《论犹太人问题》中，情况发生了根本转变。从这个文本来看，马克思在批判黑格尔的理性国家概念及其所反映的唯心主义之同时，也从黑格尔的法哲学中接受了审查近现代西方政治哲学问题的教益。具体来说，马克思在《论犹太人问题》中，已经开始将霍布斯、洛克以来为现代人所普遍重视的权利和自由，推定为一个重要的研究对象。但他和黑格尔一样，并没有模仿洛克的方式，站在先验的基点上，借助于自然法来为现代人的权利和自由进行正面辩护，而是对已经展开为现代人的生活方式的权利和自由，进行了检视和批判。在一定意义上，马克思的这一工作是对黑格尔法哲学及政治哲学的一种承接和继续。

马克思承接黑格尔的地方，在于他借鉴了后者的问题意识，将充斥在现代资本主义社会中的张力和矛盾——作为“私人”的人与作为“公人”的人、个体与共同体、特殊利益与普遍利益之间的张力和矛盾充分暴露出来，并在价值层面上，提出了重塑“社会性”和普遍利益结构的主张。马克思在《论犹太人问题》中的这项工作，展现在他对市民社会和政治解放之局限性的揭示，以及对人的解放的界定和指示中。

市民社会的解放与政治解放具有对等的含义，所以在马克思看来，市民社会的局限性，也就代表了政治解放的局限性。现代市民社会的形成与解放，是一个历史的大事件，从中所反映出来的一个重大历史要求，就是承认并确立人们以财产权为核心的权利体系。按照洛克、亚当·斯密等人的描绘，就权利体系的确立而言，市民社会就是一个既利己又利他，能够彰显正义精神的生产和生活领域。然而，根据马克思的检视，市民社会成员的权利，“无非是利己的人的权利、同其他人并同共同体分离开来的人的权利”[1]，“在这些权利中，人绝对不是类存在物，相反，类生活本身，即社会，显现为诸个体的外部框架，显现为他们原有的独立性的限制。把他们连接起来的唯一纽带是自然的必然性，是需要和私人利益，是对他们的财产和他们的利己的人身的保护”[2]。在此意义上，市民社会的形成虽然有其历史进步意义，但却造成了作为“私人”的人与作为“公人”的人、个体与共同体、特殊利益与普遍利益之间的矛盾。由于作为“公人”的人，共同体和普遍利益需要由国家来代表，而在资本主义时代，国家又是一个被市民社会决定的领域，所以这个矛盾的实质在于：公民身份、政治共同体被贬低为维护人权的一种手段，公民被宣布为利己的人的奴仆，人作为社会存在物所处的领域，被降到人作为单个存在物所处的领域之下。

马克思揭示的这个矛盾，就是市民社会的局限性之所在，从而也就是政治解放的局限性之所在。“政治解放的限度一开始就表现在：即使人还没有**真正**摆脱某种限制，**国家**也可以摆脱这种限制，即使人还不是**自由人**，国家也可以成为**自由国家**。”[3]马克思在这里实际是说，国家虽然可以以政治共同体的角色，摆脱宗教等的束缚而成为代表普遍性的自由国家，但市民社会中的人，却依然还会因为宗教信仰上的差异、权利诉求上的私利性等而产生分裂，不能成为真正的自由人。马克思的这个观点是要表明，即使在政治解放

1《马克思恩格斯文集》第1卷，人民出版社，2009，第40页。
2《马克思恩格斯文集》第1卷，人民出版社，2009，第42页。
3《马克思恩格斯文集》第1卷，人民出版社，2009，第28页。

完成了的地方，人也只是过着一种作为“私人”的人与作为“公人”的人、个体与共同体、特殊利益与普遍利益相分裂的生活，或更准确地说，是作为“公人”的人服从于作为“私人”的人、共同体服从于个体、普遍利益服从于特殊利益的生活。

人的解放是政治解放的推进形式，也是对政治解放和市民社会所难以克服的局限性的一个根本解决。所以，人的解放的实质，就在于结束作为“私人”的人与作为“公人”的人、个体与共同体、特殊利益与普遍利益之间的二元分裂以及一方屈从于另一方的状态，从而使人在充分展现自己自由个性的同时，过上真正的社会存在物和类存在物的生活，亦即过上真正的“社会性”的生活，而非唯利是图的“个人性”的生活。人的解放的这一实质，意味着“人的世界即各种关系**回归于人自身**”[1]。

马克思对作为“私人”的人与作为“公人”的人、个体与共同体、特殊利益与普遍利益之矛盾的揭示，以及对“社会性”之价值的伸张，充分体现了他对现代西方社会主流政治规范与价值准则——权利和自由予以检视和审查的批判性立场。马克思自然不是要对权利和自由提供一种抽象性的批判，即不是要批判权利和自由本身，而是要对权利和自由提供一种具体批判，也就是批判资本主义社会中以唯利是图的“个人”为载体的权利和自由。“所谓的**人权**，不同于 *droits du citoyen*[**公民权**]的 *droits de l'homme*[**人权**]，无非是**市民社会的成员**的权利，就是说，无非是利己的人的权利、同其他人并同共同体分离开来的人的权利。”[2]

值得注意的是，马克思的上述批判并没有止于《论犹太人问题》，而是一直延伸至《资本论》及其手稿。比如在《1857—1858 年经济学手稿》中，马克思就曾义正词严地指出：英国古典经济学家在界定资本主义时代的社会

1《马克思恩格斯文集》第 1 卷，人民出版社，2009，第 46 页。
2《马克思恩格斯文集》第 1 卷，人民出版社，2009，第 40 页。

交换关系时，认为“每个人追求自己的私人利益，而且仅仅是自己的私人利益；这样，也就不知不觉地为一切人的私人利益服务，为普遍利益服务。关键并不在于，当每个人追求自己私人利益的时候，也就达到私人利益的总体即普遍利益。从这种抽象的说法反而可以得出结论：每个人都互相妨碍别人利益的实现，这种一切人反对一切人的战争所造成的结果，不是普遍的肯定，而是普遍的否定”[1]。马克思在这里对英国古典经济学家的批判，实质上也将矛头指向了以唯利是图的“个人”为载体的权利和自由。这说明马克思在《论犹太人问题》中所确立起来的检视现代社会的政治规范与价值准则的基本立场，在创作《资本论》时期并没有发生变化。

总体来看，马克思在《论犹太人问题》和《1857—1858年经济学手稿》等文本中对作为现代西方社会主流政治规范与价值准则的权利和自由所进行的检视、审查和批判，既承接和延续了康德与黑格尔（特别是后者）的工作，又展现出全新的理论意义。这是因为他的这种检视、审查和批判，已经不再停留于资本主义的制度框架，不再满足于、局限于对权利和自由做一种价值上的修修补补，而是将价值塑造和理论建构的触角，切实地伸向了由人的解放所表征的新制度模型。这个新制度模型就是指共产主义。

由上不难发现，在对法哲学的批判中，马克思已经全面介入政治哲学的问题域，而其政治哲学，已经作为具有全局意义的“第一哲学”全面出场。

三、经济批判与马克思政治哲学的理论深化

人们在梳理、把握马克思哲学发展历程时，往往受阿尔都塞影响，认为以历史唯物主义的创立为界分点，马克思的思想形成了一个前期和后期的根本性变换甚至断裂。根据这种理解，马克思的政治哲学似乎只存在于其前期的理论著作中，而后期著作似乎与政治哲学的论题渐行渐远，最终趋于消解

1《马克思恩格斯文集》第8卷，人民出版社，2009，第50页。

这种哲学形态。然而，真实的情形恰恰相反，即创立历史唯物主义之后，马克思不仅没有远离政治哲学问题域，反而以一种更为深刻的方式考察、探析了政治哲学的相关理论问题，从而将霍布斯、洛克以来的政治哲学研究，提升和推进到一个新的、更高的理论反思水平。理由何在？

如果根据上述，近现代西方政治哲学是在商品经济和市民社会的基础上形成并得以发展的，其所反映的是近代以来社会经济生活中的根本利益诉求，那么显而易见，只有保持着对现代市民社会和经济关系的高度敏感性，对经济活动领域中所蕴含的问题和矛盾予以深刻洞察，才有资格进入政治哲学的问题域。事实上，洛克、休谟、亚当·斯密、边沁以及黑格尔等政治哲学家，无一不是在现代市民社会的历史地基上，在洞思现代社会经济生活关系的前提下提出政治哲学问题，进而发展政治哲学理论的。从这一点来看，对现代市民社会中的经济生产关系理解得越深刻的哲学家，在政治哲学的理论探索中越能够提出发人深省的见解。所以，在马克思之前的近现代政治哲学史上，由于黑格尔比霍布斯、洛克、休谟等人更自觉地在理论层面对市民社会这个劳动和需要的体系进行了反思、探析，所以他在政治哲学的理论建构上所达到的高度是后者无法企及的，虽然人们在研究政治哲学的发展史时，一般不会把黑格尔作为一个理论高峰而予以重点对待。这个问题，对于理解马克思的政治哲学富有启示。

众所周知，自 1844 年开始，马克思从政治批判和法哲学批判明确转向了经济批判，由此开启了其长达 30 多年的政治经济学理论探索之旅。人们可能会认为，马克思的这一理论转向，不仅没有将其政治哲学思想推向纵深层面，反而是其政治哲学研究与科学的历史理论建构之间的根本界标，亦即在马克思的政治经济学研究中，政治哲学并未占有一席之地。我们承认，要根本性地洞思现代政治哲学问题需要切近经济关系和经济活动领域，并不意味着任何经济学的理论都可归结为政治哲学，比如，当代西方许多实证性的经济学理论恰恰是反政治哲学的。不过，在马克思这里，情形大不相同。

既然马克思在《〈政治经济学批判〉序言》中强调，法的关系和国家的形式一样，既不能从它们本身来理解，也不能从人类精神的一般发展来理解，相反，它们根源于作为物质的生活关系之总和的市民社会，那么由此可以推知，对于他而言，为了更深入地解剖市民社会而开展的政治经济学研究，实际承担着从根基上理解法的关系和国家的形式的理论任务。这告诉我们，1844 年之后从政治批判和法哲学批判转向经济批判，并不意味着马克思自此开始疏远政治批判和法哲学批判，而是意味着其政治批判和法哲学批判，开始与物质生产关系的批判明确地联系在一起。在此意义上，马克思的政治经济学并未在理论逻辑上终结其政治哲学，相反使其早期确立的政治哲学理论思路得到了根本性深化，故而也就代表着其政治哲学的推进和最后完成。这也表明，只有在政治经济学的理论结构中，马克思才能够真正共享那些由洛克、休谟、亚当·斯密、边沁以及黑格尔等人所提出和反复申述的政治哲学论题，如需要、劳动、财产、所有权、正义等。所以，概言之，在政治哲学研究上，政治经济学既没有偏题，又没有离题，而是真正回归本题。灵活运用思想史方法来研究马克思的麦卡锡大概正是因为看到了这一点，才如此强调：“马克思的后期著作是他理解历史和社会关系的产物，此二者奠定了其伦理理论与社会正义理论的基础。”[1]

在确证马克思的政治经济学所具有的政治哲学意义之后，我们又需要立即指出，马克思既因为系统的政治经济学研究而实至名归地植入近代以来一直延续着的政治哲学论域，又因为其在政治经济学上的系统研究而根本性地

1〔美〕麦卡锡：《马克思与古人》，王文扬译，华东师范大学出版社，2011，第 6 页。

超出了近现代政治哲学家的理论视野，从而在一些关键的方面与那些影响了他的先贤们划清了界限。

这里的问题在于，如果正如上述，对经济生产关系理解得越深刻，越能在政治哲学的理论探索中提出发人深省的见解，那么，马克思政治经济学语境中的政治哲学整体性地超越过往的政治哲学，则是顺理成章的事，因为道理很简单，在对现代经济关系的理解和把握上，无论是洛克，还是亚当·斯密，抑或是黑格尔，都无法与马克思比肩而立，虽然马克思获取经济学理论知识的一个重要途径，是研习前人著作。需要特别注意的是，在这里，历史唯物主义对于政治哲学所具有的重大意义显现出来了，原因就在于，马克思不仅通过政治经济学的艰辛理论探索而创立了历史唯物主义，而且其后期以《资本论》的创作为核心的政治经济学研究，也是其历史唯物主义落脚于社会生产关系之后的一个必然归宿点。

但毋庸讳言，人们通常并不情愿根据历史唯物主义理论叙事来证成和证立马克思的政治哲学，相反，这一理论叙事往往成为人们否认马克思持有政治哲学的最有力证词，即在人们看来，作为一种基于事实的认知性和描述性理论，历史唯物主义必然是排斥政治哲学的。这貌似强有力的证词，其实只是流于表层、不堪一击的偏蔽之见。且不论历史唯物主义是否只是一种认知性和描述性理论，它是否也包含了规范性的视角，仅就马克思立足于社会生产关系来开展经济批判而言，历史唯物主义所具有的政治哲学意义就是显而易见的。根据历史唯物主义，开展经济批判的基本要求，在于不是从经济事物和经济活动的表层出发，而是从其深层出发；不是从作为“物”的商品出发，而是从作为“社会关系”的商品出发，所以在历史唯物主义理论视域中，马克思的政治经济学必然不是在英国古典经济学的层面上展开的，而马克思所看到的那些由经济生产关系所生发出来的深层次的社会政治问题，也必然不可能一目了然地出现在英国古典经济学家的视野当中，虽然斯密也曾论述过关涉到正义、美德等的政治哲学和道德哲学问题。如果这样来看，经过历史唯物主义深化之后的经济批判，就其作为政治哲学的话语来说，实际上是霍布斯、洛克以来的政治哲学所达到的一个最高点，那么，看似与政治哲学格格不入的历史唯物主义，却是近代以来政治哲学所遵从的基本开展路径的最彻底形式。洛克、休谟、边沁、黑格尔等，虽然无一不是或隐或显地以市民社会为支点来提出权利、自由、正义等问题并由此构建政治哲学的，但他们显然都没有达到历史唯物主义的理论层面，至多只是处在一种“前历史唯物主义”的水平上。

进而论之，马克思的政治哲学与过往政治哲学之间的质性区别，无疑只有借助于历史唯物主义，才能够得到豁然开朗的审视和理解。概括来说，由于并不懂得历史唯物主义，马克思之前的近现代政治哲学家只是基于自然个体在市民社会中的生活经验来予以立论的，其所确立的基本分析单位是“原子式的自然个人”，所以他们不忘宣说的权利和自由，只是原子式个人的权利和自由；他们所追求的正义，只是原子式个人在市民社会中的一种理想化的权利关系；他们心目中的社会，只是原子式个人的一种集合形式。然而，在现实生活中，人与人之间所形成的是一种比自然式的个人组合关系远为复杂的社会关系，所以，将个体的生活经验固化之后的政治哲学，必然不能从根本上切中这种社会关系的实质，因而也必然不能真正把握现代社会中的基本矛盾。尤其在资本主义经过几百年的发展而定格为一种客观性的“结构”之后，这种在个体生活经验基础上所发展起来的政治哲学，在解释、解答现实复杂政治问题上，就更是捉襟见肘了。就此而论，只有真正在社会关系层面来阐释权利、自由、公正、平等、道德等论题，政治哲学才能够展现出其持久的洞察力和宽广的解释力，而这就是马克思的历史唯物主义和政治经济学要解决的根本问题之一。直截了当地说，马克思在接续近代以来政治哲学基本论题的前提下，将政治哲学的立论支点由“自然人”置换为“社会人”，所以与过往的政治哲学家不同，马克思所着重分析和揭示的是权利、自由、公正、平等、道德的社会和制度基础而非自然基础，这正如麦卡锡在阐释马克思的道德理论时所指出的，马克思把现代传统关于对与错、好与坏以及美好生活的本质与物质幸福这些道德问题的质疑，转换成了对现代社会制度结构的审查，也即转换成了政治经济学。社会阶级、权力关系、所有制以及社会生产关系变成了理解道德问题的整个大背景。[1]

上述情况意味着，马克思一旦将权利、自由、公正、平等、道德等论题置于社会制度背景中予以质询与阐说，那么，其政治哲学必然会以大异于西方通行的政治哲学的形式而展现出来，从而形成政治哲学理论与一般社会批判理论和历史哲学理论相互缠绕的复杂格局。这样来看，社会阶级、权力关系、所有制以及生产关系，这些从属于政治经济学的基本论题，不仅构成了理解马克思的政治哲学及道德理论的话语背景，而且其政治哲学和道德理论，最终又要落实到对这些论题的深刻检视和系统阐发，从而使这些从西方规范性政治哲学视角来看是“非政治哲学”的论题，成为政治哲学和道德理论得以展开的根本载体。应当说，这是政治哲学在历史唯物主义和政治经济学视域中必然会呈现的理论形式。

问题的关键就在于，“马克思政治哲学”虽然是一个存在于马克思历史性文本中的命题，但出于其独特的问题意识和理论任务，马克思毕竟没有像后来的罗尔斯那样，去构建一种一目了然的、可供人们直接套用的政治哲学理论，所以无论是在西方学术界还是在中国学术界，“马克思政治哲学”又是一个在当代解释学的语境中所凸显出来的命题。这个情况决定了，人们对马克思政治哲学思想予以追寻和探析的逻辑起点在于当代而不在于马克思，亦即从学术上来看，人们实际是以理解和把握当代政治哲学的理论命题与学术任务为前提来切近马克思的。然而我们知道，当代政治哲学是罗尔斯《正

1〔美〕麦卡锡：《马克思与古人》，王文扬译，华东师范大学出版社，2011，第 13 页。

义论》发表以来，在自由主义、社群主义、民族主义及女权主义等意识形态的争鸣中迅速复兴的。所以当人们置于所谓“当代政治哲学”理论语境来开展马克思政治哲学研究时，便会很容易将这些政治哲学形态作为范本和标准，来评析马克思是否持有政治哲学思想或在多大意义上持有政治哲学思想。可问题是，由于其开展形式的独特性，马克思历史唯物主义和政治经济学视域中的政治哲学，必然难以与这些作为“标准”的当代政治哲学形态相符合，所以显而易见，马克思是否持有政治哲学思想或在多大意义上持有政治哲学思想，也就会成为一个永远无法厘清和论明的问题。这一学术路数的根本缺陷在于只是注重在马克思哲学的“外部”来建立学术立论的支点，而忽视了对马克思政治哲学自身生成逻辑的理解和把握。在这一学术路数下，人们注定无法在马克思与政治哲学之间建立起实质性的关联，因而至多只能捕获到马克思政治哲学的“只言片语”，却很难达及马克思为政治哲学所开辟的广阔理论空间。不过，只要领会了整个近现代政治哲学的“发生学”原理，以及马克思政治经济学和历史唯物主义的重大政治哲学意义，我们就有理由宣称：马克思不仅从来就没有远离政治哲学，而且他始终行走在如何将政治哲学的理论思考推向纵深的路上。

根据以上论述，我们将政治哲学判定为马克思的“第一哲学”，总体来看是站得住脚的。

第二节　马克思政治哲学研究的三种进路

马克思持有政治哲学是一回事，人们如何开展关于马克思政治哲学的研究是另一回事。盘点有关马克思政治哲学的研究不难发现，人们往往是在互不相同的语境下，以互不相同的方式，站在互不相同的参照点上来立论和阐释的。这种情况并没有带来一种真正的学术讨论上的“百家争鸣”，相反在其中夹杂着很多扑朔迷离的成分，而且也使人们无法进行实质性的学术对话。要有效地避免这个情况，找到人们进行对话的切入点以及对马克思政治哲学做出条分缕析的阐释和建构的突破口，就特别需要对不同的研究进路进行梳理、考察、分辨和比较。

一、“政治性”进路

马克思政治哲学研究的“政治性”进路，是由20世纪著名政治哲学家汉娜·阿伦特确立起来的，在今天依然或隐或显地影响着人们的相关探讨。毋庸置疑，要厘清这一研究进路的来龙去脉并对其做出实事求是的评价，就必须回到阿伦特的语境。

在《马克思与西方政治思想传统》中，阿伦特曾这样说道：“要对卡尔·马克思进行思考或写点什么，决不是一件容易的事情。他对晚近已经在民族国家取得政治上平等和合法参政权利的工人政党有着极大的影响。学术界对马克思的无视在他故去后还没有延续到20个年头，他的影响力再度逐渐上升。20世纪20年代，这一广泛的影响从稍微有点落伍于时代的、严格定义上的马克思主义研究，扩大到社会科学、历史科学等所有领域。”[1]“马克思所产生的影响及其科学工作的根底里的东西是什么？要回答这个问题，很难找到合适的说辞。真要说的话，恐怕是他的政治哲学。马克思对此并未特别精雕细刻，也不是始终明确，但是它产生的冲击力比那些精心论述的理论产生的影响的总和还要大。”[2]

这两段话表明，阿伦特在描绘马克思的思想所产生的巨大影响力时，实际将后者刻画为一位政治哲学家，从而将其理论工作的核心认定为政治哲学。阿伦特的这种刻画和认定，绝不意味着简单的学理性阐释，而必然是马

1〔美〕阿伦特：《马克思与西方政治思想传统》，孙传钊译，江苏人民出版社，2012，第3页。

2〔美〕阿伦特：《马克思与西方政治思想传统》，孙传钊译，江苏人民出版社，2012，第84页。文字有个别改动。

克思理解史上具有重大标志性意义的一个学术事件。其意义在于，在马克思的理解史上，长期占据主导地位的研究范式是实证主义。由于实证主义并没有为政治哲学开辟出合法性的阐释空间，所以，在马克思、恩格斯之后的很长一段时间内，都不存在“马克思政治哲学”甚至“马克思主义政治哲学”这样的说法。与这种情况相对比，阿伦特的刻画和认定，则不仅使“马克思政治哲学”成为合法的称谓和论题，而且也由此为人们开辟出了理解、阐释马克思的全新学术向度和理论空间。

然而，具有悖谬性的问题是，阿伦特并没有因为上述贡献，而为我们把握马克思的政治哲学提供一个坚实可靠的学术前提，相反如果停留在阿伦特的基点上，我们很可能会得出一些与马克思政治哲学的精神实质相背离的结论。这其中的原因，并不在于阿伦特分析马克思的政治哲学时，存在似是而非、模棱两可和暧昧不明的地方，而在于她所确立起来的“政治性”研究进路，并没有将她引向马克思的真实思想世界。

我们之所以将阿伦特确立起来的研究进路概括和指称为“政治性”进路，主要是因为阿伦特是基于对“政治”的独特理解和界定，来构建自己的政治哲学，并评价包括马克思政治哲学在内的各种政治哲学理论的是非曲直的。在阿伦特的心目中，政治并非指人们通常所说的、与经济和文化等领域相并置的领域，而是指人的生存境况。在她看来，人不同于动物的一个最重要方面，就是其政治性存在，人只有拥有政治性存在，才能够过上有尊严的生活，否则，人可能就与动物无异。不过，作为一种生存境况的“政治”或“人的政治性存在”，从来都不是抽象的、无标准的、可随意界定的东西，而是展现在人类具体活动形式中的生命体验，人类具体活动形式构成了政治的坚实载体。根据阿伦特的界划，人类活动在形式上分为三种，分别是劳动、工作和行动。虽然这三种活动形式都与政治相关，但她认为，唯有行动，才真正塑造和实现着人的政治性存在。原因就在于，政治的本质和内核是自由，而与劳动和工作相比，行动则具备了使自由成为可能的两个基本要件，即一是复数性，二是不可预见性。由此而论，一种政治哲学只有立足于行动，才能够触及政治的本质和内核，进而也才能够在理论上将人的政治性存在证立起来。根据这个判断标准，阿伦特认为，马克思的政治哲学只是一种疏远政治和消解人的政治性存在的理论，因为马克思不是在行动的立论基点上，而是在劳动和工作的立论基点上，来确立其政治哲学的叙事框架的。

首先，在阿伦特看来，在劳动的立论基点上，马克思的政治哲学之所以疏远了政治从而消解了人的政治性存在，是因为它不是以对自由的追求，而是以对必然性的追求为旨趣的。阿伦特的这个论点，来自她对劳动的界定。以她之见，劳动是向人们输送生活资料、维系人的物质生命的活动形式，它具有显而易见的强制性和奴役性特点，在本质上从属于必然性领域而非自由领域。正是因为如此，在古希腊人对政治的理解中，劳动并不占有一席之地，而是被视为政治之外的东西。从思想史来看，以劳动为立论基点、以对必然性的追求为旨趣来构建政治哲学，并不是马克思的发明和“专利”，而是随着“社会”的兴起而形成的一个整体趋势和现象。阿伦特认为，在古代，政治是公共领域的事务，而劳动是私人领域的事情。而在现代，劳动突破了私人领域的界限，逐渐扩展为一个吞食了古代的公共领域，并对政治起决定作用的“社会”领域。不管是洛克所描绘的那个“财产所有者社会”，还是霍布斯所勾画的那个“冷酷无情地致力于获取过程的社会”[1]，都是指这个“社会”领域。既然这个“社会”领域对政治起着决定作用，而劳动又是这个领域最尊贵的东西，那么，包括霍布斯、洛克、亚当·斯密以及马克思等在内的近现代政治哲学家，实际都是在劳动的立论基点上、在必然性的领域内，来阐发各自的理论观点的。然而，必然性永远都只是一种前政治现象，劳动永远都无法取代行动而成为理解政治的有效前提，所以相对于古代

1〔美〕阿伦特：《人的境况》，王寅丽译，上海人民出版社，2009，第19页。

政治哲学，马克思的政治哲学代表了一种理论上的倒退。

其次，在阿伦特看来，在工作的立论基点上，马克思的政治哲学之所以疏远了政治从而消解了人的政治性存在，是因为它包含了一种毁灭自由的暴力乃至极权主义的思维要素。如同上一个论点，阿伦特的这个论点，来自她对工作的界定。以她之见，工作是人们创造一个不同于自然世界并可以恒久存在的事物世界的活动形式，它虽然不具有劳动的那种强制性和奴役性，但它的思维前提，却是一个具有暴力倾向、与政治之本质相去甚远的观念——制作。制作之所以具有暴力倾向并与政治之本质相去甚远，是因为它透显着强烈的目的论色彩，并始终要求确立一种整齐划一的行为模式和生活方式以及提出一个可预见的结果。在思想史上，柏拉图是第一个以工作为立论基点、以制作为思维前提来构建政治哲学的人。柏拉图构建政治哲学的这一路数，最终定格为根据先验的理念来塑造真理世界，从而又根据这个真理世界来改造现实生活世界的思想方案和理论图式。马克思秉承了柏拉图的路数和传统，并吸收了现代历史主义的思想，提出了“人创造历史”的观念。这个观念表征着马克思对政治的一种特定理解，在马克思的政治哲学中占据了重要地位，并使马克思的政治哲学成为一种历史主义理论。这个观念在马克思的身后产生了广泛而持久的影响，影响的范围“大大超出了深信不疑的马克思主义者们和坚定的革命者们的圈子”[1]。这个观念看似也蕴含了行动的成分或者本身就是在昭示一种行动，但其实它是对行动和政治的一种最彻底消解，因为它的思维前提就是具有目的论色彩的制作，而制作必然是行动和政治的天然对立面。从最后一点来看，不仅可以从“人创造历史”的观念中推出暴力，而且这个观念本身，也是从暴力中引申出来的：“马克思的名言‘暴力是每个孕育新社会的旧社会的助产婆’，即暴力孕育了历史和政治的所有变革的看法，只是对整个现代所持信念的概括，并且引出了这个时代最

1〔美〕阿伦特：《过去与未来之间》，王寅丽、张立立译，译林出版社，2011，第 74 页。

核心信念的推论，那就是历史是人‘创造’的，正如自然是上帝‘创造’的一样。”[1]

以上就是阿伦特在“政治性”进路上对马克思的政治哲学所做出的解读和评论。平心而论，在阿伦特的解读和评论中，也包含了不少很有见地与价值的认识和观点。比如说，她所提出的“以马克思为代表的近现代政治哲学家立足于劳动和社会来理解政治”的认识，就是对马克思所提出的“市民社会决定政治国家”的一种深刻的思想史阐释。再比如说，她所提出的“马克思深受历史主义影响并将其政治哲学建构为一种历史主义理论”的观点，也真实反映了马克思政治哲学的思想史背景及理论定位。然而，由于阿伦特是用她关于“政治”的先入为主的理解和界定来评判马克思的，所以这又不可避免地造成了对马克思政治哲学的深深误解，无论是她从劳动的视点对马克思提出的批评，还是从工作的视点对马克思提出的批评，都是其误解的显证。阿伦特固然为我们开辟了一个从政治哲学来理解和阐释马克思的学术向度，我们固然也可以以她为参照点，在“政治性”进路上开展马克思或马克思主义政治哲学的研究，但我们却需要形成自己独立客观的学术立场，甄别其对马克思所做出的种种解读。

二、“规范性”进路

众所周知，20 世纪 70 年代以来，英美学术界围绕“马克思与正义”而掀起了一场可谓旷日持久的讨论。这场讨论不仅为英美的政治哲学研究注入了新鲜酵素，也为马克思主义哲学的研究打开了新的入口，其最显著的结果之一，就是使马克思政治哲学成为一个前沿和热点领域，使如何构建马克思主义政治哲学成为一个重大而紧迫的理论课题。不过，稍加盘点就会发现，这场讨论，并不是在阿伦特的“政治性”进路上进行的，准确地说，它所开

1〔美〕阿伦特:《人的境况》，王寅丽译，上海人民出版社，2009，第 177—178 页。

辟和遵从的是“规范性”的研究进路。

在理论类型上，政治哲学研究的“规范性”进路，对应的是规范性政治哲学。规范性政治哲学是近代之后政治哲学的主流，在罗尔斯发表《正义论》之后，更是占据了绝对主导的地位，成为当今学术界讨论政治哲学的最重要架构和范式。规范性政治哲学的基本运思路数，就在于从前提上证立某个或某些价值，如权利、自由、平等、公正等，进而据此来从理论上回答一种公正合宜的社会政治制度如何设计的问题。这个运思路数，实质上也就是我们所说的“规范性”进路的主旨。对于这一研究进路而言，树立一个明确的价值主张，从而彰显政治哲学的规范性意义，是最基础、最关键的工作。这一工作，自然也决定着20世纪70年代以来英美学术界介入和把握“马克思与正义”这一论题的基本方向。具体来讲，介入这一论题的人，如艾伦·伍德、齐雅德·胡萨米、德雷克·艾伦、诺曼·杰拉斯、G.A.柯亨、乔恩·埃尔斯特、凯·尼尔森、罗杰·汉考克、威廉·麦克布莱德、阿兰·桑德洛、杰弗里·雷曼、安德鲁·莱文、斯图亚特·怀特以及罗尔斯等，都致力于探索和解答一个核心问题，即马克思有没有根据正义这个前提性的价值来批判资本主义。实质上，关于这个问题的探索，已经超出了这个问题本身的特定内容，从而折射出一个更大的问题，这个问题就是：为马克思的哲学确立规范性基础，从而证成或构建规范性的马克思政治哲学，是否具有可能性和合法性？

对于马克思政治哲学的研究而言，这个问题注定是一个具有重大学术和现实意义的问题。从学术角度看，政治哲学本身就是追问价值前提的规范性理论，它一旦抽离了规范性，就会立即转变为政治哲学之外的东西。阿伦特虽然将马克思理论工作的核心认定为政治哲学，但她并没有认真厘清这个认定的规范性基础，从而也就没有解决这个认定在多大意义上合法的问题。阿伦特没有思考和解决的问题，对于马克思政治哲学研究者来说却不是可有可无的问题，相反在一定意义上，是必须要从学理上来追问和回答的问题。从现实角度看，如何对关涉权利、正义等的重大现实问题做出有力的回应，是当今规范性政治哲学的重要任务，而如何深层次挖掘马克思哲学的规范性视角和内容并为之做出有力辩护，从而使之能够真正触及人们普遍具有的自由平等的权利诉求和正义要求，则是马克思政治哲学摆脱在重大现实规范性问题上失语的题中应有之义。

然而与此同时，上述问题也注定是一个极具争议和挑战的问题，而且事实上，英美学术界关于这个问题的回答，也的确是各不相同、莫衷一是的。造成这个情况的原因其实并不复杂，主要就是因为马克思在规范性问题上存在“二律背反”的立场：一方面，他几乎没有对某个或某些价值提出系统辩护，进而以之为前提，来明确地构建和树立一个为人们所普遍认同和接受，并且可以外化为人们行为的伦理规范目标和体系；另一方面，他又从异化和剥削的视点，对资本主义持以最全面、最犀利、最深刻、最无情的批判，从而使其哲学理论展现出强烈的价值色彩和规范性力量。对于这个“二律背反”问题，英国学者诺曼·杰拉斯是这样描述的：“马克思对于有关规范问题的理论反思是十分不耐烦和轻视的，他很少亲自研究它们。而对于社会主义伦理理论的详细说明，他是持敌视态度，而不是中立的；他在其他领域如此坚持的那种对问题和概念进行严密考察的方法，在这个领域却遭到他的轻蔑。同时，尽管如此，和几乎其他所有人一样，他也喜欢使用道德评判。规范性的观点存在于或仅仅暗含于他的文字中，并且大量地存在，尽管处于一种无系统的状态。因此，我们不能排除他在这里存在一些（甚至是主要的）前后矛盾。”[1]

在证成或证伪马克思哲学的规范性基础及规范性的马克思政治哲学上，英美学者虽然做了大量细致的工作，但大部分人的工作，却又是不得要领

1 李惠斌、李义天编：《马克思与正义理论》，中国人民大学出版社，2010，第165—166页。

的。因为面对上述“二律背反”，他们选择的是站在或肯定或否定的立场上，来做出非此即彼的回应，而很少从整体上来思考如何解决这个“二律背反”的问题。实际上，只要这个问题得不到实质性的解答，就既不能理直气壮地证成马克思哲学的规范性基础及规范性的马克思政治哲学，也不能理直气壮地对此做出证伪。不过，与大部分人不同，介入“马克思与正义”论题的罗尔斯不仅意识到了这个问题，而且也给出了自己关于这个问题的解答。在《政治哲学史讲义》的“马克思讲座”中，罗尔斯这样说道：“马克思确实把资本主义谴责为不正义的。另一方面他并不认为他自己是在那么做。可以为这个表面上似是而非的悖论提供的解释是，就马克思关于正义的明确评论而言，他是从狭窄的角度来理解该观念的……但是，一旦我们从一种更为宽广的角度——即把正义运用于社会的基本结构及作为背景正义的制度——来思考政治正义的概念，那么，马克思可能就会持有（至少是潜在地持有）某种广义的政治正义概念。如果这被证明是真的，则前面的悖论就将可以被消除。”[1]“总的来看，把权利和正义的概念归结为司法性的概念是过于狭隘的。权利和正义的概念可以独立于强制性的国家制度及其法律体系而加以构思；事实上，当它们被用来评判社会的基本结构及基本的制度安排时，它们就是这样被构思的。”[2]罗尔斯的这两段话告诉我们，他是通过区分狭义的正义观念和广义的正义观念，进而在后者的视域内，基于社会的基本结构及基本的制度安排，来解决马克思在规范性上的“二律背反”，并由此证成马克思的正义思想及规范性的马克思政治哲学的。罗尔斯的这种阐释，展现了其十分宽广的思维视野和卓尔不群的理论见地，对于我们在“规范性”的进路上揭示和把握马克思的正义思想与政治哲学理论，富有深刻启示。

1〔美〕罗尔斯：《政治哲学史讲义》，杨通进、李丽丽、林航译，中国社会科学出版社，2011，第349—350页。

2〔美〕罗尔斯：《政治哲学史讲义》，杨通进、李丽丽、林航译，中国社会科学出版社，2011，第356页。

不过，推进一步来看，罗尔斯在解释马克思上依然存在一个不足，这就是他缺乏黑格尔和马克思那种宽厚的历史感。而实际上，我们只有站在历史性的思维界面上，才能够真正透彻地审视和把握罗尔斯所指出的问题，即如何从社会的基本结构及基本的制度安排来审定马克思的正义思想及其哲学的规范性基础。这是为什么？

马克思关于规范性问题的独特理解，是在与近代以来主流政治哲学的复杂关系中建立起来的。我们知道，近代以来主流政治哲学的规范性，是通过一系列的价值，如权利、自由、平等、正义等得到体现的。以伍德为代表的英美学者，将这些体现政治哲学规范性的价值一体性地认定为上层建筑意义上的法权概念。这个认定自然有一定道理，因为随着西方近代之后法律制度的不断确立，这些价值最终要以法的形式定格下来，并且也要借助于律法来得到实质性的辩护。然而，就这些价值的始源来讲，它们是在近现代社会的历史大变革中凸显出来的，其现实历史根基，就是在这样的大变革中所形成的市民社会，甚至也可以说，它们就是对现代市民社会关系的一种最直接反映，或者本身就发挥着构建和修补市民社会关系的功能。如果正像马克思所深刻指出的那样，现代市民社会乃是现代社会的全部历史地基和轴心，那么近代以来政治哲学所讲的这些价值，实质上已经不是受制于社会经济关系的上层建筑了，而是代表着整个资本主义的社会关系结构和制度安排。正是因为如此，马克思才没有纠缠于法权意义上的正义去批判资本主义，而是在政治经济学的视域中，通过揭示资本主义的社会关系结构来批判。马克思的这一做法，实质上并不代表他对权利、自由、平等、正义等价值持一种否定和批判的态度，从而也不代表他的哲学已经与规范性相分离，而是代表他已经在历史唯物主义的视域内，从历史的最深处来把握和阐释这些价值，并由此来建立其哲学思想的规范性向度。由此来说，要在“规范性”的进路上来推进马克思政治哲学的研究，就需要突破西方规范性政治哲学的通行套路，切实地在历史性的思维向度内来构建马克思意义上的规范性政治哲学。这种规范性政治哲学与西方规范性政治哲学的最大不同，就在于它不是以静态的自然关系为前提的，而是以历史为前提的。这种以历史为前提的政治哲学自然不是对马克思思想的一种背离，而是在规范性的理论视域内所把握到的最真实的马克思。这种政治哲学可以与近代之后的西方规范性政治哲学相对话，但它与后者在理论范式上必然又是迥然有异的。

三、"革命性"进路

虽然在传统的马克思主义哲学研究中，政治哲学并未占有一席之地，但有趣的是，长期以来，在人们谈论马克思时，却有一种颇为流行的观点，即认为马克思是一位政治哲学家，所以无须从规范性的前提上来追问"马克思是否持有政治哲学"这样的问题。实质上，这种观点就对应着我们所说的马克思政治研究的"革命性"进路。在这一进路上，人们之所以将马克思认定为政治哲学家，依据就在于马克思哲学的"革命性"旨趣，而人们据此确证起来的马克思政治哲学，就是以"革命"和"阶级斗争"为内核的政治哲学。

不容否认，在马克思哲学的理解和阐释史上，这种"革命性"进路从来就没有缺场。不管是苏联版本的马克思哲学理解模式，还是与苏联版本相对置的西方马克思主义理解模式，实质上都是遵照这一进路把马克思描绘为一位政治哲学家的形象的。这其中最有代表性的人物，就是早期西方马克思主义哲学家葛兰西。在谈到马克思时，葛兰西这样指出："一个大人物表现他思想的较有创造力的方面，并不是在从表面的分类的观点来看显然应当是最合乎逻辑的形式中，而是在别处，在表面上看来可以被认为是与之无关的部分中。一个搞政治的人进行哲学写作：情况可能是，他的'真正的'哲学反倒应该在他的政治论著中去寻找。每个人都有一种占支配地位的活动：正是必须从这里去寻找他的思想，这种思想处在一种往往不是暗含在、而且甚至经常是同公开表达的东西相互矛盾的形式中。”[1] 葛兰西在这里所提到的“大人物”和“搞政治的人”，就是指马克思。既然葛兰西认为，马克思真正的哲学思想包含在其政治论著中，那么显而易见，他心目中的马克思哲学，必然是一种实至名归的政治哲学，用他自己的话说，它“既是一种也是政治的哲学，又是一种也是哲学的政治”[2]。问题在于，葛兰西在这里所论及的“政治”，并不是后来的阿伦特所界定的那个“政治”，即不是人的生存境况意义上、以自由为本质和内核的“政治”，而是马克思一直在思考和探索的“革命”。对于此，葛兰西曾借助于马克思与列宁的关系来予以说明：“马克思是一种世界观的创造者。但是，伊里奇（列宁）的地位如何呢？它是纯粹从属和依赖性的吗？这得在既是科学又是行动的马克思本身中去寻找解释。”[3]“对比马克思和伊里奇以造成一种等级差别，这是愚蠢且无用的。他们分别表现了两个阶段：科学和行动，这两个阶段既是同质的，又是异质的。”[4] 葛兰西在这里的观点非常鲜明，即作为革命家的列宁与作为科学世界观的创造者的马克思，代表了两个既相异又相同的阶段，甚至马克思就代表了科学世界观和革命行动的统一。葛兰西的这个观点，充分表明他是在“革命”的意义上来认定马克思哲学中的“政治”的，从而也充分表明他是在这个意义上来界定马克思的政治哲学的。

应当说，在“革命性”进路上界定和研究马克思的政治哲学，从以下两点来看有其可取和优长之处：一是这与马克思的思想定位和理论宗旨相符合，二是这与“规范性”的研究进路形成互补。

首先，我们来看第一点。众所周知，马克思为自己的哲学订立的座右铭是“改变世界”。而恩格斯在《在马克思墓前的讲话》中也特别强调：“马

1〔意〕葛兰西：《狱中札记》，曹雷雨、姜丽、张跣译，中国社会科学出版社，2000，第 317 页。
2〔意〕葛兰西：《狱中札记》，曹雷雨、姜丽、张跣译，中国社会科学出版社，2000，第 308 页。
3〔意〕葛兰西：《狱中札记》，曹雷雨、姜丽、张跣译，中国社会科学出版社，2000，第 293 页。
4〔意〕葛兰西：《狱中札记》，曹雷雨、姜丽、张跣译，中国社会科学出版社，2000，第 294 页。

克思首先是一个革命家。他毕生的真正使命，就是以这种或那种方式参加推翻资本主义社会及其所建立的国家设施的事业，参加现代无产阶级的解放事业，正是**他**第一次使现代无产阶级意识到自身的地位和需要，意识到自身解放的条件。斗争是他的生命要素。很少有人像他那样满腔热情、坚韧不拔和卓有成效地进行斗争。”[1]这些论述告诉我们，以“改变世界”为目标的“革命”，在马克思的哲学理论创造活动中绝不是一个边缘性的问题，而必定是最根本、最重要的问题。由此而论，我们虽然可以在现代学科的意义上，将马克思的哲学划分为本体论、认识论、辩证法、历史观等诸多板块，但其实在一定意义上，只有与“改变世界”和“革命”的问题关联起来，这些板块的内容才可以得到透彻而准确的理解。如果说“改变世界”和“革命”是重大的政治问题之一，那么将马克思认定为一位政治哲学家，或者说将其全部哲学认定为政治哲学，是有一定道理的。而在“革命性”的进路上来加深和推进关于马克思政治哲学的研究，自然也有利于把握马克思的思想定位和理论宗旨。

其次，我们再来看第二点。在“规范性”的研究进路上，我们自然可以以历史为基点，来证成和构建在传统的学术理解结构中未曾有过“马克思政治哲学”，而且通过这种证成和构建，我们自然也可以比较好地解决马克思在规范性问题上的“二律背反”难题。但与此同时，我们又必须从理论上来清晰地回答，马克思为什么没有像洛克、罗尔斯、诺奇克（也译“诺齐克”）等规范性政治哲学家那样，明确证立和系统辩护某个或某些价值？实质上，这个问题只有放在“革命性”的进路上，才可以得到最清晰、最透彻的回答。原因在于，罗尔斯等人证立和辩护某个或某些价值的目的之一，在于为构建公正有序的社会关系提供理论方案，换个角度来看，就在于从理论上说明一种社会关系如何得到改良。然而，正如柯亨所指出的，在19世纪，无

1《马克思恩格斯文集》第3卷，人民出版社，2009，第602页。

产阶级集多数派、生产、剥削、贫困、无物可失和革命这六个特征于一身，而站在无产阶级立场上的马克思，必然不可能诉诸系统的规范性言说，通过证立和辩护某个或某些价值，来构制一种关于社会改良的学说，相反，这样的学说正是马克思以及恩格斯极力批判的东西，如蒲鲁东和拉萨尔的学说。如果这一点充分表明，在“革命性”进路上，我们完全可以很好地解释和回答在“规范性”进路上难以解释和回答的问题，那么我们在“规范性”进路上所要做的核心工作，即构建以历史为前提的“马克思政治哲学”，与“革命性”进路也能够很好地形成会通。因为这种以历史为前提的“马克思政治哲学”的主要宗旨，就是在规范和道义的界面上来开展历史批判，同时也通过历史批判来彰显规范和道义的力量，而历史批判的一个根本归宿，显然就是革命。由这种情况来看，在“革命性”进路和“规范性”进路上，我们完全可以把握到同一个“马克思政治哲学”。

然而，我们必须严肃指认的一个问题是，“革命性”进路上，研究者们常常会相沿成习地陷入一个根本性误区，这就是在实证的意义上，用“革命”本身来解释“革命”。这种解释思路的重大弊端，就在于过度放大了“行动”，从而忽视和遮蔽了马克思政治哲学中“知”和“思想”的部分，在现实上，这容易导向“阶级斗争决定论”或“唯阶级斗争论”。我们都知道，柏拉图构建政治哲学的一个基本前提，就是将“知”和“行”分离开来，“知”对应着真理，“行”对应着世俗的意见，而他的政治哲学就是要致力于阐发“知”和真理，同时质疑、批判“行”和意见。柏拉图的这一做法必然存在漠视现实生活复杂性的重大弊端，但他对于“知”和真理的强调，却显然有助于确立政治哲学的思想性高度，从这一点来看，柏拉图就是后来人构建政治哲学的“母腹”。比如说，德国古典哲学家康德和黑格尔虽然都强调行动的重要性，但他们的共同前提，是要用“知”来作为指导。具体一点说，康德是要从其道德学说的先验原则中，引申出实践和行动；而黑格尔是要在关于绝对知识和真理的辩证把握中，来塑造实际的行动。在强调“知”的重要性上，马克思并不逊色于康德和黑格尔。马克思曾郑重指出，“光是思想力求成为现实是不够的，现实本身应当力求趋向思想”[1]，“理论一经掌握群众，也会变成物质力量”[2]。而海德格尔在谈到马克思时也曾说道：“解释世界与改变世界之间是否存在着真正的对立？难道对世界每一个解释不都已经是对世界的改变了吗？对世界的每一个解释不都预设了：解释是一种真正的思之事业吗？另一方面，对世界的每一个改变不都把一种理论前见（Vorblick）预设为工具吗？……实践是通过什么被规定的呢？通过某种理论，这种理论将生产的概念塑造为对人的（通过他自身的）生产。因此马克思具有一个关于人的理论想法，一个相当确切的想法，这个想法作为基础包含在黑格尔哲学之中。”[3]马克思本人和海德格尔的这些话告诉我们，要理解马克思政治哲学中的“革命”及“革命性”进路中的马克思政治哲学，就必须抓住其中具有灵魂意义的“知”、“思”和“理论”的部分，否则，就会降低马克思政治哲学的理论高度，并窄化其思想性意义。

如果说政治哲学终究都是一种规范性理论，那么马克思政治哲学中“知”、“思”和“理论”的部分，也就是其规范性的部分。在内容上，这个规范性的部分，实质上就是海德格尔所说的关于人的“确切的想法”。这个关于人的“确切的想法”，就是“人的解放”。这正如马克思在《〈黑格尔法哲学批判〉导言》中所指出的，“**彻底的**德国不**从根本上**进行革命，就不可能完成革命。**德国人的解放**就是**人的解放**。这个解放的**头脑**是**哲学**，它的**心脏**是**无产阶级**。”[4]作为一个价值主张和理论目标，人的解放具有面向未来历史的前瞻性和理想性，但它同时也具有针对当下历史的回溯性和现实性，这

1《马克思恩格斯文集》第 1 卷，人民出版社，2009，第 13 页。
2《马克思恩格斯文集》第 1 卷，人民出版社，2009，第 11 页。
3〔法〕F. 费迪耶等辑录：《晚期海德格尔的三天讨论班纪要》，丁耘摘译，《哲学译丛》2001 年第 3 期。
4《马克思恩格斯文集》第 1 卷，人民出版社，2009，第 18 页。

说明它既构成了对权利、自由、平等、正义等现实性价值的超越，也在某种意义上承认、涵盖了这些现实性价值。由此而论，只要能够把握住“人的解放”这个“知”、“思”和“理论”的部分，人们就不仅可以在“革命性”进路上推进马克思政治哲学研究时，守护住思想的高度，也可以在“规范性”进路上推进马克思政治哲学研究时，开辟出以未来为基点的历史性视野，甚至还可以在“政治性”进路上推进马克思政治哲学研究时，避免阿伦特的那些误解。

作为马克思政治哲学研究中最具有代表性的三种进路，“政治性”进路、“规范性”进路和“革命性”进路，虽然总体来看处在不同的学思传统中、有着不同的立论前提、遵从不同的推理路数，但它们之间的差异和隔阂，并不是不可打通的。在某种意义上，我们恰恰需要在这三种研究进路的视域融合中，来构建最切合思想史的马克思政治哲学，以及最有理论涵摄力和思想张力的当代中国马克思主义政治哲学。

第三节　通向规范性的马克思政治哲学

20 世纪 70 年代以来英美学术界以及最近十多年以来中国学术界围绕“马克思与正义”所进行的广泛而深入的探讨，实质上都指向了这样一个核心问题：在现代规范性政治哲学的意义上，证成和建构一种能对平等的权利、公正的分配等重大现实和理论问题做出回应的马克思政治哲学是否可能？不少学者在这一问题上持否定的看法，其根据看似也很有道理。比如说，有的学者认为，马克思哲学的主干是历史唯物主义，而历史唯物主义由于是以事实判断而非价值判断为前提的，所以它在本质上又是一种与规范性政治哲学毫无干系，甚至潜在地排斥规范性政治哲学的理论形式。与这种观点相呼应，有的学者则认为，马克思虽然批判了资本主义，甚至在考察资本的原始积累时，也使用过诸如“征服”“奴役”“劫掠”“杀戮”“暴力”等语词，但总体来看，马克思的批判只能归结为一种描述性意义上的科学审视，而非规范性意义上的道德审判，所以他的理论尚缺乏足以证成一种规范性政治哲学的思想资源。另外还有学者认为，马克思的著作虽然彰显着道义的力量，但他对规范性判断通常采取的是一种不屑一顾甚至质疑和批判的态度，而这也无法证明他实质上有规范性政治哲学思想。与凡此种种的观点相反，我认为，马克思固然没有像他之前的霍布斯、洛克以及他之后的罗尔斯、诺奇克那样，通过明确地证立某个或某些价值而发展一套体系完整、内容详备的规范性政治哲学理论，但在他的思想架构中，却实际上容纳了现代规范性政治哲学的几乎全部价值要素和理论问题。而将这些价值要素和理论问题梳理出来并使之系统化，从而建构一种既有坚实理论前提又有实质思想内容的规范性政治哲学，不仅是完全可能的，而且对于把握马克思哲学的思想品格并彰显其当代性意义，也是十分必要的。

一、“人的解放”概念与现代规范性政治哲学的价值要素

众所周知，任何政治哲学都有其所认定和辩护的价值，价值理论构成政治哲学的基石和理论中轴。就现代规范性政治哲学而言，其所认定和辩护的价值，主要有权利、自由、平等、公正等。而马克思实质上有没有规范性政治哲学，首先就取决于他是如何看待这些价值的。如果马克思没有在其理论结构中为这些价值留有一席之地，那么，我们也就没有任何理由认为马克思实质上拥有规范性政治哲学。实际情况是怎样的呢?

翻阅马克思的著作，人们不难发现，对于权利、自由、平等、公正之类的价值原则，马克思通常采取的是一种批判的态度。比如在《哥达纲领批判》中，马克思就曾这样说道：“我较为详细地一方面谈到‘不折不扣的劳动所得’，另一方面谈到‘平等的权利’和‘公平的分配’，是为了指出这些人（指拉萨尔派。——引者注）犯了多么大的罪，他们一方面企图把那些

在某个时期曾经有一些意义，而现在已变成陈词滥调的见解作为教条重新强加于我们党，另一方面又用民主主义者和法国社会主义者所惯用的、凭空想象的关于权利等等的废话，来歪曲那些花费了很大力量才灌输给党而现在已在党内扎了根的现实主义观点。”[1]需要指出的是，马克思对权利、自由、平等、公正等价值原则的这种批判态度，归根到底乃是一种“抽象肯定、具体否定”的态度[2]。由此来看，马克思所批判的主要是资产阶级学者和改良主义者利用这些价值原则来否认与掩饰社会主要矛盾的做法，也就是这些价值原则所发挥的意识形态功能，同时他还批判资本主义社会中以唯利是图的“个人”为载体的权利和自由，而权利、自由、平等、公正等价值原则本身所指涉的内容，其实并不是马克思的批判对象。就这些价值原则本身所指涉的内容来说，马克思所真正持有的态度，就是一种“抽象肯定”的态度。如何具体理解这个问题呢？

政治哲学所讲的价值不仅构成了人们理解社会政治制度的基本方式，而且也构成了人们界定自己生命结构的基本原则。后一点，就是我们把握权利、自由、平等、公正等价值所指涉的内容的最重要维度。而从此点来看，权利、自由、平等、公正既不是飘荡无根的空泛理念，也不是欺骗性和蒙蔽性的资产阶级意识形态，而是渗透在现代人的生活过程和生命历程中的基本要素，是现代人安身立命的根本。而作为现代人安身立命的根本，这些价值所对应的一个重要概念，就是马克思在《论犹太人问题》中所提到的“政治解放”，因为“政治解放同时也是同人民相异化的国家制度即统治者的权力所依据的旧社会的**解体**”[3]，其基本内涵和旨趣，就在于把人从对神权、君权、王权等他者的依附状态以及等级制中解放出来，使其成为有自由人身、有独立人格、有权利观念、有正义诉求的“新人”，而这不是在一般层面上要求

1《马克思恩格斯文集》第3卷，人民出版社，2009，第436页。

2 李佃来：《马克思的政治哲学：理论与现实》，人民出版社，2015，第122页。

3《马克思恩格斯文集》第1卷，人民出版社，2009，第44页。

人们确立权利、自由、平等、公正等价值，而正是在塑造现代人的新的生命结构的意义上彰显这一要求的。如果这一点表明，我们可以借助于“政治解放”这个概念，在现代规范性政治哲学的价值所指涉的内容层面来界定这些价值，那么实际上，我们同样可以借助于这个概念，来把握马克思对这些价值的真实态度。

我们都知道，马克思的最高价值诉求不是政治解放，而是政治解放对置面上的人的解放。人们通常都会注意到政治解放和人的解放之间的不同，但很少思考这两个概念之间所构成的复杂关系。实质上，在马克思的概念结构中，政治解放和人的解放不是一种并列的关系，也不是一种“二选一”的非此即彼的关系，而是一种由前而后的历史递推关系。如同黑格尔，马克思在审视历史时，从来就没有把某个环节孤立出来，而是为历史赋予了一个有过渡、有推进、有上升、有联系、有秩序的整体理性结构。在这个整体理性结构中，政治解放与人的解放固然代表了两个不同的环节和位阶，但前者恰恰是达到后者所不能缺少的阶梯和踏脚石，亦即在马克思看来，只有在政治解放的坚实基础上，人的解放才能够最后实现。对于这一观点，马克思在《〈黑格尔法哲学批判〉导言》、《论犹太人问题》和《1857—1858年经济学手稿》中，都做出过比较明确的阐释。

在《〈黑格尔法哲学批判〉导言》中，马克思将德国人的解放定位为“以宣布人是人的最高本质”为立足点的解放，也就是“人的解放”。而人的解放所要经历的，是一个“有原则高度的实践”，也就是“一个不但能把德国提高到现代各国的**正式水准**，而且提高到这些国家最近的将来要达到的**人的高度**的**革命**”[1]的实践。马克思无非是说：人的解放对于德国而言，不可能在自己既定的历史实践基础上完成，而要在欧洲先进的历史实践基础上完成，因此它也就包含了两项任务，一是提高到现代各国的正式水准，二是实

1《马克思恩格斯文集》第1卷，人民出版社，2009，第11页。

现英法等国都将实现的人的解放。实质上，前者主要就是指政治解放及其所带来的重大社会成果，因为到19世纪上半叶，英国人已经以经济的方式、法国人已经以政治的方式，相继完成了政治解放，从而使权利、自由成为现实的价值诉求，并由此构建起现代人的政治生命和交往方式，而这才是“现代各国的正式水准”。德国人的解放之所以首先要提高到这个正式水准，最直接的原因就是，德国人虽然在理论上（主要是指黑格尔的法哲学和国家哲学）思考了英法等国做过的事情，并成为这些国家的“理论良心”和“哲学同时代人”，但在现实上，则还远远滞后于这些国家，与这些国家所已经达到的水准有很大距离。马克思在这里自然不是要求德国人的解放一定要清晰地区分出一前一后两个阶段，而是要求德国人在理解和把握自己的解放时，要站在“当代所谓的问题之所在的那些问题的中心”，要重视现代政治解放所具有的奠基性意义（虽然德国不可能经历一场法国式的政治革命）。我们由马克思的这个观点可以推知，在他的理论结构中，政治解放虽然具有局限性，这种局限性虽然要靠人的解放来解决，但政治解放不是人的解放的天然对立面，而是人的解放所要经历的一个环节。这一点，在《论犹太人问题》中有一个更直接的表述：“**政治**解放当然是一大进步；尽管它不是普遍的人的解放的最后形式，但**在**迄今为止的世界制度**内**，它是人的解放的最后形式。不言而喻，我们这里指的是现实的、实际的解放。”[1]

在《1857—1858年经济学手稿》中，马克思界划了“人的发展”的三个历史阶段，即人的依赖关系阶段、以物的依赖性为基础的人的独立性阶段以及建立在个人全面发展和他们共同的、社会的生产能力成为从属于他们的社会财富这一基础上的自由个性阶段。马克思此时没有直接使用“政治解放”和“人的解放”这样的术语，但就思想内容来说，第二个阶段和第三个阶段，分别对应着政治解放和人的解放。马克思没有将第二个阶段和第三个

1《马克思恩格斯文集》第1卷，人民出版社，2009，第32页。

阶段截然对立起来，而是明确地强调：“第二个阶段为第三个阶段创造条件。因此，家长制的，古代的（以及封建的）状态随着商业、奢侈、**货币**、**交换价值**的发展而没落下去，现代社会则随着这些东西同步发展起来。”[1]“全面发展的个人——他们的社会关系作为他们自己的共同的关系，也是服从于他们自己的共同的控制的——不是自然的产物，而是历史的产物。要使**这种**个性成为可能，能力的发展就要达到一定的程度和全面性，这正是以建立在交换价值基础上的生产为前提的，这种生产才在产生出个人同自己和同别人相异化的普遍性的同时，也产生出个人关系和个人能力的普遍性和全面性。在发展的早期阶段，单个人显得比较全面，那正是因为他还没有造成自己丰富的关系，并且还没有使这种关系作为独立于他自身之外的社会权力和社会关系同他自己相对立。留恋那种原始的丰富，是可笑的，相信必须停留在那种完全的空虚化之中，也是可笑的。”[2]马克思在这里既然认为，全面发展的个人不是自然的产物，而是以建基于交换价值的生产为前提的历史的产物，第二个阶段为第三个阶段创造了条件，那么从“人的发展”这个视点来看，他依然将政治解放和人的解放之间的关系，判定和指认为一种由前而后的历史递推关系。他在这一关系上，尤其强调政治解放对人的解放所具有的奠基性意义。

从政治解放和人的解放的上述关系来看，马克思在依托人的解放来确立自己的思想方案时，不可能将政治解放这个环节和位阶所包含的积极价值要素一一排除在外，相反，我们从“人的解放”这一概念中，恰恰能够反推出这些积极价值要素。在此意义上，马克思虽然没有对权利、自由、平等、公正等现代规范性政治哲学的价值予以系统辩护，但实质上，这些价值及其所指涉的内容，已经容纳在人的解放这个高位的价值诉求中了，这正是马克思

1《马克思恩格斯文集》第 8 卷，人民出版社，2009，第 52 页。

2《马克思恩格斯文集》第 8 卷，人民出版社，2009，第 56—57 页。

对这些价值予以“抽象肯定”的一个重要体现。具体来看，人的解放所要实现的目标，就是共产主义的理想状态，也就是马克思在《1857—1858年经济学手稿》中所界划和描述的“建立在个人全面发展和他们共同的、社会的生产能力成为从属于他们的社会财富这一基础上的自由个性”[1]，或者他和恩格斯在《共产党宣言》中所界定和勾绘的“每个人的自由发展是一切人的自由发展的条件”[2]的联合体。无论是“自由个性”还是“自由人的联合体”，都被一些英美学者归结为与规范性判断毫不相干的“非道德的善”。但稍加分析便可以发现，这些所谓“非道德的善”，恰恰指示了一种平等个体的均衡生活状态，所以，我们从中很容易看到马克思所持有的一种异常鲜明的规范性立场，即一种旨在强调每个人的自由而全面发展、旨在从深层次上尊重人的生存权的平等主义立场。

一部分介入“马克思与正义”讨论的英美学者并没有看到上述问题，但深谙马克思思想的罗尔斯，却对此有一个明确的认知。在《政治哲学史讲义》中，罗尔斯这样说道：“许多人都试图证明，共产主义是一个超越了正义的社会。但是，这种观点在何种意义上是真实的呢？这取决于我们所考虑的共产主义社会的哪些方面。回顾一下，共产主义等同于没有强制的、激进的平等主义。这一理念仍然是站得住脚的；它包含：（a）所有的人都拥有平等获得和使用社会生产资料的平等权利。（b）所有的人都拥有与其他人一起共同参与到制定经济计划的公开而民主决策中去的平等权利。（c）所有的人都应——我设想——平等地分担那些任何人都不想去承担的必要的工作，如果存在这类工作的话（可以肯定会存在许多这类工作）。”[3]在总结杰拉斯、柯亨等人的观点时，罗尔斯还说道，共产主义社会中的“各尽所能、按需分

1《马克思恩格斯文集》第8卷，人民出版社，2009，第52页。

2《马克思恩格斯文集》第2卷，人民出版社，2009，第53页。

3〔美〕罗尔斯：《政治哲学史讲义》，杨通进、李丽丽、林航译，中国社会科学出版社，2011，第384页。

配”原则“意在给所有的人都提供自我实现的平等权利，尽管马克思设想，这个原则要在政府及其强制性的法律制度消失以后才会出现。……根据马克思的适合于完全共产主义社会的原则，在各种价值和原则之间所做的那种人为的区分（关于权利与正义的价值和原则及关于自由与自我实现的价值和原则之间的区分）被证明是完全武断的。可以说，完全共产主义社会的原则确实赋予了人们自我实现的基本平等权利（如果你喜欢这种表述方式的话）。我们确实可以谈论基本自由的正义分配，就像我们可谈论任何其他事物的分配一样。如同我们将看到的那样，马克思可能还提出了其他平等权利”[1]。这些论述充分表明，根据罗尔斯的解读，在马克思的“共产主义社会”概念中，包含了“平等的权利”这个理解正义的基本观念。这个解读相比“非道德的善”的观点更加深刻，它看到了马克思所持有的平等主义立场。

事实上，权利、自由、平等、公正构成了一个具有同类意义的价值组合，这个价值组合所透显出的根本思想旨趣，就是平等待人。显而易见，马克思所持有的平等主义立场不仅没有消解这个思想旨趣，相反与西方规范性政治哲学相比，在一个更高的理论基点上将这个思想旨趣淋漓尽致地诠释了出来。

基于以上论述，我们要予以郑重申明：“人的解放”、“自由个性”和“自由人的联合体”，都是马克思在规定、描绘未来共产主义时所提出的一些彰显着超越性色彩的概念。我们既无法完全停留在现代规范性政治哲学的框架内来理解这些概念，更不能将这些概念修正、降格为现代规范性政治哲学所讲的权利、自由、平等、公正等现实性价值。然而，反过来说，我们在把握这些概念时，则必须看到其中所蕴含和容纳的现代规范性政治哲学的基本价值要素，而不是将这些现实性的价值要素湮没在超越性的理念当中。这一点，对于我们证成和构建规范性的马克思政治哲学，无疑具有前提性意义。

1〔美〕罗尔斯：《政治哲学史讲义》，杨通进、李丽丽、林航译，中国社会科学出版社，2011，第357页。

二、市民社会批判与现代规范性政治哲学的纵深推进

现代规范性政治哲学所讲的权利、自由、平等、公正等价值，以及围绕这些价值而提出的关于国家、分配、身份认同等的理念和思想，通常都要求运送和落实在实定法中，以此在制度层面上得到守护和巩固，并由此转化成一种具有普遍性和持久性特征的社会政治文化与日常行动规范。这个情况，往往会给人们造成一种印象，即政治哲学的论域和论题归根结底就是法权，或者政治哲学就等同于法权哲学或法哲学。作为“马克思与正义”之争的主要挑起人与推动者，伍德实际上就持有这样的见解。在《马克思对正义的批判》一文中，伍德这样强调：“根据马克思和恩格斯的观点，从根本上讲，‘正义’(Gerechtigkeit) 乃是一个法权 (juridical) 概念或法定 (legal/rechtlich) 概念，是一个与法律 (law/Recht) 和依法享有的权利 (rights/Rechte) 相联系的概念。”[1] 伍德虽然在这里说的是“马克思和恩格斯”的观点，但其实也是他自己对正义的一种理解，亦即正义是一个法权概念。根据这个理解，伍德就必然会得出“马克思没有实质性正义思想和政治哲学”的结论，因为法权从属于上层建筑，而马克思所重视和实际考察的是决定上层建筑的社会生产关系。在我看来，这样的推论和观点是极其表层化的，问题之实质比人们通常的认识要远为复杂。

追根溯源，我们所说的现代规范性政治哲学，实际是由霍布斯、洛克以及休谟等政治哲学家所开创的一种理论传统。如本章第一节所示，这些政治哲学家所生活的时代，正是黑格尔和马克思所关注的、以商品生产和商品交换为纽带的市民社会开始形成并逐渐走向成熟的时代。市民社会的形成不仅带来了一种不同于古代和中世纪的生产、生活及交往方式，而且由此带来了一系列关乎伦理和政治、需要人们从理论上认真思考和阐释的规范性问题，这正是现代规范性政治哲学得以发育和出场的一个最重要前提。从内容上来

1〔美〕艾伦·伍德：《马克思对正义的批判》，林进平译，《马克思主义与现实》2010 年第 6 期。

看，现代规范性政治哲学的论题有很多，但概括起来，最基础、最根本、最引人关注的论题，是所有权的合法性及分配的公正性。这绝不是一个人类自开启政治哲学的智识活动以来就始终存在的论题，而是16世纪以降、随着市民社会的形成与大踏步走向成熟才开始真正凸显的一个具有现代意义的论题。这是因为，市民社会作为一个需要和劳动的体系，其形成与走向成熟的一个重大历史要求，就是确立个人对社会基本善品，特别是对物品和财富的所有权（黑格尔将"通过司法对所有权的保护"认定为市民社会的一个环节），而进一步来看，这个历史要求又必然潜含着如何公正地分配社会基本善品的问题。追溯起来，在市民社会尚未形成、个人性原则尚未确立的古代社会，人们固然也会遇到所有权的问题（比如"罗马法"就涉及这个问题），但严格说来，古代社会的所有权问题是在等级制的社会结构中呈现出来的，仅仅关乎贵族阶级的利益，并不可能成为一个与每个人和整个社会分配相关的公共政治性话题。另外，许多西方政治哲学家虽然是在无特定历史指涉的、不证自明的、具有公理特征的自然法意义上，来证立包括所有权在内的权利以及公正等原则的，但追究起来，自然法只是他们力图在最强的规范性意义上来证立这些原则的手段，并不代表这些原则本身在现代市民社会形成之前就已被人们广泛接受。

如果以上论述充分表明，正是现代市民社会的历史形成及成熟，催生和成就了作为一种理论传统的现代规范性政治哲学，那么可以明确的一点是，现代规范性政治哲学虽然总是致力于构建和讲述一种上层建筑意义上的法权关系，但实质上，法权往往只是其形式而非内容，其内容则在于由市民社会所表征的社会交往关系。这一点，在霍布斯之后、马克思之前的政治哲学史上，体现得尤为明显。从这一点来看，我们不仅有理由认为马克思介入了现代规范性政治哲学的基本论域，而且也有理由认为，他的工作所实际实现的，就是将现代规范性政治哲学实质性地推向了纵深层面。之所以如此，就是因为马克思不仅在黑格尔的基础上对市民社会及其表征的社会交往关系进行了认真的反思性研究，而且他通过这一研究所取得的最重大成果之一，就是将近代以来的西方政治哲学家没有看到甚至也根本不可能看到的问题，极其深刻地揭示了出来。

严格地说，近代以来的西方政治哲学家，尤其是英国传统的政治哲学家，如霍布斯、洛克、休谟、亚当·斯密、边沁、约翰·穆勒等，并没有像黑格尔和马克思那样，将市民社会推定为他们的研究对象。但毋庸置疑，他们的核心工作，却几乎都是要对正在形成或大踏步走向成熟的市民社会及其表征的社会交往关系予以阐释和界定。总体来看，市民社会形成并走向成熟的时代，是一个新旧两种社会形态发生重大转换的时代。这个时代所凸显出来的一个根本性原则，如上所示，就是个人性原则。与此相应，霍布斯、洛克、斯密、边沁等近代以来的政治哲学家虽然在理论的侧重点上各不相同，但在阐释和界定市民社会及其表征的社会交往关系上，却有一个共同点，这就是他们的这项阐释和界定工作，基本都是从自然的“个人”出发的。所以从他们的眼光来看，市民社会就是一个自然“个人”的组合体，市民社会的根本规定性就是“个人性”，而由市民社会表征的社会交往关系，就是不同的自然“个人”以商品和财产权为中介维系而成的一般人际关系。对于这一点，马克思在《1844年经济学哲学手稿》中谈到英国国民经济学家时，曾做出明确指认：“在国民经济学家看来，**社会**是**市民社会**，在这里任何个人都是各种需要的整体，并且就人人互为手段而言，个人只为别人而存在，别人也只为他而存在。正像政治家议论**人权**时那样，国民经济学家把一切都归结为人，即归结为个人，从个人那里他抽去一切规定性，把个人确定为资本家或工人。”[1] 马克思的这个指认虽然直接针对的是英国国民经济学家，但实质上也适应于近代以来的西方政治哲学家，亦即马克思已经非常清楚地看到，

1《马克思恩格斯文集》第1卷，人民出版社，2009，第236页。

不管是较早的霍布斯、洛克还是较晚的斯密、边沁，都将市民社会及其表征的社会交往关系不由分说地解释和还原为了“个人”。我们要追问的是，马克思自己是如何看待这个问题的？

我们都知道，市民社会并不是马克思所要维护的一个关系体，相反正是他要极力批判和解构的一个对象。马克思批判市民社会的目标之一，实质就在于站在近代以来西方政治哲学家的对置面上，揭示市民社会及其表征的社会交往关系的“伪个人性”。马克思的这个批判和揭示，充分展现在写于1857年8月的《〈政治经济学批判〉导言》中。马克思在这一文本中开宗明义地指出：“被斯密和李嘉图当做出发点的单个的孤立的猎人和渔夫，属于18世纪的缺乏想象力的虚构。这是鲁滨逊一类的故事，这类故事决不像文化史家想象的那样，仅仅表示对过度文明的反动和要回到被误解了的自然生活中去。同样，卢梭的通过契约来建立天生独立的主体之间的关系和联系的‘社会契约’，也不是以这种自然主义为基础的。这是假象，只是大大小小的鲁滨逊一类故事所造成的美学上的假象。其实，这是对于16世纪以来就作了准备、而在18世纪大踏步走向成熟的‘市民社会’的预感。在这个自由竞争的社会里，单个的人表现为摆脱了自然联系等等，而在过去的历史时代，自然联系等等使他成为一定的狭隘人群的附属物。这种18世纪的个人，一方面是封建社会形式解体的产物，另一方面是16世纪以来新兴生产力的产物，而在18世纪的预言家看来（斯密和李嘉图还完全以这些预言家为依据），这种个人是曾在过去存在过的理想；在他们看来，这种个人不是历史的结果，而是历史的起点。因为按照他们关于人性的观念，这种合乎自然的个人并不是从历史中产生的，而是由自然造成的。这样的错觉是到现在为止的每个新时代所具有的。……我们越往前追溯历史，个人，从而也是进行生产的个人，就越表现为不独立，从属于一个较大的整体：最初还是十分自然地在家庭和扩大成为氏族的家庭中；后来是在由氏族间的冲突和融合而产生的各种形式的公社中。只有到18世纪，在‘市民社会’中，社会联系的各种形式，对个人说来，才表现为只是达到他私人目的的手段，才表现为外在的必然性。但是，产生这种孤立个人的观点的时代，正是具有迄今为止最发达的社会关系（从这种观点看来是一般关系）的时代。”[1]

在上面这一大段话中，马克思虽然反复使用了“个人”这个术语，但他显然不是要把市民社会还原为一个一个相互独立的自然“个人”，毋宁说他要表达的核心观点是，在自由竞争的市民社会中，人虽然因为对私人目的的追求而展现出独立性或孤立性的外观，但这并不意味着市民社会开始形成并不断走向成熟的时代，就是一个真正能造就自然“个人”的时代，相反从人的独立性或孤立性的外观下所能洞察和把握到的东西，只能是人的历史性存在和“迄今为止最发达的社会关系”。所以简言之，马克思并不认为市民社会中真正存在自然的“个人”，由市民社会表征的社会交往关系，在他看来就是“迄今为止最发达的社会关系”。问题的关键在于，马克思的这个观点对于我们理解现代规范性政治哲学，究竟意味着什么呢？

事实上，自然的“个人”不仅是近代以来的西方政治哲学家予以立论的一个根本出发点，也必然是他们所要极力辩护的一个重要规范性目标，因为在他们看来，这个“个人”是所有权的合法性及分配的公正性这一论题的内核之所在，进一步追溯，则是两种意义上的权利和自由的必要前提：一是“机会平等”意义上的权利和自由的必要前提，二是“应得”意义上的权利和自由的必要前提。就前者而言，只有当把每一个人理解和对待为自然的“个人”并强调人与人在人格和生命上的同质性时，那种由出身、血缘、种族等既定的不平等因素所导致的社会歧视才可能被彻底瓦解，人们在自己的生活选择、命运安排以及社会善品的获取上才真正拥有形式上平等的机会，权利和自由也才能够由此兑现为现实性的价值。就后者来说，只有当把每一

1《马克思恩格斯文集》第8卷，人民出版社，2009，第5—6页。

个人理解和对待为自然的“个人”并强调人与人在禀赋和抱负上的异质性时，那种“应得者无所得或少得、不应得者有所得或多得”的不公正分配才能够被有效纠正，人们才真正可以凭借自己的资质和贡献而有理有据地得其应得，权利和自由在此意义上同样也才能够兑现为现实性的价值。

平心而论，近代以来的西方政治哲学家围绕自然的“个人”所进行的辩护，对于确立由市民社会的生成所带来的新时代的行动规范和生活规则，进而对于在更长远的意义上开启一个新时代，都具有不可否认的重要贡献。然而，被他们严严实实遮蔽起来但又至关重要的问题是，如果说在市民社会形成之初，在基于自身劳动的所有权刚刚从封建社会的束缚下脱颖出来、工场手工业和简单商品生产尚占主导地位的时代，自然的“个人”不仅是一种理想，同时也是一种较为普遍的现实，那么在市民社会走向成熟，在机器大工业取代工场手工业、劳动和劳动条件发生根本性分离并由此催生出雇佣劳动制度的时代，自然的“个人”已经历史性地退行为一种表面的现象，资本成了这个时代具有独立性和个性的东西，甚至也可以说，当这个“个人”演化为一种私有财产制时，资本的形成就是顺理成章的结果。毋庸置疑，马克思之所以能够理直气壮地揭示和指认市民社会及其表征的社会交往关系的“伪个人性”，在很大程度上就是基于他对这个长期以来处在遮蔽状态下的问题的透彻把握。他在《〈政治经济学批判〉导言》中所提到的“迄今为止最发达的社会关系”，实际上就是指在市民社会不断走向成熟的时代取代原初自然“个人”的“资本”的关系。

在马克思看来，资本是一种不依赖于单个人而存在的、固化为社会结构的权力。在资本的关系中，人被先定地划归在一个不可自由流转的社会层面上，从而有了一个具有世代传递性的“身份识别”。所以，不管是资本家还是工人，都远非斯密等人所认定的仅有职业差别的“个人”，而是代表了一个先定的、不能自主选择的社会身份。问题的关键在于，无论是近代以来的政治哲学家所诉求的“机会平等”，还是他们所诉求的“应得”，实际上都要建立在两个相互关联的基础之上，一是等级制度的解体，二是先定权力和先定不平等因素的消除。在现代市民社会中，每一个人虽然由于政治解放而至少拥有了支配自己生命的权利和对劳动力的所有权，但资本对人的社会身份的先在划定，实际上又制造了一种新的“等级制度”，而资本本身也构成了一种新的先定权力和先定不平等因素。这个情况，无疑会使“机会平等”和“应得”统统都变异为不能得到根本实现的空洞口号，因为显而易见，除了劳动力之外一无所有的工人，既不可能在生活选择、命运安排以及社会善品的获取上与资本家拥有一样的机会，也因为剩余价值的存在而不可能真正得其所应得（工资只是其应得的一小部分）。近代以来的西方政治哲学家固然将古代社会和中世纪那种由人身依附关系所导致的先定权力和先定不平等因素剔除在外，但他们却忽视甚至也可以说是掩蔽了资本这个新的先定权力和先定不平等因素。所以，他们对自然的“个人”所进行的规范性辩护，在一定意义上却成为背离其宗旨的事情。我们不能仅仅将此解读为霍布斯、洛克、斯密、边沁等部分政治哲学家在理论设计上的一个漏洞，而且应将此视为现代规范性政治哲学传统中最根本、最具挑战性、最难解决的一个逻辑和思想矛盾。这个矛盾从霍布斯、洛克一直延伸到 20 世纪的罗尔斯和诺奇克。罗尔斯是一位颇具反思意识和批判精神的政治哲学家，但也没有解决这个矛盾，因为他虽然将“作为公平的正义”论定为社会制度的首要德性，但并没有像马克思那样，将思维的触角切实地伸向资本和社会生产关系。

毫无疑问，马克思对市民社会及其表征的社会交往关系的研究和批判，使其深刻地触碰到了现代规范性政治哲学的核心问题。如果我们据此而将马克思列入现代规范性政治哲学的大传统（当然，马克思也在一定意义上开创了与近代以来西方政治哲学相异质的理论传统），那么他在这一大传统中所具有的地位，在相当程度上就取决于他对上述逻辑和思想矛盾的解决。马克思和恩格斯在《共产党宣言》中郑重强调："共产主义并不剥夺任何人占有社会产品的权力，它只剥夺利用这种占有去奴役他人劳动的权力。"[1]实际上，马克思虽然没有对所有权、公正的分配、机会平等、应得等价值和价值载体予以系统辩护，但他的意思很清楚，要使这些价值和价值载体真正在人们的社会生活中发挥作用，就必须剥夺利用对社会产品的占有去奴役他人劳动的权力，也就是通过消灭私有财产制度，涤除具有独立性和个性的资本这个先定不平等因素。这就是马克思对上述逻辑和思想矛盾的解决。他的这个解决延续了"揭露具有非神圣形象的自我异化"的思维路线，为现代规范性政治哲学开辟出一个以历史和现实生产关系的批判为前提的理论向度。马克思以批判市民社会为契机而对现代规范性政治哲学所做的重大推进，由此可见一斑。

三、具有内在张力的现代规范性政治哲学理论模型

马克思对上述逻辑和思想矛盾的解决，从一个侧面来看，是对现代规范性政治哲学之不可能性的揭示，而从另一个侧面来看，则是对现代规范性政治哲学之可能性的说明。这两个侧面并不冲突，它们共同指向的是现代规范性政治哲学的价值主张得以实现的社会历史条件：如果说在私有制和资本占统治地位的条件下，现代规范性政治哲学所提出的一些价值主张，从根本上来讲乃是一些与普罗大众的生活相距甚远的东西，那么在这个条件被彻底改变，亦即在消灭了私有制、剥夺了奴役他人劳动的权力、涤除了资本这个先定不平等因素之后，如何将现代规范性政治哲学的价值主张实现出来，或者如何根据现代规范性政治哲学的基本理念来设计、安排人们的生活，就成了必须要认真对待的重大问题。面对新条件下的这个新问题，马克思显然不可能置身事外，他对共产主义第一阶段分配问题的系统思考，就是要探索和解

1《马克思恩格斯文集》第 2 卷，人民出版社，2009，第 47 页。

答这个问题。[1]

众所周知，马克思对共产主义第一阶段分配问题的思考，集中展现在《哥达纲领批判》中。马克思在其中这样说道："每一个生产者，在作了各项扣除以后，从社会领回的，正好是他给予社会的。他给予社会的，就是他个人的劳动量。例如，社会劳动日是由全部个人劳动小时构成的；各个生产者的个人劳动时间就是社会劳动日中他所提供的部分，就是社会劳动日中他的一份。他从社会领得一张凭证，证明他提供了多少劳动（扣除他为公共基金而进行的劳动），他根据这张凭证从社会储存中领得一份耗费同等劳动量的消费资料。他以一种形式给予社会的劳动量，又以另一种形式领回来。显然，这里通行的是调节商品交换（就它是等价的交换而言）的同一原则。内容和形式都改变了，因为在改变了的情况下，除了自己的劳动，谁都不能提供其他任何东西，另一方面，除了个人的消费资料，没有任何东西可以转为个人的财产。至于消费资料在各个生产者中间的分配，那么这里通行的是商品等价物的交换中通行的同一原则，即一种形式的一定量劳动同另一种形式的同量劳动相交换。"[2] 如果我们把马克思在这段话中就消费资料的分配所指示的原则，概括为多劳多得、少劳少得、不劳不得的"按劳分配"原则，那么这个原则在精神实质上，就相当于根据人们的禀赋和抱负、资质和贡献进行分配的"应得"原则。由于"应得"原则的价值前提，就是洛克等政治哲学家所证立和阐释的"平等的权利"，所以马克思在指示"应得"原则的同时，实际上也承认"平等的权利"在共产主义第一阶段的分配中所具有的规

1 众所周知，马克思在设计未来共产主义时，将之区分为两个阶段——第一阶段和高级阶段。对于共产主义高级阶段而言，并不存在如何按规范性的要求来公正合理地分配社会财富的问题，原因是这个阶段消除了物质资源稀缺和匮乏的状况，人们只要"按需取物"就行了，虽然我们依然可以从马克思对这个阶段的勾绘中，即从他的"人的解放"概念中，反推出权利、自由、平等、公正等现代规范性政治哲学的价值要素。所以，马克思按规范性的要求来思考分配问题，只是针对远未消除物质资源稀缺和匮乏状况的共产主义第一阶段。

2《马克思恩格斯文集》第 3 卷，人民出版社，2009，第 434 页。

范性意义。简言之，在共产主义第一阶段分配问题上，马克思认可的是以“平等的权利”为价值前提的“应得”原则。

然而，问题的复杂性在于，在《哥达纲领批判》中，马克思不仅表达了一种认可“应得”和“平等的权利”的意见，同时也表达了一种截然不同甚至完全相反的意见：“生产者的权利是同他们提供的劳动**成比例的**；平等就在于以**同一尺度**——劳动——来计量。但是，一个人在体力或智力上胜过另一个人，因此在同一时间内提供较多的劳动，或者能够劳动较长的时间；而劳动，要当做尺度来用，就必须按照它的时间或强度来确定，不然它就不成其为尺度了。这种**平等的**权利，对不同等的劳动来说是不平等的权利。它不承认任何阶级差别，因为每个人都像其他人一样只是劳动者；但是它默认，劳动者的不同等的个人天赋，从而不同等的工作能力，是天然特权。**所以就它的内容来讲，它像一切权利一样是一种不平等的权利**。权利，就它的本性来讲，只在于使用同一尺度；但是不同等的个人（而如果他们不是不同等的，他们就不成其为不同的个人）要用同一尺度去计量，就只有从同一个角度去看待他们，从一个**特定的**方面去对待他们，例如在现在所讲的这个场合，把他们**只当做劳动者**，再不把他们看做别的什么，把其他一切都撇开了。其次，一个劳动者已经结婚，另一个则没有；一个劳动者的子女较多，另一个的子女较少，如此等等。因此，在提供的劳动相同，从而由社会消费基金中分得的份额相同的条件下，某一个人事实上所得到的比另一个人多些，也就比另一个人富些，如此等等。要避免所有这些弊病，权利就不应当是平等的，而应当是不平等的。”[1]显而易见，马克思在这段广为人知的论述中，并没有对“应得”和“平等的权利”予以辩护，相反，他的主旨就是揭示和指认根据这两者进行分配时所存在的“有人多得、有人少得”或“有人富些、有人穷些”的弊端。如果说马克思在此持守的是一种平等主义的立

1《马克思恩格斯文集》第3卷，人民出版社，2009，第435页。

场，那么其平等主义的基本旨趣，就在于弱化天赋（体力和智力）以及家庭情况（婚否与子女多少）等偶然因素的应得性，以及缩小或消除由这些具有差异性的偶然因素所造成的分配结果的不平等。

马克思在现代规范性政治哲学的框架内来思考共产主义第一阶段的分配问题，这一点是没有任何疑义的。对我们来说真正的难点问题是，他为何会对“应得”和“平等的权利”持有以上两种截然不同甚至完全相反的意见？这是否表明马克思存在逻辑上的错误或者思想上的混乱？在我看来，要真正论明这个问题，就不能仅仅局限于马克思本人的文本，而应将视野扩展至现代规范性政治哲学在“平等待人”上所形成的两条阐释路线。

事实上，现代规范性政治哲学的最根本思想旨趣，就是前文所提到的“平等待人”。德沃金和金里卡，实际上都阐述过这个观点。不过，“平等待人”是一个抽象的说法，具体来看，对于怎样才算平等待人或如何平等待人，政治哲学家们则持有两种不同的看法，因而也形成了两条不同阐释路线的分野，即一是以“自由”为价值基点的阐释路线，二是以“平等”为价值基点的阐释路线。第一条阐释路线的最主要代表人物是洛克和诺奇克，第二条阐释路线的最主要代表人物是罗尔斯。根据第一条阐释路线，平等待人中的“平等”，是指权利平等和机会平等，而非起跑线的平等和结果平等。这条阐释路线要求清除等级制度和种姓制度下导致社会歧视的既定不平等因素——出身、血缘、种族等，但却支持体现自由的各种偶然因素——出生地、家庭背景、受教育程度等偶然的社会因素和体力、智力、特长等偶然的自然因素——的应得性以及由这些偶然因素所造成的不平等。根据第二条阐释路线，平等待人中的“平等”，不仅指权利平等和机会平等，同时也涵盖了起跑线的平等和结果平等。这条阐释路线并不完全承认“应得”原则，其核心主张就是削弱各种偶然的社会因素和偶然的自然因素的应得性，或者缩小由这些偶然的社会因素和偶然的自然因素所造成的不平等，罗尔斯所设定的“有利于最不利者”的差异原则，就显而易见地体现了这一主张。我们不宜按照一种“非此即彼”的排他性原则，将这两条阐释路线完全对立起来，而应当看到如下两点：第一，在平等待人上，第一条阐释路线确立的是一种具有奠基意义的、底线式的理念，因为只有在赋予每一个人基本的权利和自由这个大前提下，才可能谈论平等待人。所以，第二条阐释路线虽然并不接受由各种偶然的因素所造成的不平等，但它并不否定第一条阐释路线所讲的权利平等和机会平等。对于罗尔斯而言，除差异原则，他为正义所设定的另一条原则，就是权利平等原则。第二，虽然第一条阐释路线确立了一种底线式的平等待人的理念，但实质上，在其前提和结论之间存在一种相互抵触的非自洽性，这一则是因为各种偶然因素的差异，并不会使每个人都拥有平等的权利和机会，二则是因为由各种偶然因素所造成的结果上的不平等，从过程和世代传递来看，恰恰又包含了权利和机会上的不平等（所谓“龙生龙，凤生凤”，就有这样的寓意）。如果说第一条阐释路线无法自行克服这个非自洽性的问题，那么第二条阐释路线的主要工作，就是通过削弱偶然因素的应得性或缩小结果上的不平等来克服这个问题，进而反过来为权利平等和机会平等提供一个更有说服力的前提。从这两点来看，第二条阐释路线并不构成对第一条阐释路线的绝对否定和彻底颠覆，毋宁说它是对第一条阐释路线在规范性上所做的一种修正、补充和增进。

毋庸置疑，马克思对“应得”和“平等的权利”所持有的两种不同意见，对应的就是现代规范性政治哲学在“平等待人”上的两条阐释路线，甚至也可以说，它们在本质上讲的是同一回事情。而这两条阐释路线的关系则告诉我们，马克思的两种不同意见之间并不存在必然的矛盾和冲突，相反我们可以从中看到他在自由和平等、权利平等和结果平等之间所赋予的一种必要张力。根据马克思的设想，共产主义第一阶段是一个刚刚从资本主义社会中脱胎出来、生产力尚未得到充分发展、物质财富尚未达到无限涌流程度的阶段。他充分地认识到，在这个阶段上，以“平等的权利”为价值前提的“应得”，几乎是唯一既具有可操作性又相对公正的分配原则，用他的话说就是，“权利决不能超出社会的经济结构以及由经济结构制约的社会的文化发展”[1]。他在这一点上所接受的，其实正是上述第一条阐释路线确立的那种底线式的平等待人的理念。在他对市民社会和资本，特别是对“工人劳而不获、资本家不劳而得”的批判中，就涌动着对这种理念的强烈诉求。不过与此同时，他也独具慧眼地看到了“应得”原则和这种底线式的平等待人的理念所隐含着的弊病，也就是看到了上述第一条阐释路线的非自洽性。所以在他看来，要避免这种弊病，权利就不应当是平等的，而应当是不平等的。马克思显然不是要用平等来否定自由、用结果或起跑线的平等来否定权利平等（事实上，马克思在多个语境中对权利平等问题予以了全方位把握，本书第四章第二节将对此做专题探析），他的真实用意，在于把这些处在对立面上的规范性要素置于一个可相互调节的整体框架来做一种统合性的处理和创造性的重构。实质上只有洞见到马克思的这个用意，我们才能够透彻地理解他和恩格斯在《共产党宣言》中所指出的“每个人的自由发展是一切人的自由发展的条件”[2]，以及他在《资本论》第一卷中所提出的“在协作和对土地及靠劳动本身生产的生产资料的共同占有的基础上，重新建立个人所有制”[3]。

有趣的是，马克思对共产主义第一阶段分配问题所做的独特思考，与后来罗尔斯关于正义的理论建构相比，具有极大的相似性和可类比性，因为作为上述第二条阐释路线的最重要代表，罗尔斯正是像马克思那样，对平等和自由、结果平等与权利平等和机会平等做了一种统合性的处理。罗尔斯的正义理论应当说是 20 世纪最具有思想包容性和现实涵盖性、最符合人们道德直觉的政治哲学范型。或许就是因为这一点，罗尔斯的对手诺奇克才诚恳地

1《马克思恩格斯文集》第 3 卷，人民出版社，2009，第 435 页。

2《马克思恩格斯文集》第 2 卷，人民出版社，2009，第 53 页。

3《马克思恩格斯文集》第 5 卷，人民出版社，2009，第 874 页。

指出："政治哲学家们或者必须在罗尔斯的理论框架内工作，或者必须解释不这样做的理由。"[1] 当人们在罗尔斯的理论框架内，或沿着罗尔斯所开显出的问题研究规范性政治哲学时，往往不会想到马克思，或者至多把马克思视为一个可有可无的"边缘人"。但人们需要看到的是，比罗尔斯早将近一个世纪，马克思就已经为现代规范性政治哲学提供了一个具有思想包容性、现实涵盖性、符合人们道德直觉、充满内在张力的理论模型，虽然这个模型并没有涵盖当代规范性政治哲学所讨论的方方面面的问题，而主要涉及消费资料和社会财富的分配。实际上，马克思深刻地影响了罗尔斯，而罗尔斯在当代政治哲学乃至全部政治哲学史中不可撼动的地位，恰恰反过来印证了马克思对现代规范性政治哲学的发展所具有的重大贡献。当然，不管把马克思与罗尔斯加以对比，还是把马克思与洛克和诺奇克加以对比，我们都应当把握住他们之间的实质性不同。这种实质性不同体现在两个方面，一是如上所述，马克思的规范性思考是建立在消灭私有制、资本和剥削关系基础上的，二是马克思的规范性思考有一个朝向"人的解放"和"人的自由而全面发展"这个更高思想界面的维度，而这两个方面，无论是在罗尔斯那里还是在洛克和诺奇克那里，都是不存在的。

马克思没有将自己定位在政治哲学史上的任何一个位置，甚至他也没有将自己的理论工作与政治哲学直截了当地联系起来，但这都不影响我们从现代规范性政治哲学的视域和框架出发，来创造性地证成和构建其政治哲学思想。综合来看，规范性的马克思政治哲学的证成和构建，既是一个关涉如何深化马克思文本研究的"历史"的问题，也是一个关涉如何发展 21 世纪马克思主义哲学的"当代"的问题。当代中国正在经历着的社会变革以及正在进行着的实践创新，使社会公平正义问题、社会平衡发展问题、共同富裕问题、人民美好生活的实现问题等一系列需要由规范性政治哲学来回应和回答

1〔美〕诺奇克：《无政府、国家和乌托邦》，姚大志译，中国社会科学出版社，2008，第 218 页。

的重大现实与理论问题凸显了出来。马克思主义哲学是真正面向现实社会生活、与时俱进的理论，21 世纪的马克思主义哲学不能在这些重大现实与理论问题面前保持沉默，而应以积极的姿态介入其中。在此意义上，政治哲学理所当然地成为 21 世纪马克思主义哲学的一个重要理论向度甚至根本理论形态。以政治哲学为理论向度或理论形态发展 21 世纪马克思主义哲学，需要我们从源头上来厘清那些基础性和前提性的理论问题。依托文本与思想史来证成和构建规范性的马克思政治哲学，则是这一工作的关键之所在。

当然，我们必须指出，现代规范性政治哲学固然是我们证成和建构马克思政治哲学的最重要坐标系，但这既不意味着我们所要努力证成和建构的马克思政治哲学以及当代中国马克思主义政治哲学，只是一种与近代以来的西方规范性政治哲学在理论形式上完全同质的政治哲学，也不意味着当前马克思主义政治哲学研究的唯一合法进路，就是“规范性”进路。毋宁说，我们要看到，马克思是以大异于西方政治哲学家的方式介入政治哲学问题的，而且政治哲学的研究和建构，本身也需要一种以“破界”为前提的视域融合，所以，除了现代规范性政治哲学这条线索，我们也应抓住超出这条线索或这条线索不能容纳的问题，从而建构一种复合型的、整全型的马克思政治哲学以及当代中国马克思主义政治哲学。大概只有这样，我们才能够既有效地维护马克思主义哲学在平等的权利、公正的分配等重大规范性问题上的发言权与话语权，又不至于让马克思主义哲学的研究落入西方规范性政治哲学的概念陷阱。

第二章
马克思政治哲学的理论指向、立论原则及其传统

当谈到政治哲学时，我们可以轻而易举地列出古往今来那些彪炳思想史册的政治哲学家的名字，如苏格拉底、柏拉图、亚里士多德、西塞罗、霍布斯、洛克、休谟、卢梭、康德、黑格尔、马克思、阿伦特、施特劳斯、罗尔斯、诺奇克、柯亨、哈贝马斯等。但若要给政治哲学下一个明确的、不存在任何争议的、可作为标签用的定义，却是极其困难的。之所以如此，倒不是因为政治哲学本身就是一个边界模糊的学术领域和学科方向，而主要是因为不同时代、由不同政治哲学家所发展的政治哲学，就理论范式而言，往往存在不可同日而语的分殊和差别，很难用一个共同或接近的概念框架来加以界定和描述。这一情况虽然增加了对政治哲学下定义的困难，但却给我们一个重要的启示，这就是只有在厘清一种政治哲学的理论范式的前提下，才可能对这种政治哲学形成充分而透彻的认识。对于马克思政治哲学的研究来讲，自然就是如此。我们要系统地把握马克思政治哲学的理论内容、理论特质及其与西方主流政治哲学的异同，就离不开对其理论范式的深入考察。我们不能抽象地来谈一种理论的范式，而应使这个问题具体化。马克思政治哲学的理论范式，具体一点说，涉及理论指向、立论原则及其代表的传统等方面。本章的工作，就在于对这几个方面所涵盖的关键问题进行探讨。

第一节 马克思政治哲学的理论指向

本节主要追问马克思政治哲学在理论上指向什么类别的问题以及其所指向的问题具有何种特质。如果说此内容关涉政治哲学的分类，那么就分类来说，我们则需要看到，政治哲学虽然是一个有着相对明确的理论边界和理论特质，很容易与其他学科门类从外部区分开来的学科门类，但从内部来讲，政治哲学却又不是不可再分的铁板一块，而是可以根据多种标准得到进一步的划分。比如，可以根据所处时代，划分出古典政治哲学与现代政治哲学；也可以根据学术传统，划分出自由主义、社群主义、女权主义、文化多元主义；甚至还可以进一步在自由主义传统内部，划分出自由至上主义、功利主义、平等的自由主义；等等。除了这些为人们所熟知的划分标准，还有一个容易被人们忽视的划分标准，这就是可以根据与现实政治生活的关联程度，将政治哲学划分为超越性政治哲学与现实性政治哲学。我们可以根据这个标准，将古往今来的大部分政治哲学予以识别和标注，但这并不意味着，我们在认识一种政治哲学时，必须一律采取一种非此即彼的排他性态度，要么将之判定为超越性政治哲学，要么将之判定为现实性政治哲学。相反，我们应当注意到一个基本事实，这就是有的政治哲学在理论指向上，既具有超越性的特点，又具有现实性的特点，因而它不能被简单地归结为某一类别的政治哲学，而应当被认定为复合型的政治哲学理论。

现在的问题是，如果我们需要在不同进路、不同线索的视域融合中证成和构建马克思政治哲学，那么，这一政治哲学就是一种复合型的理论，亦即它既具有超越性的理论指向，又具有现实性的理论指向。我们只有同时认识到这两个理论指向，而不是仅仅看到一个方面，才能够完整而精准地理解和把握马克思政治哲学的理论结构与思想特质。否则，我们就注定会在阐释和建构马克思政治哲学上失之偏颇，也难以将马克思主义政治哲学与西方主流政治哲学从根本上区分开来。

一、超越性的理论指向

列奥·施特劳斯曾经指出："所有的政治行动本身都指向了关于善的知识：关于好的生活或好的社会。……如果这种指向性变得一目了然，如果人们把获得有关好的生活、好的社会的知识作为他们明确的目标，政治哲学就出现了。"[1] 施特劳斯在这里间接地给政治哲学下了一个定义，即政治哲学是一门探求好的生活和好的社会的学问。这个定义虽然未必精确，也未必会得到人们的普遍认可，但它从好生活、好社会的角度来确立政治哲学的身份，却是值得我们重视的。从这个角度来看，价值理念是政治哲学最不可或缺的、最有标志意义的元素之一，因为好的生活和好的社会，往往都是通过既定的价值理念而得到塑造的。

政治哲学所预设的价值理念通常都具有超拔于现实政治生活的指向和特色，所以，宽泛地看，一切政治哲学都具有超越性的理论指向。不过，如果一种政治哲学的价值理念完全是以现实经验生活为基础而确立起来的，那么，无论它具有怎样的超拔性，也并未真正构造出一个指向彼岸世界和理想生活层面的价值空间。在该情况下，这种政治哲学就无法被认定为一种超越性政治哲学，而只能被认定为一种现实性政治哲学。所以，严格来讲，一种政治哲学是否具有超越性的理论指向并成为不言而喻的超越性政治哲学，关键并不在于它是否明确预设了既定的价值理念，而在于它所预设的价值理念是处在何种位阶和界面的。具体一点说，一种政治哲学所预设的价值理念，如果处在完全异质于日常经验生活的位阶和界面上，那么，它就具有不容否认的超越性指向，从而成为不言而喻的超越性政治哲学。

在政治哲学史上，柏拉图的政治哲学是最典型的超越性政治哲学。原因就在于，柏拉图是在"理想国"的框架内构建其政治哲学的。按他的二元论

1〔美〕施特劳斯：《什么是政治哲学》，李世祥等译，华夏出版社，2011，第 2 页。

思维范式，“理想国”代表的是一个理性世界和超感性世界，它不仅不是在感性的、可变的日常尘世生活的层面上得到塑造的，相反，它还要为后者的改造提供一个终极样本。这说明理想国与日常尘世生活虽然并不存在时间上的先后，但两者却显然表征着完全不同的位阶和界面。从后者来看，前者所表征的就是一个遥不可及的超越性位阶和界面。我们据此而将柏拉图的政治哲学认定为超越性政治哲学，自然没有任何疑义。进而论之，柏拉图的政治哲学是古希腊政治哲学的一个缩影，从苏格拉底到亚里士多德的政治哲学，都具有超越性的指向和特色。之所以如此，在很大程度上是因为，超越性政治哲学在古希腊拥有得天独厚的存在条件。概括地说，古希腊是一个德性政治得到尊崇、世俗经济生活处于社会结构下位的历史时代。在这个时代，平等的权利和公正的分配等规范性的问题并未凸显出来，因而也并不具备现实性政治哲学得以出场的必要条件。相反，具有形而上学追求的超越性政治哲学，必定会顺应这个时代的社会结构和政治文化而出场，并占有不可撼动的位置。

与古希腊相对照，近代以来不断发展起来的西方规范性政治哲学，则代表了一个完全相反的情况。这种类型的政治哲学通过价值层面上的设计而具有了“现实主义的乌托邦”（罗尔斯语）的成分，但这个“现实主义的乌托邦”与柏拉图的“理想国”有着不可同日而语的差异。它没有超出日常经验生活的范围，其重心恰恰在于对能够反映日常经验生活的原则加以概括、抽象并使之定型，从而以此为基础来构造一种更符合好生活、好社会之标准的制度模式。所以，这种类型的政治哲学具有一目了然的现实性指向，解决的都是一些与人们的现实经验生活直接相关的问题，属于典型的现实性政治哲学。

马克思拥有规范性的政治哲学乃是一个不争事实。而且，其规范性的政治哲学与近代以来的西方规范性政治哲学之间，也存在可相互对话的基本前提。但与西方规范性政治哲学不同的是，马克思政治哲学具有明显的超越性指向。之所以这么说，主要是因为马克思是在一个根本不同于西方规范性政治哲学家所处的历史位阶，来提出其所追求的价值理念，并由此阐发其政治哲学思想的。追根溯源，从近代的霍布斯、洛克到当代的罗尔斯、诺奇克，西方规范性政治哲学家们不管从属于何种学术传统，他们实质上都是在与商品经济相对应的市民社会这一历史位阶来构建政治哲学的，即使“市民社会”没有成为他们政治哲学的一个核心术语或显在论题。马克思在理论上所实现的一个重大突破，就是在市民社会这一历史位阶的对置面上，确立起了人类社会的历史位阶。事实上，他正是站在这一历史位阶来阐发其政治哲学思想的。在马克思所生活的时代，市民社会已经成为现代西方资本主义国家的一种经验性存在。相对于市民社会，人类社会总体来说是一个在现代人的生活经验之外的历史位阶，代表的是人类未来的生活样态和历史发展阶段。不难理解，站在这一历史位阶而发展的政治哲学，必定具有超越性的指向和特色。

由于市民社会的解放与政治解放具有对等性，所以在市民社会的历史位阶上，政治哲学家们关注的理论问题，归根到底都是政治解放视域内的问题。作为一个由宗教改革、启蒙运动、资产阶级大革命等多个历史思想事件所一体性地带来的结果，政治解放的一个重大意义，就在于使人从过去奴隶和封建时代的人身依附状态中摆脱出来，进而使权利、自由及以之为前提的平等、公正，成为现代人的生命结构中不可或缺的价值元素。与此相对应，在政治解放的视域内，政治哲学是围绕权利、自由、平等、公正等现实性价值而发展起来的，其核心工作，要么在于为这些现实性价值做辩护，要么在于以这种辩护为基础，来制定合理的社会制度之构建的可能性方案。

人类社会作为一个历史位阶，在价值层面对应的是人的解放。而实质上，人的解放正是马克思在政治哲学上所提出的最具有标志意义的价值理念。如本书第一章第三节所论，在“人的解放”概念中，蕴含和容纳了现代规范性政治哲学的基本价值要素。但这个情况并不意味着，马克思在人的解放的视域内，同样像洛克、卢梭、罗尔斯、诺奇克等政治哲学家那样，着力探讨了权利、自由、平等、公正等现实性价值的实现问题。情况毋宁是，在人的解放的视域内，马克思关注的核心问题，除了那个在政治解放的框架内无法解决的问题——如何结束作为“私人”的人和作为“公人”的人、个体和共同体、特殊利益和普遍利益之间的分裂问题，还有如何在“**推翻**使人成为被侮辱、被奴役、被遗弃和被蔑视的东西的**一切关系**”[1]的基础上，实现人的自由而全面发展的问题。人的自由而全面发展的一个基本前提，就是人与人之间在身份和地位上的平等。但这个“平等”已经远远超出了权利和义务意义上的平等的内涵，即它不是简单地指权利和义务的一种分配规则，而主要是指人的本性的一种实现状态。从文本来看，马克思主要是在《德意志意识形态》中指明这个问题的。相关论述我们在引论中已经提及，此处再次引用并做进一步分析：“共产主义的最重要的不同于一切反动的社会主义的原则之一就是下面这个以研究人的本性为基础的实际信念，即人们的**头脑**和智力的差别，根本不应引起**胃**和肉体**需要**的差别；由此可见，‘按能力计报酬’这个以我们目前的制度为基础的不正确的原理应当——因为这个原理是仅就狭义的消费而言——变为‘**按需分配**’这样一个原理，换句话说：活动上，劳动上的**差别**不会引起在占有和消费方面的任何**不平等**，任何**特权**。”[2]

显而易见，根据这段论述，用“按需分配”取代“按能力计报酬”，能够有效地消除占有与消费上的不平等和特权。而“按需分配”原则所具有的这个重大意义，主要指向了人的本性，即这里要解决的主要问题，不是权利和义务的公正分配，而是人的本性的实现，具体一点说，就是人的自由而全

1《马克思恩格斯文集》第 1 卷，人民出版社，2009，第 11 页。

2《马克思恩格斯全集》第 3 卷，人民出版社，1960，第 637—638 页。

面发展或人的自由个性的普遍实现。以权利和义务的公正分配为基准，“按需分配”中的“需求”，就是一个与所得物有关的、可量化的概念。但从人的本性的实现来看，“需求”就展现出超越于所得物的、以人为目的的高远内涵。在这个问题上，加拿大杰出的政治哲学学者威尔·金里卡有过深刻解读：“如果需求被理解成对纯粹的生活必需品的需求，这个原则就不太具有吸引力。……事实上，对于马克思而言，人的需求是由于他们‘无限可塑的本性’决定的，因此，人的需求包括‘在生产和消费上全面展现自己的丰富个性’。”[1]

概括地说，权利和义务的公正分配，是近代以来的规范性政治哲学所着重思考和反复争论的一个具有明确现实性指向的问题；而人的本性的实现，则是马克思在人类社会的位阶上、在人的解放视域内为其具有超越性指向的政治哲学所赋予的一个特定的问题。鉴于这两个问题存在清晰可见的重大差别，我们在阐释、证成和建构马克思政治哲学时，务必要保持着在这一政治哲学与西方规范性政治哲学之间予以划界的问题意识。

就上述问题而言，我们要特别看到，“马克思政治哲学”作为一个研究对象和学术领域，是随着 20 世纪 70 年代以来当代西方规范性政治哲学的全面复兴而确立起来的。所以，当代西方规范性政治哲学既成为人们理解马克思政治哲学的一个逻辑起点，也成为人们阐释后者的一个合法样本。不管是自由主义还是社群主义，不管是自由主义家族内部的自由至上主义还是平等的自由主义，当代规范性政治哲学所关涉和探讨的问题，几乎都是个体与共同体、自由与平等、基于权利的正义与基于公平的正义等具有现实性指向的问题。这个情况决定了，人们在开展马克思主义政治哲学的研究时，几乎都是以这些具有现实性指向的问题为坐标系和框架的。平心而论，这一学术路数对于证成和建构规范性的马克思主义政治哲学，以及促进马克思主义政治

1〔加拿大〕威尔·金里卡：《当代政治哲学》上卷，刘莘译，上海三联书店，2004，第 342 页。

哲学与西方规范性政治哲学的有效对话，都具有不可否认的重大意义。但与此同时，这一学术路数也容易将马克思政治哲学的超越性理论指向及在这一理论指向上得到凸显的问题——人的本性的实现遮蔽起来。

在上述问题上，罗尔斯的研究和评论就是一个例子。在《政治哲学史讲义》中，罗尔斯就马克思共产主义高级阶段的正义思想发表了意见。他这样说道："我们应如何理解'各尽所能，按需分配'的原则？我认为，它不是一条正义的原则，它也不是一条正当的原则。只是一个描述性的概念或原理，可以准确地描述共产主义高级阶段的社会变革以及社会的运行机制。……共产主义社会似乎是一个超越了正义的社会。共产主义社会中的成员不是那种能够被正义的原则和美德所打动的人；也就是说，他们不是那种具有依据正义的原则和观念来采取行动之倾向的人。在那样的社会中的人们可能会知道何为正义，而且，他们可能会回想起他们的先人曾经被正义的原则和美德所感动；但是，对于正义的令人厌烦的考虑以及关于正义之具体要求的争论却不是他们日常生活的一个组成部分。这些人对于我们来说是奇怪的；要描述他们是很困难的。"[1]从这段评论来看，罗尔斯应当说注意到了马克思政治哲学在其超越性指向上所包含的不同于西方规范性政治哲学的独特内容，但他显然没有上升到人的解放、人的自由而全面发展这个关涉人的本性的思想层面，来高屋建瓴地认识这个内容，而是孤注一掷地用现实性政治哲学的正义标准来对之进行评论。罗尔斯的这个评论并非个例，相反代表了英美以及中国学术界在马克思主义政治哲学研究上的一种主流观点。这种观点不仅容易将马克思政治哲学的超越性指向遮蔽在现实性政治哲学的视界之中，而且也不利于为现实性政治哲学提供一个反思性和批判性的理论视角。

进而言之，马克思政治哲学的超越性指向并不代表一种远离人间烟火

1〔美〕罗尔斯：《政治哲学史讲义》，杨通进、李丽丽、林航译，中国社会科学出版社，2011，第384—385页。

的、意义空泛的思考，相反从中展现出一种深刻的历史批判力量。这是因为，人的解放一个作为价值和规范问题，同时又是一个真理问题，这展现为马克思对人的最高本质或人之根本的追问和探索。在《〈黑格尔法哲学批判〉导言》中，马克思这样说道："理论一经掌握群众，也会变成物质力量。理论只要说服人［ad hominem］，就能掌握群众；而理论只要彻底，就能说服人［ad hominem］。所谓彻底，就是抓住事物的根本。而人的根本就是人本身。"[1]"德国唯一**实际**可能的解放是以宣布人是人的最高本质**这个**理论为立足点的解放。……**德国人的解放**就是**人的解放**。"[2]马克思在此所讲的"抓住事物的根本"的"彻底"，表征的是一个真理问题。正是出于对真理的探知，马克思才确立起人的解放这个最高价值和最高问题，亦即人的解放是以"人是人的最高本质"这个真理问题为立足点的。

马克思在人的本质这个真理问题上所进行的思考和理论建构，不仅没有使其政治哲学沦落为一种缺乏批判性的"玄学"，相反为之赋予了一种强烈的批判性力量。这是因为在真理的高点上，人作为人的最高本质，是一种完满性的存在，是马克思在《1844年经济学哲学手稿》中所提出的"人和自然界之间、人和人之间的矛盾的**真正**解决，是存在和本质、对象化和自我确证、自由和必然、个体和类之间的斗争的真正解决"[3]。而人的存在的这种完满性，相对于不完满的现实存在来说，无疑是具有批判性的。马克思政治哲学的这种批判性来自其通向真理的超越性思考，反过来也使超越性思考具有了充实的内容和深刻的思想意义。相比之下，近代以来在现实性路向上不断发展起来的西方规范性政治哲学，基本丧失了对真理予以迫切追求的理论"冲动"（黑格尔的政治哲学除外），也消解了形而上学的根基。相应地，这种政治哲学虽然对种姓制度和封建等级制度具有批判性，但对资本主义却没

1《马克思恩格斯文集》第1卷，人民出版社，2009，第11页。
2《马克思恩格斯文集》第1卷，人民出版社，2009，第18页。
3《马克思恩格斯文集》第1卷，人民出版社，2009，第185页。

有任何批判性，相反成了为资本主义关系做辩护的意识形态。

柏拉图塑造“理想国”的终极目的之一，是确立最佳政制。这项工作是在形而上学的层面上进行的，体现了他对最高知识和真理的追求。人们通常会认为，形而上学是一种约束和窒息人们的批判性精神的东西。但形而上学确保了政治哲学的先验性和超越性，因而恰恰为政治哲学赋予了一种批判性的精神品格和力量。正是因为如此，柏拉图的政治哲学在朝向现实感性世界上，同样具有强烈的批判性品格。马克思政治哲学在超越性指向上所具有的批判性与柏拉图政治哲学所具有的批判性相比，既有相同之处，又有重大差别。相同之处一目了然，而重大差别则主要在于，前者所构成的是一种历史性的批判，而后者则缺乏历史性的观照。之所以说马克思政治哲学具有历史的批判性，理由就在于马克思是在历史发展的纵向界面上，是在人的发展所经历的三阶段——从人的依赖关系阶段，到以物的依赖性为基础的人的独立性阶段，再到人的自由而全面发展阶段——的历史过程中，是在深刻考察和批判资本逻辑的前提下，来具体地呈现“人是人的最高本质”这个真理问题的。这一点，与他在 1843 年 9 月致卢格的信中所提出的“通过批判旧世界发现新世界”[1]是完全一致的，都透射了其政治哲学的历史批判性。与此不同，柏拉图政治哲学的批判性来自他在先验与经验、理性与感性、超感性世界与感性世界之间所做出的二元划分。但一是由于这种二元划分不是历时性的而是共时性的，二是由于这种划分不是自下而上的而是自上而下的——自先验到经验、自理性到感性、自超感性世界到感性世界，所以，柏拉图政治哲学的批判性不仅不具有历史性，而且在某种意义上还容易因思维霸权的形成而走向其反面——非批判的独断性。

1《马克思恩格斯文集》第 10 卷，人民出版社，2009，第 7 页。

二、现实性的理论指向

在马克思政治哲学的研究中，一个令人深长思之的问题是，不仅这一政治哲学的超越性理论指向得不到恰如其分的评价，而且人们对这一政治哲学的现实性理论指向，往往也缺乏充分的认识和把握。之所以存在这个情况，原因是多方面的。其中一个可能性的方面是，现实性政治哲学是随着近代以来商品经济和市民社会的出场而整体性地形成和确立起来的，其理论目标之一，在于为商品经济和市民社会立言，特别是为其中的权利、自由、正义等价值及以这些价值为前提的社会关系提供辩护，而马克思对商品经济和市民社会始终采取的是一种批判的态度。这个反差会让人们以为，如果说马克思有政治哲学，那么这一政治哲学既不包含一个指向经验现实的理论维度，也无法为我们在当代语境中构建和发展一种现实性的马克思主义政治哲学提供有效的思想资源。我们要指出的是，这种看似有合理根据的认识，其实是一种片面肤浅的偏蔽之见。要对这个问题做出正确理解，就需要把握市民社会和人类社会、政治解放和人的解放的辩证关系。

对于柏拉图而言，作为两个不同的位阶，日常尘世生活与“理想国”是一种非此即彼的共时性关系结构，而非一前一后的历时性关系结构。正因为如此，后者才可以在越过前者的基础上得到独立构建，并反过来为前者的改造提供一个理想性的样本。在这个意义上，柏拉图政治哲学的超越性指向并没有为现实性政治哲学开辟出合法的领地，他以彼岸世界的法则来改造此岸世界的设想和努力，只是其超越性政治哲学的一个推演和实现。

对于马克思来说，情况则迥然有异。市民社会与人类社会作为两个不同的位阶，不是一种共时性关系结构，而是一前一后的历时性关系结构，分别对应着马克思在《1857—1858 年经济学手稿》中所界划的人的三个发展阶段中的第二个和第三个阶段，即“以**物的**依赖性为基础的人的独立性”阶段与“建立在个人全面发展和他们共同的、社会的生产能力成为从属于他们的社会财富这一基础上的自由个性”阶段。这一关系结构决定了，市民社会固然是马克思要批判和解构的一种社会关系体，但并不是他要在理论上跨过的一个历史位阶。马克思对于历史的思考具有连续性。他实质上认为，每一个新的历史阶段的到来，都是以前一个历史阶段为坚实基石的。所以，市民社会虽然并不是马克思建构其理论的根本立足点，但由市民社会所表征的历史位阶，却是他在理论上要保留的一个环节，即他是在肯定这一位阶之积极要素的前提下，推进到人类社会这一位阶的。所以，市民社会与人类社会就如同政治解放与人的解放，乃是一种由前而后的历史递推关系。在这一历史递推关系上，马克思强调前一阶段所具有的历史进步意义及其对后一阶段所具有的奠基意义。

从市民社会和人类社会、政治解放和人的解放的辩证关系来看，我们在把握住马克思政治哲学的超越性指向的同时，又不能忽视在“人的解放”概念中所蕴含和容纳的现代规范性政治哲学的价值要素。如果说马克思没有把权利、自由、平等、公正等与政治解放相呼应的现实性价值一体性地放在被告席上加以全盘否定和批判，而是对这些现实性价值本身给予了一种“抽象肯定”的态度，那么不难看到的事实是，除了超越性的理论指向，马克思政治哲学也包含着坚实的现实性内容，亦即也具有一个不容否认的现实性指向。这个现实性指向在总体上通达到的是能对平等的权利和公正的分配等问题予以回应的规范性政治哲学。而从话语形式来看，这个现实性指向则又展现在两个方面——批判性的话语和建构性的话语。

首先，我们来看批判性的话语。学界有一个通行的观点，即认为凡是称为政治哲学的理论，都是建构性的理论，因为政治哲学是通过为某个或某些价值提供正面辩护来发挥其理论和思想使命的，而这种辩护本身，就代表了一种价值和理论上的建构。这个观点有其合理和正确的一面，但并没有全面反映政治哲学的理论功能和展现形式，亦即有些情况并不能简单地归结为理论建构。比如说，柏拉图式的超越性政治哲学一方面具有理论建构的特点，另一方面它也发挥着对现实政治生活加以批判和引导的思想功能。而从后者来看，这一政治哲学也是一种批判性的理论，或者至少具有批判性的特点。就现实性政治哲学来说，则既存在以理论建构为目标的现实性政治哲学，也存在以政治批判为目标的现实性政治哲学。具体地说，如果一种政治哲学旨在借助于从现实界面上所确立起来的价值原则来维护和修缮既定的社会关系，那么，它就是一种以理论建构为目标的现实性政治哲学；而如果一种政治哲学旨在借助于从现实界面上所确立起来的价值原则来揭示和批判既定的社会关系，那么，它就是一种以政治批判为目标的现实性政治哲学。近代以来所发展起来的西方规范性政治哲学，是建构性政治哲学理论的典型，其主要功能就在于为商品经济和市民社会树立目标、证成规范，从而维护和修缮其中的社会关系。但同样具有现实性指向、同样具有规范性特色的马克思政治哲学，在话语形式上，则并不完全等同于西方规范性政治哲学。这是因为与洛克、休谟等政治哲学家不同的一点是，马克思借助于从现实界面上所确立起来的价值原则，对资本主义社会生产关系进行了深刻批判。这也就是说，马克思具有现实性指向的政治哲学，发挥着政治批判的功能，在一定意义上展现为一种批判性的话语。

马克思对资本主义社会生产关系进行批判所借助的价值原则，宽泛地说，也就是近代以来具有明确现实性指向的规范性政治哲学始终遵循的权利、自由、平等、公正等原则，而集中来看，则主要是这些原则的内核——所有权原则。在洛克、斯密、诺奇克等政治哲学家的眼中，所有权原则是现代社会中最重要的价值原则之一，它使人在对所有物的占有中确立起了安身立命的尊严，而一个所有权得到普遍辩护和实现的社会，是公正、合理的社会，所以生活在现代社会中的人，应当无条件地拥有通过自己的劳动而确立起来的所有权。马克思自然会在抽象的意义上肯定所有权原则的正面价值，在他的思想中，也潜含着一个价值上的判断，也就是每个人都应当占有自己的劳动成果即拥有所有权。

然而，马克思并不可能因为上述价值判断而走向对所有权原则的一味辩护，而必然会以之为逻辑端点来形成对资本主义社会生产关系的深刻批判。因为马克思敏锐地洞察到，在资本主义社会中，所有权是一个与私有财产制度紧密关联在一起的原则，所以，在这个看似关系到人的尊严的原则中，包藏着最为复杂的社会关系和最为隐蔽的剥削关系。具体说来，这里包括相互关联的两个问题：一是工人作为法律上的自由人，虽然始终拥有自己劳动力的所有权，但由于劳动和资本是彼此分离而非相互统一的，所以除了自己劳动力的所有权，工人并不可能真正拥有因自己的劳动而带来的所有权；二是单个工人和单个资本家在交换环节所发生的劳动力买卖行为，虽然符合所有权原则、等价交换原则、契约原则，但从连续性的、积累的资本主义商品生产环节来看，资本家阶级却因为剩余价值的剥削而占有了工人阶级的所有权，由此使商品生产的所有权规律，决定性地转变为资本主义占有规律。这两个问题一并表明，“工人丧失所有权，而对象化劳动拥有对活劳动的所有权，或者说资本占有他人劳动——两者只是在对立的两极上表现了同一关系——，这是资产阶级生产方式的基本条件，而决不是同这种生产方式毫不相干的偶然现象”[1]。由此可见，马克思以所有权原则为逻辑端点而形成的对资本主义社会生产关系的批判，作为一种指向深层社会矛盾的政治批判，从整体上揭示了资本主义生产方式和资本主义制度的非正义性。如果说这就是马克思政治哲学的现实性指向在批判的意义上所涉及的关键问题，那么这个问题不仅没有外在于政治哲学的基本理论视域，而且代表了近代以来现实性政治哲学所达到的一种最深刻的思维水平，因为只有在生产方式和制度的层面来审视以所有权为核心的政治和生活原则，才可能洞穿其外在现象并把握

1《马克思恩格斯文集》第 8 卷，人民出版社，2009，第 208 页。

其内在本质。

其次，我们来看建构性的话语。马克思设想的共产主义，包括第一阶段和高级阶段这两个前后相接的历史阶段，而其所讲的人类社会的历史位阶，在严格的意义上对应的只是共产主义的高级阶段，并不涵盖第一阶段。这意味着，马克思在其政治哲学的超越性指向上所思考和探索的问题，是以共产主义高级阶段为坐标系的问题；在共产主义第一阶段这个坐标系内，其政治哲学的聚焦点，仍然是现实性问题。之所以如此，则主要是由于在共产主义第一阶段这个坐标系内，依然存在现实性政治哲学要回应、回答和解决的现实性问题，也就是存在现实性政治哲学得以在场的条件。

现实性政治哲学得以在场的条件是什么？休谟在《人性论》中，曾经对这个问题做出深刻阐释和说明。他指出："正义只是起源于人的自私和有限的慷慨，以及自然为满足人类需要所准备的稀少的供应。……人类的广泛的慷慨和一切东西极度的丰富所以能消灭正义观念的惟一原因，就在于这些条件使正义观念成为无用的了；而在另一方面，人类的有限的慈善和贫困的状况所以会产生那种德，只在于使那种德成为公益和每个人的私利所必需的条件。"[1] 休谟在这里提出了正义观念之所以产生的两个条件，一是人的自私和慷慨程度的有限性，二是自然资源和物质财富的有限性。威尔·金里卡在《当代政治哲学》中，也曾提到正义的条件："正义有其意义仅仅因为我们处于'正义的条件'（circumstances of justice）之中，正是这样的条件产生着只有通过正义原则来加以解决的冲突。正义的条件主要包括下述两点：第一，目标冲突；第二，物质资源的有限。"[2] 很显然，金里卡提到的这两个条件，与休谟的认定并无二致。休谟和金里卡讲的正义，是一种协调人与人之关系的分配规则。按照他们的论述，当一个社会尚未达到足以消除这两个

1〔英〕休谟：《人性论》下册，关文运译，商务印书馆，1980，第532页。
2〔加拿大〕威尔·金里卡：《当代政治哲学》上卷，刘莘译，上海三联书店，2004，第311页。

条件的发展水平时，就必然需要作为一种分配规则的正义来加以协调，以使个体私利和公共利益维系在一个非冲突的和谐状态。分配正义是近代以来现实性政治哲学的中心问题之一，所以，正义观念的这两个条件，在一定意义上，代表了现实性政治哲学得以在场的基本条件。这就告诉我们，如果在既定的社会中不再存在这两个条件，那么，正义观念和现实性政治哲学就失去了其在场的必要性；相反，在一个社会中只要还存在这两个条件，那么，在现实性政治哲学的框架内思考、探索资源和财富的公正分配，就具有不可缺席、无法替代的重要性和必要性。

这样来看，就共产主义高级阶段来说，现实性政治哲学所关注的问题及其在场的条件将不复存在，因为社会发展到这个阶段后，物质财富将达到无限涌流状态，人与人之间的利益竞争关系将趋于消除，互助友爱关系将普遍地建立起来。但就共产主义第一阶段的社会发展程度和发展水平而言，现实性政治哲学得以在场的两个条件，则必定不可能在短时间内走向消除，因而，在现实性政治哲学的框架和范式内，介入权利、自由、平等、公正等问题，特别是思考和探索社会产品的公正、合理分配，就会理所当然地凸显为一个重大理论课题。马克思固然没有围绕这个课题做出系统而周密的、类似于罗尔斯工作的理论阐释和建构，但这个课题所涉及的问题，却显然进入了他的视野。所以，确凿无疑的一点是，在共产主义第一阶段这个坐标系内，马克思发展了具有坚实的现实性指向的政治哲学。不过，由于先前资本主义社会中的那种剥削关系在共产主义第一阶段已经被荡除，所以，马克思以这个阶段为坐标系而发展的具有现实性指向的政治哲学，不再展现为政治批判的话语形式，而是顺理成章地展现为理论建构的话语形式。

概括地说，在理论建构的意义上，马克思关注和思考的最关键问题，就是如何平等、公正、合理地分配消费资料的问题。马克思在《哥达纲领批判》中，对这个问题进行了简明扼要但极富理论思辨力和思想张力的阐发。

鉴于本书第一章第三节已经在现代规范性政治哲学的意义上，就这个内容做了专题梳理、考察、分析和评论，此处不再赘述。不过，我们仍然需要指出一个深层次的问题：如果说学术界长期以来在对马克思有无实质性政治哲学的认识上始终存有一种消极态度，那么，这不仅是因为人们没有充分地认识到马克思哲学中的规范性部分，而且是因为人们没有充分地把握到马克思哲学中属于理论建构的成分。而这一点，与人们对马克思辩证法思想的理解有关。

扩而论之，近代以来具有明确现实性指向的规范性政治哲学，不论是由洛克所代表的自由主义传统，还是由卢梭所代表的那种偏向于共和主义的传统，都是以理论建构为标志性特色的，因而都属于建构性的现实性政治哲学，其根本工作和最终目标，就在于为权利、自由、平等、公正等现实性价值提供规范性的辩护，或者以这种辩护为前提，来为一种合宜、合理的社会政治制度的建构提供可能性的理论方案。及至黑格尔，情况发生了一些变化。与洛克、卢梭等政治哲学家不同，黑格尔是在以辩证法为内核的思辨理性中，来把握包括所有权、国家等在内的政治哲学问题的。这一独特路数决定了，黑格尔不可能再使用自然法和契约论的方案，来确立一个用于指导社会政治制度之建构的价值框架和理论模型，而是会在对政治哲学问题的思考和探讨中，加入批判的成分和历史性的要素。换言之，黑格尔的政治哲学已经不再是先前那种纯粹的建构性理论，而是一种展现出批判性和历史性特色的理论。因为辩证法的标志性思维特质，就是批判和否定。不过，这个变化并不意味着，黑格尔完全改换了近代以来建构性政治哲学的总路线，使政治哲学成为以批判为主要特色的理论形式。实际情况是，黑格尔的政治哲学在其最终指向上，依然是建构性的。原因就在于，他的思辨理性框架，是一个“正－反－合”的“否定之否定”框架，而非单纯的批判和否定的框架。在这个框架内，终点是以批判和否定为前提的重新肯定。这个重新肯定，就代表了一种价值、理论和思想上的重新建构。由此来看，黑格尔的政治哲学实际上承担了一个重要任务，这就是通过批判性地审视近代以来的主流价值规范，来实现价值观念和社会规范体系上的修补、提升与改进。这种修补、提升与改进虽然彰显着批判的精神，但并未超出既定的资本主义制度框架。

马克思继承了黑格尔的辩证法思想，但在对资本主义及其价值观念和社会规范体系的审视上，并没有运用“正－反－合”的思辨理性框架，而是把以批判和否定为旨趣的辩证法作为方法论前提。就此而论，马克思的重心和落点在于提供历史批判，而不是像黑格尔那样，致力于价值和规范上的修补、提升与改进，这正如他在《资本论》第二版跋中所强调的：“辩证法，在其合理形态上，引起资产阶级及其空论主义的代言人的愤怒和恐怖，因为辩证法在对现存事物的肯定的理解中同时包含对现存事物的否定的理解，即对现存事物的必然灭亡的理解；辩证法对每一种既成的形式都是从不断的运动中，因而也是从它的暂时性方面去理解；辩证法不崇拜任何东西，按其本质来说，它是批判的和革命的。”[1]马克思以辩证法为前提而形成的对资本主义及其价值观念和社会规范体系的批判，并不意味着他从其理论工作中将建构的部分排除在外了。相反，他的最终目标是通过批判旧世界来发现和建构新世界。所以，在否定性的辩证法之外，马克思也有一个类似于黑格尔思辨理性的、导向新世界之建构的理论框架。然而，这个框架已经越出了资本主义的制度体系，通达到的是共产主义，特别是共产主义的第一阶段。

由于学术界对上述复杂问题的认识存在不足，故此形成了“马克思重批判而轻建构”的片面理解。同时，又由于人们通常是本着将政治哲学认定为建构性理论的前见而理解马克思的，所以，这就很自然地得出了马克思没有实质性政治哲学思想的错误结论。不过，只要我们透彻地看到马克思对发现和建构新世界的那份情怀及在此问题上所进行的伟大探索，尤其是看到他在

1《马克思恩格斯文集》第 5 卷，人民出版社，2009，第 22 页。

以《哥达纲领批判》为代表的文本中通过对共产主义第一阶段分配问题的思考而建立起来的规范体系，我们就能够从错误认识中摆脱出来。

三、两个理论指向的可打通性

从政治哲学发展史和政治哲学的理论图谱来看，马克思政治哲学的超越性理论指向和现实性理论指向，类似于20世纪政治哲学走向复兴时发展起来的两个分殊性的理论传统：一是由施特劳斯所代表的回归古典，凸显德性、卓越、永恒等形而上价值的传统；二是由罗尔斯所代表的立足现代，强调权利、自由、平等、公正等现实价值的传统。前一理论传统标定的是20世纪最典型的超越性政治哲学，后一理论传统标定的是20世纪最典型的现实性政治哲学。我们都知道，施特劳斯学派与罗尔斯学派都是以政治哲学为志业的，两者对于20世纪政治哲学的复兴都起到了至关重要的引领作用，但相互之间却几乎没有任何实质性的对话，甚至彼此都将对方视为政治哲学的“异类”和“怪胎”。这个有趣的现象一方面可能源于双方自命不凡的排他性心态，另一方面则源于双方所代表的理论传统之间的根本差异。马克思政治哲学的超越性指向与现实性指向之间的关系，就如同20世纪的这两个理论传统之间的关系，亦即这两个指向关涉的是互不相同乃至具有重大差别的理论问题，彼此之间存在明显殊异。在这个意义上，将这两个理论指向区分开来而不是把它们混在一起，不仅对我们完整地理解马克思的政治哲学，而且对我们在当代语境中构建和发展马克思主义政治哲学理论，都具有重大意义。比如说，如果我们要构建和发展一种能对社会分配问题做出回应的马克思主义政治哲学，我们就应当明确地按照现实性指向，来确立这一政治哲学的价值前提及问题域，而不是上升到一个看起来遥不可及的、过于理想化的界面泛泛而谈。

然而，更加重要的情况是，上述20世纪的两个政治哲学传统不管从外部来看多么不同，从内部来看，它们则既存在关联性也存在互补性，因为它们实质上是从不同的角度和层面，来思考共同的政治哲学问题，即如何确立现代人的生存和生命结构或者如何构建好的生活和好的社会的问题。这个情况对我们具有重大启示，这就是在把握马克思政治哲学的超越性指向与现实性指向时，不仅应当看到两者的差异性，还应当看到它们的内在可打通性，这两个方面并不相互矛盾。进而论之，超越性指向与现实性指向之间的可打通性，不仅来自理论逻辑上的一种互洽，同时也来自历史发展位阶上的一种衔接和照应。前者不难理解，后者则需要加以说明：马克思政治哲学的超越性指向与现实性指向，如上文所示，分别对应着历史发展中的不同位阶——超越性指向对应着人类社会或共产主义高级阶段的位阶，现实性指向对应着市民社会（或资本主义）以及共产主义第一阶段的位阶。这三个不同历史位阶形成的是一种历时性关系结构，不同位阶之间既存在某种断裂性和非连续性，也存在某种衔接性和连续性。因为正如马克思和恩格斯所指出的，历史发展中的“每一代都立足于前一代所奠定的基础上，继续发展前一代的工业和交往，并随着需要的改变而改变他们的社会制度”[1]。作为一种实至名归的历史主义理论，马克思哲学的每一个重大思想探索，都是对历史中最深刻关系的一种反思和展现，所以，不同的历史位阶在历史层面所具有的衔接性和连续性，必然同时反映在马克思政治哲学的超越性理论指向与现实性理论指向的关系中。这一方面意味着，马克思在思考和探索超越性指向所涉及的问题时，也不忘关注现实性指向所涉及的问题；另一方面也意味着，这两个指向有一种相互贯通的关系，而非完全处在彼此隔膜的状态。概括地说，两者之间的相互贯通，主要体现在两个方面：一是现实性指向为超越性指向提供了立论前提，二是超越性指向为现实性指向提供了评价尺度。

我们先来看第一个方面：现实性指向为超越性指向提供了立论前提。

1《马克思恩格斯文集》第 1 卷，人民出版社，2009，第 528 页。

在马克思哲学的研究中，长期以来存在一种错误的理解，这就是认为人类社会以大写的人消解了小写的人，以共同体的价值消解了个体的价值。根据这种理解，马克思政治哲学在其超越性指向上所论及的人的自由而全面发展的问题，则指的是作为类存在的人的一种生活状态，因而并不关乎每个个体的生存结构。然而我们知道，马克思和恩格斯在《共产党宣言》中曾郑重指出，在共产主义这个联合体中，“每个人的自由发展是一切人的自由发展的条件”[1]。这句简洁明了但思想意蕴极其丰厚的话告诉我们，人的自由而全面的发展既是指一种整体性的生活状况，也是指每个个体的生活状况，而且后者还构成前者的基本条件。换言之，如果不能够让每个个体获得自由而全面的发展，一切人的自由而全面的发展也就无从谈起了。由此来看，如果人的自由而全面发展实际指的是平等个体的一种均衡的生活状态，那么，“个体的平等”这个价值前提，是需要得到我们的承认和重视的。这个“个体的平等”固然如上所述，就人的自由而全面发展而言，已经远远超出了权利和义务意义上的平等的内涵，主要指人的本性的一种实现状态，但如果脱离了现实性政治哲学所讨论的平等，它就难免会成为飘荡无根的说辞。罗尔斯显然是因为看到了这个问题，才在解读马克思关于共产主义高级阶段的政治哲学思想时指出，“共产主义等同于没有强制的、激进的平等主义”，所有人在获得和使用社会生产资料、参与决策、分担必要工作等方面都是平等的。

依上述情况而论，我们自然不能完全停留在现实性政治哲学的层面，来把握马克思在超越性理论指向上所论及的问题，但也应当看到，马克思正是由于在阐释现实性政治哲学问题时，牢牢确立起平等待人——将所有人看作平等的个体的理念，才能够在超越性的层面，顺理成章地提出人的自由而全面发展这个涉及人的本性的问题。之所以说现实性指向为超越性指向提供了立论前提，原因就在这里。

1《马克思恩格斯文集》第 2 卷，人民出版社，2009，第 53 页。

我们再来看第二个方面：超越性指向为现实性指向提供了评价尺度。

人类社会是一个在马克思的视野中尚未到来的历史位阶。这个情况不会使马克思在超越性指向上的思考和探索变成一种遥不可及的悬想，相反为马克思考察现实性政治哲学问题提供了一种反推的可能。这便是说，马克思不仅以现实性指向上的问题为基石提出超越性指向上的问题，而且也反过来站在超越性指向的制高点上，来高屋建瓴地审视和评价现实性指向上的问题，这实际上也是其政治哲学在超越性指向上所具有的历史批判性的一种展现。从研究方法的角度看，这相当于他所提出的那个独具特色的方法，即由“人体解剖是猴体解剖的一把钥匙”所表征的“从后思索”方法。具体而论，马克思在超越性指向上提出的“人的自由而全面发展”，是一个比现实性指向所追求的“权利的平等”和“分配的公正”具有更高要求的目标。马克思虽然没有明确地要求用这个目标来评判共产主义高级阶段之前的社会形态，但他在现实性政治哲学的指向上审视资本主义以及共产主义第一阶段的社会关系时，却实际上潜在地运用了这个目标所提供的标准。这意味着，马克思在现实性指向上揭示和批判资本主义生产方式和资本主义制度的非正义性，并不仅仅是要表达一个导向社会公正分配的价值诉求——所有人都平等地拥有其建基于劳动的所有权，同时也是要表明一个基本判定——资本主义社会的生产和分配关系，无法为人的自由个性的普遍实现提供可能。这也就是说，在马克思对资本主义非正义性的揭示和批判中，蕴含了由“人的自由而全面发展”这个高位阶的目标所提供的评价尺度和判断标准。马克思在《资本论》第一卷中的如下论述，能够在一定意义上说明这个问题：“在劳动强度和劳动生产力已定的情况下，劳动在一切有劳动能力的社会成员之间分配得越平均，一个社会阶层把劳动的自然必然性从自身上解脱下来并转嫁给另一个社会阶层的可能性越小，社会工作日中用于物质生产的必要部分就越小，从而用于个人的自由活动，脑力活动和社会活动的时间部分就越大。从这一方面来说，工作日的缩短的绝对界限就是劳动的普遍化。在资本主义社会里，一个阶级享有自由时间，是由于群众的全部生活时间都转化为劳动时间了。”[1]我们看到，马克思在这段论述中，把劳动的分配与自由活动和自由时间联系在一起。这个“劳动的分配”并不等同于所有权意义上的分配，但属于义务层面上的分配，也是现实性政治哲学特别是罗尔斯式的正义理论所讨论的问题。马克思在这里既然把这个问题与自由联系起来，那么这也就表明，“人的自由而全面发展”的目标，实际上构成了他在现实性指向上对资本主义进行批判的一个重要标准。

另外，在《哥达纲领批判》中，马克思指出由“平等的权利”所带来的“有人多得、有人少得”“有人富些、有人穷些”这个结果不平等意义上的“弊病”之后，紧接着郑重描述了共产主义高级阶段的分配问题：“在共产主义社会高级阶段，在迫使个人奴隶般地服从分工的情形已经消失，从而脑力劳动和体力劳动的对立也随之消失之后；在劳动已经不仅仅是谋生的手段，而且本身成了生活的第一需要之后；在随着个人的全面发展，他们的生产力也增长起来，而集体财富的一切源泉都充分涌流之后，——只有在那个时候，才能完全超出资产阶级权利的狭隘眼界，社会才能在自己的旗帜上写上：各尽所能，按需分配！”[2]由文本的上下文可以推断出，在马克思对共产主义第一阶段分配问题的评判上，实际也存在一个用“人的自由而全面发展”这个目标来作为尺度和标准的问题。

对于上述情况，杰拉斯、柯亨和罗尔斯等政治哲学家都有所洞察。比如说，罗尔斯在《政治哲学史讲义》中，对杰拉斯、柯亨等人在“马克思与正义”问题上的观点进行概括时指出：“根据他在《哥达纲领批判》中的讨论，马克思不仅把按需分配原则排列在资本主义的规范之上，而且还排列在

1《马克思恩格斯文集》第 5 卷，人民出版社，2009，第 605—606 页。
2《马克思恩格斯文集》第 3 卷，人民出版社，2009，第 435—436 页。

社会主义（共产主义社会的第一个阶段）的按劳分配原则之上。在这么做的时候，马克思实际上假设了一种客观的、非历史性的正义标准，按照这种标准，生产方式以及相应的社会形态都可以依据它们接近该客观标准的程度而得到评判。”[1]如果说罗尔斯的这段论述表达的是他和杰拉斯、柯亨等人的一个共同见解，那么，他们将由按需分配所代表的标准指示为一种非历史性的正义标准虽然未必正确，但他们却显然注意到了马克思用共产主义高级阶段的标准来做一种反向思考和推导的“从后思索”逻辑。而在马克思政治哲学的整个理论结构中，这个逻辑将超越性指向为现实性指向提供评价尺度这一点体现得淋漓尽致。

马克思政治哲学的超越性指向和现实性指向不仅具有内在可打通性，而且形成了一种互补关系。这是因为，如同施特劳斯学派的政治哲学和罗尔斯学派的政治哲学，马克思政治哲学的这两个理论指向，也都没有离开如何确立现代人的生存和生命结构或者如何构建好的生活和好的社会的问题。如果认为施特劳斯学派所主张的“善优先于权利”和罗尔斯学派所主张的“权利优先于善”，能够形成互补并由此克服对每一方来说自身不能克服的缺陷，那么，这个情况对于马克思政治哲学的超越性指向和现实性指向而言，同样是存在的。这两个指向之间的互补性在于，超越性指向因为有现实性指向作为基础，所以不会像柏拉图的政治哲学那样，给人一种凌空蹈虚的乌托邦印象。同理，现实性指向因为有超越性指向作为标准，所以不会像西方规范性政治哲学那样，给人一种疏远哲学的形上品格的经验化印象。

马克思政治哲学因为具有超越性指向和现实性指向而成为名副其实的复合型政治哲学。两个指向之间的可打通性和互补性，决定了这种理论上的“复合”，不会造成概念、命题、思想、范式的“大杂烩”，相反使马克思政

1〔美〕罗尔斯：《政治哲学史讲义》，杨通进、李丽丽、林航译，中国社会科学出版社，2011，第356页。

治哲学具有了一种充溢着辩证张力的立体性和整全性，也使之具有了相比柏拉图式政治哲学和近代以来西方规范性政治哲学更优的理论特质。所以，我们在认识和把握这两个具有不同定位、关涉面和问题域的理论指向时，不要因为顾此失彼而造成理解上的偏差，而应当把它们作为一个不可分的整体。这既是考察每一个理论指向的题中应有之义，也是证成和建构马克思政治哲学的题中应有之义。还有，把这两个理论指向作为一个整体来认识和把握，对于我们在当代中国语境中构建马克思主义政治哲学，也具有重要意义。比如说，从权利、平等、道德、正义的规范向度构建一种现实性的、为社会主义市场经济和法治社会提供理论支持的政治哲学，是当前中国马克思主义哲学界需要着力思考和探索的重大课题。然而，如果仅从经验化的现实层面来确立这一政治哲学的理论定位、理论特质和理论内容，又有可能导致一种遮蔽价值理性的工具化倾向，这就难以为现实社会生活在理论和思想层面树立一个具有引导意义的理想性目标。所以，对于现实性马克思主义政治哲学的构建来讲，超越性层面上的价值设置同样是不可或缺的。当然，与此同时，我们也不能从一个极端走向另一个极端，即不能因为突出超越性的价值而走向对现实性问题和指向的贬抑与否定。道理一目了然：我们正处于而且还将长期处于社会主义初级阶段。这个阶段与马克思界划的共产主义第一阶段具有对应性。在这个阶段，将长期存在一系列需要由现实性政治哲学来回应和回答的重大现实、理论问题。如果忽视或脱离了这些现实、理论问题，我们所要构建的马克思主义政治哲学，就注定无法具备对时代予以回应的能力、资格和话语权。

第二节　马克思政治哲学的立论原则

马克思在政治哲学史上具有重要而独特的历史地位。马克思政治哲学的独特性展现在多个方面。一个很重要的方面，就在于马克思始终遵从一种在当代西方主流政治哲学中几乎从未受到重视的历史性原则，来阐发其政治哲学思想的。历史性堪称是马克思政治哲学的一条生命线。马克思政治哲学的深刻性和思想活力，与这条生命线是息息相关的。任何试图越过这条生命线的学术阐释，都将构成对马克思政治哲学的严重遮蔽和曲解。相反，只有切实把握住了这条不可逾越的生命线，我们才有可能将马克思的政治哲学思想原原本本地揭示出来。

一、历史性原则与马克思政治哲学规范论基础的证成

在传统教科书体系的马克思主义哲学中，政治哲学并未占有一席之地。造成这个情况的一个根深蒂固的原因，就是人们对权利、自由、平等、公正、法、道德等规范性话语存在偏见乃至极端错误的认知。政治哲学是一种在价值的基点上得到证立的规范性理论。而规范性话语在过去相当长的一段时间内，则被人们相沿成习地认作是处在马克思主义对立面上的资产阶级意识形态。这个标签化的认知不仅将规范性问题一体性地逐出了马克思主义哲学的思维领地，而且必定同时意味着政治哲学在马克思主义哲学研究中的缺位。以 20 世纪 80、90 年代以来的教科书体系批判为契机，人们开始重新认识规范性在马克思主义哲学中的位置问题。由此所逐渐形成的一个突破性的新见解是，权利、自由、平等、公正、法、道德等话语并不是资产阶级哲学的专利，它们同样也是解读、开显和丰富马克思哲学思想的有效生长点。以这个突破性的新见解为基础，人们开始理直气壮地将当代西方政治哲学的概念和论题引入马克思主义哲学，并进一步促成了别开生面的马克思政治哲学研究新局面。这个突破性的新见解对于马克思政治哲学具有建构性的重要意义，其为马克思政治哲学所赋予和证成的最重要的东西，就是规范论基础。可以想见，如果不能在规范论基础上有任何实质性的证成，马克思政治哲学

终将成为没有根基从而丧失合法性与生命力的稻草。

进而言之，马克思政治哲学的合法性与生命力必然有赖于一个坚实的规范论基础的证成，但前提是要处理好一个长期以来始终困扰人们的基本问题，这就是如何正确把握实然与应然之关系的问题。传统教科书体系在强调“物质”的决定意义时，把实然的一维加以无限放大和拔高，由此形成了一个极端。然而，在今天的马克思政治哲学研究中，似乎又出现了另一个极端。这另一个极端体现在两个方面，一是将权利、自由、平等、公正、法、道德等规范性话语加以无限放大和拔高，从而将应然的一维指示为马克思哲学最具有实体性意义的部分；二是在承认但却隔离实然的基础上来阐释马克思哲学中应然的一维，从而将权利、自由、平等、公正、法、道德论定为独立自成、由自身来奠基的规范性内容。这两个方面殊途同归，其共性即在于弱化和忽视了实然对于规范论基础之证成的意义。这另一个极端所表征的研究路数有其合理的一面，因为这有利于增强马克思政治哲学作为“政治哲学”的特色和特质，从而也有利于在马克思政治哲学与当代西方主流政治哲学之间找到相互对话乃至相互打通的突破口。然而，我们必须同时看到，这一研究路数其实并没有处理好实然与应然的关系，从而也没有对马克思政治哲学的规范论基础做出实至名归的证成。

马克思既没有只专注于实然的世界，也没有只专注于应然的世界，实然与应然是马克思哲学的两个侧面。不过，这两个侧面绝不是互不搭界、彼此无涉的。马克思哲学的全部方法论基础，是唯物史观。根据唯物史观，纯粹的、以自身为立法依据的、由自身来奠基的应然是不存在的，毋宁说应然是植根于实然世界的。脱离了后者，前者就会成为凌空蹈虚、不着边际的东西。其实，在上自霍布斯和洛克、下至罗尔斯和诺奇克的西方规范性政治哲学中，也包含了实然与应然这两个侧面。但西方规范性政治哲学的基本运思套路，是在先验的基点上来构制和刻画一个纯粹应然的价值模型，进而再阐释这个价值模型如何转化为现实的问题。这个运思套路的用意非常明确，即在于为现实政治和法律制度的构建及修缮提供前提性说明和理论方案，而不是根据现实的政治和法律制度来提出相应的规范性主张。由此来看，这个以应然来规制实然的运思套路并未真正介入实然世界，其所讲的实然只是应然的一个推演或产物。与这种并未真正介入实然世界的规范性政治哲学判然有别，马克思政治哲学虽然涉及规范性判断，但却没有先验地勾绘一个纯粹“应当”的、可推演和套用到现实政治制度中的价值模型，而是通过对实然世界的深刻考察来建立规范性叙事，这一点是确凿无疑的。正是由于看到了这一点，美国学者伊安·夏皮罗才在《政治的道德基础》中说道：“马克思避免了明示的规范性论述，而更喜欢规范性论断自己从他的‘科学’理论中逐渐显现出来。”[1]

上述情况表明，要证成马克思政治哲学的规范论基础，必然要依系于权利、自由、平等、公正、法、道德等话语。但要在马克思的语境中来切实地把握这些话语，又必然要依系于实然世界这个“硬核”。在传统的教科书体系中，从实然是无法推衍出规范性的。但马克思政治哲学的规范论基础，却必定是蕴含在实然世界中的。这个看似矛盾的说法，其实正是马克思政治哲学与西方规范性政治哲学相比较一个尤为显著的独特之处。这个独特之处所彰示的最重要的原则之一，正是历史性原则。因为马克思所把握到的最具有本根意义的实然世界，既不是传统物质本体论从大千世界中概括出的那个抽象的、无所不包的“物质”，也不是从经验主义和实证主义眼中所看到的直观“实存”，而是在历史中不断生成、不断展开、不断变化、不断更新的物质性过程，即历史本身。这就意味着，要为马克思政治哲学建立一个坚实的规范论基础，从而使之成为一种名副其实的“政治哲学”，就既不能满足于在马克思主义哲学的层面上来为权利、自由、平等、公正、法、道德等话语

1〔美〕伊安·夏皮罗：《政治的道德基础》，姚建华、宋国友译，上海三联书店，2006，第 117 页。

提供一般性的辩护，也不能满足于将西方规范性政治哲学的概念和论题简单地引入马克思主义哲学，而应当从一种大跨度的历史性思维视野，来切实地廓清马克思是在何种意义上、以何种方式介入以权利、自由、平等、公正、法、道德等为标志的规范性论题的。如果据此说来，历史性原则就是马克思政治哲学规范论基础之证成的最根本原则，那么我们需要特别说明的是，以罗尔斯、柯亨为代表的当代英美政治哲学家尽管在证成马克思政治哲学的规范论基础上做出了卓越的探索和开创性的贡献，但其失误也是显而易见的。其最大的失误，即在于没有抓住历史性这一根本原则。当前中国学术界对马克思政治哲学的研究，在相当大的意义上是以罗尔斯、柯亨等人的解读和探索为学术资源和理论跳板的。但只有在历史性的思维界面上突破和超越罗尔斯、柯亨等人的解释框架，我们才能够如实、真实地刻画出马克思作为政治哲学家的形象，从而也才能够在中国的学术地平上，将马克思主义政治哲学的研究实质性地推向纵深。

二、历史的“发现”与历史性原则的昭显

历史性原则的一个基本要求，就是不对事物做抽象的、形而上学的、先验的解释，而是将其置于具体的历史情境中予以具体的把握。可是，当我们使用“历史性”这个术语而不去考究鲜活、具体的历史时，我们恰恰又没有把握住历史性原则的命脉。这个原则在此状况下，恰恰会因为空泛、贫乏而变异为与其精神实质相背离的东西。这告诉我们，要真正内在地把握马克思政治哲学的历史性原则，就必须回溯到这一政治哲学所关联到的具体“历史”，这个具体“历史”才是历史性原则的内在实体。问题在于，这个具体“历史”是一个什么样的历史？这个历史为什么又能够映射在政治哲学中？

上述问题，是覆盖整个近代以来的政治哲学及其相对应的现实历史的重大问题。作为 20 世纪最具有原创性的政治哲学家之一，阿伦特在《过去与未来之间》中的思考和提问，对于我们解答该问题富有启示。在这本书中的

“历史概念”篇中，阿伦特这样说道：“现代之初的一切都指向了对政治行为和政治生活的提升，十六和十七世纪在新政治哲学上如此繁荣，却几乎没有意识到要对历史本身的重要性做出任何特殊的强调。相反，新政治哲学关心的是摆脱过去，而不是恢复历史过程。霍布斯哲学独一无二的特征是，他一心一意地关注未来，坚持对思想和行动作以结果为导向的目的论解释。人只能认识他自己制造的东西的现代信念，似乎与对行动的崇扬相一致，而不是与历史学家的基本沉思态度和一般的历史意识相一致。……现代不仅一开始就带来了一种新的、激进的政治哲学——霍布斯只是一个范例，尽管是最有意思的范例——现代还第一次产生了愿意以政治领域的需求来引导自己探索的哲学家；这种新的政治指向不仅出现在霍布斯身上，而且也出现在洛克和休谟身上。……在任何对现代历史概念的思考中，一个很困难的问题就是如何解释为什么历史概念在十八世纪的后三分之一的时间里突然兴起，接踵而至的则是人们对纯粹政治思考之兴趣的衰退。（必须得说，维科是一位先行者，他的影响直到他身后两代人之后才为人所察觉。）即使有人还残存着对政治理论的本真兴趣，最后也以绝望告终，就像在托克维尔那里一样；或者以政治混同于历史而告终，就像在马克思那里一样。”[1]

在上面这段论述中，阿伦特指出了一个对于把握马克思政治哲学乃至全部近现代政治哲学来说尤为关键的问题，这就是从现代早期到现代晚期，政治哲学在论题上发生了一次根本性转换：在现代早期，政治哲学所关注的核心论题是政治，而到了现代晚期，政治哲学所关注的核心论题则转换成了历史。实际上，要真正透彻地理解马克思政治哲学的历史性原则，特别是要透彻地理解其所关联到的具体“历史”，就绝不能仅仅将视野局限于马克思本人的文本，而应当把思维的触角伸向近代以来的思想史，切实地思考阿伦特所指出的这个问题。

1〔美〕阿伦特：《过去与未来之间》，王寅丽、张立立译，译林出版社，2011，第 72—73 页。

实质上，现代早期的政治哲学家之所以关注政治而不关注历史，与他们所面对和承担的理论任务是密不可分的。如果说阿伦特在以上论述中所提到的霍布斯、洛克和休谟是现代早期三位最重要的政治哲学家，那么，这三位政治哲学家所共同面对和承担的一项理论任务，就是如何在价值和理论层面为新时代立言，从而在更长远的意义上构建和开辟一个具有稳定结构的新时代。这项任务决定了，这三位现代早期的政治哲学家根本不可能把回过头去总结历史作为其根本的努力方向，而必然把根本的努力方向调整为阿伦特所说的“对政治行为和政治生活的提升”。

进一步说，霍布斯、洛克、休谟等现代早期政治哲学家的关注点虽在政治而不在历史，但从他们理论的背后，我们却又能够挖掘出一直通向马克思的那个真实而具体的“历史”。这是为什么？

如果说霍布斯、洛克以来政治哲学的根本母题是权利和自由问题，那么这个根本母题既是政治性的，也是经济和社会性的。因为在近现代政治哲学中，权利不是一个包罗万象的普泛性概念，其初始和核心含义，就是以劳动为前提的财产权和所有权。这一点，在洛克的《政府论》中有过明确表述。洛克这样说道：“每人对他自己的人身享有一种所有权，除他以外任何人都没有这种权利。他的身体所从事的劳动和他的双手所进行的工作，我们可以说，是正当地属于他的。所以只要他使任何东西脱离自然所提供的和那个东西所处的状态，他就已经掺进他的劳动，在这上面参加他自己所有的某些东西，因而使它成为他的财产。”[1] 洛克所开启的权利观念，代表的不仅是一个理论层面的问题，同时也是一个现实历史的问题。这个问题的实质是，由于以劳动为前提的财产权和所有权构成了现代市民社会最本质的要素，所以归根结底，霍布斯、洛克、休谟围绕权利、自由及正义等核心政治哲学论题所进行的阐发，都可以追溯到现代市民社会的出场与形成这个重大的历史

1〔英〕洛克：《政府论》下篇，叶启芳、瞿菊农译，商务印书馆，1964，第18页。

背景。如果说这些现代早期政治哲学家所承担的为新时代立言，从而在更长远的意义上构建和开辟新时代的理论任务，就是在这个历史背景下确立起来的，那么大致可以这么认为，这个新时代，就是一个由现代市民社会所表征的历史时代。这个情况告诉我们，能否从关注政治转向关注历史，不仅在于能否有意识地反思和把握这个新时代推演为一个过程后所展现出来的必然性（大致来说，维科的工作主要就在这方面），同时也在于能否对这个新时代的真正实体——市民社会予以考察和探究。

我们需要看到，市民社会问题固然已经是潜含在现代早期政治哲学深处的一个“根问题”，但霍布斯、洛克、休谟等现代早期政治哲学家因为是站在由市民社会所表征的新时代的开端，所以与此相应，市民社会还不可能成为他们考察和探究的一个明确对象。但随着这个新时代的不断延展及其内在矛盾的不断凸显，市民社会则必定会进入政治哲学家的视野当中，政治哲学中的“政治”问题，也必定会由此而转换为“历史”问题。

在近现代以来的政治哲学史上，上述变化主要是在“康德－黑格尔－马克思”这条主线上发生的。康德虽然没有明确围绕市民社会探讨政治哲学问题，但他根据“自律”原则来界定实践理性的目的之一，却在于历史性地解决市民社会中所包含的那个固有矛盾——特殊的私人利益与普遍的公共利益之间的矛盾。所以，康德虽然也像霍布斯、洛克、休谟等人那样，旨在努力地为未来制定一种政治法则，但他的这一作为，却既是朝向未来的，也是面对过去的。在此意义上，“历史”实质上已经成为康德政治哲学的一个重要视野，这与人们对康德的习常认识大相径庭。而阿伦特显然是因为对此有所洞见，所以才深刻地指出，康德的政治哲学是从现代早期关注政治到现代晚期关注历史之转变的一个重要标志。[1]

康德之后，黑格尔将市民社会直截了当地确立为其政治哲学的核心概

1〔美〕阿伦特：《过去与未来之间》，王寅丽、张立立译，译林出版社，2011，第78页。

念，这集中体现在《法哲学原理》中。众所周知，这部政治哲学的经典作品由抽象法、道德、伦理这三篇所构成。黑格尔不仅把“抽象法”中的所有权问题和契约问题，最终放到作为“伦理”中间环节的市民社会中来加以阐释，而且还明确要求用国家所代表的普遍伦理，来批判和纠正市民社会的私利化本质。这不仅说明黑格尔已经公开地将近代以来政治哲学中的“政治”转化为“历史”，而且也说明他对这个历史之矛盾的洞察和把握，与康德相比又推进了一大步——比康德更加敏锐、更加深刻地把握到了特殊的私人利益与普遍的公共利益之间的矛盾。换个角度说，黑格尔在《法哲学原理》中围绕市民社会所进行的诸种研究，既代表了他对由财产权和所有权所维系的现代资本主义历史的一种反思性探析，也代表了他对现代早期政治哲学所涉问题的一种反思性重构，而“历史”在此意义上，便无可争议地成为黑格尔政治哲学的中轴。

在政治哲学中，历史概念凸显的实质和意义，在于发现从而向人们呈示真实发生的“历史”，以便为制定未来的政治法则建立基础。问题在于，康德和黑格尔虽然都对市民社会之内在矛盾做出了反思性的探析，但他们却都是在理性和精神的视野内来审查和解决这一矛盾的，而没有将思维的触角实质性地伸向市民社会及其所表征的历史时代的结构本身。所以，康德和黑格尔的政治哲学虽然都发现并向人们呈示了“历史”，但他们所发现和呈示的“历史”又是有很大限度的，在一定意义上，只是一个并不完全真实的历史“皮影”。真正将思维的触角伸向市民社会及其所表征的历史时代的结构本身，从而真正发现并向人们呈示“历史”，或者真正将霍布斯、洛克、休谟等人所讲述的“政治”问题转换为“历史”问题的人，无疑就是马克思了。而马克思政治哲学的历史性原则，也无疑就是在这当中牢固地确立起来的。

近代以来以权利、自由及正义等为核心论题的政治哲学，被黑格尔改造和提升为一种具有巨大历史感的法哲学和国家哲学。早在《〈黑格尔法哲学批判〉导言》中，马克思就已经敏锐地洞见到这种法哲学和国家哲学中的历史感，由此指出，“**德国的法哲学和国家哲学**是唯一与**正式的**当代现实保持在同等水平上［al pari］的**德国历史**”，甚至它还触碰到了“当代所谓的问题之所在的那些问题的中心”[1]。对这种作为法哲学和国家哲学的政治哲学或作为政治哲学的法哲学和国家哲学进行研究和批判，是1843年之后的马克思几乎从未放弃的一项理论任务。这种研究和批判不是观念性的，而是历史性的。这种历史性的研究和批判的关键所在，就是发现和揭示由市民社会所表征的真实而具体的“历史”。让我们通过重温马克思在1859年《〈政治经济学批判〉序言》中回顾自己的研究经历时所做出的如下说明，来认识这个问题：“为了解决使我苦恼的疑问，我写的第一部著作是对黑格尔法哲学的批判性的分析，这部著作的导言曾发表在1844年巴黎出版的《德法年鉴》上。我的研究得出这样一个结果：法的关系正像国家的形式一样，既不能从它们本身来理解，也不能从所谓人类精神的一般发展来理解，相反，它们根源于物质的生活关系，这种物质的生活关系的总和，黑格尔按照18世纪的英国人和法国人的先例，概括为‘市民社会’，而对市民社会的解剖应该到政治经济学中去寻求。”[2]马克思的这个说明清清楚楚地告诉我们，他不仅把针对法哲学和国家哲学的研究和批判追溯到近代以来政治哲学发生的根本历史地平——市民社会，而且还把针对这一历史地平的解剖决定性地推进到政治经济学的思维界面。

霍布斯、洛克、休谟以及后来的亚当·斯密等政治哲学家虽然没有像黑格尔和马克思那样将市民社会确立为一个研究和批判的对象，但他们的理论所刻画的，正是一个他们心目中的、以新时代的面孔呈现出来的市民社会形象。这个市民社会概括地说，就是一个由独立自由的自然个人所维系起来

1《马克思恩格斯文集》第1卷，人民出版社，2009，第9页。
2《马克思恩格斯文集》第2卷，人民出版社，2009，第591页。

的、良性的契约共同体。在对市民社会的这种刻画中占据主线的东西，即一劳永逸地面向未来的“政治”而非“历史”。康德特别是黑格尔对市民社会中特殊的私人利益与普遍的公共利益之矛盾的隐在或显在揭示，如果说已经对洛克、休谟等人所刻画的市民社会形象进行了翻转并由此切近了“历史”，那么马克思在政治经济学的思维界面对市民社会所进行的深度剖析，则在彻底颠覆市民社会的“个人”形象的基础上，极其深刻地揭示出了其本质的在场性。马克思之所以能够在德国古典哲学之后完成对“历史”的真正发现并将“政治”问题转换为“历史”问题，原因就在这里。

市民社会的本质在场性是什么？本书第一章第三节已经指出，马克思并不认为市民社会中真正存在自然的“个人”，由市民社会表征的社会交往关系，被他判定为“迄今为止最发达的社会关系”。在政治经济学的语境中，这个“迄今为止最发达的社会关系”，就是马克思揭示出的以劳资对立为前提、以剩余价值的生产为目标、以工人的所有权被占有为实质的资本关系。马克思对这种关系所进行的透彻揭示，也就是他对市民社会之本质在场性的揭示。亦即在马克思的眼中，市民社会在本质上就是一个由资本所标注的关系体，其本质在场性便是一种资本的在场性。马克思对市民社会之本质在场性的揭示与黑格尔对市民社会的审察相比，显然更为深刻。因为黑格尔尽管对市民社会中特殊的私人利益与普遍的公共利益之间的矛盾做了具有极大冲击力的阐释，但他的这一阐释还带有比较明显的人性批判的痕迹，而没有真正深入更为根本的经济生产关系这一“度”中来。

进而言之，马克思对市民社会之本质在场性的以上揭示，在最直接的意义上是针对市民社会的，但在最宏大、最厚重的意义上，是针对由市民社会所表征的历史的。马克思在揭示市民社会之本质在场性上的深刻性，即是他在发现“历史”上的彻底性。马克思所发现和揭示的这个由市民社会所表征的、以资本关系为标志的“历史”，也就是在霍布斯、洛克、休谟的政治哲学背后起支撑作用，后又上升为康德和黑格尔研究对象的“历史”，同时就是马克思自己的政治哲学所关联到的具体“历史”。对于这个“历史”的发现和揭示虽然看似并不是政治哲学的理论任务，但却代表了近代以来政治哲学最具有革命意义的推进。因为在对这个“历史”的发现和揭示中，霍布斯、洛克、休谟等政治哲学家在“政治”的界面上所辩护的权利、自由及正义，都得到了切近把握与直抵根基的阐释。这种切近把握与直抵根基的阐释既体现在马克思对市民社会的直接批判中——这种批判使权利、自由及正义等价值之出场的历史地平得到完全昭示，也体现在他以这种批判为前提而展开的对所有权问题的独特论析中——这种论析使对权利、自由及正义等价值的非反思性辩护转换为对这些价值何以可能的纵深考问。据此而论，如果马克思对其政治哲学所关联到的这个具体“历史”的发现和揭示，本身即是其政治哲学最具有实体性意义的内容之一和最重要的任务之一，那么在这一内容和任务中所彰显的最重要原则，无疑就是历史性原则。

三、历史性原则与“新政治”的建构

在自霍布斯至马克思的理论线索上，从关注政治到关注历史的转换虽然是政治哲学从表浅向纵深推进的一个重要标志，但这绝不意味着对于政治的关注乃是政治哲学可有可无的事情，相反，这是政治哲学作为一种规范性的理论所不可缺少的一个重要特质。政治哲学关注政治的根本要义，乃在于政治的建构。所谓政治的建构，即是通过证立某个或某些具有前提性意义的价值，来塑造一个意义明确的规范性世界，以此为现实政治和法律制度的塑造与改进提供理论方案。从政治哲学史来看，不管是柏拉图和亚里士多德的“至善论”政治哲学，还是霍布斯、洛克、休谟以及他们之后的“法权论”政治哲学，都将政治的建构树立为最关键的理论工作。如果说前者所建构的政治是基于德性的至善世界，那么后者所建构的政治则是基于法权的公正世界。

要完整地把握马克思政治哲学的历史性原则，要在把握这一原则的基础上恰如其分地阐释马克思政治哲学的思想内涵与理论旨趣，我们不能无视政治的建构这一政治哲学的重要特质，而应予以切近追问：在马克思以历史性为根本原则的政治哲学中，政治的建构是否同样占据着重要地位？

上述问题，是一个与康德和黑格尔的政治哲学串联在一起的、思想史层面上的问题。如果我们根据上文所述，将康德、黑格尔的政治哲学解读为一种关于“历史”的政治哲学，那么这种政治哲学并不只是在反思、挖掘、概括、发现既定的“历史”，同时也在规范性的思想基点上开显和建构一种“新政治”，后一任务与前一任务至少具有同等重要意义。康德和黑格尔对“新政治”的开显和建构存在重大分野，一个重要的方面，就是他们对道德和伦理的不同侧重。也就是说，康德开显和建构的是一个由先验的绝对命令来规制的、以“道德”为范导的“新政治”，黑格尔开显和建构的则是一个由政治国家充当实体的、以“伦理”为范导的“新政治”。不过，如果我们根据罗尔斯的意见，将康德、黑格尔都界划为“关于自由的自由主义者”，那么这两位德国古典哲学巨匠分别侧重于道德和伦理来开显和建构各自心目中的“新政治”，其实都是为了改造和提升自由主义的政治价值体系，具体地说，都是为了解决在自由主义中所蕴含的最显而易见的冲突，即特殊的私人利益与普遍的公共利益之间的冲突，从而在承认“个人性”价值维度的同时，为自由主义补入一个“公共性”或“社会性”的价值维度。由此来看，康德和黑格尔对“新政治”的开显和建构，对于既定政治规范和既定历史来说，具有修补、重构和再造的重大历史意义。

对于黑格尔在建构“新政治”上的工作及其历史意义，马克思在《〈黑格尔法哲学批判〉导言》中有过一个间接的指认：“德国人在政治上**思考**其他国家**做过的**事情。德国是这些国家的**理论良心**。它的思维的抽象和自大总是同它的现实的片面和低下保持同步。因此，如果**德国国家制度**的现状表现了旧制度的**完成**，即表现了现代国家机体中这个肉中刺的完成，那么**德国的国家学说**的现状就表现了**现代国家的未完成**，表现了现代国家的机体本身的缺陷。”[1]马克思在这段论述中所提到的“德国的国家学说”，也就是展现在黑格尔《法哲学原理》中的法哲学和国家哲学，亦即黑格尔的政治哲学。马克思在这段论述中所表达的核心观点是，黑格尔的法哲学和国家哲学乃是对英法等走在欧洲最前列的国家的一种理论反思，所以相对于德国低下的政治现实来说，这种理论反思具有很大的超前性，表征的是现代国家的一种未完成状态。其实在马克思的心目中，黑格尔的法哲学和国家哲学所具有的超前性不仅是相对于德国的政治现实而言的，同时也是相对于19世纪初的整个欧洲资本主义政治现实而言的。如果说这种超前性所昭显的正是黑格尔对未来“新政治”的开显和建构工作，那么马克思在研习黑格尔的法哲学和国家哲学不久，实质上就已经敏锐而深刻地洞察到了这一工作及其在修补、重构和再造政治规范上的重大历史意义。

实质上，马克思对黑格尔的法哲学和国家哲学所做的上述指认，也反映了他对开显和建构未来“新政治”的基本态度。具体而论，这种开显和建构工作并没有被马克思从其思维视野中清理出去，相反他对这一工作同样给予了相当程度的重视。所以，我们可以肯定地说，在马克思以历史性为根本原则的政治哲学中，政治的建构是占据着重要地位的。换言之，如同康德和黑格尔的政治哲学，马克思政治哲学的实体性内容既展现在对于历史的发现和揭示中，也展现在对于未来“新政治”的规范性建构中。

马克思对未来“新政治”的规范性建构，是承接着德国古典哲学特别是黑格尔的理论工作展开的，其基本主旨，也在于解决特殊的私人利益与普遍的公共利益之间的冲突，从而重建“公共性”或“社会性”的价值维度。不过，马克思既没有像康德那样诉诸道德，也没有像黑格尔那样诉诸伦理，而

1《马克思恩格斯文集》第1卷，人民出版社，2009，第11页。

是诉诸一个新的价值系统——人类社会。马克思所建构的未来“新政治”，概括地说，也就是由人类社会所表征的政治。马克思从未对人类社会的规范性意蕴进行过直截了当的阐述，也没有关于人类社会的长篇大论，但他却明确地将之确立为新唯物主义的立脚点：“旧唯物主义的立脚点是市民社会，新唯物主义的立脚点则是人类社会或社会的人类。”[1] 事实上，在规范性和政治建构的意义上，人类社会是与市民社会相对置的一个概念，而马克思对人类社会所进行的政治上的规范性建构，与他对市民社会所进行的审视和批判是分不开的。

马克思不仅如上所示，深刻地揭示出了市民社会中由资本所标注的复杂社会关系，而且也和黑格尔一样，敏锐地洞察到了由私有财产所维系的市民社会的利己主义价值定位。如果说正是市民社会的这一利己主义价值定位，造成了特殊的私人利益与普遍的公共利益之间在现代社会的冲突，那么马克思对这一冲突的解决，实质上就是以改换市民社会的规范体系为前提的。作为“关于自由的自由主义者”，康德和黑格尔虽然都以解决这一冲突为己任，但他们都没有釜底抽薪地改换市民社会的规范体系，而只是在这一规范体系内做补入、修缮、改进和提升的工作，虽然黑格尔是站在伦理国家的制高点上来审视市民社会的。与康德和黑格尔判然有别，马克思虽然认为停留于市民社会的修补和提升工作对于重构和再造政治规范而言具有重大意义，但却并不认为它能够从根本上解决特殊的私人利益与普遍的公共利益之间的冲突，从而达到重建“公共性”或“社会性”价值维度的目标。毋宁说，他所认定的唯一可行方案，就是彻底地走出市民社会的规范体系，进而上升到人类社会的规范性界面。根据马克思的思想规划和设计，人类社会代表的是“每个人的自由发展是一切人的自由发展的条件”[2] 的联合体，其与市民社会

1《马克思恩格斯文集》第 1 卷，人民出版社，2009，第 502 页。
2《马克思恩格斯文集》第 2 卷，人民出版社，2009，第 53 页。

在规范性上相比较的最大推进，倒不在于用居高临下的公共性、社会性取代和消解了个体性，而在于用相互承认和相互协作的自由取代了相互否定和相互隔阂的自由。在这种自由人的联合体或者在这种相互承认和相互协作的自由中，已经不再充斥着特殊的私人利益与普遍的公共利益之间的冲突，而包容着个体自由的公共性或社会性，也已经成为社会价值的主干。对于马克思所建构的未来“新政治”来说，这些方面乃是具有标志性意义的特质。

毫无疑问，马克思诉诸人类社会这个价值系统而对未来“新政治”的建构，彰显的是其政治哲学与其他政治哲学相比照的共性特质。我们不仅能够从中看到他与康德和黑格尔除了“历史”之外的另一个衔接点，而且能够从中发现他的思想与古希腊的“至善论”政治哲学以及近代以来的“法权论”政治哲学相对话乃至相通约的基本平台。可是，由之而来的问题是，如果说历史性彰显的是马克思政治哲学与大部分政治哲学相比照的个性原则，那么在历史性这一个性原则与政治的建构这一共性特质之间，是否存在难以协调的相互抵消性？这个问题的答案是否定的。事实上，马克思对于未来“新政治”之独具匠心的建构，不仅不是历史性原则的一个对立面，相反这种建构既是以历史性原则为前提的，也将历史性原则进一步烘托和展现出来。对于这个问题，我们可以从以下两点来加以认识。

第一，马克思是以批判“旧政治”为前提来建构“新政治”的。

众所周知，通过批判旧世界而发现新世界，是马克思为其哲学所制定的一个根本原则。他对未来“新政治”的建构，显然是符合这个原则的。因为如上所示，标识“新政治”的人类社会不是马克思以先验的方式确立起来的一个概念，而是他在审视和批判市民社会的基础上提出来的。在此意义上，我们自然有理由说，马克思实际是以批判由市民社会所标识的“旧政治”，来建构由人类社会所标识的“新政治”的。毋庸置疑，在马克思建构“新政治”的这一特定线路中，历史性原则依然是牢牢占据主线的东西，这也正印证了我们前面所指出的问题，即马克思是通过对实然世界的深刻考察来建立规范性叙事的。而审查柏拉图和亚里士多德的“至善论”政治哲学，以及霍布斯、洛克、休谟以及他们之后的“法权论”政治哲学，我们则看到相反的情形。因为这两种政治哲学都是在先验的价值基点上，来建构各自所欲求的政治世界的，这要么将丰富多样的感性经验世界隔离了起来（柏拉图尤其如此），要么与不断发展和不断变化的历史发生脱节。建构性的政治在此状况下自然成了唯一受关注的东西，而历史几乎永远不会成为一种研究前提和思维视野。当然，康德和黑格尔对“新政治”的开显和建构，在一定意义上也是建立在对“旧政治”的审视和批判基础上的，因而在他们的这项指向未来的工作中，历史自然也是依稀可见的东西。不过，康德和黑格尔既然没有像马克思那样改换市民社会的规范体系，那么他们对于“旧政治”的审视和批判，也必然具有显而易见的不彻底性，所以最终来看，如同对于历史的发现那样，他们对于未来“新政治”的建构，并不具有马克思政治哲学的那种现实感和历史感。

第二，马克思是以社会生产关系的改造和改变为前提来建构“新政治”的。

马克思在解决特殊的私人利益与普遍的公共利益之冲突上，之所以要求改换市民社会的规范体系，并诉诸人类社会这个价值系统，在最直接的意义上是因为，市民社会在他的眼中是一个利己主义的领域。然而，仅仅停留在“利己主义”这个视点上，仍然不能得到透彻解释的问题是，马克思为何没有像黑格尔那样，借助于伦理国家来修补和提升市民社会的规范体系，从而为其补入“公共性”或“社会性”的价值维度？实质上，要理解这个问题，就必须重新回到马克思对市民社会之本质在场性的深刻揭示。如果正如上述，马克思将市民社会的本质在场性揭示为资本的在场性，那么他与黑格尔相比的重大推进，正在于是从历史唯物主义出发，在社会生产关系这一纵深层面，来检视市民社会及其利己主义价值定位的。马克思检视市民社会的这一历史唯物主义视野和路线，决定了他无论如何都不可能像黑格尔那样，简单地借助于国家来修补和提升市民社会的规范体系。因为他在理论上要解决的一个重大历史性问题，就是批判、改造、改变由资本所标注的社会生产关系。这意味着，马克思对特殊的私人利益与普遍的公共利益之冲突的解决，以及对"公共性"或"社会性"价值维度的重建，已经在远远超出伦理规范层面的要求后，与社会生产关系发生了深度且具有实质意义的勾连。这进而意味着，马克思诉诸人类社会这个价值系统而对未来"新政治"的建构，在彰显其政治哲学与其他政治哲学相比照的共性特质之同时，依然将历史性这一个性原则透射了出来。

如果说这两点告诉我们，政治的建构对于马克思而言，实质上相当于一种既有深度又有广度的历史的建构，那么其政治哲学的历史性原则，也就不仅仅展现在他对由市民社会所表征的历史的发现和揭示中，而且必定展现在他对由人类社会所表征的未来"新政治"的规范性建构中，亦即这一原则不仅是前一方面的内核之所在，同时也是后一方面的灵魂之所在。疏远了这一既是内核又是灵魂的历史性原则，我们尽管可以按照"政治哲学"的普泛性特质阐释和建构起一种能够与其他政治哲学理论形成多种共鸣点的、逻辑自洽的"马克思政治哲学"，但这种"马克思政治哲学"将注定不是马克思本人的政治哲学，而是一种不伦不类的其他什么政治哲学了。这种情况借用马克思那句调侃性的话说就是：我只知道我自己不是马克思主义者。

本书引论开篇即指出，自马克思主义政治哲学作为一个研究领域开始确立直到现在，就始终存在一种对马克思主义政治哲学的合法性进行质疑甚至彻底否定的观点。这种观点虽然是站不住脚的，但也值得我们重视和吸收。因为质疑和否定者往往是在唯物史观与规范性政治哲学、经济基础与政治上层建筑的二元结构中立论的。而在偏离唯物史观及由经济基础所指示的历史地平前提下对马克思所做的任何一种理解，都可能是对其思想的误解。不过，如果切实地抓住了历史性这一根本原则，并自觉地根据这一原则来阐发马克思政治哲学的丰富内涵，以及由此建构当代中国马克思主义政治哲学，那么，我们就可以理直气壮地来回应对马克思主义政治哲学的合法性所进行的质疑和否定，并能够将这个领域的学术探讨引向正确的轨道。

第三节　如何认识马克思政治哲学代表的传统？

凡是称为“政治哲学”的那些理论，相互之间总会或多或少存在某些共同点，虽然我们很难用一个共同的概念来对这些理论进行概括和描述。对于马克思主义政治哲学的阐释和建构而言，这个情况自然值得我们认真对待。不过，既然不同时代、由不同政治哲学家所发展的政治哲学在理论范式上往往存在重大差异，那么，要建构一种切实反映马克思本人思想的政治哲学，就既不能满足于抓住一些属于“政治哲学”的一般性要素，更不能满足于用某种所谓“公认的”理论模型来作为标准，而应当把握住马克思政治哲学作为一种特定形态的政治哲学理论所具有的独特之处。不论是集超越性指向和现实性指向于一体的理论特质，还是历史性原则，都从既定侧面彰显了马克思政治哲学的独特之处。本节的主要工作，则在于把马克思政治哲学的独特之处提升到“传统”这个层面，由此从整体上来对其加以概括和认识。

要在传统的层面上来认识马克思政治哲学的独特之处，必须首先找到一个外部参照系。因为我们只有找到一个参照系，从而与这个参照系进行充分比较，方能辨识出马克思政治哲学自成一系的要素和独特之处，从而才能说它代表了一种“传统”。毫无疑问，我们不能漫无目标地、无原则地来设置这个参照系，而应当有针对性地来为之。如此说来，我们最需要确立的参照系，正是近代以来所发展起来的具有明确现实性指向的西方规范性政治哲学，这一是因为马克思政治哲学与西方规范性政治哲学在思想史维度内本身就存在复杂的关联，二是因为英美学术界和中国学术界在既往所开展的马克思主义政治哲学研究，主要就是以西方规范性政治哲学为样板和标准的。如果说与近代以来的西方规范性政治哲学相比较，马克思政治哲学代表了一种独具特色的传统，那么，我们需要从三个最具有标志意义、最具有说服力的方面——立脚点、立论方式和思想界面来认识这一传统。

一、政治哲学立脚点的更移

我们可将近代以来的西方规范性政治哲学划分为功利主义、自由至上主义、平等的自由主义和共和主义等各不相同的理论流派，但这些不同的理论流派在一些关键的方面，并没有实质性的分野和殊异，相反存在深度的一致性。例如，它们普遍拒斥形而上学层面上的超越性思考，普遍重视与现代人的生活息息相关的重大现实性问题，大都要求从价值层面上对权利和自由进行规范性辩护，等等。这些理论流派之所以存在如此这般的一致性，归根结底是因为它们具有同一个立脚点——市民社会。照此来说，近代以来的西方规范性政治哲学，是一种以市民社会为立脚点的理论。

本书在前文已经指出，近代以来的政治哲学是在商品经济和市民社会的大背景下发展起来的。商品经济和市民社会的生成，催生出一系列需要由政治哲学来回应和回答的重大现实问题，由此为政治哲学的大发展创造了重要条件和契机，而且事实上也的的确确造就了一个属于政治哲学的时代。规范性政治哲学是近代以来西方政治哲学的主干，它的兴起和发展，无疑就得益于商品经济和市民社会所创造的条件，其所讨论的一些重要问题，如所有权的合法性、按契约进行交换的正义性等，都植根于商品经济和市民社会。不过，这个情况并不能说明西方规范性政治哲学是以市民社会为立脚点的，因为这一理论在商品经济和市民社会的背景下发展起来是一回事，而它以什么为立脚点则是另一回事，两者并不等同。

立脚点是一个关涉价值判断的问题。如果说近代以来的西方规范性政治哲学是以市民社会为立脚点的，那么根据主要在于，这一理论在回应、回答由商品经济和市民社会的生成所催生的问题的过程中，是站在为市民社会的规范体系做辩护的立场上的。依照黑格尔的界定，市民社会是一个劳动和需要的体系，在司法层面上得到保护的所有权是其存在的基石，遵照权利、契约自由地进行商品生产和交换是其活动原则，追求乃至无限度地追求个人利益是其最大目标。依照马克思的界定，市民社会是一个由利己的权利所维系的领域，在这个领域内，每个人不是把他人看作自己自由的实现，而是看作自己自由的限制。黑格尔和马克思的界定告诉我们，所谓市民社会的规范体系，就是一个以权利和自由为内核、以特殊性和为我主义为原则的体系。

在近现代西方规范性政治哲学的发展中，明确地为市民社会的规范体系做辩护，因而确定无疑地以市民社会为立脚点的哲学家，主要是自由主义传统中的洛克、斯密、穆勒等人，虽然他们从来没有公开承认过这一点，甚至也没有直接使用过“市民社会”这个语词。之所以这么说，是因为这些政治哲学家几乎都从“个体自由”这个始源性的逻辑起点出发，遵从严格的“自我决定”原则来构建其各极其致的理论学说，而这一做法在事实上起到了为市民社会的规范体系予以立言和辩护的作用。不过，除了洛克、斯密、穆勒等典型的自由主义者，卢梭、康德、黑格尔等人在近现代西方规范性政治哲学的整个谱系中，也占有不可否认的重要地位，虽然黑格尔的政治哲学因为辩证方法的运用而在理论的展开方式上与通行的规范性政治哲学有很大区别。卢梭、康德、黑格尔在价值取向上与洛克、斯密、穆勒等人存在不同，他们从总体上看，属于对典型的自由主义提出反拨和批判的政治哲学家。不管是卢梭的“公意”概念，还是康德的“先验自由”概念，抑或是黑格尔的“普遍伦理”概念，都包含了这种反拨和批判。这是否意味着，卢梭、康德、黑格尔并没有站在为市民社会的规范体系做辩护的立场上，因而没有以市民社会为立脚点？这是一个极其重要但又极具争议的问题。不过，答案是否定的。

从洛克、斯密及穆勒等人的视点来看，市民社会的规范体系之所以值得辩护，原因之一是它造就了一个风平浪静、井然有序的良性社会实体，每个人在这个实体中都有其位置，都能找到其人格和尊严。然而，历史表明，特殊性和为我主义的原则，不可能也从来没有把市民社会塑造成这样一个实体，相反使之成为充斥着各种竞争性和博弈性的利益关系，将自由与平等、个体与共同体、特殊性与普遍性等的矛盾推向极致的一个领域。由此观之，卢梭、康德、黑格尔的“公意”、“先验自由”和“普遍伦理”概念，实际上承担了一个克服唯我独尊的特殊性原则，从而在一个更高的理论反思水平和更高的价值基点上来重建社会规范的任务。这个任务这并不意味着他们站在了一个全然不同于市民社会的立脚点上，因为他们不是要构建一套根本超出于市民社会经验性存在或对这一存在进行否定的规范体系，而是要用一个统合了自由与平等、个体与共同体、特殊性与普遍性的价值框架，以一种在他们看来更符合道德直觉的理性方式，来修补和改进市民社会的规范体系。这一修补和改进工作不是彻底的否定，即如上节所指出的，不是釜底抽薪式地改换市民社会的规范体系，而是按照“否定之否定”的原则，来使这个体系变得更加完善。

以上情况决定了，卢梭、康德、黑格尔等人虽然对唯我独尊的特殊性原则和“私利化的个人”保持着批判的态度，但他们并不可能从根本上否定市民社会中的个人对自由、权利和自身利益的追求。就卢梭而言，他在《社会契约论》中的一些论述，就说明了这个问题。“把我们与社会体联系在一起的那些约定之所以是必须履行的，完全是由于它们是相互关联的，是由它们的性质所决定的：一个人在履行这种约定时，就不可能不是在为他人效力的同时也是在为自己效力。如果不是因为大家把‘每个人’这个词理解为他自己，都想到为大家投票也就是在为自己投票，公意又怎么会总是公正的，而且大家又怎么会都希望他们当中的每一个人都幸福呢？这就证明权利平等和它们所产生的正义观念是由于每个人的偏私所产生的，因而也是由于人的天性所产生的。”[1]卢梭的这段论述充分表明，他并非像人们通常所理解的那样，是在一个完全不同于洛克的基点上来提出其公意概念并阐发其平等主义的思想观点的。相反，以他之见，“人的偏私的天性”这种在市民社会中起支配作用的东西，恰恰是公意、平等和正义的最坚实前提。这样来看，他所着力界定和刻画的共同体，并非在主观权利和个人利益之外被塑造起来并凌驾于后者之上的权威他者，毋宁说作为公共利益的表征，它是每个人的权利和利益得以平等实现的一个制度性框架。对于此，卢梭本人曾予以明确指认：“共同体在接受个人的财富时，不仅没有真正剥夺个人的财富，反而保证了个人对财富的合法拥有，把占有转化为一种真正的权利，把对财富的享用转化为对财富的所有权。”[2]就康德来说，我们知道，其政治哲学的主干是建基于自由概念的法权论。正如哈贝马斯所指出的：“作为其法权论之出发的，是每个人作为‘他的人性’而享有的那个权利，也就是以强制力量为后盾的对于平等个人的自由的权利。……就此而言那些保护人们的私人自主的‘自然权利’，也是在主权立法者之前就存在的。在这方面，公民的‘共同的、联合起来的意志’受到以道德为基础的人权的限制。”[3]至于黑格尔，情况并无二致。在《哲学史讲演录》中谈到亚里士多德的“政治学”时，黑格尔特别指出，希腊人不认识近代国家的抽象权利和按个人的选择去行动的自由，但实质上，市民的自由是通向更高级的自由和“更高级的有机生命”的一个必要环节。[4]这个“市民的自由”，就是指市民社会中个人的自由。在《法哲

1〔法〕卢梭：《社会契约论》，李平沤译，商务印书馆，2011，第 35 页。

2〔法〕卢梭：《社会契约论》，李平沤译，商务印书馆，2011，第 27 页。

3〔德〕哈贝马斯：《在事实与规范之间》，童世骏译，生活 · 读书 · 新知三联书店，2003，第 124 页。

4〔德〕黑格尔：《哲学史讲演录》第二卷，贺麟、王太庆等译，商务印书馆，1960，第 383 页。

学原理》中论及国家及其代表的普遍性时，黑格尔始终强调，要对市民社会中的特殊利益给予应有的尊重和保护，而不是以普遍性的名义来消灭特殊利益。“具体的考察，即理念，表明特殊性的环节同样是本质的，从而它的满足是无条件地必要的。个人无论采取任何方式履行他的义务，他必须同时找到他自己的利益，和他的满足或打算。本于他在国家中的地位，他的权利必然产生，由于这种权利，普遍事物就成为他自己的特殊事物。其实，特殊利益不应该被搁置一边，或竟受到压制，而应同普遍物符合一致，使它本身和普遍物都被保存着。”[1]

由上可见，卢梭、康德、黑格尔等具有反思和批判精神的政治哲学家，和洛克、斯密、穆勒等人一样，是站在市民社会这个立脚点上的。对于这个问题，马克思在《〈黑格尔法哲学批判〉导言》中曾隐含地做过一个指认和批判。马克思指出，起源于哲学的理论政治派“认为目前的斗争**只是哲学同德国世界的批判性斗争**，它没有想到**迄今为止的哲学**本身就属于这个世界，而且是这个世界的**补充**，虽然只是观念的**补充**。该派对敌手采取批判的态度，对自己本身却采取非批判的态度，因为它从哲学的**前提**出发，要么停留于哲学提供的结论，要么就把从别处得来的要求和结论冒充为哲学的直接要求和结论，尽管这些要求和结论——假定是正确的——相反地只有借助于**对迄今为止的哲学的否定**、对作为哲学的哲学的否定，才能得到。关于这一派，我们留待以后作更详细的叙述。该派的根本缺陷可以归结如下：**它以为，不消灭哲学，就能够使哲学成为现实**”[2]。需要说明的是，马克思在这里批判的“理论政治派”，主要是指从黑格尔的前提出发的青年黑格尔派。青年黑格尔派要求用哲学来批判德国现实世界，但并没有对黑格尔的政治哲学（即法哲学和国家哲学）进行前提性的追问和批判。在马克思看来，黑格尔

1〔德〕黑格尔：《法哲学原理》，范扬、张企泰译，商务印书馆，1961，第 262—263 页。

2《马克思恩格斯文集》第 1 卷，人民出版社，2009，第 10 页。

的政治哲学以理论思维的方式把握了英法等国的事情，站在了欧洲历史的最前沿，这是其了不起的地方。但面对异化无处不在、人的现实存在与类存在完全分离的市民社会，黑格尔在思维与现实相同质的逻辑框架内，只是贡献了一种以思辨理性来克服矛盾的可能，而没有把市民社会根本性地推上历史的被告席，没有去揭示和批判“使人成为被侮辱、被奴役、被遗弃和被蔑视的东西的**一切关系**”[1]。也就是说，达到欧洲水平的黑格尔政治哲学，最终也还是以隐在地捍卫市民社会和资本主义生产关系为旨归的。

如果说近代以来的西方规范性政治哲学整体性地以市民社会为立脚点是一个不争事实，那么对于马克思政治哲学来说，情况则判然有别。是否以市民社会为立脚点，关键在于如何看待市民社会中的矛盾。如果说按照卢梭、康德、黑格尔等人的逻辑，由特殊性和为我主义所造成的矛盾，可以通过市民社会规范体系上的修补和完善而得到解决，那么，马克思自始至终都认为，市民社会是一个表征资本主义生产关系的世俗领域，在这个领域内所产生的矛盾，绝不可能通过价值和规范上的修修补补而得到根本解决。毋宁说解决的方案只有一个，这就是跳出市民社会的框架，并确立起人类社会的坐标系。马克思的这个重大判断意味着，他的政治哲学在立脚点上，实现了从市民社会到人类社会的决定性更移（这也就是前文所提及的，马克思是站在人类社会这个历史位阶上来阐发其政治哲学思想的）。需要看到，这个立脚点的更移意味着理论框架的根本性变化，是马克思政治哲学与近代以来的西方规范性政治哲学相分野从而形成独具特色的传统的最主要标志之一。由此可见，马克思在《关于费尔巴哈的提纲》中对旧唯物主义和新唯物主义所做的界分——旧唯物主义的立脚点是市民社会，新唯物主义的立脚点则是人类社会或社会的人类——同样适应于近代以来的西方规范性政治哲学和他的政治哲学。当然，扩而论之，我们甚至还可以认为，马克思的哲学在总体上就是以

1《马克思恩格斯文集》第 1 卷，人民出版社，2009，第 11 页。

人类社会为立脚点的，这也是它与过往一切哲学最显著的区别之一。

对于上述问题，我们在此需要做三点延展性的说明：

第一，我们已经指出，不仅近代以来的西方政治哲学是在市民社会问题域中发展起来的，马克思也是因为研究市民社会而实质性地进入政治哲学领域的，市民社会概念是通向他的政治哲学的重要桥梁。但学界不少人在这个问题上没有形成充分的认识，这可能与他们对马克思哲学立脚点的理解有关系。亦即在他们看来，马克思既然没有把市民社会确立为其哲学的立脚点，那么，就没有理由借助于市民社会概念来把握其政治哲学。显而易见，这是一个极其错误的认知逻辑。马克思将立脚点由市民社会更移到人类社会，自然不代表他的政治哲学是在市民社会问题域外发展起来的，相反，他之所以将政治哲学的立脚点决定性地更移到人类社会，原因之一正在于，他对这个问题域内的问题做了极其深刻的考察。

第二，在马克思的时代，流行着有关权利、平等、正义等的讨论，也流行着用这些话语来评价社会制度和社会文明程度的做法。而马克思对这些话语则始终保持着一种批判的态度，其批判有时甚至达到了一种非常犀利的程度。人们在对这个问题的理解上常常出现一些偏差乃至严重的错误。例如，人们据此而认为，马克思没有规范性的价值判断，特别是缺少正义观念，也不可能用正义的尺度来批判资本主义。然而，问题的实质在于，在马克思的时代，有关权利、平等、正义等的话语，是在近代以来西方规范性政治哲学的框架内确立起来的，其立脚点即是市民社会。这些话语在一定意义上有利于促进社会关系特别是社会分配关系的调整和改善，甚至也有利于缓和社会矛盾，但在其中并不包含一种旨在改换市民社会和资本主义的规范体系以及制度架构的逻辑。马克思之所以对这些话语采取批判的态度，最深层次的原因正在这里。只要透彻而深刻地认识到马克思政治哲学在立脚点上的更移，我们就能够在对这个问题的理解上做出正确的判断，不至于犯一些简单化的错误。

第三，马克思正是因为将立脚点更移到人类社会，他才顺理成章地为其政治哲学赋予了一个超越性向度，即使之具有了一个超越性的理论指向。而由于人类社会代表了一个全然不同于市民社会的价值系统，其终极目标是站在市民社会的立脚点上既不可能提出也无法理解的“人的解放”和“人的自由而全面发展”，所以，我们不能完全套用西方规范性政治哲学的概念、命题及方法来阐释和建构马克思政治哲学，而应当最大限度地使这种阐释和建构工作与人类社会这个立脚点和价值系统关联起来。当然，我们也不能由此而走向一个反面，即过分夸大、放大人类社会与市民社会之间的异质性，从而把马克思政治哲学与西方规范性政治哲学对立起来。如果正如本书前文所述，市民社会与人类社会及与之相对应的政治解放与人的解放之间的关系，是一种由前而后的历时性和历史递推关系，那么这种关系要求我们，既要看到马克思政治哲学因为立脚点的更移而具有的独特内容，也不能忽视在人类社会和人的解放概念中所容纳与包含的支持规范性政治哲学的价值要素。

二、政治哲学立论方式的改换

无论如何都不能否认的事实是，近代以来的西方规范性政治哲学是典型的现实性政治哲学，而对于马克思政治哲学来说，现实性理论指向与超越性理论指向至少具有同等重要地位。这是否表明，这两种政治哲学理论虽然在立脚点上形成了分野，但在面对平等的权利和公正的分配等重大现实性问题上，彼此融通的地方要远远大于互异之处？要对这个问题做出如实的回答，就不能停留在表层，而是必须深入这两种政治哲学的立论方式这个层面。是否在理论上指向现实性问题是一个方面，以何种方式来阐释现实性问题是另一个方面，而后一个方面往往是区分由不同政治哲学家所发展的理论的一个根本界标。如何认识近代以来西方规范性政治哲学的立论方式？马克思政治哲学的立论方式有无不同之处？

我们看到，在洛克、斯密、康德、穆勒等近现代政治哲学家以及罗尔斯、诺奇克等当代政治哲学家的观念中，与人的安身立命息息相关的权利、自由、平等、正义等价值和原则，不是专属这个人或那个人、这些人或那些人的，而是属于每一个人的，用罗尔斯在《正义论》中的话说就是，“每个人都拥有一种基于正义的不可侵犯性”。问题在于，这些价值和原则都是在人与人的社会关系中提出来的，疏解人们之间的社会关系是其核心意义之所在，对于孤立的个人而言，它们将一无是处。可是这样来看，又存在一个现实情况，这就是人与人的社会关系往往具有超出人们通常预期的复杂性，而这种复杂性又常常会影响权利、自由、平等、正义等价值的实现程度，即在复杂多变的境况中，难以保证每个人都能平等地享有基本的权利和自由或都拥有一种基于正义的不可侵犯性。所以，关涉权利、自由、平等、正义等的问题，本质上是现实经验的问题，而非先验的问题。

然而，对于这个现实经验的问题，近代以来的西方政治哲学家却通常采用先验的方法来予以处理，也就是把有不同生活背景、不同身份、不同信仰的社会人，统统还原为无差别的自然人，从而在一个先验的自然起点上，为权利、自由、平等、正义等价值提出规范性辩护。在由霍布斯、洛克、卢梭、康德、罗尔斯、诺奇克等人所确立和发展的契约论传统中，这个做法体现得尤为明显。这是因为契约在政治哲学中的本意，是指人们在一个虚拟的原初状态中订立一个一致同意和接受的合约，以便共同确定建构理想的社会政治制度所需遵循的原则。而从契约的这一本意我们就可知道，政治哲学家们除了将社会人预设和还原为有共同价值取向和理性能力的、无差别的自然人之外，是没有任何办法来让人们信服，一个关乎社会政治制度之根本且又能反映群体意志的原则何以能够在一个虚拟状态中被确定下来。从罗尔斯对原初状态的假定中，我们可以清楚地看到这一点。在《正义论》中，罗尔斯反复申述这样的观点，即处在原初状态中的人们不仅都是有理性的，而且人们的理性认识也基本上是均衡的，所以，在正义原则的选择上，人们很容易形成“重叠共识”，而不至于出现不可调和的重大分歧。显而易见，罗尔斯的这个观点就是从高度同质化的自然人的角度提出来的，而并未真正将社会历史背景及其牵涉的诸种复杂因素考量进去，虽然他的正义理论在一定意义上，是为了解决自由与平等之间的冲突这个复杂的社会问题。

契约论的先验方法就是政治哲学的一种立论方式，其逻辑起点和价值倚重点就是自然人，所以，我们可以将之概括为基于自然人的立论方式。鉴于在近代以来西方规范性政治哲学的发展中，契约论是最主要、最具有标志意义的理论形态，我们大致又可以依托这种立论方式，来统一认识近代以来的西方规范性政治哲学。

不过，我们也要注意到一个情况，这就是在近代以来西方规范性政治哲学的发展中，有的政治哲学家并不属于契约论传统，也反对用先验的方法来把握权利、道德、正义等规范性问题，休谟就是最典型的一位。在《人性论》的“引论”中，休谟提出了一个重要论断：“关于人的科学是其他科学的惟一牢固的基础，而我们对这个科学本身所能给予的惟一牢固的基础，又必须建立在经验和观察之上。”[1]休谟所发展的以道德、正义及财产权为主题的政治哲学，就属于他说的“关于人的科学”。事实上，正如这个论断所说，在对道德、正义之起源的说明上，他采取的是一条不折不扣的经验主义路线。在他看来，道德、正义并非由一成不变的人性所赋予，而是起源于人的知觉、情感等主观经验。由于知觉、情感是自然人的经验生活中的组成部分，并不指代社会关系层面上的问题，所以从整体上看，休谟的立论基点并没有越出自然人的范畴，其立论方式同样可被认定为一种基于自然人的立论方式。

应当说，这种基于自然人的立论方式符合规范性政治哲学的理论目标和理论要求。一般而言，规范性政治哲学的目标，在于通过价值论上的前提性

1〔英〕休谟：《人性论》上册，关文运译，商务印书馆，1980，第4页。

证成，来构建具有明确规范性导向和一劳永逸之特点的理论模型，以用于指导社会政治制度和社会伦理规范体系的设计。这个目标给政治哲学家们提出了一个要求，这就是他们从前提上证成的价值，要具有不受时间和空间的限制而得到推广的普泛性。不难看到，将无差别的自然人作为立论基点，恰恰就能够达到这个要求。由此来说，基于自然人来立论的一个显著意义，在于这种立论方式有利于构建罗尔斯所说的那种用以指导“良序社会”之形成的“严格服从”的理论。不仅如此，这种立论方式也蕴含了有进步意义的价值取向和规范性诉求。这主要表现在，人固然总是生活在既定的社会关系中，由于种种现实社会性因素的掺入，权利、自由、平等、正义等价值的普遍兑现总会遇到这样那样的困难，但这绝不意味着不可以将人们置于同等价值标准上来同等看待，相反，这样做的一个规范性意义，就在于为修正现实的不平等提供了一个至少是理想性的尺度，而基于自然人的立论方式就包含了这种意义。在历史的不同参照系上，这个问题更是一目了然。众所周知，在西方古代社会和中世纪，存在等级森严的阶级分化的人身附属关系，不同的人由于其出身这一不可选择的因素而被先天地安放在不同的社会地位上，权利和自由在这个情况下难以得到广泛的认同，普遍的平等和正义也难以实现。与之相对照，近代以来的政治哲学家基于自然人来立论的方式，对于检视、批判近代之前具有明显等级关系的社会秩序，进而对于构建符合现代社会价值准则和政治原则的伦理规范体系，本身就具有重大的规范性意义。

然而，人们既然都生活在现实的社会关系中，关涉到权利、自由、平等、正义等的问题本质上是现实经验的问题，那么，始终停留在自然人的立论框架内去研究这些问题，而不与真实鲜活的现实发生实质性接触，就注定会造成以下连锁性的后果：其一，价值与事实、理论与现实之间会不可避免地发生无法弥合的断裂，理论由此也会大大丧失对现实的描述功能和规范功能。例如，罗尔斯的正义理论在面对复杂多元的社会文化时，就存在这个问题，这迫使他把正义观念修正为排除了道德、宗教信仰和意识形态等的“政治正义”。法兰克福学派第三代传人霍耐特在《自由的权利》一书的“导论”中，也深刻地指出了这一问题：“在制约当代政治哲学最大的一些局限中，其中有一个局限就是它与社会分析的脱节，这使得哲学只能定位在纯粹规范性的原则上。不是因为阐述这些规范性规则——社会秩序的道德合法性是按这些规则来衡量的——不是正义论的任务；但是当今这些原则，大多是在与现存实践和机制（Institutionen）的道德行为相隔绝的状态中被构思出来，然后再被‘应用’到社会现实中去的。”[1] 其二，理论在大大丧失对现实的描述功能时，也很容易将真实的社会矛盾掩藏起来。比如说，霍布斯、斯密等政治哲学家，都看到了市民社会中充斥着的竞争和对抗关系，但以自然人为立论基点的他们，无不从人的利己本性的角度来解释这种竞争和对抗关系，即认为人们在追求权利、自由以及利益时，会有一种天然的利己本能和本性，这就会很自然地带来人与人之间的竞争、对抗乃至战争。用霍布斯的话说就是，自然人的状况“是每一个人对每一个人交战的状况；在这种状况下，人人都受自己的理性控制。凡是他所能利用的东西，没有一种不能帮助他抵抗敌人，保全生命”[2]。面对这种状况，国家应当从制度上协调、引导人的这种利己本性，使之能够与社会的整体利益相契合。这种解释看起来符合人们的直觉，但其实并没有抓住矛盾的关键之所在。马克思指出：“把竞争看成是摆脱了束缚的、仅仅受自身利益制约的个人之间的冲突，看成是自由的个人之间的相互排斥和吸引，从而看成是自由的个性在生产和交换领域内的绝对存在形式。再没有比这种看法更错误的了。”[3]竞争与对抗关系的实质，在于资本的运动，这才是矛盾的关键之所在。“在自由竞争中自由的并不是个人，而是资本。只要以资本为基础的生产还是发展社会生产力所必需的、

1〔德〕霍耐特：《自由的权利》，王旭译，社会科学文献出版社，2013，第9页。

2〔德〕霍布斯：《利维坦》，黎思复、黎廷弼译，商务印书馆，1985，第98页。

3《马克思恩格斯文集》第8卷，人民出版社，2009，第178页。

因而是最适当的形式，个人在资本的纯粹条件范围内的运动，就表现为个人的自由，然而，人们又通过不断回顾被自由竞争所摧毁的那些限制来把这种自由教条地宣扬为自由。自由竞争是资本的现实发展。”[1]其三，对权利、自由、平等、正义等重要价值的规范性辩护，会倒退为毫无效力甚至为相反的东西做隐性辩护的工作，例如，洛克、斯密等人对以所有权为核心的权利和自由所做的规范性辩护，最终就成了对资本主义私有财产制度的辩护，而资本主义私有财产制度在本质上则会造成权利和自由的异化。

如果说上述后果代表了近代以来西方规范性政治哲学在理论设计上的严重缺陷，那么，如何打破自然人的立论框架从而克服这些缺陷，就成了一个重大的理论问题。在政治哲学史上，第一个认真对待该问题的人是黑格尔。黑格尔以法哲学和国家哲学为独特形式的政治哲学，处在近代以来西方规范性政治哲学的总谱系中。不过，黑格尔与众不同之处在于，他既不接受洛克、卢梭、康德等人的契约论和先验主义，也保持着对一切经验主义的批判态度，所以相应地，他在对所有权、契约、道德、伦理等问题的考察上，并未预设和假定一个可用于在前提上来立论的自然人。毋宁说，黑格尔的政治哲学在立论基点上，已经实现了从自然人到社会人的转换。在《法哲学原理》的叙事结构中，这个“社会人”主要就是市民社会中的人。按黑格尔的论述，作为抽象法的所有权和契约从其本身来看，固然有其不可否认的规范性意义，但脱离了人们在市民社会中所缔结成的现实交往关系以及实定法，它们就会成为缺乏根基的纯粹抽象之物。黑格尔的这个立论方式本质上是基于社会人的立论方式，虽然他从来没有使用过“社会人”这个术语。这个立论方式突破了由洛克、卢梭、康德等人所确立的规范性政治哲学的框架，使政治哲学开始建立起一个指向现实社会的理论维度，从而也使之具有了一种宏大而厚重的现实感和历史感。不过，由于黑格尔没有像马克思那样在系统

1《马克思恩格斯文集》第 8 卷，人民出版社，2009，第 179 页。

而深入的政治经济学研究中来批判市民社会，同时也由于他的市民社会概念最终要服从于神秘的绝对理性，所以，作为其政治哲学立论基点的社会人，有其自身不能克服的不彻底性。

至于马克思，情形则一目了然。自早年在黑格尔的基础上研究、批判市民社会从而实质性地进入政治哲学领域，马克思就已经开始建基于社会人而非自然人来分析和阐释权利、自由以及财产等问题。到后来系统开展政治经济学批判时，马克思对社会人的把握达到了一个更加深刻的程度。但这绝不意味着马克思拒绝从“每一个人”的价值视点来看待权利、自由、平等、正义等问题，相反，在他的思想意识深处始终有一个朴实而伟大的“平等待人”的理念，这就是每一个人都应当拥有自己的人格、尊严、权利、自由以及发展的机会。进而言之，马克思之所以要建基于社会人来立论，是因为他深刻地认识到，任何价值体系和社会规范体系，都是在既定的社会关系中建立起来的，它们的合法性基础和实际内容不在于其自身，而在于现实的社会关系。亦即它们表达的与其说是一些永恒不变的抽象理念，不如说是现实的、具体的社会关系。用恩格斯在批驳蒲鲁东的“永恒公平”时的话说就是，所谓“永恒公平”，“始终只是现存经济关系的或者反映其保守方面，或者反映其革命方面的观念化的神圣化的表现。希腊人和罗马人的公平认为奴隶制度是公平的；1789 年资产者的公平要求废除封建制度，因为据说它不公平。在普鲁士的容克看来，甚至可怜的专区法也是对永恒公平的破坏。所以，关于永恒公平的观念不仅因时因地而变，甚至也因人而异，这种东西正如米尔柏格正确说过的那样，‘一个人有一个人的理解’”[1]。据此来说，在把握既定的价值体系和社会规范体系时，应当把聚光灯投向其所反映和表达的现实社会关系，而不是从自然人身上提取出一些普泛的、对所有人来说共同的东西，从而用诸如“自然法”这样的概念来从前提上立论。具体到现代

1《马克思恩格斯文集》第 3 卷，人民出版社，2009，第 323 页。

规范性政治哲学所集中关注的以所有权为核心的权利和自由，关键之处不仅在于，其合法性不是由自然法或自然人的天性所给定的，而是深植于现代商品经济和市民社会的历史土壤，关键之处同时还在于，它们随着机器大工业的发展和雇佣劳动制度的确立，最终固化为维系资本主义私有财产关系的要素，起到了粉饰在本质上不公正的社会制度的作用，因为在雇佣劳动关系中，并不真正存在所有权以及自由的平等实现，相反，所有权规律随着剩余价值的生产，不可逆转地转化为资本主义占有规律，而这种占有规律意味着一种结构性和制度性的不公正。所以，以同质性的自然人为前设对权利和自由所进行的任何辩护，都不可能触及问题的内核，而只有从社会人的视点和基点出发，去考问这些现实性价值在现代市民社会体系和资本主义制度框架内所关联到的现实社会关系与深层次的历史关系，才能够建立起关于这些价值的有效言说。

上述表明，一种政治哲学是以自然人还是以社会人为基点来立论，在很大程度上取决于政治哲学家对其所处理的问题的复杂性的把握。在现代市民社会体系和资本主义制度框架内，权利、自由及正义等政治哲学问题由于已经嵌入复杂的资本关系，并且马克思又极其深刻地洞察到这个情况，所以，他以社会人为基点来把握这些政治哲学问题，就是顺理成章的事情。不过，需要继续追问和阐明的问题是，到共产主义第一阶段，先前的资本逻辑已经土崩瓦解，复杂的资本主义剥削关系已经被消灭，那么如此一来，马克思针对这个阶段的消费资料的分配而确立起来的分配正义思想，是否暗含着同质化的“自然人”这个前提性假定？从马克思在《哥达纲领批判》中的有关论述来看，答案似乎是肯定的。因为他在这个文本中论及体现“平等的权利”原则的“按劳分配”时提到，平等的权利不承认任何阶级差别，而是把每个人都同等地视为撇开其他规定性的劳动者。[1] 但这是一个停留在词句表

1《马克思恩格斯文集》第 3 卷，人民出版社，2009，第 435 页。

层的错觉。事实在于，马克思虽然不再通过考察和批判复杂的社会关系与深层次的社会矛盾来把握共产主义第一阶段的分配问题，但他在对该问题的阐发上，却切实贯彻了现实主义和历史主义的理论路线。之所以这么说，主要不是因为他深刻地看到了不同的人在禀赋、能力、贡献以及家庭情况等方面的差异和分殊（罗尔斯也深刻地看到了这一点），而主要是因为他是根据对共产主义第一阶段的社会发展水平和社会发展状况的把握，来对这一阶段的分配原则做出评判的。具体一点说，马克思虽然认为按照“平等的权利”原则来实施按劳分配，会不可避免地带来“有人多得、有人少得”“有人富些、有人穷些”的弊病，因此权利又应当是不平等的，但他同时也认为，在共产主义第一阶段，完全实现分配结果的平等也不具有现实性，因为权利决不能超出社会的经济结构以及由经济结构制约的社会的文化发展。也就是说，按劳分配依然是共产主义第一阶段最优的分配原则。如果说马克思的这个观点确凿无疑地贯彻、体现了现实主义和历史主义的路线，那么，我们自然有理由说，他对共产主义第一阶段分配问题的思考和阐发，并没有支持和包含一个“自然人”的前提性假定，“社会人”依然是其政治哲学的坚实立论基点。

总之，把基于自然人的立论方式改换为基于社会人的立论方式，是马克思政治哲学与近代以来的西方规范性政治哲学相比较又一个重大分野和不同。这个分野和不同绝不意味着马克思政治哲学与现实性和规范性政治哲学存在隔阂，也绝不代表这一理论在规范力上存在弱化的情况，相反，它表明近代以来的现实性和规范性政治哲学在马克思这里实现了最重大、最根本的学术突破和推进，并取得了最深刻、最彻底的理论形式。因为马克思基于社会人来加以立论，从根本上解决了价值与事实、理论与现实之间的断裂问题，不仅由此把握到了权利、自由、平等、正义等价值的现实历史根基及其实现的社会历史条件，而且也把这些现实性价值所关联到的历史一并呈示了出来，这不是对规范性话语的疏离，而是政治哲学的规范力得到展现的最重要前提之一。

三、政治哲学思想界面的提升

众所周知，从学科分类来看，政治哲学不同于实证科学，它不满足于对经验性的政治事件和政治现象加以认定、描述、预测，而通常是要求用既定的价值来作为范导，以此探索“应然”的政治生活和社会生活如何被塑造的问题。就此而言，价值论是政治哲学的基石，离开了这一基石，政治哲学的理论大厦就注定会坍塌。从这一点来看，自古代到近现代再到当代的政治哲学，倒也没有很大分歧和差异，因为它们都建立在价值论的基石上，都要在理论上维护或捍卫既定的价值。但显而易见，仅仅看到这一点，对于深入研究政治哲学是远远不够的，原因是不同时代的理论家往往有不同的价值追求，这使政治哲学呈现出多样化的形态和发展局面。如果要对政治哲学所维护或捍卫的价值进行分类，我们可以很明确地区分出两类价值，即一是彼岸价值或超越性价值，二是此岸价值或现实性价值。这两类价值对应着前文论及的超越性政治哲学与现实性政治哲学。

从政治哲学史来看，在古希腊时代所发展起来的古典政治哲学，特别是柏拉图的政治哲学，是在一个尘世所不能参与的超感性世界层面勾绘“应然”的政治生活的，所以，其所申述的价值，几乎都是人们的日常经验难以把握和达及的彼岸价值，如德性、智慧、卓越、崇高、永恒、闲暇等。然而，近代以来的西方规范性政治哲学，却整体性地颠覆了古典政治哲学的价值及其论证方式。原因是在商品经济和市民社会的历史背景下，政治哲学家们开始将目光从遥远的理想国转到最直接的经验和感性世界，这使“社会存在的所有问题都失去了它们的人的彼岸性”[1]，也使政治哲学开始疏远古典政治哲学家尊崇的彼岸价值。在这种情况下，那些反映和表达人们在现实经

1〔匈〕卢卡奇：《历史与阶级意识》，杜章智、任立、燕宏远译，商务印书馆，1999，第216页。

济、政治、社会生活层面上的利益诉求的此岸价值，自然而然地成为政治哲学家们在价值论层面所维护或捍卫的主要对象。这些此岸价值，主要有权利、自由、平等、正义和民主等，它们构成了近代以来西方规范性政治哲学的理论内核和灵魂。

客观地说，不管是彼岸价值还是此岸价值，不管是古典政治哲学还是近代以来的西方规范性政治哲学，都有其存在的历史根据和合理性，我们没有一个绝对的评价标准，也不能简单地用一方作为标准来评价另一方。然而，我们也要看到，彼岸价值和此岸价值实际上代表了一高一低的两个不同思想界面，而这能够为我们的评价提供一个重要视角和尺度。这里的问题在于，按古典政治哲学家的阐释，彼岸价值都是一些先验价值，它们具有真理般的不可替代性，发挥着为世间政治提供终极目标的形而上学功能，它们虽然不是来自感性世界，但却可以作为母版而为复杂多变的感性世界提供恒久不变的标准。与此不同，近代以来的此岸价值不再具有真理的姿态、形而上学的神圣性以及为他者立法的绝对资格，它们自然也要为感性世界提供标准，亦即要为"应然"的政治生活和社会生活的塑造提供指导，但它们并不是在与感性世界相隔离的先验层面上确立起来的，它们反映的就是感性世界的价值诉求。以洛克为代表的一些政治哲学家虽然也借助于"自然法"这样的先验概念以及形而上学的手法来为此岸价值提供辩护，但这种辩护的目的，只是在于强调此岸价值的不可侵犯性以及不受时空限制而加以推广的普遍性，而不在于使其以真理之名重新凌驾于经验的感性世界之上。这些情况表明，相比之下，彼岸价值代表的是一个更高的思想界面，而此岸价值则代表一个更低的思想界面。相应地，作为超越性政治哲学的古典政治哲学处在一个更高的思想界面，而近代以来作为现实性政治哲学的西方规范性政治哲学处在一个更低的思想界面。

政治哲学既然不同于实证科学，那么，它就应当具有哲学的那种超凡脱俗的特质，甚至也可以说，它本身的学科定位就是哲学。由此来看，近代以来的西方规范性政治哲学对于建立感性世界的规范体系固然具有重要意义，但思想界面相比古典政治哲学开始下降，不能不说是其理论上的一个不足，因为这至少与哲学的学科要求以及理论任务并不完全契合。哲学虽然未必都要有一个形而上的思想承诺，但它承担着为人类提供终极关怀以及建立意义世界的理论任务，而这项任务又让哲学天然地处在一个高于实证科学和经验科学的思想界面。政治哲学作为哲学的一种特定理论形态，其实完全能够以自己的方式来承担这项理论任务。古典政治哲学借助于彼岸价值所进行的思想创制和理论建构，就很好地诠释了这一点，因为正如施特劳斯所指，古典政治哲学维护和捍卫的彼岸价值，为人类提供了判断对与错、好与坏、正义与不正义的永恒标准，从而也为人类探索和建构最好的政治制度与社会生活模式提供了一劳永逸的思想向导，这都从根本上指向了终极关怀和意义世界。但相形之下，近代以来的西方规范性政治哲学在终极关怀和意义世界问题上难以有所作为，其所塑造的应然世界，并没有在思想界面上超出实然世界。所以，它虽然不同于实证科学，但就思想界面而言，却与实证科学和经验科学无异。

进而言之，近代以来西方规范性政治哲学的上述不足，也在一定意义上反映了其所遵从的思维路线的不足。这一政治哲学在英国得到了最充分的发展，而在近代以来英国哲学的发展中，经验主义占据了主导地位。与此相对应，近代以来的西方规范性政治哲学遵从的最主要思维路线，就是经验主义的路线，这在霍布斯、洛克、休谟等政治哲学家那里体现得尤为明显，当然，德国哲学家康德和黑格尔除外。黑格尔曾经指认过经验主义在思维上的一个重大缺陷，这就是它虽然能够帮助人们获得关于当前有限事物的直观认识，但却不能把握自由、精神这样的无限事物。按黑格尔的这个指认，近代以来的西方规范性政治哲学虽然能够达到对有限世界的政治现象和政治事物的说明，但却无法将其思维的触角伸向无限世界。毋庸讳言，一种理论一旦与无限的东西发生隔膜，也就很容易暴露出其在终极关怀、意义世界等问题上的先天不足。

我们既可以把近代以来西方规范性政治哲学的上述不足归结为一种理论上的经验化倾向，也可以将之归结为理论上的工具化、操作化、效用化、物质化倾向。之所以如此，一方面是因为近代以来的西方规范性政治哲学对权利、自由、平等、正义等的辩护，都没有离开人们经验化的物质生活，它们在很大程度上指向了人们的自然生命、愉悦、幸福、劳动、财产、利益等；另一方面则是因为，这种政治哲学追求的最终目标之一，就是将其价值和理论上的规范性辩护，转化到可操作的实定法中，进而再通过实定法这个中介，来发挥影响社会制度的建立和社会规范的制订、疏解社会矛盾、调节人们的社会交往关系以及安顿人们的物质生活等多方面的作用。这正如罗尔斯所说的那样："政治哲学能够恰到好处地做到的就是，影响某些通过合法的宪法程序建立起来的机构，然后，通过说服这些机构来否决多数民主的意志。……宪法确保了某些不受日常立法的多数决原则之影响的基本权利和自由。因此，学院派著作家的讨论常常是关于多数决规则的范围与极限以及最高法院在确认并保护基本宪法自由方面之作用的讨论。"[1]

近代以来西方规范性政治哲学的上述不足，为政治哲学家们提出了一个如何克服这种不足，从而将政治哲学提升到更高思想界面和更高理论反思水平的重大课题。最先自觉或不自觉地介入这一课题的人是康德和黑格尔，这与他们对近代以来经验主义的内在批判不无关系。众所周知，康德对人的认识能力的批判性审查，以及由此而提出的"物自体"概念，打破了经验主义试图根据对可感事物的认知来获得最终知识的梦想，因为以康德之见，人们

1〔美〕罗尔斯：《政治哲学史讲义》，杨通进、李丽丽、林航译，中国社会科学出版社，2011，第4页。

在经验范围内认识到的只是现象而非真理，在理论理性界限内，人们凭借先验的知性概念是无法把握物自体及与之对应的真理的。康德将物自体与现象界分开来，并强调人们只能认识后者，虽然导致了常被后人诟病的不可知论，但这却是对经验知识的有效性所进行的一种严格限定，在事实上构成了对经验主义这一思维路线的深刻检视与批判。黑格尔对康德的观点予以了高度评价，不仅认为后者在现象层面来指认基于经验的知性知识及其有限性，乃是其哲学的一个重大思想成果[1]，而且认为他对于知性范畴所必然引起的理性世界之矛盾的审视，以及由此而带动的辩证思维的发展，构成了近代哲学界最重要和最深刻的理论进步[2]。不过，康德虽然在知性与理性、现象与物自体的边界发现了辩证法的存在，但怀有“理性根”情结的他却是在消极的意义上看待辩证法的，这也是他始终将现象与物自体界分开来的原因之一。黑格尔并不认同康德的这一做法，于是在批判性地考察后者观点的基础上，将现象与物自体缝合了起来，从而在积极意义上通过逻辑学方式发展了辩证法。根据黑格尔的界划，辩证逻辑包括三个环节，即一是抽象或知性（理智）的环节，二是辩证或否定理性的环节，三是思辨或肯定理性的环节。[3]这三个环节构成了思维的全过程，缺少任何一个环节，对于事物的认识都将是不完整的。而经验主义之所以存在不能把握无限事物的重大思维缺陷，乃是因为它只停留在辩证逻辑的第一个环节，故而只能形成对外界事物的直观认识和平面把握，而没有能力看到比这更多的东西。

康德和黑格尔对经验主义的批判，构成了他们把握自由、法权、国家等政治哲学问题的思维前提。康德对自由这一价值给予了高度重视，但与霍布斯、洛克等人不同，他不是在经验层面而是在先验形而上学层面来为自由提供辩护的，这为自由赋予了一种高于经验原则的地位。所以，与霍布斯、洛

1〔德〕黑格尔：《小逻辑》，贺麟译，商务印书馆，1980，第 127 页。

2〔德〕黑格尔：《小逻辑》，贺麟译，商务印书馆，1980，第 132、133 页。

3〔德〕黑格尔：《小逻辑》，贺麟译，商务印书馆，1980，第 172 页。

克相比，康德的这一辩护在思想界面上已经有了很大提升，而且也开始指向无限的东西，特别是在人们的道德实践中可能展现出来的、无法用经验来加以说明的东西。不过，康德的先验自由概念具有空洞性和抽象性，乃是一个不争的事实。所以，我们究竟能够从这个概念中看到一个具体指向什么的思想界面，又是一个模糊不清的问题。黑格尔的情况则是，他同样重视自由和权利等现实性价值，但他不是以经验直观的方式而是以辩证的方式来把握这些价值的。与霍布斯、洛克等人相比，这种把握方式使黑格尔的理论反思能力得到了质的加强，也让他看到了更多的东西，但这种变化主要是就理论在把握现实和历史上的深度而言的，并没有从根本上涉及终极关怀和意义世界等形而上学层面上的问题。另外，具有形而上学地位的绝对理性是黑格尔包括政治哲学在内的一切哲学的最高概念，这个概念虽然并不具有任何的经验化、工具化、操作化、效用化、物质化倾向，但其神秘莫测性决定了，它至多只是黑格尔在理念层面用以解释历史的一个强制性框架，而不可能为终极关怀和意义世界的探寻提供基础。这些情况表明，康德和黑格尔在政治哲学上固然确立起了批判性和反思性的理论进路，但他们并没有真正提出一些用以高屋建瓴地指导人类生活的彼岸价值，因此，也没有将近代以来的西方规范性政治哲学实质性地引向更高的思维水准和思想界面。他们的贡献，应当说主要在于开启了用历史的方式来更加深刻地把握此岸价值的理论逻辑。

近代以来，真正重新确立起彼岸价值，从而把政治哲学提升到一个更高思想界面的人，就是马克思。之所以这么说，直接的根据就在于，马克思将其政治哲学建立在人类社会的立脚点上，从而使之具有了一个显而易见的超越性指向，他由此而表达的价值理念和价值诉求——人的解放和人的自由而全面发展，总体来看属于彼岸价值，和古典政治哲学家所讲的德性、智慧、卓越、崇高、永恒、闲暇等价值具有相似特质乃至相通之处。不过，要对这个问题做出透彻的解析，我们则需要继续追问三个深层次的关键问题和难点问题：一是人的解放和人的自由而全面发展在何种意义上属于彼岸价值？二是马克思政治哲学和古典政治哲学是否存在思想史的关联？三是马克思政治哲学是否建立在形而上学的基础之上？

首先，我们来看第一个问题：人的解放和人的自由而全面发展在何种意义上属于彼岸价值？

就德性、智慧、卓越、崇高、永恒、闲暇、等价值而言，将其认定为彼岸价值，是没有任何疑义的，因为它们是古典政治哲学家在二元论的框架下，在隔离日常感性的经验生活的前提下，通过先验的方式确立起来的。它们虽然可以作为现实的此岸世界的真理标准，但其根基却不在于此岸世界。对于马克思政治哲学来说，情况要远为复杂。我们都知道，在《〈黑格尔法哲学批判〉导言》中，马克思明确提出，真理的彼岸世界消逝以后，历史的任务就是确立此岸世界的真理。事实上，他一生中绝大部分工作，就在于批判世俗世界特别是资本主义社会生产关系，揭示资本主义社会的深层次矛盾以及历史发展规律，以此来达到确立此岸世界之真理的目标。这个情况似乎表明，人的解放和人的自由而全面发展虽然具有超越性的特质，但却不能被认定为彼岸价值。而且，它们也的确不是马克思在先验的观念框架中，而是在批判旧世界特别是市民社会的基础上提出来的，其思想根基深植于现实社会和现实历史的土壤。然而，彼岸价值和此岸价值的区别，并不仅仅在于其被提出的方式，更在于它们的理论内涵和思想命意。而从理论内涵和思想命意来看，人的解放和人的自由而全面发展作为一种价值追求，与近现代西方规范性政治哲学申述和维护的权利、自由、平等、正义等价值并不处于同一层面，当然，这并不是要否定从前者可以反推出后者的基本事实。

如前所述，人的解放能够从根本上解决作为“私人”的人和作为“公人”的人、个体和共同体、特殊利益和普遍利益之间的分裂问题，但其最终指向是人的本性。这个“人的本性”不是一个经验层面上的概念，其内核并不在于人与人之间的利益关系的平衡程度，更不是指人的生物性、物质性一面。吃、喝、住、穿等物质性的生活是人类创造历史的前提，也是真正的人的机能，但“如果加以抽象，使这些机能脱离人的其他活动领域并成为最后的和唯一的终极目的，那它们就是动物的机能”[1]。毋宁说，人的本性是人之为人的一种自由本性，其内核是“自由”。但这个“自由”与近代以来西方规范性政治哲学辩护的“自由”是两个大不相同的价值。后者昭示的是“以物的依赖性为基础的人的独立性”，而前者则彻底摆脱了对物的依赖，真正实现了“以人为本”。近代以来西方规范性政治哲学通常也声称“以人为本”，但其所处理和解决的问题，主要是与人的物质利益息息相关的问题，如财富、资源、机会以及义务的分配等。这类问题是人们在社会生活中必然要面对的重要问题，马克思也从现实性、规范性政治哲学的理论视野出发，对其给予了高度重视。但西方规范性政治哲学并没有完全把人当成目的，相反，在某种意义上把“物”（特别是财富）或寄生于物的东西当成了目的。与之不同，马克思人的解放意义上的“自由”是真正把人当成目的，其所实现的是一种不折不扣的“以人为本”。唯有如此，人才能够实现自由而全面发展。这些情况表明，作为马克思在人类社会的立脚点上所提出的价值理念和价值诉求，人的解放和人的自由而全面发展处在一个明显高于权利、自由、平等、正义等价值的思想界面上，因此将其从总体上认定为彼岸价值，是有充分根据的。

其次，我们来看第二个问题：马克思政治哲学和古典政治哲学是否存在思想史的关联？

人的解放和人的自由而全面发展与古典政治哲学家确立的那些彼岸价值，从内容来看自然颇为不同。但它们作为彼岸价值，在精神气质和思想定向上也存在不可否认的相似和相通之处。最重要的一点是，它们都体现了一

1《马克思恩格斯文集》第 1 卷，人民出版社，2009，第 160 页。

种目的论而非工具论思维，亦即它们都把人当成目的而非工具。这种相似性和相通性昭示了一个基本事实：马克思政治哲学除了在一些方面与近现代西方规范性政治哲学存在关联，它与古典政治哲学也存在一种隐秘的思想史关联。阿伦特看到了这种思想史关联，由此指出："我们政治思想传统的发轫显然是从柏拉图和亚里士多德的学说开始的，而且这一传统很明显是在马克思的理论中迎来了它的终结。……只是在其发轫和终结时期并不伴有什么变奏。……在马克思哲学中，柏拉图和亚里士多德带来的'开始'，由于将马克思逼到充满矛盾的结论中去，而显示出其生命力，而且还在平时被称为乌托邦的马克思学说中占据了位置。"[1] 阿伦特在此认为，马克思一方面终结了从柏拉图和亚里士多德开始的政治哲学传统，但另一方面又身处这个传统当中，即在这个传统发轫和终结时并不伴有什么变奏。且不说阿伦特对马克思政治哲学本身是否存在误解（后面将专题讨论这个问题），她对这一理论与古典政治哲学之关联的认识，无疑是非常深刻的。

进而言之，对于这种思想史关联，我们在马克思的文本中也能够找到间接的佐证。比如说，在《1857—1858年经济学手稿》中，马克思就曾说道："古代的观点和现代世界相比，就显得崇高得多，根据古代的观点，人，不管是处在怎样狭隘的民族的、宗教的、政治的规定上，总是表现为生产的目的，在现代世界，生产表现为人的目的，而财富则表现为生产的目的。……因此，一方面，稚气的古代世界显得较为崇高。另一方面，古代世界在人们力图寻求闭锁的形态、形式以及寻求既定的限制的一切方面，确实较为崇高。古代世界是从狭隘的观点来看的满足，而现代则不给予满足；换句话说，凡是现代表现为自我满足的地方，它就是**鄙俗的**。"[2] 马克思在这段论述中，对现代世界的做法——把生产作为人的目的以及把财富作为生产的目的

1〔美〕阿伦特：《马克思与西方政治思想传统》，孙传钊译，江苏人民出版社，2012，第90—91页。
2《马克思恩格斯文集》第8卷，人民出版社，2009，第137—138页。

进行了深刻批判，而这在理论上也涵盖了对近现代西方规范性政治哲学的批判。马克思的这一批判最终指向了人类社会位阶上的人的解放和人的自由而全面发展，而这一批判的参照系和评价标准却是古代的观点——人是生产的目的。这个“古代的观点”是泛指，包括了古典政治哲学的观点。古典政治哲学的观点固然是由苏格拉底、柏拉图、亚里士多德等人提出来的，但也在很大程度上代表了一个时代的人们的价值观和世界观。这个情况从一个侧面间接地表明，马克思政治哲学与古典政治哲学不仅在人是目的还是工具这样的重大原则性问题上有大致相同的思想站位，而且前者在一定意义上是以后者为思想样本的。由此来看，马克思并非像施特劳斯所以为的那样，在一条所谓“历史主义”的道路上将现代政治哲学家的做法推向深远，相反，从古希腊到近代再到马克思，政治哲学经历了一个有趣的否定之否定的“三段式”演进历程。

最后，我们来看第三个问题：马克思政治哲学是否建立在形而上学的基础之上？

这注定是一个充满争议的问题，但也是一个极端重要的问题。一般来说，一种政治哲学只有建立起形而上学的思维，才有可能提出具有超越性特质的彼岸价值，从而站在一个在很多人看来难以企及的思想高点。古典政治哲学围绕彼岸价值所进行的思想建构，本身就充分彰显了形而上学的理论承诺。近代以来的西方规范性政治哲学之所以远离和抛弃了彼岸价值，一个重要的原因就在于，这种理论从一开始对形而上学就持有一种敌视态度。但这并不可能否定形而上学对于政治哲学的基础性意义，因为形而上学往往是政治哲学的规范力得以展现的一个重要前提。人的解放和人的自由而全面发展作为特定的彼岸价值，是否代表了一种形而上学的思考？

毋庸置疑，马克思并不赞同古代的那种用一来解释多、用理性来解释感性的形而上学，也不认可黑格尔的那种将思维与存在做同质化处理的形而上学，就其政治哲学的历史性原则和基于社会人的立论方式而言，他更是反对形而上学。但如此这般的情况，并不意味着马克思没有形而上学的思维。一个哲学家有没有形而上学的思维，关键的一点，是看他（或她）有没有确立一个用以审视、评判社会问题以及把握历史发展的、相对恒定的逻辑起点和标准。事实上，人的解放和人的自由而全面发展，就是这样一个逻辑起点和标准。作为一种价值追求，人的解放和人的自由而全面发展具有恒定性，是贯穿在马克思全部思想中的一条主线。我们一方面可以说，马克思是在审视和批判市民社会的基础上提出人的解放和人的自由而全面发展的，但另一方面也可以说，这种超越性的彼岸价值也是他进一步审视和批判市民社会的一个前提。

与此同时，马克思对共产主义的理解和界定，也没有离开过由人的解放和人的自由而全面发展所表征的价值框架。在《德意志意识形态》中，马克思和恩格斯曾郑重申明："共产主义对我们来说不是应当确立的**状况**，不是现实应当与之相适应的**理想**。我们所称为共产主义的是那种消灭现存状况的**现实的**运动。这个运动的条件是由现有的前提产生的。"[1]而在《社会主义从空想到科学的发展》中，恩格斯又曾指出，自唯物主义历史观提出之后，社会主义"已经不再被看做某个天才头脑的偶然发现，而被看做两个历史地产生的阶级即无产阶级和资产阶级之间斗争的必然产物。它的任务不再是构想出一个尽可能完善的社会制度，而是研究必然产生这两个阶级及其相互斗争的那种历史的经济的过程；并在由此造成的经济状况中找出解决冲突的手段。可是，以往的社会主义同这种唯物主义历史观是不相容的，正如法国唯物主义的自然观同辩证法和近代自然科学不相容一样。以往的社会主义固然批判了现存的资本主义生产方式及其后果，但是，它不能说明这个生产方式，因而也就不能对付这个生产方式；它只能简单地把它当做坏东西抛弃

1《马克思恩格斯文集》第1卷，人民出版社，2009，第539页。

掉。它越是激烈地反对同这种生产方式密不可分的对工人阶级的剥削，就越是不能明白指出，这种剥削是怎么回事，它是怎样产生的”[1]。

马克思和恩格斯的论述似乎告诉我们，共产主义与其说是一种社会理想，不如说是一种社会运动；与其说是一种价值预设，不如说是一种社会分析；与其说是一种应然判断，不如说是一种对历史必然性的阐释。然而，当我们把共产主义还原为这样一种“科学的”理论学说时，我们仍然需要追问：共产主义作为一种社会运动，最终的目标和发展方向究竟在哪里？资本主义必然崩溃之后，迎来的社会形态究竟在何种意义上被称为“共产主义”？毋庸讳言，只要这样的问题得不到实质性的回答，我们对马克思共产主义思想的理解就不可能是完整而透彻的。这就提示我们，除了“科学性”的一面，社会理想和价值设定，同样是马克思共产主义思想中不可或缺的重要内容。换言之，在完整的意义上，马克思共产主义思想包括两个部分，一是共产主义作为社会理想和价值设定的部分，二是共产主义作为社会运动和历史必然性的部分。共产主义作为一种社会理想和价值设定，是一个世界观层面的问题，当然同时也是一个价值观层面的问题。无疑，马克思是先形成了共产主义的世界观，从而建立起了一个社会理想的模型和价值框架，才去考察共产主义在何种历史基础和历史条件下得以实现的问题。这个社会理想的模型和价值框架的内核，就是人的解放和人的自由而全面发展。

由此可见，对于人的解放和人的自由而全面发展，我们有理由从形而上学的层面来加以认识，对于马克思政治哲学是否建立在形而上学的基础之上，我们也可以做出肯定的回答。但需要看到，这个形而上学绝不具有传统形而上学的那种独断主义倾向和居高临下的“霸权主义”姿态，因为它本身又建立在马克思对社会现实和人类历史发展规律的深刻把握的基础上。

上述充分表明，在近代以来的政治哲学发展史上，马克思政治哲学所实

1《马克思恩格斯文集》第 3 卷，人民出版社，2009，第 545 页。

现的一个重大推进，就是在一个形而上学或近形而上学的层面上，建立起了把握人类历史发展的价值框架和思想模型，从而把政治哲学提升到一个新的制高点和更高的思想界面。这个推进的意义至少在于两方面：一是为政治哲学赋予了深刻的理论见识和卓尔不群的思想气质；二是在趋向于消解形而上学、普遍关注此岸价值的现代社会，开辟出了把握政治哲学问题的全新思想境界。

综上所述，从立脚点、立论方式和思想界面这三个方面来看，马克思政治哲学的确代表了一种与近代以来的西方规范性政治哲学迥然有异的理论传统。如果说人们在开展马克思主义政治哲学研究时，往往不太重视梳理、考察、比较不同政治哲学的理论殊异和传统归属这个前提性问题，而是习惯于套用洛克、罗尔斯、诺奇克等西方政治哲学家提供的现成理论模版来做注解，那么，只有廓清马克思政治哲学代表的传统的边界、问题域、方法、范式及其他有关方面的问题，才能够使马克思主义政治哲学成为一个在研究对象、学术问题及理论方法上皆趋于明朗的研究领域。

第三章
马克思政治哲学中的国家与社会性问题

如前文所述，市民社会概念是我们理解近现代西方政治哲学的重要切入点，也是阐释和建构马克思政治哲学所倚重的一个重要基点。不过，当谈到市民社会时，我们会很自然地想到其对置面上的概念。把市民社会作为切入点和倚重点，并不意味着我们就可以忽略其对置面上的概念。相反，对这样的概念进行考察，是全面、系统地把握近现代西方政治哲学和马克思政治哲学的题中应有之义。基于这种审视，我们需要追问两方面的问题：一方面，在近现代西方资本主义社会中，与市民社会直接相对置的是国家，市民社会－国家本然地被视为一个二元结构，而国家问题在霍布斯、洛克、黑格尔、穆勒等人的政治哲学中，也占有重要地位。马克思在批判市民社会时，是如何来看待作为其对置面的国家的？另一方面，在市民社会的规范体系中，唯利是图的个人是主体，个人性原则具有支配地位。在价值和社会规范层面，与个人性直接相对置的是社会性。而如何解决个人性与社会性之间的矛盾，从而重建和守护社会性原则，是贯穿在近代以来的西方政治哲学中的一条主线，也是马克思高度重视的政治哲学问题。马克思是如何揭示和解决个人性与社会性之间的矛盾的？他看待社会性问题的角度与西方政治哲学家相比较有何不同？本章着力考察、解答这两方面的问题。

第一节　马克思政治哲学中的国家问题

在过去的马克思主义理论研究中，国家是一个备受关注的重要问题。人们在这个问题上，取得了丰硕的研究成果。人们的研究主要是从元政治学的视角，围绕国家的起源、本质、功能等方面展开的。不过，这种研究与政治哲学的学科定位并不完全契合，与规范性政治哲学的学科范式更是存在明显差异。我们今天要对马克思政治哲学做出完整的把握，就不能忽视国家问题。但我们的研究要离开元政治学的框架，真正进入政治哲学的问题域。要做到这一点，就需要在思想史的维度内做一种纵向考察。这一是因为马克思对国家问题的把握，与近代以来的国家观本身就有一种思想史的关联；二是因为在自近代至马克思的思想史线索上，国家本身就是一个政治哲学的问题，而非元政治学的问题。

一、近代以来社会本位国家观的建立

在研究国家问题时，人们经常追问：作为一种人造的政治事物和政治现象，国家的合法性基础是什么，其活动的边界有多大？回答这一问题的关键，是如何看待国家与社会的关系。根据对国家与社会之关系的界划，我们大致可以区分出两种迥然不同甚至截然相反的国家观，即一是国家本位的国家观，二是社会本位的国家观。在对国家的合法性基础和活动边界的解释上，这两种国家观存在一目了然的差异。

在西方近代以前的传统社会中，如在古希腊或中世纪基督教社会中，国家的合法性并不真正取决于世俗社会的支持，而是取决于其自身的绝对权威或上帝的启示。因此严格来说，无论是古希腊城邦还是中世纪基督教国家，都是实至名归的“政治共同体”，而非“社会共同体”。在这种类型的国家中，就像马克思所指认的那样，社会并不具有自身的独立性，而是直接具有政治性质，是一个有限的、被包裹的领域；相反，国家则是一个不仅为自己

立法，也为社会立法的无限的领域。如果说理论并非真正能够置身于现实历史之外，而总是以某种方式参与到对现实历史的阐释当中，那么毋庸置疑，西方近代以前的政治哲学家们所普遍建立的国家观，就根本不可能是社会本位的国家观，而只能是强调政治为大的国家本位的国家观。比如说，亚里士多德就认为，人本质上就是一个政治动物，而人只有在行使议事和审判等权力之后，才能够成为城邦的公民。[1]这一观点就是从国家本位的国家观中衍推出来的，或者它本身就是国家本位的国家观的一个核心主张。

然而，自近代直至当代，政治哲学家们在国家问题上与过去相比发生了根本性倒转，具体地说，就是从国家本位的国家观普遍性地转向了社会本位的国家观。从国家本位的国家观到社会本位的国家观，这一政治哲学领域中的变化犹如康德在认识论领域所策动的“哥白尼式革命”，标志着一种理论轴心和理解支点的根本转换，即人们不再以国家本身为轴心和支点，而是以国家之外的社会为轴心和支点来把握与阐释国家存在的基础及理由。梳理近代以来的政治哲学史可以发现，社会本位的国家观起始于霍布斯和洛克。正因为这两位英国政治哲学家对国家问题做出了与过往相比的全新阐释，社会本位的国家观才得以正式确立。

在学界有一个观点，即不同于以正义为聚焦点的当代政治哲学，西方近现代政治哲学的根本主题是国家，根据就是在各种社会力量充满博弈和斗争的近现代，如何认识和界定国家的起源，从而为其应有功能的充分发挥指明方向，成了一个具有重大时代意义的理论问题。这个观点并不完全正确，但也有其合理之处，它至少看到了国家问题在西方近现代这样一个社会转型的时代所具有的特殊性和重要性，以及政治哲学家们在理论上对这个问题的重视程度。不过，我们需要换一个角度来看问题。国家在西方近现代固然是一个极其重要的现实和理论问题，但其重要性的凸显，恰恰是因为“社会”以

1〔古希腊〕亚里士多德：《政治学》，吴寿彭译，商务印书馆，1965，第114—115页。

及权利和自由的重要性的凸显。狭义地看，这个“社会”也就是市民社会。市民社会的生成与不断走向成熟，是西方近现代历史上所发生的最重大的、最具有标志意义的事件之一。权利和自由的凸显，也是这一事件的一个侧面反映，而国家以及权力问题同样如此。所以，追根溯源，社会、权利、自由才是这个时代的根问题，国家问题是由这个根问题所生发出来的问题。大致说来，霍布斯、洛克正是因为敏锐地洞察到了这个时代所发生的社会转型和社会发展趋势，特别是国家与社会、权力与权利之间的特定关系，才相继提出了社会本位的国家观。

霍布斯对国家问题的重视，是尽人皆知的。为了阐明国家的起源、重要性、作用、本质，他专门写就了《利维坦》这部政治哲学的名著。“利维坦”原指一种威力无比的海兽，霍布斯用它来指代和比喻国家。从表层看，霍布斯在《利维坦》中的根本目标，是要为一个具有强大权威的国家以及国家的权威性提供辩护。但实质上，霍布斯更加看重的是人们在社会中对利益的追求以及由此而来的权利和自由。在《利维坦》的“引言”中，霍布斯开宗明义地指出，国家作为一个人造的人，虽然比自然人远为强大，但其目的只是在于保护自然人的利益，一切个别成员的资产和财富是它的实力，人民的安全是它的事业。[1]进而言之，在对自然人的利益进行辩护以及在对国家的作用进行阐发时，霍布斯在逻辑上的立论支点，是人的自我保全的本能。他的基本观点是，每个人都有规避危险、求得安全，让自己更好地生存下去的本能，即自我保全的利己本能，这是人的一种与生俱来的自然权利，人类应当充分尊重它并尽一切可能为之提供保护。但如果不对这种本能性的权利加以限制和引导，就不可避免地会产生一个“一切人反对一切人的战争”的局面，这是一个由人性所引发的“丛林法则”。在这个情况下，国家的建立就具有了其不可替代的重要性，因为它能够利用权力来规避“丛林法则”的恶

1〔英〕霍布斯:《利维坦》，黎思复、黎廷弼译，商务印书馆，1985，第1页。

性发生，并达到保护人的自然权利和利益的目的。

显而易见，在霍布斯的论证逻辑中，自然权利、利益乃是本位的东西，国家、权力以及义务，在一定意义上具有的却是一种派生性的地位。在这个问题上，施特劳斯的理解是极其准确的。在《自然权利与历史》中，施特劳斯这样说道："如果自然法必须得从自我保全的欲求中推演出来，如果，换句话说，自我保全的欲求乃是一切正义和道德的唯一根源，那么，基本的道德事实就不是一桩义务，而是一项权利；所有的义务都是从根本的和不可离弃的自我保全的权利中派生出来的。因此，就不存在什么绝对的或无条件的义务；义务只在其施行不致危及到我们的自我保全时，才具有约束力。唯有自我保全的权利才是无条件的或绝对的。按照自然，世间只存在着一项不折不扣的权利，而并不存在什么不折不扣的义务。……国家的职能并非创造或促进一种有德性的生活，而是要保护每个人的自然权利。国家的权力是在自然权利而不是别的道德事实中看到其不可逾越的界限的。倘若我们把自由主义称之为这样一种政治学说，它将与义务判然有别的人的权利视为基本的政治事实，并认为国家的职能在于保卫或维护那些权利，那么，我们必须说自由主义的创立者乃是霍布斯。"[1]

霍布斯倚重自然权利和人对利益的追求来论证国家的思路，本质上代表的是一种社会本位的国家观。这一国家观在洛克的《政府论》中，被更加明确地提了出来。在这部政治哲学的名著中，洛克和霍布斯十分相似，是以"自然状态"为逻辑起点来考察国家以及权力的起源、范围、目的等问题的。他这样说道："为了正确地了解政治权力，并追溯它的起源，我们必须考究人类原来自然地处在什么状态。那是一种完备无缺的自由状态，他们在自然法的范围内，按照他们认为合适的办法，决定他们的行动和处理他们的财产

1〔美〕列奥·施特劳斯:《自然权利与历史》，彭刚译，生活·读书·新知三联书店，2003，第185页。

和人身，而无须得到任何人的许可或听命于任何人的意志。”[1]洛克没有像霍布斯那样，将自然状态描绘为人与人相对抗的战争状态，而是将之描绘为一种平和的、完备无缺的自由状态。人们在这个状态下根据自然法并遵从自我意志，去享有和行使自己的权利，处理、保护自己的财产。在洛克看来，这个自然状态就是国家的发生学本源，现代人应当完全按照这个状态去设计自己的政治制度。在这个意义上，人们订立契约、成立政府的目的，不是要构造一种凌驾于人们的利益之上的强大权力，而是为人们的生命、自由、财产提供一个外在的保护。所以，守护人们的生命、自由、财产，乃是国家和政府的职责之所在，也是政治权力的边界之所在。洛克的这个观点，同样代表了一种社会本位的国家观。但与霍布斯不同，洛克在其论证中没有假定人性之恶，没有用“丛林法则”来立论。正因为如此，他所表达的社会本位的国家观具有更加强烈的价值指向（就社会本位而言）。因为根据霍布斯的论证，被比喻为“利维坦”的国家必须具有绝对不可撼动的权威，唯其如此，才能够解决由“丛林法则”所造成的对抗与战争。但按照洛克的论证，国家并不具有这种绝对的权威性，其合法性只在于对人们的生命、自由、财产的保护。这样来看，洛克为国家所赋予的身份，是保护生命、自由、财产的“代理人”。同时，在他的论证中也隐含了一个“最小国家”的观点。

总体来看，霍布斯、洛克所确立起来的社会本位的国家观虽然略有不同，但都是要求倚重权利和自由而非权力来证成国家的合法性。这是一条“自下而上”地来证成国家合法性的全新理论思路，它从根本上瓦解了传统“由上而下”的国家本位的国家观的理论基础，在政治哲学史上所带来的理论震动可想而知。根据社会本位的国家观，政治国家并不具有高于个体尊严、个体价值和个体自由的先天地位，相反，后者不仅是比前者更为始源和更加根本的东西，而且前者只有以后者为基础或围绕后者来加以建构，其权

1〔英〕洛克：《政府论》下篇，叶启芳、瞿菊农译，商务印书馆，1964，第3页。

力的行使才是合法和有效的。

从思想史来看，霍布斯、洛克所提出的社会本位的国家观，成了后来的政治哲学特别是自由主义界定国家的一个重要模型。不管是功利主义还是自由至上主义抑或是平等的自由主义，其实都是或直接或间接、或显或隐地遵照这个模型来论定国家的合法性及其权力边界的。比如，功利主义的重要代表人物穆勒在《论自由》中谈到了政府和国家的功能与价值，而他的立论基点就是个人的权利和自由："某种政府功能，如果不妨碍而是能够帮助和激励个人的努力和发展，那无论如何是不嫌其多的。一旦它非但不去激发个人和团体的活力与力量，反而要以它自己的功能去替代；一旦它非但不予提示、忠告乃或在必要时给以批评，反而要使人们在束缚下工作，或者干脆命令他们靠边，而由它代替人们工作，危害就开始了。从长远来看，国家的价值，归根结底还是组成这个国家的个人的价值；一个国家为了在各项具体事务中使管理更加得心应手，或为了从这种具体实践中获取更多类似技能，而把国民智力拓展和精神提升的利益放在一旁；一个国家为了要使它的人民成为它手中更为驯服的工具，哪怕是为了有益的目的，而使人民渺小，终将会发现，弱小的国民毕竟不能成就任何伟业；它为了达到机器的完善而不惜牺牲一切，到头来却将一无所获，因为它缺少活力，那活力已然为了机器更加顺利地运转而宁可扼杀掉了。"[1] 这段论述表明，穆勒不仅持有社会本位的国家观，而且还通过强化"国家的价值在于个人的价值"的观点而将这一国家观推向更微观的层面。当代自由至上主义代言人诺奇克在《无政府、国家和乌托邦》中，更是直接发展了隐含在洛克思想中的"最小国家"的观点，为一种所谓"最低限度的国家"提供了系统的辩护。而根据他的界定，这种"最低限度的国家"的功能，仅在于保护人们免于暴力、偷窃、欺诈以及强制履行契约等。

1〔英〕约翰·穆勒:《论自由》，孟凡礼译，广西师范大学出版社，2011，第 137—138 页。

进而言之，上述社会本位的国家观不仅传递和表达了霍布斯、洛克、穆勒、诺奇克等政治哲学家的理论声音和价值诉求，同时也表征着现代西方的政治国家在真实历史层面上的发生学机理和建构原则。之所以这么说，有两个理由：其一，在近代以来西方政治哲学的发展中，有一个从理论到现实政治制度的转化问题，即现代西方政治和法律制度在某种意义上，是参照以洛克为代表的政治哲学家所提供的理论样本而建立起来并不断自我修正的。其二，霍布斯、洛克、穆勒等人是在现代市民社会的历史地平上申述权利和自由的理论主张，并由此而论定国家的合法性及权力边界的。而权利和自由并不仅仅是因为这些政治哲学家的辩护而深入人心的，更是因为现代市民社会的历史生成，使这些在古代社会并未真正占有一席之地的价值凸显了出来，从而决定性地改变了人们对权力与权利、国家与社会之关系的理解，也为现实政治国家的建构提供了重要基础。所以，霍布斯、洛克、穆勒等政治哲学家建立起来的从权利到权力、从社会到国家的社会本位的国家观，从来就不是脱离西方历史和政治实践的一种学术建构，而是对现实市民社会根本利益诉求的一种理论表达，也是对市民社会与政治国家之关系的一种理论回应。当然，霍布斯、洛克、穆勒等人并没有在理论上建立起对市民社会予以考察、反思乃至批判的自觉意识，所以，当他们一味地要求以权利和社会为本位来说明国家的合法性、功能与边界时，恰恰就把包藏在市民社会中的各种深层次矛盾掩盖了起来。这是其社会本位的国家观的一个根本缺陷。黑格尔和马克思就是在解决这个缺陷的基础上，独辟蹊径地把握国家问题并建构各自的国家学说的。

二、黑格尔对国家问题的再阐发

根据洛克、穆勒等人提出的社会本位的国家观，只要国家能够平等地尊重每个人的价值而不以权利之外的强权来任意干预人们的生活，市民社会就完全可以成为一个“既利己又利他”的和谐共同体。然而，资本主义实际的历史进程却一再表明，这样一个“和谐共同体”只是一幅遥不可及的、过于理想化的图景。一个基本的方面是，市民社会是一个利己主义的领域，在其从生成到不断成熟的整个过程中，自始至终都存在个体与共同体、特殊利益与普遍利益之间的紧张乃至对立关系，这甚至使霍布斯预设的自然状态——每一个人对每个人的战争，成为资本主义的真实历史状态。这一情况为政治哲学家们提出了一个需要深入思索和解答的重大问题：除了促进和维护个体的权利与自由，国家还能够（或还应当）干什么？或者更具体一点说，如果市民社会的利己本性是不可自行改变的，国家是否能够（或应当）去克服这种利己本性？黑格尔是在这一问题上具有敏锐洞察力和高度理论自觉的政治哲学家，他对之所做出的解答，为人们重新认识、理解国家提供了全新的框架和思想视野。

黑格尔主要是在《法哲学原理》中考察国家问题的，他自己也明确指出，这部著作“是以国家学为内容的，既然如此，它就是把国家作为其自身是一种理性的东西来理解和叙述的尝试，除此以外，它什么也不是”[1]。在讲到“市民社会”时，黑格尔这样指出：“市民社会是在现代世界中形成的，现代世界第一次使理念的一切规定各得其所。如果把国家想象为各个不同的人的统一，亦即仅仅是共同性的统一，其所想象的只是指市民社会的规定而言。许多现代的国家法学者都不能对国家提出除此之外任何其他看法。”[2]需要看到，黑格尔在这段论述中提到的国家，并非他自己对国家的认识和界定，而是许多现代的国家法学者的理解。这个理解实质上代表的就是洛克等人提出的社会本位的国家观，因为它是按照市民社会的规定来想象国家的。黑格尔显然清楚地看到了这一国家观在现代国家理论中所占据的核心地位，但这并不意味着他是支持这一国家观的。相反，他在理论上做出的一个

1〔德〕黑格尔：《法哲学原理》，范扬、张企泰译，商务印书馆，1961，序言第 12 页。

2〔德〕黑格尔：《法哲学原理》，范扬、张企泰译，商务印书馆，1961，第 197 页。

重大反拨，就是在区分国家与市民社会的基础上，改变了根据市民社会的规定性来界定国家的套路，并赋予了国家更高的地位。为了充分地认识这个问题，我们来看黑格尔的如下论述：“如果把国家同市民社会混淆起来，而把它的使命规定为保证和保护所有权和个人自由，那末单个人本身的利益就成为这些人结合的最后目的。由此产生的结果是，成为国家成员是任意的事。但是国家对个人的关系，完全不是这样。由于国家是客观精神，所以个人本身只有成为国家成员才具有客观性、真理性和伦理性。结合本身是真实的内容和目的，而人是被规定着过普遍生活的；他们进一步的特殊满足、活动和行动方式，都是以这个实体性的和普遍有效的东西为其出发点和结果。”[1]更进一步说，“对私权和私人福利，即对家庭和市民社会这两个领域来说，国家一方面是外在必然性和它们的最高权力，它们的法规和利益都从属于这种权力的本性，并依存于这种权力；但是，另一方面，国家又是它们的内在目的，国家的力量在于它的普遍和最终目的和个人的特殊利益的统一，即个人对国家尽多少义务，同时也就享有多少权利”[2]。简言之，市民社会“必须以国家为前提，而为了巩固地存在，它也必须有一个国家作为独立的东西在它面前”[3]。

黑格尔之所以不支持近代以来流行着的社会本位的国家观，原因之一正在于他深刻洞察到了市民社会的利己本性，以及由这种利己本性所造成的个体与共同体、特殊利益与普遍利益之间的紧张乃至对立关系。他看到的一个深层次的问题是，如果不能走出按照市民社会的规定性来认识和界定国家的思维定式，进而，如果不能站在国家的逻辑和价值高点上来把握市民社会，那么，就永远无法找到一条解决市民社会的利己本性及其带来的矛盾的出路。黑格尔的这个认识表明，他在完全改换洛克等人从权利到权力、从社会

1〔德〕黑格尔：《法哲学原理》，范扬、张企泰译，商务印书馆，1961，第253—254页。
2〔德〕黑格尔：《法哲学原理》，范扬、张企泰译，商务印书馆，1961，第261页。
3〔德〕黑格尔：《法哲学原理》，范扬、张企泰译，商务印书馆，1961，第197页。

到国家的阐释路向的基础上，实际上将国家论定为在逻辑上优先于市民社会与个人、具有至上性品格的领域，同时又将市民社会论定为以国家为前提和目的的非至上性领域。

显而易见，两相对比，黑格尔对国家所具有的地位的认识，与洛克、穆勒以及20世纪的诺奇克等人有原则性的重大不同。根据后者，国家除了保护个体权利和自由之外不能够有更多的职能，否则，它就会越出自己的权力边界而成为一个不具有合法性的领域。霍布斯虽然同样持有社会本位的国家观，但他为国家赋予了一种强大的权力。黑格尔虽然没有将国家描绘成具有强权特点的“利维坦”，但他为国家所赋予的地位，又远高于霍布斯的“利维坦”，用黑格尔自己形象的比喻，国家就是行进在地上的神。即便按照霍布斯的论证逻辑，国家也并不具有这种地位，因为对个人的权利、自由以及其他各种利益追求提供保护，乃是国家存在的基本底线和目的之所在。

黑格尔对国家的重新理解，在一定意义上受到了亚里士多德的影响，这正如他在《哲学史讲演录》中所指出的：“亚里士多德不把个人及其权利认为第一性的，而却是把国家认为按其本质而言是比个人和家庭为高的，并且构成了这两者的实体性。就善、正义方面来说，国家是本质的存在。”[1]然而，我们不能据此而简单地认为，黑格尔的宗旨在于站在古代社会的价值立场上，重新复活国家本位的国家观，并由此从根本上挑战和颠覆霍布斯、洛克以来的社会本位的国家观。实际情况在于，作为一个现代人的黑格尔清楚地认识到，市民社会的历史形成不仅深刻改变了人们对国家之本质的理解，而且也深刻改变了现代历史的基本走向。在现代历史的发展进程中，权利和自由已经不是可有可无的东西了，而是人们把握自己的生命和生活的价值前提。所以，问题的关键既不在于如何走出由市民社会的历史形成所塑造的社会结构，也不在于如何将权利和自由的原则从现代世界的价值谱系中清扫出

1〔德〕黑格尔：《哲学史讲演录》第二卷，贺麟、王太庆等译，商务印书馆，1960，第381页。

去，而在于以何种方式来重新把握市民社会以及权利和自由的原则。

就此而言，黑格尔对国家的重新理解和界定指向了两个问题。一个问题就是如何克服市民社会的利己本性，从而解决个体与共同体、特殊利益与普遍利益之间的紧张乃至对立关系；另一个问题则是如何突破自然法的先验理论范式，由此从现实、历史层面来把握市民社会中的权利和自由。在第一个问题上，黑格尔的工作不在于对权利和自由本身进行批判，而在于批判唯利是图的、脱离共同体且不承认普遍性原则的个人这个价值主体，从而达到修补和重塑市民社会的规范体系的目标。当然，他批判唯利是图的个人，不是要否定个体的价值，而是要在一个由国家所代表的普遍伦理的框架下重新为个体确立身份。按照洛克、斯密、穆勒等人的观点，每个人首先要确立起自己独立的个体价值，然后才有国家；按照黑格尔的认识，每个人只有首先严肃地把自己看待为国家的成员，才能够确立起自己的个体价值。第二个问题和第一个问题具有同等重要性，其关键点在于从何种层面、以何种方式来把握权利和自由。在这个问题上，黑格尔与霍布斯、洛克同样形成了明显分野。具体地说，后者为权利和自由提供辩护的基本方式，就是先验的自然法的方式，虽然这种辩护实际上构成了对现实市民社会利益诉求的理论回应。在《法哲学原理》中，黑格尔把讨论所有权和契约的第一篇直接命名为“抽象法”，但这并不代表他同样要求运用抽象的自然法来加以立论，相反，他的辩证思维方式与这种立论方式是格格不入的。他在《法哲学原理》中，是严格按照从抽象法到道德再到伦理的顺序来确定、安排篇目的，而这一用心良苦的篇目安排充分体现了其所确立的辩证逻辑的核心原则——从抽象到具体的原则。根据这个原则，如果仅仅停留在抽象的自然法层面来理解权利和自由，那么它们就永远无法成为真实存在的东西，而只有推进和上升到伦理特别是国家的环节，它们的现实性和真实性才能够得到彰显。之所以如此，是因为权利和自由并不仅仅是抽象一般的人类价值，它们只有在既定的社会关系和制度体系中才能够找到自己的根基，从而才能够真正熔铸到人们的生命和生活当中，而以国家为中轴的普遍伦理，又是塑造现实的社会关系与制度体系的最重要框架和力量。

由上可见，黑格尔虽然将国家提升到一个神一般的高度，但他并没有用国家来否定市民社会以及权利和自由。所以，他的国家概念固然构成了对霍布斯、洛克以来的社会本位的国家观的很大挑战，但他并没有解构后者的价值前提，而是在后者的基础上做了一种递进式的思考和探察。据此，我们大概可以认为，在他对国家的理解和阐发中，市民社会依然是理论重心之所在。他反对根据市民社会来界定国家，同时又将市民社会论定为一个非至上性的领域，但这并不代表市民社会在他的国家理论以及整个政治哲学中只是一个并不重要的边缘化概念。同理，在理论上证成一个绝对不可撼动的、具有本体地位的国家应当不是他的终极旨趣，而以国家的形式来解决市民社会难以自解的矛盾，从而为现代社会构建新的伦理规范秩序，以及在国家的框架下来现实地、历史地理解市民社会及权利和自由，则应当是他更为看重的目标。在如此这般的意义上，黑格尔的国家理论并不像人们经常苛责的那样有太多保守性，反而代表了一种在近代以来所发展起来的具有反思性和批判性意识的政治哲学力量。

三、马克思市民社会批判中的国家概念

在近代以来国家观的历史嬗变中，马克思的国家理论是继黑格尔之后的一个新的高点。在达到这个高点的过程中，存在着复杂的思想史关联。一方面，洛克、黑格尔等政治哲学家的国家观对马克思产生了潜移默化的影响；另一方面，马克思又站在唯物主义的立场上对前者进行了深刻批判，从而根本性地超越了前者。

从总体上看，马克思的国家观也是一种社会本位的国家观。之所以如此，从一般意义上看是因为，政治国家在他看来不是一个可以脱离社会基础

就可以得到独立建构的领域，相反，其得以建构的最重要地基是现实社会经济关系。宽泛地说，这是一个众所周知的唯物史观原理——经济基础决定上层建筑。不过，我们不能满足于仅仅根据这个原理来认识马克思的国家观，因为从马克思的思想发展历程来看，不是因为他首先明确提出了这个原理，才据之而合乎逻辑地推出了其国家观。毫无疑问，要在思想史的层面来把握马克思的国家观，从而把他与过往政治哲学家的关系梳理出来，就离不开市民社会批判这个切入点。

在马克思研习、批判黑格尔的法哲学从而接触市民社会概念之前，他所信奉的是黑格尔的理性国家概念。所谓理性国家，就是具有恒定不变的正义性的、可据之来评判一切历史时代的社会制度的国家。通过对黑格尔的法哲学进行批判，马克思不仅更加深入地了解了前者的国家概念，而且更重要的是，他由此抓住了把握国家问题的关键——解剖、批判市民社会。在《黑格尔法哲学批判》中，马克思就已经得出了市民社会决定国家的结论：在黑格尔那里，“理念变成了独立的主体，而家庭和市民社会对国家的现实关系变成了理念所具有的想像的内部活动。实际上，家庭和市民社会是国家的前提，它们才是真正的活动者；而思辨的思维却把这一切头足倒置”[1]。或者说，“政治国家没有家庭的天然基础和市民社会的人为基础就不可能存在。它们是国家的 conditio sine qua non〔必要条件〕”[2]。这个结论可以说精准而深刻地总结了近代以来政治国家的形成机理，也可以说是对霍布斯、洛克等人的国家观所做的一个认识论层面上的概括。在马克思自己的思想发展历程中，这个结论构成了后来唯物史观之创立的一个历史和逻辑起点。不过，马克思对市民社会和国家的认识经历了一个逐渐加深的过程。在《黑格尔法哲学批判》中，马克思还没有真正进入近代以来以市民社会为中轴而展开的历史

1《马克思恩格斯全集》第 1 卷，人民出版社，1956，第 250—251 页。

2《马克思恩格斯全集》第 1 卷，人民出版社，1956，第 252 页。

境遇，还没有像后来那样透彻地看到市民社会的本质及包藏其中的深层次矛盾，所以，不管是对市民社会还是对国家，他的理解都没有达到后来的思维深度和理论高度。

随着对黑格尔《法哲学原理》理解程度的加深，以及对政治经济学研究的初步涉入，马克思对市民社会及其与国家关系的认识，在短时间内便有了质的飞跃，这集中体现在《论犹太人问题》中。在这篇堪称政治哲学“宣言书”的文献中，马克思不仅依然坚持认为市民社会决定政治国家，而且他对这一关系的判定深入到了现实历史的层面。这一判定显然也代表了一种社会本位的国家观，但与霍布斯、洛克、穆勒等人的国家观截然不同。后者的关切点在于为个人的权利和自由进行辩护，可这不是马克思的工作目标之所在。原因自然不是马克思在价值层面反对权利和自由，而是因为他深刻地认识到，市民社会中的权利和自由在本质上是一种利己的私权，其所保护的是私有财产，而对这种私权及其代表的社会关系进行批判，才是问题的关键之所在。

马克思的上述认识，是他把握国家问题的重要前提。市民社会决定政治国家，既指市民社会有参与政治事务的诉求，更指政治和法律制度的设计与订立要以维护市民社会的利益为根本目的。在此意义上，政治国家所实际发挥的最大功能，就是为利己的私权和私有财产提供保护，这使私有财产制度在经济和政治层面整体性地确立起来，而这又是资本主义社会中一切异化、一切奴役、一切不公正的制度源头，也是权利和自由等现代社会的价值在规范性上走向其反面的最重要原因。政治国家的这一功能，也是其在资本主义时代的本质之所在。马克思对这一本质的深刻揭示，包含了对霍布斯、洛克等的社会本位的国家观的多方面批判。根据洛克，保护私有财产对于国家来说，不管是在道义上还是在法理上，都是一种“应当”甚至是“必需”，但这恰恰是马克思反对和批判的观点。不仅如此，在马克思对政治国家之本质的揭示中，还包含着对霍布斯、洛克等人对国家所做的一个假定——公正的中立者的批判。什么是“公正的中立者”假定?

作为霍布斯、洛克立论前提的“自然状态”，并不是一个完美的状态。霍布斯根据自我保全的人性本能，将这个自然状态描述为一个战争状态。洛克在《政府论》中虽然说自然状态是一种完备无缺的自由状态，但他又指出，这种状态本身有很多缺陷。一是缺少一种确定的、规定了的、众所周知的、用以判断是非和裁决纠纷的法律，二是缺少一个有权依照既定法律来做裁决的、公正的裁判，三是缺少支持正确判决并使之得到应有执行的权力。正是因为自然状态存在这些先天的不完美性，人们才必须按照契约的原则，以权力让渡的方式来组建政府、成立国家。在此意义上，国家所扮演的角色，就应当是“公正的中立者”。只有这样，才能够最大限度地解决和减少由自然状态的不完美性所造成的可能性矛盾和冲突。对于这个问题，洛克做过很明确的论述。他这样说道:“既然自然法是不成文的，除在人们的意识中之外无处可找，如果没有专职的法官，人们由于情欲或利害关系，便会错误地加以引证或应用而不容易承认自己的错误。这样的话，自然法便失去了它应有的作用，不能用来决定那些生活在它之下的人们的权利，并保障他们的各种财产，在每人都是自然法和他自己案件的裁判者、解释者和执行者的情况下，尤其是这样;而有理的一方通常只有自己个人的力量可以凭借，就没有足够的实力来防卫自己免受损害，或惩罚犯罪者。为了避免这些在自然状态中妨害人们财产的缺陷，人类便联合成为社会，以便用整个社会的集体力量来保障和保护他们的财产，并以经常有效的规则来加以限制，从而每个人都可以知道什么是属于他自己的。为了达到这个目的，人们才把他们全部的自然权力交给他们所加入的社会，社会才把立法权交给他们认为适当的人选，给予委托，以便让正式公布的法律来治理他们，否则他们的和平、安宁和财产就会仍像以前在自然状态中那样很不稳定。”[1] 洛克在这段论述中虽然

1〔英〕洛克:《政府论》下篇，叶启芳、瞿菊农译，商务印书馆，1964，第85—86页。

没有直接使用“公正的中立者”这个语词，但这个假定却包含在他的观点当中。按他的阐释，国家作为“公正的中立者”，是由公正的法律、公正的裁判和公正的判决所决定的。

在马克思看来，政治国家虽然往往给人一种不受私权和私人利益所干预、干扰的“中立者”的形象，但在资本主义国家，这完全是一个假象。在《论犹太人问题》中，马克思对此做过深刻的指认：“像北美许多州所发生的情形那样，一旦国家取消了选举权和被选举权的**财产资格限制**，国家作为国家就宣布**私有财产**无效，人就以政治方式宣布私有财产已被**废除**。……尽管如此，从政治上宣布私有财产无效不仅没有废除私有财产，反而以私有财产为前提。当国家宣布出身、等级、文化程度、职业为**非政治的**差别，当它不考虑这些差别而宣告人民的每一成员都是人民主权的**平等**享有者，当它从国家的观点来观察人民现实生活的一切要素的时候，国家是以自己的方式废除了**出身**、**等级**、**文化程度**、**职业**的差别。尽管如此，国家还是让私有财产、文化程度、职业以**它们固有的**方式，即作为私有财产、作为文化程度、作为职业来**发挥作用**并表现出它们的**特殊**本质。国家根本没有废除这些**实际**差别，相反，只有以这些差别为前提，它才存在，只有同自己的这些要素处于对立的状态，它才感到自己是**政治国家**，才会实现自己的**普遍性**。”[1]马克思在这里一针见血地指出，政治国家与市民社会的关系决定了，在实际生活层面，国家并不会废除私有财产，相反一定会将私有财产作为政治的根本前提，它虽然宣称要与市民社会中的私有财产及出身、等级、文化程度、职业等千差万别的要素脱离联系，但实质上是建立在这些要素的差别性的基础上的。在《德意志意识形态》中，马克思和恩格斯又指出：“由于私有制摆脱了共同体，国家获得了和市民社会并列并且在市民社会之外的独立存在；实际上国家不外是资产者为了在国内外相互保障各自的财产和利益所必然要

1《马克思恩格斯文集》第1卷，人民出版社，2009，第29—30页。

采取的一种组织形式。……因为国家是统治阶级的各个人借以实现其共同利益的形式，是该时代的整个市民社会获得集中表现的形式，所以可以得出结论：一切共同的规章都是以国家为中介的，都获得了政治形式。由此便产生了一种错觉，好像法律是以意志为基础的，而且是以脱离其现实基础的意志即**自由**意志为基础的。同样，法随后也被归结为法律。”[1]“资产者之所以必须在法律中使自己得到普遍表现，正因为他们是作为阶级进行统治的。”[2]马克思和恩格斯的这些论述一方面表明，国家对私权、私有财产、私有财产制度予以保护的本质，在资本主义时代是不可能变的；另一方面也表明，霍布斯、洛克等人对国家所做的“公正的中立者”的假定，最终来看只是为了粉饰私有财产制度和资产阶级统治的意识形态。

马克思对国家问题的阐释受到了黑格尔的一定影响。这一方面体现在，他和黑格尔大致一样，是通过揭示市民社会的利己本性及内在矛盾来看待国家的；另一方面还体现在，黑格尔从现实和历史层面来把握市民社会中的权利、自由以及审理国家问题的思路，在马克思这里最终转化为一条坚实的唯物主义路线。不过，马克思对国家之本质的揭示，也让他和黑格尔分道扬镳。一个显而易见的事实是，马克思不可能再为国家赋予一个神的形象，并力图凭借国家的力量来调整、完善市民社会的规范体系（下节专题探讨这个问题），毋宁说，他的工作主要在于对市民社会和政治国家特别是对前者进行批判。黑格尔对国家没有采取任何批判态度，对市民社会虽然进行了批判性的审查，最终还是以市民社会作为其政治哲学的立脚点。如果说黑格尔对国家问题的阐释构成了对霍布斯、洛克的社会本位的国家观的一次深刻批判和推进，那么，马克思对国家问题的阐释则又构成了对黑格尔国家学说的一次深刻批判和推进。经过这样的批判和推进，以社会为本位的国家观在马克

1《马克思恩格斯文集》第 1 卷，人民出版社，2009，第 584 页。
2《马克思恩格斯文集》第 1 卷，人民出版社，2009，第 586 页。

思这里获得了最深刻的理论表达，并在历史唯物主义的叙事中实现了最彻底的理论形式。

第二节　马克思是如何看待“社会性”问题的？

如何解决特殊利益与普遍利益、个体与共同体、个人性与社会性之间的矛盾，是休谟以来包括马克思在内的一些政治哲学家高度关注的重大政治哲学问题。在黑格尔的国家学说中，就包含了这一问题。马克思在对这一问题的思考和回答上，侧重的是普遍利益、共同体和社会性一端，这很自然地使“社会性”问题，成为其政治哲学中的一个极其重要的问题。

一、自由主义视野中的“个人性”与“社会性”

从总体上看，马克思政治哲学是在自由主义的对置面上构建起来的，在很多方面，马克思正是通过批判近代以来的自由主义而发展自己的政治哲学观点的。这说明，自由主义虽然不是我们打开马克思政治哲学的有效、合法窗口，但却是我们理解和把握马克思政治哲学的一个重要参照系。事实上，要梳理马克思政治哲学中“社会性”问题的来龙去脉，就尤其需要自由主义这个参照系，因为马克思对这个问题的阐释，是明确地以批判自由主义为逻辑起点的。

众所周知，自由主义是近代以来所形成的一种政治哲学理论传统，霍布斯、洛克、休谟、康德、黑格尔、斯密、边沁、穆勒以及当代的哈耶克、诺奇克、罗尔斯等人，都可归入这一传统。更进一步看，这一传统代表的并不是一个完全同质的、铁板一块的理论脉络，在其内部，又可根据不同标准，区分为具有差异性乃至重大分歧的理论思路和理论形态。罗尔斯曾经将康德、黑格尔以及他自己所代表的自由主义，界定为“关于自由的自由主义”。所谓“关于自由的自由主义”，也就是对自由主义进行反思和修正的自由主义。根据罗尔斯的这个界定，我们至少可将近代以来的自由主义传统区分为两种理论形态，一是原生的自由主义，二是次生的自由主义。如果说次生的自由主义就是指罗尔斯所界定的“关于自由的自由主义”，那么顾名思义，原生的自由主义则是指自由主义的始源或未经反思和修正的理论形态，从价值取向上说，类似或相当于人们通常所说的“自由至上主义”；就代表人物而言，则包括洛克、斯密、边沁、穆勒、哈耶克、诺奇克等。严格地说，马克思并不是通过批判次生的自由主义，而是通过批判原生的自由主义来阐释“社会性”问题的。

自由主义是在反对封建等级制和人身依附的关系结构中确立起来的，其最根本的价值前提和立论基点，就是权利和自由。而由洛克、斯密、边沁、穆勒等政治哲学家所代表的原生的自由主义，则更是明确地提出为权利和自由做辩护的目标。具体来说，当这些政治哲学家为权利和自由做辩护时，他们所辩护的核心点，是在他们看来几乎不可撼动的四条原则：一是在个人生活选择和命运安排上的自我立法原则，二是在社会善品分配上的应得和机会平等原则，三是在社会秩序构建上的自由市场和自发性原则，四是在价值排列上的个体利益优先于共同体利益的原则。这四条原则虽然在昭显权利和自由上的角度及侧重点是各不相同的，但有一点却是完全一致的，这就是都从“个人”出发来彰示相应的规范性主张。列奥·施特劳斯正是因为看到了这一点，才在《自然权利与历史》中谈到洛克时这样指出：“洛克的财产学说以及他的整个的政治哲学，不仅就《圣经》传统而言，而且就哲学传统而言都是革命性的。通过将重心由自然义务或责任转移到自然权利，个人、自我成为了道德世界的中心和源泉，因为人——不同于人的目的——成为了那一中心和源泉。”[1]问题就在于，对权利和自由进行道德辩护，或者以权利和自

1〔美〕列奥·施特劳斯：《自然权利与历史》，彭刚译，生活·读书·新知三联书店，2003，第253页。

由为基础性价值进行理论构建，并不是原生的自由主义的一项“特权”，而是现代政治哲学的一个普遍趋势和取向。所以，原生的自由主义与其他政治哲学的传统或支脉得以区别开来的根本界标，并不是权利和自由，而是个人或个人性。卢梭、康德、黑格尔、罗尔斯等人之所以不能被划归于原生的自由主义之列，显然不是因为他们不重视权利和自由等价值，而是因为他们并没有将个人或个人性作为其理论的出发点和归宿点。

现代政治哲学的宗旨之一，在于为构建公正和谐的社会提供价值理念和思想指导。原生的自由主义在这方面显然不是无所作为的，其以个人或个人性为价值中心而提出的规范性主张，对于抵制和克服由出身、种族、性别等因素所带来的社会歧视，从而对于塑造一个比种姓制度远为公正的社会，都具有不可估量的深远意义。然而，正如马克思申述的那样，任何人都不可能生活在一个单一的社会空间内，而总是要生活在私人和公共这两个领域当中，从而都有“作为私人的人”和“作为公人的人”这双重身份。所以，全面地看，现代政治哲学在为人的价值予以辩护时，实际存在两个价值端点，即一是个人或个人性，二是社会或社会性。当一味地强调个人或个人性这个价值端点时，就难免会造成社会或社会性这个价值端点的旁落或边缘化，从而也难免会带来个体与共同体、特殊利益与普遍利益之间的矛盾。

不过，有趣的是，在洛克、斯密等人看来，他们不仅没有制造个人性与社会性之间的对立，相反从其所侧重的个人性中，恰恰能够推出一种实至名归的社会性。他们之所以持有这样一种观点，并不仅仅是因为他们没有将个人证立为与特定利益群体相关联的“这个人”或“那个人”、“这些人”或“那些人”，而是证立为生而平等的“每一个人”，更是因为他们所证立的个人，并不是那种唯利是图甚至损人利己的私利化的个体，而是能够用自然法来约束自己，从而既承认自我之价值也承认他者之价值的理性个体。对于这一点，洛克在《政府论》下篇中谈到“自然状态”时，曾进行明确的指认和说明。洛克这样说道:“虽然这(指自然状态。——引者注)是自由的状态,却不是放任的状态。在这状态中,虽然人具有处理他的人身或财产的无限自由,但是他并没有毁灭自身或他所占有的任何生物的自由,除非有一种比单纯地保存它来得更高贵的用处要求将它毁灭。自然状态有一种为人人所应遵守的自然法对它起着支配作用;而理性,也就是自然法,教导着有意遵从理性的全人类:人们既然都是平等和独立的,任何人就不得侵害他人的生命、健康、自由或财产。因为既然人们都是全能和无限智慧的创世主的创造物,既然都是惟一的最高主宰的仆人,奉他的命令来到这个世界,从事于他的事务,他们就是他的财产,是他的创造物,他要他们存在多久就存在多久,而不由他们彼此之间作主;我们既赋有同样的能力,在同一自然社会内共享一切,就不能设想我们之间有任何从属关系,可使我们有权彼此毁灭,好像我们生来是为彼此利用的,如同低等动物生来是供我们利用一样。正因为每一个人必须保存自己,不能擅自改变他的地位,所以基于同样理由,当他保存自身不成问题时,他就应该尽其所能保存其余的人类,而除非为了惩罚一个罪犯,不应该夺去或损害另一个人的生命以及一切有助于保存另一个人的生命、自由、健康、肢体或物品的事物。”[1] 我们知道,自然状态是洛克契约论的一个方法论原点。它虽然像后来罗尔斯所讲的原初状态一样,是一个用于设定前提的假想状态,但恰恰是这个假想状态,包含了洛克最基本乃至最重要的价值主张。显而易见,洛克不仅通过设立自然状态而为个人的自由和权利做了强有力的辩护,而且也通过为自然状态赋予理性即自然法而为个人的自由和权利设定了边界及底线。换言之,借助于作为自然法的理性,洛克在这里实质上是将作为价值主体的个人,论定为“利己不损人”的人。按照洛克的意思,这样的人虽然首先都是一些相互独立的个体,但组合在一起,则构成了一个能够尊重每个人的意志,并且能够增进每个人的福祉的良性社

1〔英〕洛克:《政府论》下篇,叶启芳、瞿菊农译,商务印书馆,1964,第4—5页。

会，而这就是从个人性中所推出的社会性。

后来，既作为经济学家又作为政治哲学家的斯密发展了洛克的观点。不管在经济学上，还是在政治哲学上，斯密的立论前提都是利己主义的“经济人”，这个“经济人”也正是其所证立的“个人”。根据斯密的解释，这个作为“个人”的“经济人”或者作为“经济人”的“个人”不仅不会成为特殊利益与普遍利益、个人性与社会性之矛盾的始作俑者，相反会使它们之间取得一种深度的一致性。原因主要不在于经济人在追求自己的利益时，总是会按照道德的训诫和正义的要求来帮助他人特别是弱者，而主要在于经济人本着各自的目标、以各自的方式追求自己的利益时，“像在其他场合一样，他受一只看不见的手的指导，去尽力达到一个并非他本意想要达到的目的，也并不因为事非出于本意，就对社会有害。他追求自己的利益，往往使他能比真正出于本意的情况下更有效地促进社会的利益”[1]。这样来看，与洛克相比，斯密的推进之处在于将前者“利己不损人”的个人，修改为“利己又利他”的个人，虽然这个“利他”未必是有意为之或必定发生的。但综合来看，不管是将个人证立为“利己不损人”的人还是“利己又利他”的人，从洛克到斯密乃至哈耶克和诺奇克的原生的自由主义，都坚持认为基于个人性的社会性，是其始终都在捍卫的东西。

二、马克思对自由主义的批判及其“社会性”概念

洛克、斯密等自由主义政治哲学家虽然倚重理性而对基于个人性的社会性做了看似令人信服的证成，但实际上，人不仅是理性的动物，也是感性的动物，在现实社会层面上，人的感性往往会冲破理性这道防线，使后者失去其防御功能。洛克、斯密以及穆勒虽然都要求将理性这一自然法转送到实定法中，使之成为由现实社会政治制度加以保障的东西，但毋庸讳言的事实

1〔英〕亚当·斯密:《国民财富的性质和原因的研究》下卷，郭大力、王亚南译，商务印书馆，1974，第27页。

是，以自由主义为前提的法律和政治制度归根结底是要为私有财产制度提供保障，这决定了其所守护的至多只是一种最低限度的“社会性”，亦即一个人在追求自己的利益时，不能随心所欲地侵害他人的利益。而实际上，这种最低限度的“社会性”即便像洛克、斯密所说的那样，能够在一定意义上增进整个社会的福利，也只能被归结为一种“伪社会性”，因为社会性所诉求的价值内核是平等，而这种最低限度的“社会性”既不可能带来洛克、斯密、哈耶克、诺奇克等人所反对的结果平等，也不可能真正带来他们所支持的机会平等。这样来看，自洛克开始，特殊利益与普遍利益、个体与共同体、个人性与社会性之间的矛盾，就始终包含在原生的自由主义的理论逻辑中，虽然洛克、斯密、哈耶克等人从来就不承认这一点。正是因为如此，从休谟开始，政治哲学家们就一直在检视原生的自由主义的理论弊端，并探索解决特殊利益与普遍利益、个体与共同体、个人性与社会性之矛盾的基本方案，而其努力的共同方向，就是构建“社会性”价值维度。在这方面，休谟、卢梭、康德、黑格尔、马克思以及罗尔斯等人，都提供了卓异的思想智慧（在一定意义上，康德、黑格尔以及罗尔斯等人正是凭借这方面的思考，才与原生的自由主义在理论上分道扬镳，从而促成“关于自由的自由主义”或次生的自由主义的）。不过，必须承认，在检视、批判原生的自由主义从而构建“社会性”上，马克思是最深刻的，之所以如此，并不是因为马克思抓住了洛克、斯密等人在逻辑上的漏洞，而是因为他洞穿了后者的理论所由以确立的历史根基——市民社会。

不管是洛克还是斯密，其以个人或个人性为支撑点而对权利和自由的证成与辩护，并不是一个纯粹的理论层面的问题，而是一个如何用理论来回应重大社会和历史变迁的现实层面的问题。我们知道，近代以来在欧洲（特别是英国）社会和历史领域所发生的重大变迁之一，就是作为需要和劳动之体系的市民社会开始形成并逐渐走向成熟。这一社会和历史变迁，从根本上改变了价值的评判标准，特别是使在中世纪被束缚的个人或个人性在价值上凸显了出来。事实上，洛克之后从属于原生的自由主义传统的政治哲学家，基本上都是在市民社会的历史界面上构建其理论学说的，因而他们也基本上是站在市民社会的立脚点上，以市民社会代言人的角色活跃在理论舞台上的（市民社会在英国得到了最充分、最完善的发育，而与此相应，原生的自由主义作为一个传统，也主要是在英国得到发展的）。这个情况告诉我们，洛克、斯密等人所讲的个人、权利、自由，都是就生活在市民社会中的人而言的，而其所讲的社会，实际就是指市民社会，其所捍卫的社会性，自然也就是指内生于市民社会的关系结构。在《1844年经济学哲学手稿》中，马克思就非常明确地指认了这一点："在国民经济学家看来，**社会是市民社会**，在这里任何个人都是各种需要的整体，并且就人人互为手段而言，个人只为别人而存在，别人也只为他而存在。"[1] 在这里，马克思的这个指认虽然是直接针对斯密以来的英国经济学家的，但其实也代表了他对洛克以来的整个自由主义的认识。问题的关键在于，马克思并不认为，洛克、斯密以及斯密的继承者们所讲的"个人只为别人而存在，别人也只为他而存在"的"社会性"实实在在地存在于市民社会中，因为他清楚地看到，当市民社会中的每个人都在追求自己私人利益的时候，并不会达到私人利益的总体即普遍利益，相反"每个人都互相妨碍别人利益的实现，这种一切人反对一切人的战争所造成的结果，不是普遍的肯定，而是普遍的否定"[2]。概言之，以马克思之见，市民社会中的利益关系决定了，从洛克以来的自由主义传统中只能引申出追求私利的"个人性"，而不可能引申出诉求公利的"社会性"。

马克思的上述批判，并非一般意义上的人性批判，而是一种深层次的历史批判，而这一历史批判的轴枢，就是市民社会。进而言之，马克思之所以

1《马克思恩格斯文集》第1卷，人民出版社，2009，第236页。

2《马克思恩格斯文集》第8卷，人民出版社，2009，第50页。

在对市民社会所做的历史批判中揭示出自由主义传统在“社会性”问题上的谬误，主要是基于对如下两点的深刻剖析：一是市民社会的私利化本质，二是市民社会与政治国家的关系。

我们先来看第一点：市民社会的私利化本质。如果说市民社会是一个表征社会生产和交往关系的领域，那么根据马克思的分析，判断由市民社会所表征的社会生产和交往关系究竟是一种彼此肯定的互利关系还是一种彼此否定的互害关系，关键就是看作为市民社会标识物的权利和自由是建立在人与人相结合的基础上还是人与人相分离的基础上。到马克思所生活的19世纪，市民社会已经发展为一种完备的关系体，其完备性的标志之一，就在于市民社会中的利益诉求充分反映在资本主义国家的法律条文中，从而成为一种受到政治制度所保护的、有形可见的东西。在此意义上，资产阶级的实定法，就是审视市民社会中的权利和自由的一面镜子。在《论犹太人问题》中，马克思正是借助于这面镜子，具体一点说，就是借助于法国大革命时期所颁布的法典以及美国宾夕法尼亚、新罕布什尔等州的宪法，透彻地分析了市民社会中权利和自由的本质，而其结论是：市民社会中的“自由这一人权不是建立在人与人相结合的基础上，而是相反，建立在人与人相分隔的基础上。这一权利就是这种分隔的**权利**，是**狭隘的**、局限于自身的个人的权利”[1]。马克思的这个结论告诉人们，市民社会固然也代表了一种社会关系的组合模式，但归根结底，它是一个以私利化为本质的领域，因而根本不可能从中生长出那种导向普遍利益的“社会性”。对于市民社会的私利化本质及其“伪社会性”或“非社会性”，恩格斯在写于1844年初的《英国状况》中，也做过一个精辟的论述：“英国人**没有**普遍利益，他们不触及矛盾这一痛处就无法谈普遍利益；他们对普遍利益不抱希望，他们只有单个利益。……英国的活动则是独立的、彼此并立的个人的活动，是无联系的原子的运动，这些原子很

1《马克思恩格斯文集》第1卷，人民出版社，2009，第41页。

少作为一个整体共同行动，而且即使作为整体行动的时候也是从**个人**利益出发。目前的普遍贫困和极端涣散就是个人之间缺乏统一性的表现。”[1] 恩格斯在这里虽然没有直接使用“市民社会”这个术语，但他所描述的英国状况，指涉的恰恰就是市民社会的情形。所以，英国人排斥普遍利益和整体行动的原子化生活方式，暴露的正是市民社会的私利化本质及其“伪社会性”或“非社会性”。而这种“伪社会性”或“非社会性”，显然被洛克以来位于原生的自由主义之列的政治哲学家严严实实地遮蔽了起来，原因是他们从来就不承认个人在市民社会生活中的离散性和对立性，而总是强调“个人的就是社会的”这一模棱两可的论见。

我们再来看第二点：市民社会与政治国家的关系。如果正如上述，每个人都生活在私人和公共这两个领域当中，从而都有“作为私人的人”和“作为公人的人”这双重身份，那么由之而来的一个问题是，当一个在私人领域中以“为我”和“利己”为价值本位的人走进公共领域后，他（或她）是否会卸去其“为我主义”和“利己主义”的外衣，从而展现出“社会性”的一面？由于在近代以来的资本主义社会结构中，市民社会处在私人生活领域的位置，政治国家处在公共领域的位置，所以具体到洛克、斯密等人，问题就在于，他们所证立的个人如果说在市民社会这个私人领域中是“为我”和“利己”的，那么进入政治国家这个公共领域后，是否会展现出不同甚至相反的情形？显而易见，这个问题只有通过剖析市民社会与政治国家的关系，才能够得到实质性的解答。

在《论犹太人问题》中，马克思对市民社会与政治国家的关系——不是政治国家决定市民社会，而是市民社会决定政治国家——做了极其深刻的论述与分析：“完成了的政治国家，按其本质来说，是人的同自己物质生活**相对立**的**类生活**。这种利己生活的一切前提继续存在于国家范围**以外**，存在于

1《马克思恩格斯文集》第 1 卷，人民出版社，2009，第 92 页。

市民社会之中，然而是作为市民社会的特性存在的。在政治国家真正形成的地方，人不仅在思想中，在意识中，而且在**现实**中，在**生活**中，都过着双重的生活——天国的生活和尘世的生活。前一种是**政治共同体**中的生活，在这个共同体中，人把自己看做**社会存在物**；后一种是**市民社会**中的生活，在这个社会中，人作为**私人**进行活动，把他人看做工具，把自己也降为工具，并成为异己力量的玩物。政治国家对市民社会的关系，正像天国对尘世的关系一样，也是唯灵论的。政治国家与市民社会也处于同样的对立之中，它用以克服后者的方式也同宗教克服尘世局限性的方式相同，即它同样不得不重新承认市民社会，恢复市民社会，服从市民社会的统治。人在其**最直接的**现实中，在市民社会中，是尘世存在物。在这里，即在人把自己并把别人看做是现实的个人的地方，人是一种**不真实的**现象。相反，在国家中，即在人被看做是类存在物的地方，人是想象的主权中虚构的成员；在这里，他被剥夺了自己现实的个人生活，却充满了非现实的普遍性。”[1]

在上面这一大段论述中，马克思所阐释的问题是，市民社会与政治国家在现代历史中形成二元分野之后，人便拥有了双重身份：一是作为类存在物、社会存在物、公人的人之身份，二是作为尘世存在物、私人的人之身份，由此也顺理成章地过上了两种生活：一是天国的和共同体的生活，二是尘世的和私人的生活。前一种身份和生活对应的是政治国家，后一种身份和生活对应的是市民社会。然而，市民社会与政治国家的二元分野，并不意味着这两者成为了互不搭界或相互制约的两个极点，最真实的情况却是，在古代和中世纪具有至上地位的政治国家，不仅开始承认和恢复市民社会，而且开始服从市民社会的统治，亦即市民社会获得了过去政治国家的统治地位，成了决定政治国家的领域。这个情况决定了，人在现代资本主义世界虽然具有双重身份、过着两种生活，但人又总是以尘世存在物和私人的身份，进入

1《马克思恩格斯文集》第 1 卷，人民出版社，2009，第 30—31 页。

政治国家所代表的共同体中去过天国的生活，这使天国生活所代表的普遍性，退变为尘世生活所代表的特殊性，或者说使类存在物、社会存在物、公人、共同体，成为服务于尘世存在物、私人、个体的东西。马克思的这个阐释以铁一般的事实向人们表明，无论生活在私人领域还是公共领域，洛克、斯密等自由主义者所倚重的个人，都只能是追求私利、排斥社会性价值取向的原子人，虽然他们为之所赋予的特质是“利己不损人”和“利己又利他”。

无论如何，马克思基于以上两点而对现实市民社会及其理论表征——洛克以来的自由主义传统所进行的批判，是一种达及深处、触及根本的批判。通过这种批判，马克思不仅揭示了洛克、斯密等自由主义者所倚重的“个人”或“个人性”概念的“伪社会性”或“非社会性”实质，而且也由此阐发了一种与后者的立场完全相反的价值立场，也就是一种旨在恢复类存在物、社会存在物、公人、共同体的应有地位，从而根本性地解决特殊利益与普遍利益、个体与共同体、个人性与社会性之间的矛盾，亦即使“社会性”这一价值维度实质性地建立起来的立场。1844 年之后，这种价值立场一直主导着马克思的写作，不仅成为其阐发共产主义理想的观念论前提，而且也成为其研究历史、批判资本的规范性准则。因而在 1844 年之后的不同文本中，马克思总是反复重申自己的这一价值立场。比如说，在《1844 年经济学哲学手稿》中，马克思就有这样一段论述：“**共产主义**是对**私有财产**即**人的自我异化**的**积极的**扬弃，因而是通过人并且为了人而对**人的**本质的真正**占有**；因此，它是人向自身、也就是向**社会的**即合乎人性的人的复归，这种复归是完全的复归，是自觉实现并在以往发展的全部财富的范围内实现的复归。”[1] 在《德意志意识形态》中，马克思和恩格斯则这样指出：“只有在共同体中，个人才能获得全面发展其才能的手段，也就是说，只有在共同体中才可能有

1《马克思恩格斯文集》第 1 卷，人民出版社，2009，第 185 页。

个人自由。”[1]在《共产党宣言》中，马克思强调“把资本变为公共的、属于社会全体成员的财产”，“代替那存在着阶级和阶级对立的资产阶级旧社会的，将是这样一个联合体，在那里，每个人的自由发展是一切人的自由发展的条件”[2]。在《资本论》第一卷中，马克思又要求“在协作和对土地及靠劳动本身生产的生产资料的共同占有的基础上，重新建立个人所有制”[3]。毋庸置疑，马克思的这些论述特别是其中的关键词——社会的人、共同体、公共的、社会全体成员的、联合体、一切人的自由发展、共同占有，虽然涉及的是不同的思想叙事，但都将其构建“社会性”的价值立场淋漓尽致地展现了出来。不过，我们必须要申明的一点是，马克思的这一价值立场绝不像以波普尔、阿伦特为代表的批评者们所指责的那样，用一种人为制作的普遍利益和社会性抹杀了特殊利益和个人性。恰恰相反，对于洛克等人所提出的“平等对待每一个人”的价值主张，马克思从来就没有予以全盘否定，毋宁说他所重点否定的是前者用不顾现实社会关系的抽象自然法来证成这一主张从而使其落空的做法，对于这一价值主张本身，马克思不仅是予以认可的，而且也正是他构建“社会性”维度的题中应有之义。所以，马克思的真正想法，就是他在《共产党宣言》中的这句话——每个人的自由发展是一切人的自由发展的条件。显而易见，“一切人”不仅不会吞噬“每个人”，相反它是以“每个人”为条件的，而“每个人”自然也就包含了特殊利益和个人性。不过，这种特殊利益和个人性已不再具有那种导致相互伤害结构的私利性。

三、马克思构建“社会性”价值维度的方案

正如上述，在构建“社会性”价值维度上，除了马克思，休谟、卢梭、康德、黑格尔以及罗尔斯等人都曾进行积极的思考和探索。在这些政治哲学

1《马克思恩格斯文集》第1卷，人民出版社，2009，第571页。
2《马克思恩格斯文集》第2卷，人民出版社，2009，第46、53页。
3《马克思恩格斯文集》第5卷，人民出版社，2009，第874页。

家中，黑格尔和罗尔斯的工作最具有代表性。事实上，马克思在一定意义上受到过黑格尔的影响，罗尔斯在一定意义上则受到过马克思的影响。所以，由之而来的一个问题是，在构建“社会性”价值维度的方案上，黑格尔、马克思、罗尔斯之间，是否存在一脉相承的思想史关系？或者说，在这个问题上，马克思与另外两位政治哲学家相比较，是否有他们无法比拟的独异之处？

我们看到，不管是黑格尔还是罗尔斯，在构建“社会性”价值维度上，都强调国家在其中所发挥的重要作用。而这一点，大概是他们与洛克以来原生的自由主义传统所发生的最根本分歧。因为在辩护个人或个人性上，这一传统所确立的一个根深蒂固的观念，就是“最小国家”。“最小国家”的观念无非就是强调国家的功能和边界要根据个体利益来设定，反对国家对个人生活的任意介入和干预。如果由此来看，个人性与最小国家之间存在某种对等性，那么当凸显社会性时，国家就很容易成为一个被倚重的价值支点。关于黑格尔依托国家来构建“社会性”价值维度的情况，本书上一节已经有所涉及。事实上，黑格尔要求站在国家的制高点上克服市民社会的利己本性的一个重要指向，就是在个人性的基础上，建立“社会性”的价值维度。在此需要重申的一点是，在这个问题上，黑格尔提出的一个最鲜明的主张，就是把市民社会中的特殊性原则提升到普遍性原则的层面。“特殊性的原则，正是随着它自为地发展为整体而推移到普遍性，并且只有在普遍性中才达到它的真理以及它的肯定现实性所应有的权利。……个别的人，作为这种国家的市民来说，就是私人，他们都把本身利益作为自己的目的。由于这个目的是以普遍物为中介的，从而在他们看来普遍物是一种手段，所以，如果他们要达到这个目的，就只能按普遍方式来规定他们的知识、意志和活动，并使自己成为社会联系的锁链中的一个环节。”[1]“国家是具体自由的现实；但具体自由

1〔德〕黑格尔：《法哲学原理》，范扬、张企泰译，商务印书馆，1961，第 201 页。

在于，个人的单一性及其特殊利益不但获得它们的完全发展，以及它们的权利获得明白承认（如在家庭和市民社会的领域中那样），而且一方面通过自身过渡到普遍物的利益，他方面它们认识和希求普遍物，甚至承认普遍物作为它们自己实体性的精神，并把普遍物作为它们的最终目的而进行活动。”[1] 如果说黑格尔在这里所提到的“普遍性”、“普遍物”、“普遍方式”以及“社会联系”，都是其构建“社会性”价值维度所要凸显的关键词，那么在他看来，这些关键词只有从政治国家这个制高点来加以理解，其内涵才不至于被歪曲，相反如果停留在市民社会的视点，它们并不能超越洛克、斯密等人所讲的那种“社会性”。

对于罗尔斯来说，在依托国家来构建“社会性”上，情况要复杂一些。罗尔斯所面对的问题是，洛克以来原生的自由主义传统在为个人和个人性做辩护时，也将平等论定为价值前提之一，但其所论定的平等既不是人生起跑线上的平等，更不是结果上的结果，而是其依据自然法所提出的口号，即“人生而平等”和“天赋人权”所看重的权利、自由及机会上的平等。这种权利、自由及机会上的平等观念要求剔除种姓制度和人身依附结构下导致社会歧视的先定不平等因素——出身、血缘、种族、性别等，但却允许家庭背景、生活区域、教育程度等社会层面上的偶然性因素，以及体力、智力、禀赋等自然层面上的偶然性因素在人生安排和社会分配中起作用，甚至将这些因素论定为“应得”的因素。可是很容易想到的结果是，由于这些偶然性因素是千差万别的，所以人们不仅在起跑线和结果上不可能达到平等，就连权利、自由及机会上的平等也会受到影响。这不仅表明原生的自由主义传统存在不可自行克服的逻辑矛盾和非自洽性，而且也表明在这一传统的框架内，罗尔斯所强调的“每个人都有一种基于正义的不可侵犯性”，难以成为一种真正行得通的社会性规范。而这实际上就是罗尔斯要着力在理论上解决的一

1〔德〕黑格尔：《法哲学原理》，范扬、张企泰译，商务印书馆，1961，第 260 页。

个重大问题。罗尔斯一反长期以来自由主义将个人作为价值重心的传统，提出了“作为公平的正义”这一核心观念。“作为公平的正义”所包含的第二条原则即差异原则，是一条旨在纠正由偶然性因素特别是来自自然层面上的偶然性因素所导致的非公正性，从而实现社会基本善品分配上的平等性的原则，其所强调的关键点，就是“应得”原则的非法性及“合作”概念对于分配而言的合法性，反映在现实中，就是要将价值的天平向“社会最不利者”倾斜，具体一点说，就是要求国家站在普遍利益和制度正义的高度上，通过二次分配来平衡社会的落差，以此反过来守卫“每个人都有一种基于正义的不可侵犯性”这个最根本的规范，锻造一个既被人们在观念上接受，又为现实政治制度所保护的“良序社会”。罗尔斯的这些思考和主张，的确实现了价值重心从“个人性”向“社会性”的移转，而国家的作用，显然也在这种移转中得到了凸显。

现在的问题是，同样指认过国家具有政治共同体角色的马克思，是否也像他之前的黑格尔及他之后的罗尔斯那样，要求站在国家的高点上来构建“社会性”价值维度？

《论犹太人问题》中的如下论述值得我们特别注意：“只有当现实的个人把抽象的公民复归于自身，并且作为个人，在自己的经验生活、自己的个体劳动、自己的个体关系中间，成为**类存在物**的时候，只有当人认识到自身‘固有的力量’是**社会**力量，并把这种力量组织起来因而不再把社会力量以**政治**力量的形式同自身分离的时候，只有到了那个时候，人的解放才能完成。”[1]马克思的这段论述讲的是“人的解放”，而实质上也是在讲“社会性”价值维度的构建。因为在马克思的概念系统中，“人的解放”对应的是“人类社会”，“政治解放”对应的是“市民社会”。马克思显然不认为应当在市民社会的界面上来理解社会概念，毋宁说这是他所批评的自由主义理解社会

1《马克思恩格斯文集》第1卷，人民出版社，2009，第46页。

概念的套路。马克思的真正意思是，要将社会理解为人类社会，因而在他看来，只有当人的解放完成之后，社会以及社会性才能建立起来。而实际上，马克思在这段论述中所提到的“类存在物”和“社会力量”，就是其“社会”和“社会性”概念的对应词。更关键的是，马克思在这里强调人的解放的重要标志，是“现实的个人把抽象的公民复归于自身”，“不再把社会力量以政治力量的形式同自身分离”。马克思实际是说，在市民社会与政治国家发生分野的资本主义时代，人的“公民”身份和人的“私人”身份也形成了二元分裂，这意味着人只能依靠国家这个外在的、异己的政治力量来维系自己的社会性。而人的解放的完成和社会性的建立，恰恰就要求并且也有赖于这种二元分裂的消除，因而政治国家也不可能再以一种外在政治力量的形式来维系社会性。显然，马克思在这里并没有像黑格尔和罗尔斯那样，依托政治国家来思考社会性的构建。

在《德意志意识形态》中，马克思和恩格斯又对这个问题做了进一步阐述：“随着分工的发展也产生了单个人的利益或单个家庭的利益与所有互相交往的个人的共同利益之间的矛盾；……正是由于特殊利益和共同利益之间的这种矛盾，共同利益才采取**国家**这种与实际的单个利益和全体利益相脱离的独立形式，同时采取虚幻的共同体的形式，而这始终是在每一个家庭集团或部落集团中现有的骨肉联系、语言联系、较大规模的分工联系以及其他利益的联系的现实基础上，特别是在我们以后将要阐明的已经由分工决定的阶级的基础上产生的，这些阶级是通过每一个这样的人群分离开来的，其中一个阶级统治着其他一切阶级。……这些始终**真正地**同共同利益和虚幻的共同利益相对抗的特殊利益所进行的**实际**斗争，使得通过国家这种虚幻的‘普遍’利益来进行**实际的**干涉和约束成为必要。”[1]“某一阶级的各个人所结成的、受他们的与另一阶级相对立的那种共同利益所制约的共同关系，总是这

1《马克思恩格斯文集》第1卷，人民出版社，2009，第536—537页。

样一种共同体，这些个人只是作为一般化的个人隶属于这种共同体，只是由于他们还处在本阶级的生存条件下才隶属于这种共同体；他们不是作为个人而是作为阶级的成员处于这种共同关系中的。”[1]

实际上，在《论犹太人问题》中，马克思在审视和批判市民社会的私利化本质及“非社会性”上，已经比黑格尔更深了一层，这就是他开始将这种私利化本质及“非社会性”解读为一个世俗矛盾，而非人性的欲望和贪婪。上面的这两段论述则表明，及至写作《德意志意识形态》，马克思更是明确地将这个问题阐释为一个更为根本的世俗问题——阶级问题。根据马克思的分析，在阶级社会里，政治国家的功能在于保护统治阶级的利益而非全体人民的利益，所以依此来看，政治国家虽然总是展现为一个共同体的形象，但以它为表征的共同体，既不是作为“公正的中立者”的共同体，也不是那种真正能够维系社会性的、使人的自由而全面发展成为可能的共同体，而只是作为阶级成员的“虚幻的共同体”，其所代表的利益也并非真正的普遍利益，而只是“虚幻的普遍利益”。如果由此来看，政治国家并不可能成为构建“共同体”、“普遍利益”和“社会性”价值维度的一个有效支点，那么马克思的真实想法是，只有在批判由阶级矛盾所标注的世俗矛盾基础上，消灭私有财产制度和阶级剥削，消灭资本主义社会中劳动和劳动条件、劳动和资本之间的对抗，使人能够掌握自己的生存条件而不是受制于他人，“共同体”、“普遍利益”和“社会性”价值维度才能够实至名归地建立起来，亦即那个困扰着人们的特殊利益与普遍利益、个体与共同体、个人性与社会性之间的矛盾才能够得到最彻底的解决。“在控制了自己的生存条件和社会全体成员的生存条件的革命无产者的共同体中，情况就完全不同了。在这个共同体中各个人都是作为个人参加的。它是各个人的这样一种联合（自然是以当时发达的生产力为前提的），这种联合把个人的自由发展和运动的条件置于他们

1《马克思恩格斯文集》第1卷，人民出版社，2009，第573页。

的控制之下。”[1]

以上论述表明，无论是在《论犹太人问题》中还是在《德意志意识形态》中，马克思都没有将重建社会性的重任赋予政治国家。这一点并不意味着马克思是要有意放低国家的重要性，而只能意味着一个重要事实，即他是以批判最粗糙、最真实的世俗世界，进而以揭示“非神圣形象的自我异化”为前提，来审理和把握“社会性”问题的。这实质上是马克思与黑格尔以及罗尔斯相比较的根本不同之所在。与此同时，这里所涉及的另一个问题是，一旦诉诸政治国家来解决特殊利益与普遍利益、个体与共同体、个人性与社会性之间的矛盾，那么正像罗尔斯的范例所呈示的那样，就会很容易诉诸彰显平等理念并且作为一种社会补救价值的正义，因为在近代以来的西方规范性政治哲学中，从休谟就开始讨论的正义，与从霍布斯、洛克开始凸显的权利和自由相比，实际上是一个需要由国家来构建的“二次规范”（哈耶克就曾间接地说过这个问题），即正义与国家之间往往存在一种对等性。人们往往不理解，马克思自始至终都秉持一种强烈的平等主义情怀，对现实社会中的不公正现象也总是持一种强烈的批判态度，但他为什么没有像罗尔斯那样，构建一套可转化到制度设计和现实分配中的正义理论。实际上，马克思既不是要有意放低国家的重要性，也不是要有意放逐正义理念。马克思的深刻用意，就在于从历史唯物主义出发，将包括“社会性”问题、正义问题在内的所有政治哲学问题，都投放到社会生产关系这个世俗层面来加以理解、透析、把握。这一点，不论是在休谟、卢梭、康德、黑格尔以及罗尔斯等诉求“社会性”价值的政治哲学家那里，还是在洛克、斯密、边沁、穆勒、哈耶克、诺奇克等倚重“个人性”价值的政治哲学家那里，都是无法看到的。

1《马克思恩格斯文集》第1卷，人民出版社，2009，第573页。

第四章
马克思政治哲学中的正义与平等

在近代以来的政治哲学特别是规范性政治哲学的发展中，正义与平等是最重要的价值和问题之一。在21世纪以来中国学术界的政治哲学研究中，正义与平等也备受关注，有关它们的各种探讨在一定意义上起到了引领政治哲学学术发展方向的作用。从规范性政治哲学的视角来看，马克思是一个平等主义者，在其思想体系中也包含了丰富而深刻的正义思想，但他往往是在特定的语境和叙事框架下来阐发其正义与平等思想的。学术界在关于马克思正义和平等思想的研究上常常争论不休，其中一个重要的原因就是没有进入马克思的特定语境和叙事框架。本章力图还原到马克思的特定语境和叙事框架中，对《资本论》中所包含的正义问题以及以《哥达纲领批判》为主的文本中所蕴含的权利平等思想予以探察。

第一节 《资本论》中的正义问题

作为马克思最重要的著作，《资本论》是一个名副其实的"复合式"文本。作为一个"复合式"文本，《资本论》所蕴含的博大精深的思想要义，是可以从多种视角来加以挖掘和解读的，而政治哲学就是一个极其重要同时也是极富成效的视角。在政治哲学的意义上来解读《资本论》，我们尤其需要聚焦于正义问题。可以说，在《资本论》可以开显出的理论议题中，正义问题占有一个十分关键乃至具有轴枢意义的位置。全面理解和阐发《资本论》中的正义问题，无论对于《资本论》之当代意义的生动展开，还是对于马克思政治哲学之研究的纵深推进，都具有不可否认的重要意义。而要全面地理解和阐发《资本论》中的正义问题，我们则需要在逻辑上依次追问和解答三个深层次的问题：《资本论》为何是一个有关正义的文本？资本家与工人之间的交换在何种意义上是"正义"的？《资本论》有没有推进现代西方正义理论？

一、《资本论》为何是一个有关正义的文本？

将《资本论》与正义关联起来，进而在这个文本中理解马克思的正义思想，直观地看，是与人们的直觉和习常见识相违背的。之所以这么说，是因为在人们的直觉和习常见识中，正义是一个伦理的、政治的问题，而《资本论》却是一个经济的文本。将一个伦理、政治的问题还原和安置到一个有关经济的文本中，不仅对于这个问题的考察来说收效甚微，而且更重要的是，这与马克思的唯物史观发生了最直接的冲突。借用马克思在《哥达纲领批判》中批判拉萨尔主义时的话说就是："既然真实的关系早已弄清楚了，为什么又要开倒车呢？"[1]然而，我们要立即申明：这样的观点虽然看似是有理有据、无懈可击的，但它只是一个停留在问题之表层的皮肤之见。

在《资本论》中理解和阐发正义问题，在学术史的意义上，是对"马克思与正义"这个在英美学术界和中国学术界争论了近半个世纪的"难题"的一种可能性解决。英美学术界在20世纪70、80年代以来之所以提出并聚焦于"马克思与正义"问题，在相当大的意义上，是罗尔斯的《正义论》发表之后所形成的巨大效应在马克思研究中的一个体现。这便意味着，英美学术

1《马克思恩格斯文集》第3卷，人民出版社，2009，第436页。

界在马克思研究中所植入的“正义”，追根溯源乃是一个在罗尔斯的语境下凸显出来的政治哲学概念。众所周知，在罗尔斯的语境下，正义被先在地界定为一种制度德性。正义作为一种制度德性，实质上指的是对整个社会的分配具有普遍指导意义的伦理规范和法则，而非指代马克思所讲的社会生产关系。如果紧扣罗尔斯对正义的这个界定，我们自然没有理由在《资本论》的叙事中来理解正义问题以及马克思的正义思想。不过，一旦把罗尔斯所讲的正义在思想史的维度内追溯到其源头，我们就会发现事情是全然不同的。

正义在罗尔斯的辩护体系中，不是一个独立自成的价值，而是一个“构成性”的二阶价值。作为二阶价值的正义所要最终辩护的，则是每一个人的权利。这正如罗尔斯在《正义论》的篇首开宗明义地指出的：“每个人都拥有一种基于正义的不可侵犯性，这种不可侵犯性即使以整个社会的福利之名也不能逾越。因此，正义否认为了一些人分享更大利益而剥夺另一些人的自由是正当的，不承认许多人享受的较大利益能绰绰有余地补偿强加于少数人的牺牲。所以，在一个正义的社会里，平等公民的各种自由是确定不移的，由正义所保障的权利决不受制于政治的交易或社会利益的权衡。”[1]由此可见，权利不仅不是外在于正义的价值，而且在正义概念中占有一阶价值的位置，是正义概念的前提和基石。如果我们据此而将正义概念还原到权利概念，或者说从权利来赋予正义概念实质性内涵，那么就很容易发现，正义问题并不是由罗尔斯所代言的当代政治哲学的专有问题，而是潜含在近代以来的规范性政治哲学中的一个核心问题，虽然只是到了罗尔斯，“正义”作为一个政治哲学的术语和范畴，才被人们广泛地使用。概括地说，这个潜含在近代以来的规范性政治哲学中的正义问题，也就是一个关涉如何为权利这种现代价值做辩护的问题，权利乃是这个问题的内核。

1〔美〕罗尔斯：《正义论》（修订版），何怀宏、何包钢、廖申白译，中国社会科学出版社，2009，第3页。

在近代以来的政治哲学史上，最早为权利进行辩护的哲学家，是霍布斯、洛克等契约论者。在契约论的框架下，权利被证立为一种先验的、可直接作为推理前提的自然法或自然权利。不过，自然法或自然权利只是以洛克为代表的契约论政治哲学家为权利做辩护的一种手法，这并不真正意味着权利是先于现代人的生存经验的东西。进而言之，权利之所以成为现代人所重视的价值，从而也成为洛克等政治哲学家所着力辩护的对象，是与现代人的生存经验的塑造分不开的。这个生存经验的最重要社会前提，就是现代商品社会或现代市民社会的形成与不断走向成熟。可以说，正是现代商品社会或现代市民社会的形成与不断走向成熟，才为权利的凸显奠定了最坚实的社会历史基础。如果在此意义上，我们将洛克等契约论政治哲学家所辩护的权利，认定为现代商品社会或现代市民社会的一种内在规范性诉求，那么最主要和最具有标志性意义的权利形式，就是财产权或所有权。这一点，直截了当地体现在洛克的《政府论》中。洛克在这部政治哲学的经典著作中的关键工作，就是为财产权或所有权的合法性提供强有力的辩护。而他的这一辩护在一定意义上，构成了现代权利观念、现代权利概念的一个极其重要的历史和逻辑起点。在19世纪的穆勒以及20世纪的罗尔斯和诺奇克的政治哲学体系中，权利的涵盖面虽然已远远超出了财产权或所有权的范围，但财产权或所有权却无疑是现代人理解权利的一个重要支点。马克思正是由于深刻洞察到了这个情况，才在《论犹太人问题》中一针见血地指出："自由这一人权的实际应用就是**私有财产**这一人权。……私有财产这一人权是任意地（à son gré）、同他人无关地、不受社会影响地享用和处理自己的财产的权利；这一权利是自私自利的权利。"[1]

上述表明，如果我们将近代以来为权利做辩护的政治哲学认定为一种未被正式命名的正义理论，那么这种正义理论的最重要旨趣，也就是为财产

1《马克思恩格斯文集》第1卷，人民出版社，2009，第41页。

权或所有权的合法性提供辩护。由此我们也可以反过来说，近代以来为财产权或所有权的合法性提供辩护的政治哲学即便没有被直接认定为一种正义理论，它也构成了一个以正义为实质性内容的理论传统。在此意义上，我们可以说，在现代语境下，凡是与财产权或所有权问题发生对接或直接包含了该问题的理论著作，都可能在一定意义上，与这个近代以来以正义为实质性内容的理论传统发生了对接，或者直接包含了一个实质性的正义问题。黑格尔的《法哲学原理》就是一个例子。众所周知，《法哲学原理》的开篇主题，就是作为抽象法的所有权，而到了第三篇即“伦理”篇中，黑格尔依然没有离开这个主题，相反在“市民社会”的问题域中推进了对这个主题的探讨。黑格尔虽然没有像洛克那样用先验的自然法来为所有权提供规范性的辩护，但他对所有权的重视程度并不亚于洛克。他把所有权提升到人格的高度，认为“取得所有权即达到人格的定在”，“在所有权中，我的意志是人的意志；但人是一个单元，所以所有权就成为这个单元意志的人格的东西”[1]。就此来说，《法哲学原理》从一开始就与近代以来以正义为实质性内容的理论传统发生了对接。甚至也可以说，黑格尔在《法哲学原理》中的一项中心任务，就是以一种独属于他自己的方式——逻辑学的方式和历史的方式，来处理和解决洛克以来以所有权为理论支点的正义问题。

一个稍显例外的情况是，休谟以及亚当·斯密都曾正式地使用过“正义”这个术语和概念。而在他们的语境下，正义没有与财产权或所有权发生最直接的关系，而是指涉道德规范和伦理规则。不过，正义作为道德规范和伦理规则所要调节的关系，又是人们的财产关系，具体说来，就是要为人们对所有物的占有提供一个基本的法度，从而达到为每一个人合法的财产权或所有权提供辩护这个不变的目标。这正如休谟自己在《人性论》中所强调的：“在人们缔结了戒取他人所有物的协议、并且每个人都获得了所有物的

1〔德〕黑格尔:《法哲学原理》，范扬、张企泰译，商务印书馆，1961，第 55 页。

稳定以后，这里立刻就发生了正义和非义的观念，也发生了财产权、权利和义务的观念。不先理解前者，就无法理解后者。我们的财产只是被社会法律、也就是被正义的法则所确认为可以恒常占有的那些财物。”[1]由此可见，在现代商品社会或现代市民社会的历史界面上，正义问题的出场与在场，与财产权或所有权这一最具有标志性意义的权利形式的凸显总是分不开的。

无论是在对财产权或所有权进行辩护的意义上，还是在对人们的财产关系加以调节的意义上，正义其实都是指示一种用于指导社会生活秩序与政治制度之构建的伦理规范和价值原则。而作为一种伦理规范和价值原则，正义既要反映在法的制定中，也要通过法来得到确证和落实，故而正义往往也被认定为一个法权概念。不过，只要梳理出正义与财产权或所有权之间的应有关系，并承认财产权或所有权是亚当·斯密以来的政治经济学的一个核心议题，那么我们就应当清楚地看到，要在现代政治哲学的框架内达到对正义问题的透彻理解和把握，我们就不能仅仅停留在伦理、政治和法的层面，而应有一个切实伸向政治经济学的视域。这也正如马克思在 1859 年《〈政治经济学批判〉序言》中所指出的，法的关系和国家的形式一样，根源于其总和为市民社会的物质生活关系，而对市民社会的解剖应该到政治经济学中去寻求。[2]

问题的关键就在于，作为一部政治经济学的伟大著作，《资本论》固然没有像黑格尔的《法哲学原理》那样以所有权为逻辑起点来建立理论叙事，而是把商品作为其理论叙事的起点，但不容否认的是，这部著作不仅实质性地指涉了所有权问题，而且更重要的是，它将洛克以来人们对所有权的理解和阐释推向了最深的思维界面。在此意义上，《资本论》固然没有像罗尔斯的《正义论》那样直接聚焦于正义问题，但近代以来因为财产权或所有权问

1〔英〕休谟：《人性论》下册，关文运译，商务印书馆，1980，第 531 页。
2《马克思恩格斯文集》第 2 卷，人民出版社，2009，第 591 页。

题的凸显而形成的正义问题，却是以一种特定的方式“流向”了这部著作。我们之所以能够在《资本论》与正义之间建立起逻辑和理论上的关联，原因主要在此。在20世纪70年代以来英美学术界以及最近十多年来中国学术界围绕“马克思与正义”所形成的大讨论中，《资本论》实际上已经成为人们获得立论依据的主要文本，但毋庸讳言的是，这个文本与正义问题之间的关联，却往往没有在人们的思维框架中实质性地建立起来，究其原因，主要在于人们对正义问题的理解，尚未深入所有权和政治经济学的层面。人们对“马克思与正义”问题的阐释之所以长期以来陷入一种“无解”的僵局，与这个情况有一定关系。但只要把握到现代正义问题和现代正义概念与财产权或所有权以及与政治经济学之间的同构关系，进而在我们的思维框架中建立起《资本论》与正义之间的逻辑和理论关联，我们就可以理直气壮地说，《资本论》不但是我们破解“马克思与正义”这个难题，从而对马克思有没有支持正义、马克思有没有基于正义来批判资本主义做出最切实回答所不可回避的文本，甚至也是我们对贯穿在自洛克至罗尔斯这条主线上的正义问题做出最深刻解析所不可忽视的文本，虽然这个文本通常难以进入政治哲学研究者的视野之内。

二、资本家与工人之间的交换在何种意义上是“正义”的?

马克思究竟有没有基于正义来批判资本主义，是人们在介入“马克思与正义”论题时所关注和讨论的中心问题。这个问题长期以来给人们造成了深深的困扰。之所以如此，是因为马克思在《资本论》中有一个与人们的直觉发生强烈冲突的指认：在人们的直觉中，马克思并不可能将资本主义社会认定为正义的社会。但出人意料的是，在《资本论》中，马克思却将资本家与工人之间的交换关系，指认为一种“正义”的关系。马克思的这个指认，见于《资本论》第一卷第五章，即“劳动过程和价值增殖过程”章的如下论述:“包含在劳动力中的过去劳动和劳动力所能提供的活劳动,劳动力一天的维持费和劳动力一天的耗费,是两个完全不同的量。前者决定它的交换价值,后者构成它的使用价值。维持一个工人 24 小时的生活只需要半个工作日,这种情况并不妨碍工人劳动一整天。因此,劳动力的价值和劳动力在劳动过程中的价值增殖,是两个不同的量。资本家购买劳动力时,正是看中了这个价值差额。劳动力能制造棉纱或皮靴的有用属性,只是一个必要条件,因为劳动必须以有用的形式耗费,才能形成价值。但是,具有决定意义的,是这个商品独特的使用价值,即它是价值的源泉,并且是大于它自身的价值的源泉。这就是资本家希望劳动力提供的独特的服务。在这里,他是按照商品交换的各个永恒规律行事的。事实上,劳动力的卖者,和任何别的商品的卖者一样,实现劳动力的交换价值而让渡劳动力的使用价值。他不交出后者,就不能取得前者。劳动力的使用价值即劳动本身不归它的卖者所有,正如已经卖出的油的使用价值不归油商所有一样。货币占有者支付了劳动力的日价值,因此,劳动力一天的使用即一天的劳动就归他所有。劳动力维持一天只费半个工作日,而劳动力却能发挥作用或劳动一整天,因此,劳动力使用一天所创造的价值比劳动力自身一天的价值大一倍。这种情况对买者是一种特别的幸运,对卖者也决不是不公平。”[1]

在上面这段论述中,马克思并没有使用“正义”这个术语,不过他使用了“公平”这个词,即“对卖者也决不是不公平”。由于在通常的意义上,公平与正义具有对等的含义(正义在罗尔斯那里的全称,是“作为公平的正义”),所以,马克思在这里的观点应当就是,资本家与工人之间以劳动力为中介物的交换关系,并非一种不正义的关系,而是一种正义的关系。20 世纪 70 年代以来,以挑起“马克思与正义”之争的艾伦·伍德为代表的一批学者,就马克思的这个观点做出了这样那样的解释,但绝大部分解释都是不得

1《马克思恩格斯文集》第 5 卷,人民出版社,2009,第 225—226 页。

要领的。之所以如此，原因之一在于解释者们并没有真正联系近代以来所不断凸显的财产权或所有权来把握正义。实质上，要对马克思的这个观点做出恰如其分的解释，就特别需要一个伸向财产权或所有权的视角。

实际上，近代以来因财产权或所有权的凸显而形成的正义问题，除了财产权或所有权这个基础性的要素之外，还包括另外一个延长性的要素，即契约。在洛克时代，基于交换的商品社会和市场社会尚未完全确立起来，人对自然资源和劳动成果的合法占有几乎是唯一符合正义原则的事情。也正是因为如此，洛克在为财产权或所有权予以强力辩护时，并未提出以产品和商品的交换为内容的契约问题。但随着商品交换关系的形成及市场社会的成熟，契约关系也开始成为正义得以实现和维系的重要关系。所谓契约关系，也就是等价交换和平等交换关系。契约关系并不违背所有权原则，相反它是所有权在商品交换中所形成的一种新形式，因为在一种平等的契约关系中，交换双方所得到的，必定是与自己的所有物相对等的价值。在此意义上，契约关系也代表一种正义的关系，而那种违背契约的、不平等的交换关系，则就是非正义的关系。

在马克思所生活的 19 世纪，无论是所有权还是作为所有权之延长形式的契约，都是人们理解正义的基点。而马克思在写作《资本论》时，也把人们对正义的这个理解当作一个既定的事实性前提乃至当作一个常识。更加重要的是，马克思对资本家与工人之间的交换关系，特别是对单个资本家与单个工人之间的交换关系的描述和评价，并没有完全超出当时人们对正义的这个理解，而是在相当大的意义上沿用了这个理解。根据马克思的分析，资本家与工人之间的交换关系，在法的框架下，就是一种符合所有权原则的、平等的契约关系。之所以如此，一方面是因为他们双方作为法律上平等的人，相互之间所进行的交换是一种自愿的而非强迫的交换，另一方面则是因为他们双方作为法律上平等的人，都在让渡各自所有物的过程中，得到了与自己让渡出去的所有物相对等的价值，亦即实现了等价交换。

当然，在对这个问题的理解上，人们可能会持有一个相反的观点，即如果将剩余价值计算在内，那么资本家实际上只是把工人劳动成果的一部分支付给了工人，因而他们之间是一种背离所有权原则和契约的、不等价的、不平等的、不正义的交换关系。从整个资本主义生产来看，这个观点是正确的。不过，仅就资本家与工人之间的交换关系，特别是单个资本家与单个工人之间的交换关系来说，这个观点并不符合马克思的实际看法。

在马克思的分析框架中，资本家与工人之间的交换，是以劳动力为商品的交换，也就是资本家用货币来购买劳动力的交换。工人作为自由人，拥有对自己的劳动力的所有权，劳动力是其唯一的所有物，到了市场上，这个所有物就成了一种特定的、可用于交换的商品。基于对商品二重性的区分——价值和使用价值，马克思也将劳动力区分为价值和使用价值。其中，劳动力的使用价值也就是活劳动的价值，而正是活劳动生产和创造出包括剩余价值在内的一切价值，从而促成了资本的不断增殖。问题就是，当工人将自己的劳动力作为商品出售或者出卖给持有货币的资本家时，工人在契约和法的框架下所应当换取的价值（即得到的工资），并不是活劳动所生产的全部价值，而是劳动力的价值，也就是维持劳动力所必需的生活资料的价值。这个劳动力的价值在量上要小于活劳动所生产的全部价值，但对于工人来说，得到前者，也就意味着其与资本家之间在交换上所建立的关系，是一种符合所有权原则和契约的、等价的、平等的、正义的关系。而那种违背所有权原则和契约的、不等价的、不平等的、不正义的交换关系，只发生在工人没有得到维持劳动力所必需的生活资料的价值的情境中，但这个情境几乎又是不可能出现的，因为劳动力是资本之形成和增长的前提，而如何将劳动力维系在一个相对稳定的水平上，必然又是资本家特别关心的事情。这个情况用马克思在《资本论》第一卷中的话说就是："问题的一切条件都履行了，商品交换的各个规律也丝毫没有违反。等价物换等价物。作为买者，资本家对每一种商品——棉花、纱锭和劳动力——都按其价值支付。然后他做了任何别的商品购买者所做的事情。”[1]也正是因为这个情况普遍存在，马克思才在《资本论》第一卷中这样说道：“劳动力的买和卖是在流通领域或商品交换领域的界限以内进行的，这个领域确实是天赋人权的真正伊甸园。那里占统治地位的只是自由、平等、所有权和边沁。自由！因为商品例如劳动力的买者和卖者，只取决于自己的自由意志。他们是作为自由的、在法律上平等的人缔结契约的。契约是他们的意志借以得到共同的法律表现的最后结果。平等！因为他们彼此只是作为商品占有者发生关系，用等价物交换等价物。所有权！因为每一个人都只支配自己的东西。边沁！因为双方都只顾自己。使他们连在一起并发生关系的唯一力量，是他们的利己心，是他们的特殊利益，是他们的私人利益。正因为人人只顾自己，谁也不管别人，所以大家都是在事物的前定和谐下，或者说，在全能的神的保佑下，完成着互惠互利、共同有益、全体有利的事业。”[2]

由上可见，在《资本论》中，马克思的确将资本家与工人之间的交换关系认定为一种“正义”关系。而马克思的这个认定，与当时人们基于所有权和契约而对正义所赋予的含义，又是基本一致的，同时也是符合商品交换所通常遵从的契约和法的。不过，除此之外，马克思的这个认定还有另外一重考虑，具体地说，就是对工人的生存之可能性的考虑。马克思的这个考虑，主要反映在《资本论》第一卷的如下论述中：“谈劳动能力并不就是谈劳动，正像谈消化能力并不就是谈消化一样。大家知道，要有消化过程，光有健全的胃是不够的。谁谈劳动能力，谁就不会撇开维持劳动能力所必要的生活资料。生活资料的价值正是表现在劳动能力的价值上。劳动能力不卖出去，对

1《马克思恩格斯文集》第 5 卷，人民出版社，2009，第 227 页。
2《马克思恩格斯文集》第 5 卷，人民出版社，2009，第 204—205 页。

工人就毫无用处，不仅如此，工人就会感到一种残酷的自然必然性：他的劳动能力的生产曾需要一定量的生存资料，它的再生产又不断地需要一定量的生存资料。于是，他就和西斯蒙第一样发现了：'劳动能力……不卖出去，就等于零。'"[1]从马克思的这段论述中所折射出来的一个意思是，在资本主义社会中，工人除了自己的劳动力，并没有其他任何属于自己的财产和所有物。所以，只有当工人将自己这唯一的所有物当作商品出卖给资本家，从而换取到用于购买生活资料的工资时，工人才能够生存下来。就此来讲，资本家与工人之间的交换，不仅对于前者，对于后者来说，其实也是一种幸运。亦即这种交换在总体上并非不正义（当然，这里的"正义"一词，并不是在所有权和契约的意义上来使用的）。

值得注意的是，除了将资本家与工人之间的交换关系认定为一种"正义"关系，马克思在《资本论》第三卷的如下论述中，还使用"正义"一词，对资本主义生产方式予以了间接评价："在这里，同吉尔巴特一起（见注）说什么天然正义，这是毫无意义的。生产当事人之间进行的交易的正义性在于：这种交易是从生产关系中作为自然结果产生出来的。这种经济交易作为当事人的意志行为，作为他们的共同意志的表示，作为可以由国家强加给立约双方的契约，表现在法律形式上，这些法律形式作为单纯的形式，是不能决定这个内容本身的。这些形式只是表示这个内容。这个内容，只要与生产方式相适应，相一致，就是正义的；只要与生产方式相矛盾，就是非正义的。在资本主义生产方式的基础上，奴隶制是非正义的；在商品质量上弄虚作假也是非正义的。"[2]马克思在此处所讲的正义是一种"历史正义"，并没有直接涉及财产权或所有权，甚至也不包含任何价值论意义上的规范性判断，而是对既定历史发展阶段在整个历史发展中的意义的一种客观评价。在

1《马克思恩格斯文集》第 5 卷，人民出版社，2009，第 201—202 页。

2《马克思恩格斯文集》第 7 卷，人民出版社，2009，第 379 页。

马克思的视野中，历史的发展是一个连续性的序列，而这一序列的每个阶段，包括资本主义阶段，不管其存续的时间有多长，既有其相对于后一阶段的局限性，也有其相对于前一阶段的进步性。所以，从整个历史发展的客观进程来看，每个阶段也都有其存在的现实性、合理性、正义性。马克思大概正是基于这种评价，才会说与生产方式相适应的东西是正义的，反之是非正义的，而与资本主义生产方式不相适应的奴隶制以及弄虚作假，都是非正义的。[1]

马克思对资本主义所进行的分析，是一个整体性的分析。资本家与工人之间在劳动力买卖中所形成的交换关系，只是其整体性分析所涉及的一个初始性的环节。另外，“历史正义”由于并不直接涉及财产权或所有权，甚至也不包含价值论意义上的规范性判断，故而严格说来，其所指向的问题，并不是一个政治哲学和正义论的问题，而是一个历史观的问题，虽然马克思使用的是“正义”这个政治哲学的术语。基于这两个情况，我们进而指出，马克思尽管将资本家与工人之间的交换关系认定为一种“正义”关系，同时，他尽管间接地把与资本主义生产方式相适应的东西认定为正义的东西，但我们绝不能由此而贸然地得出“马克思没有基于正义批判资本主义”这个过于简单和草率的结论。事实上，马克思在《资本论》中的一项重要工作，就是在从属于正义的问题域中来深刻地批判资本主义，而这一批判的结果，也就是将资本主义在总体上判定为一个非正义的社会制度形态。从马克思的这一批判和判定中所展现出来的正义问题，不是一个现代西方正义理论所能够容纳和解释的问题。或者说，马克思之所以对资本主义做出非正义的判定，是由于他在对正义问题的阐释上，远远超出了现代西方正义理论的基本范式。

---

1 以艾伦·伍德为代表的英美学者，曾经在“功能论”的意义上，对马克思在这里所使用的“正义”概念进行解释，认为这个正义概念的功能，就在于帮助资本主义完成其历史使命。此处“历史正义”的解释与这个“功能论”的解释虽有一致之处，但也并不完全一样。

三、《资本论》有没有推进现代西方正义理论？

单从马克思对资本家与工人之间的交换关系的描述和评价来看，他既没有超出人们当时对正义的通常理解，自然也没有超出洛克以来所逐步形成的、在政治哲学和政治经济学中得到表达的现代西方正义理论。不过，这并不意味着马克思在《资本论》中对于正义问题的解析，始终都只是停留在现代西方正义理论的一般性阐释框架内。真实的情形恰恰在于，《资本论》的重大理论贡献之一，就在于将洛克以来人们对正义问题的阐释推向了一个直指社会生产关系的纵深层面，从而也根本性地突破了现代西方正义理论的叙事逻辑。《资本论》在阐释正义问题上的这个推进和突破，与马克思在这个文本中对资本主义深层社会结构的揭示和剖析是密不可分的。

根据现代西方正义理论，一个合法的财产权或所有权得到有效守护的社会，或者一个平等的契约关系得到正常维系的社会，必定是一个彰显正义原则的社会。由于现代西方商品社会或市民社会本身就是以所有权为中介物而确立起来的，同时契约关系也是其中普遍存在的社会关系形式，所以，只要没有违反所有权原则和契约精神，现代西方商品社会或市民社会就会很自然地被西方政治哲学家及政治经济学家标定为正义的社会形式和社会组合模式。而由于现代西方商品社会或市民社会的制度载体是资本主义社会，所以，西方政治哲学家及政治经济学家为所有权、契约、正义所进行的辩护，实际上都起到了为现代资本主义的正义性进行辩护的作用。这直接意味着，在现代西方正义理论的视域中，资本主义的社会关系就是正义的关系，资本主义社会就是正义的社会。然而，在《资本论》中，这样的认识是完全站不住脚的。

在对正义和正义社会的辩护上，西方政治哲学家及政治经济学家的立论前提和推论基点，是自由个体。在他们看来，在资本主义社会中，所有权原则和契约关系之所以能够得到普遍的落实，一方面是因为有来自实定法的外在保护，另一方面则正是因为资本主义社会是一个由自由个体所构成的社会。以他们之见，在自由个体之间固然会存在那种因利益的攫取性而形成的竞争关系，但更加重要的是，在一个由自由个体所构成的社会里，那种在中世纪由出身来定命运的先在歧视性要素，却几乎被清除殆尽。恶性的竞争关系自然会带来不正义的行为，但竞争只要被限制在实定法的框架内，这种情况就不会周而复始地出现，而至多只是一种偶然的现象。而在一个充斥着先在歧视的社会里，所有权原则以及平等的契约关系的普遍确立，却都是不可能的事情。相反，这种先在社会歧视的清除及由之而来的自由个体的挺立，才为所有权原则和契约关系的确立提供了最根本的条件，进而也才为正义的实现提供了最重要的前提。问题在于，在西方社会，自由个体固然是现代人理解所有权、契约、正义的一个原点，但是否像西方政治哲学家及政治经济学家所认定的那样，自由个体又是由市民社会所表征的资本主义时代的最显性标志或者最重要的关系载体呢？《资本论》所给出的答案是否定的。

马克思的唯物主义是最彻底的唯物主义，其彻底性就在于切中了真正现实。马克思之所以能够切中真正现实，原因之一，就在于他从不把被前人和同时代人当作前提的东西，作为自己立论的坚实根据，而是把继续追问和阐明看似不容否定的前提，视为自己的中心工作。这一点，最鲜明地体现在他的政治经济学的研究中。实质上，早在《1844 年经济学哲学手稿》中，马克思就把继续追问和阐明被英国政治经济学当作前提的东西，间接地指示为自己的政治经济学研究的中心工作之一。[1] 到了写作《资本论》及其手稿时，马克思更是贯彻了这一工作，由此所形成的重大理论推进，就是深刻揭示出了在自由个体背后所积淀而成的社会关系结构，从而切中了资本主义时代的真正现实。

在马克思看来，由市民社会所表征的资本主义时代，虽然被普遍地认定

1《马克思恩格斯文集》第 1 卷，人民出版社，2009，第 155 页。

为一个产生自由个体乃至产生孤立个人之观点的时代，但实质上却是包含了迄今为止最发达的社会关系的时代。[1]这个迄今为止最发达的社会关系，概括地说，也就是资本关系，因为“在自由竞争中自由的并不是个人，而是资本。……自由竞争是资本的现实发展。它使符合资本本性，符合以资本为基础的生产方式，符合资本概念的东西，表现为单个资本的外在必然性”[2]。或者用《共产党宣言》中的话说就是，“在资产阶级社会里，资本具有独立性和个性，而活动着的个人却没有独立性和个性”[3]。马克思的这个揭示是要告诉人们，自由个体和自由个性虽然随着政治解放在现代社会的完成而成为一个时代的重要标志，但在资本主义社会中，比自由个体具有更根本的支配能力或者直接支配自由个体的东西，就是因资本的形成而被塑造起来的社会关系结构。这个社会关系结构的几乎全部实质，就是劳动和资本的分离与对立。

在自洛克至亚当·斯密的理论脉络中，劳动是界定财产权或所有权的端点。这意味着，成为人们合法的财产的东西，必定是作为自己劳动成果的东西。这正如洛克在《政府论》中所强调的，如果某个人通过自己的劳动使某个东西“脱离自然所安排给它的一般状态，那么在这上面就由他的劳动加上了一些东西，从而排斥了其他人的权利。因为，既然劳动是劳动者的无可争议的所有物，那么对于这一有所增益的东西，除他以外就没有人能够享有权利，至少在还留有足够的同样好的东西给其他人所共有的情况下，事情就是如此。……劳动在万物之母的自然所已完成的作业上面加上一些东西，这样它们就成为他的私有的权利了。……我的劳动使它们脱离原来所处的共同状态，确定了我对于它们的财产权”[4]。然而，根据马克思在《资本论》中的

1《马克思恩格斯文集》第8卷，人民出版社，2009，第6页。
2《马克思恩格斯文集》第8卷，人民出版社，2009，第179页。
3《马克思恩格斯文集》第2卷，人民出版社，2009，第46页。
4〔英〕洛克：《政府论》下篇，叶启芳、瞿菊农译，商务印书馆，1964，第18—19页。

分析，如果说存在一个普遍地以劳动来界定所有权的时代，那么，这个时代至多只是指资本主义的原初时期。在尚未形成雇佣劳动关系的资本主义原初时期，几乎每一位劳动者，都拥有对自己的劳动资料、劳动条件和劳动成果的支配权。人们在此情形下基于所有权所建立起来的关系，是一种尊重个体的、平等的关系，当然也是一种正义的关系。然而，在雇佣劳动关系普遍确立起来的资本主义“成熟”阶段，这种情况就不复存在了。

历史地看，与在原初时期的情形相比，在资本主义“成熟”阶段所发生的最大变化之一，就是劳动和资本的分离与对立。在这种劳动和资本的分离与对立关系中，工人作为劳动者虽然获得了十足的劳动力的价值支付，从而在其与资本家的交换中实现了所有权，但从整个资本主义社会来看，劳动和资本的这种分离与对立关系，并不可能成为所有权原则以及平等的契约关系得以实现的条件，相反，其所表征的只是一种血淋淋的、以剩余价值的生产为实质性内容的占有关系。“活劳动被对象化劳动所占有——创造价值的力量或活动被自为存在的价值所占有——，这种包含在资本概念中的占有，在以机器为基础的生产中，也从生产的物质要素和生产的物质运动上被确立为生产过程本身的性质。”[1]从这种占有关系来看，资本家和工人之间以劳动力为中介物的平等交换以及从中所展现出来的正义性关系，只是一种形式。在这种形式背后牢牢占据中心地位的内容，是“资本家用他总是不付等价物而占有的他人的已经对象化的劳动的一部分，来不断再换取更大量的他人的活劳动”[2]。这便意味着，所有权原则的确立虽然是资本主义时代的一个重要特征，但商品生产的所有权规律，却是决定性地转换为了资本主义占有规律。如果说资本主义占有规律之形成的一个重要前提，是劳动力这种特殊商品的出现，那么就可以认为，这种占有规律不是违反所有权规律的一个结果，相

1《马克思恩格斯文集》第 8 卷，人民出版社，2009，第 185 页。

2《马克思恩格斯文集》第 5 卷，人民出版社，2009，第 673 页。

反是所有权规律得到应用的结果。[1]虽然如此，这种占有规律的最终形成，只能意味着一个基本事实，那就是从整个资本主义生产方式来看，付出劳动的工人并没有真正占有自己的劳动产品，从而也就不可能获得自己合法的所有权。在此意义上，资本主义生产方式只能被判定为一种非正义的生产方式，资本主义只能被判定为一种非正义的社会制度形态。

我们可以看到，马克思在《资本论》及其手稿中对资本主义所做出的非正义性的判定，依然还是依系于所有权及契约概念的。不过，与现代西方正义理论相比，马克思在其判定上的重大突破和推进，就是在一种历史的大视野中深入社会生产关系层面。在现代西方正义理论中，这种大视野和纵深理论建构，几乎都是不存在的。可以说，洛克以来的西方政治哲学家围绕所有权和正义所进行的研究，基本上都是在探索和回答一种规范性的社会分配何以可能这个“建构性”的问题，而很少去历史性地反思既定的社会生产关系是否具有正义性这个“批判性”的问题。马克思在《资本论》中对资本主义所做出的非正义性的判定，实质上就落脚在了后一个问题上。而从这个问题中所透显和折射出来的正义，虽然还是一个有关财产权或所有权的概念，但这个概念实质上已经不能放在实定法的框架内来加以理解了。西方的实定法在很大程度上，就是在保护人们的财产权或所有权，从而也在维护正义。但就资本家和工人之间的关系来说，西方的实定法保护的只是双方在交换上的公平性，而以这种交换上的公平性为起点所形成的占有关系，却不在这种实定法所涵盖的范围之内，或者说此一占有关系，根本就不可能成为这种实定法所触及的东西。

罗尔斯在《政治哲学史讲义》的“马克思讲座”中，将这个超出西方实定法的正义，界定和指称为一种“结构”正义与“制度”正义。[2]罗尔斯的

1《马克思恩格斯文集》第 5 卷，人民出版社，2009，第 674 页。

2〔美〕罗尔斯：《政治哲学史讲义》，杨通进、李丽丽、林航译，中国社会科学出版社，2011，第 356 页。

这一界定和指称，是与《资本论》中的正义概念相符合的。马克思在《资本论》及其手稿中对资本主义所做出的非正义性的判定，显然不是针对资本主义的某个环节的，而是针对资本主义的结构整体的，因而也是针对资本主义这个制度形态本身的。大概正是出于对“结构”正义与“制度”正义问题的把握，马克思才在《1857—1858年经济学手稿》中说道：“认识到产品是劳动能力自己的产品，并断定劳动同自己的实现条件的分离是不公平的、强制的，这是了不起的觉悟，这种觉悟是以资本为基础的生产方式的产物，而且也正是为这种生产方式送葬的丧钟，就像当奴隶觉悟到他**不能作第三者的财产**，觉悟到他是一个人的时候，奴隶制度就只能人为地苟延残喘，而不能继续作为生产的基础一样。”[1]

需要注意的是，如果说洛克以来的西方政治哲学家探索和回答的是一种规范性的社会分配何以可能这个“建构性”的问题，那么其所讲的正义，也可以被归结为一种制度正义。在契约论的传统中，这个情况更加明显。所以，不管是洛克在《政府论》中对财产权的直接辩护，还是罗尔斯在《正义论》中对“作为公平的正义”的系统阐发，最后都上升到了制度建构的高度，其宗旨之一，便在于为一种公正合理的制度的建构提供价值前提。这一点，也是罗尔斯将正义界定为一种制度德性的一个重要原因。然而，我们必须立即申明，西方政治哲学家们所讲的制度正义，与《资本论》叙事结构中的制度正义，存在不可同日而语的差异性。两者之间的差异，大致可以表述为如下两点：一是前者代表的是一种具有伦理性质的规范体系，而后者却直接指向了社会生产关系；二是前者是在一种可以完全脱离现实历史的先验理论实验中构造出来的，而后者却是通过历史性地切中现实而得到阐明的。两者之间如此这般的差异表明，马克思的政治哲学和正义理论虽然包含了厚重的规范性意蕴，同时也与近代以来所形成的规范性政治哲学和正义理论具有

1《马克思恩格斯文集》第8卷，人民出版社，2009，第112页。

可对话性乃至一定意义上的可相通性，但西方通行的政治哲学和正义理论，却又不是也不应当成为阐释、评价马克思政治哲学和正义理论的有效范式。实质上，阐释、评价马克思政治哲学和正义理论的有效范式，只能是唯物史观的范式。唯物史观并不排斥规范性，但它是在深刻切中和把握现实的前提下指涉规范性问题的。马克思的政治哲学和正义理论，作为一种规范性的思想学说，根本说来，乃是一种以唯物史观为深厚奠基的规范性学说。离开了唯物史观，我们将注定无法对这一思想学说做出深刻而透彻的把握，同时也将注定无法理解其所包含的规范性意蕴。这一点，对于我们全面理解和阐发《资本论》中的正义问题，具有至关重要的意义。应当看到，像洛克的《政府论》、休谟的《人性论》、亚当·斯密的《国富论》、黑格尔的《法哲学原理》以及罗尔斯的《正义论》一样，马克思的《资本论》乃是一个有关“正义”问题或者包含“正义”问题的文本，但这个文本的独特之处就在于从唯物史观的思维视野出发，将对正义的规范性阐释建立在对现实历史的把握之上，或者将一个“建构性”的规范问题转换为一个“批判性”的历史问题。《资本论》在阐释正义上的这个独特之处，也是其与现代西方正义理论相比的一个重大超越和推进，从而也代表了《政府论》、《人性论》、《国富论》、《法哲学原理》以及《正义论》所无法企及的一个高度。

第二节　马克思反对权利平等吗？

如果说平等是近代以来西方规范性政治哲学追求的一个重要价值，那么，权利平等大概是最容易让政治哲学家们在平等问题上达成共识的一个目标指向。权利平等作为一个目标指向，本身也是一个重要的价值主张，它对于批判和瓦解具有人身依附关系的奴役制度与具有等级结构的种姓制度具有重大意义。在奴役制度与种姓制度中，人出生之后就被先天地安排在固定的社会位置上，根本不可能平等地去享有属于人的基本权利和自由，这是最不平等、最不公正的制度，而权利平等则是促使这样一种制度走向解体的一个重要价值前提。也正因为如此，近代以来的绝大部分政治哲学家，如霍布斯、洛克、康德、黑格尔、边沁、穆勒、诺奇克、罗尔斯、柯亨等，都在一定意义上支持权利平等的价值主张，虽然这些政治哲学家的价值立场本身又是存在分歧的。在这里涉及三个需要进一步说明的情况。第一个情况是，霍布斯、洛克等人直接证成和辩护的价值是作为自然权利的权利和自由。对于自然权利，我们可以做一种实体化的理解，具体一点说，可以像罗尔斯那样，将之理解为一种社会的基本善品。但权利平等作为一个价值主张，则不代表一种实体。不过，在霍布斯、洛克对作为一种实体的自然权利的辩护中，必定本然地包含着权利平等的主张。因为自然权利在他们看来是归属于每一个人的东西，人们应当平等地追求和享有自然权利，国家也应当促进和保护人们在追求及享有自然权利上的平等性。这正如洛克在《政府论》中强调的，自然状态是一种平等的状态，“在这种状态中，一切权力和管辖权都是相互的，没有一个人享有多于别人的权力。极为明显，同种和同等的人们既毫无差别地生来就享有自然的一切同样的有利条件，能够运用相同的身心能力，就应该人人平等，不存在从属或受制关系，除非他们全体的主宰以某种方式昭示他的意志，将一人置于另一人之上，并以明确的委任赋予他以不容怀疑的统辖权和主权”[1]。第二个情况是，罗尔斯作为一个平等的自由主义者，在很大意义上是因其在正义理论上的“差异”原则而闻名于世的。但这个向社会最不利者倾斜的“差异”原则与“平等的权利”原则并不相互抵触，相反，后者被罗尔斯直接确立为“作为公平的正义”的第一条原则，即“每个人对与其他人所拥有的最广泛的平等基本自由体系相容的类似自由体

1〔英〕洛克:《政府论》下篇，叶启芳、瞿菊农译，商务印书馆，1964，第3页。

系都应有一种平等的权利”[1]。第三个情况是，不少人认为，功利主义追求的是利益的最大化，而这往往是以牺牲一部分人的利益为代价的。照此来看，功利主义并不支持权利平等的思想，甚至它是反对权利平等的。在当代政治哲学家中，罗尔斯就持有这个看法。不过，从边沁、穆勒等功利主义者对权利和自由的强力辩护中，又能够看到一种容纳权利平等主张的逻辑，这与霍布斯、洛克的情况如出一辙。由此可见，要从总体上概括近代以来的规范性政治哲学，权利平等是一个不能被忽视的视点。

现在的问题是，马克思同样有规范性的政治哲学思想，而且这种思想与西方规范性政治哲学又可进行对话，那么，这是否意味着他和以上西方政治哲学一样，是站在支持权利平等的立场上的？从文本表层来看，我们似乎只能对该问题做出否定的回答。因为马克思不仅没有对权利平等做出系统的理论阐释和规范性辩护，相反他在《哥达纲领批判》中，对“平等的权利”提出了明确的反对意见，甚至将之作为一种意识形态的呓语而尖锐地进行了批判。然而，我们又知道，马克思是一个平等主义者，平等待人是他始终坚持的一个价值理念，这又如何解释他对“平等的权利”的反对和批判呢？显而易见，这是一个异常复杂的难点问题，我们不能根据话语的字面意思而草率地下定论，而应当还原到特定的理论语境，把握住文本的深层内涵。只有这样，才能够对这个问题做出实事求是的回答。

一、马克思为何反对“平等的权利”？

在《哥达纲领批判》中，马克思郑重强调：“我较为详细地一方面谈到‘不折不扣的劳动所得’，另一方面谈到‘平等的权利’和‘公平的分配’，是为了指出这些人犯了多么大的罪，他们一方面企图把那些在某个时期曾经有一些意义，而现在已变成陈词滥调的见解作为教条重新强加于我们党，另

1〔美〕罗尔斯：《正义论》（修订版），何怀宏、何包钢、廖申白译，中国社会科学出版社，2009，第47页。

一方面又用民主主义者和法国社会主义者所惯用的、凭空想象的关于权利等等的废话，来歪曲那些花费了很大力量才灌输给党而现在已在党内扎了根的现实主义观点。……消费资料的任何一种分配，都不过是生产条件本身分配的结果；而生产条件的分配，则表现生产方式本身的性质。例如，资本主义生产方式的基础是：生产的物质条件以资本和地产的形式掌握在非劳动者手中，而人民大众所有的只是生产的人身条件，即劳动力。既然生产的要素是这样分配的，那么自然就产生现在这样的消费资料的分配。如果生产的物质条件是劳动者自己的集体财产，那么同样要产生一种和现在不同的消费资料的分配。庸俗的社会主义仿效资产阶级经济学家（一部分民主派又仿效庸俗社会主义）把分配看成并解释成一种不依赖于生产方式的东西，从而把社会主义描写为主要是围绕着分配兜圈子。既然真实的关系早已弄清楚了，为什么又要开倒车呢？”[1]

我们看到，马克思在上面这段论述中，用“陈词滥调”“凭空想象的……废话”等犀利的措辞，对“平等的权利”和“公平的分配”进行了批判。我们都知道，《哥达纲领批判》是马克思于1875年4月底5月初，为批判《德国工人党纲领》，特别是其中的拉萨尔主义观点而写成的一篇重要文献。根据《德国工人党纲领》，社会分配是头等重要的社会和政治问题，工人阶级的命运在某种意义上就取决于分配的原则与结果。劳动产品和消费资料应当遵循平等的权利原则公平地分配给劳动者，使所有的社会成员都能够不折不扣地得其应得。这个主张看似符合人们的道德直觉，但实则打上了深深的拉萨尔派的印记。拉萨尔派围绕分配和工资做文章，要求在法权的框架下，根据“平等的权利”原则来改变不合理的社会分配关系，以此提高和改善工人的生活条件，进而实现社会主义。如果说拉萨尔派所支持的“平等的权利”，本质上是一个在社会分配领域中起指导作用的原则，那么扩而论之，在马克

1《马克思恩格斯文集》第3卷，人民出版社，2009，第436页。

思所生活的时代，这个原则在社会分配问题上就一直被大力倡导，同时被认定为衡量一个社会公正与否的重要标志。

然而，在马克思看来，在资本主义社会中，分配并不是一个完全独立的环节，毋宁说，分配被生产这个更根本的环节决定，“消费资料的任何一种分配，都不过是生产条件本身分配的结果；而生产条件的分配，则表现生产方式本身的性质”。对于分配与生产的这一关系，马克思在《〈政治经济学批判〉导言》中，也曾做出直截了当的说明：“分配关系和分配方式只是表现为生产要素的背面。个人以雇佣劳动的形式参与生产，就以工资形式参与产品、生产成果的分配。分配的结构完全决定于生产的结构。分配本身是生产的产物，不仅就对象说是如此，而且就形式说也是如此。就对象说，能分配的只是生产的成果，就形式说，参与生产的一定方式决定分配的特殊形式，决定参与分配的形式。把土地放在生产上来谈，把地租放在分配上来谈，等等，这完全是幻觉。”[1]马克思对分配与生产之关系的说明，从根本上揭示了拉萨尔派的错误。具体来说，拉萨尔派的错误之处，倒不在于拔高了“平等的权利”和“公平的分配”的规范性意义，而在于模糊甚至颠倒了分配与生产的真实关系。拉萨尔派将分配从整个生产关系中分离出来，将之认定为一个独立自主的环节和领域。但以劳动和资本的分离为前提的生产结构决定了，在资本主义社会中，“平等的权利”虽然得到了法律的保护，但它只是一种形式，对于雇佣工人并没有“平等的权利”和“公平的分配”可言，整个社会制度就是不正义的。不去改变资本主义的制度框架和生产关系，而只是单独“围绕着分配兜圈子”，那么，“平等的权利”和“公平的分配”的主张只会成为凭空想象的废话，并不会给广大工人阶级带来地位上的实质性变化，也只能让社会主义停留在空想的层面，这是拉萨尔派的硬伤之所在。由此可见，马克思在这里反对和批判的不是“平等的权利”本身，而是拉萨尔

1《马克思恩格斯文集》第 8 卷，人民出版社，2009，第 19 页。

派以之为原则来孤立地谈论社会分配的做法。

另外，我们知道，马克思在《哥达纲领批判》中，还对按“平等的权利”进行分配时所具有的弊病进行了指认，而这也在一定意义上表达了对“平等的权利”的批评性意见。本书第一章第三节，已经在“规范性政治哲学”的意义上对此做了阐发。此处我们再次引用马克思的相关原文，并对之做一些补充性的阐释和说明：“生产者的权利是同他们提供的劳动**成比例的**；平等就在于以**同一尺度**——劳动——来计量。但是，一个人在体力或智力上胜过另一个人，因此在同一时间内提供较多的劳动，或者能够劳动较长的时间；而劳动，要当做尺度来用，就必须按照它的时间或强度来确定，不然它就不成其为尺度了。这种**平等的**权利，对不同等的劳动来说是不平等的权利。它不承认任何阶级差别，因为每个人都像其他人一样只是劳动者；但是它默认，劳动者的不同等的个人天赋，从而不同等的工作能力，是天然特权。**所以就它的内容来讲，它像一切权利一样是一种不平等的权利**。权利，就它的本性来讲，只在于使用同一尺度；但是不同等的个人（而如果他们不是不同等的，他们就不成其为不同的个人）要用同一尺度去计量，就只有从同一个角度去看待他们，从一个**特定的**方面去对待他们，例如在现在所讲的这个场合，把他们**只当做劳动者**，再不把他们看做别的什么，把其他一切都撇开了。其次，一个劳动者已经结婚，另一个则没有；一个劳动者的子女较多，另一个的子女较少，如此等等。因此，在提供的劳动相同，从而由社会消费基金中分得的份额相同的条件下，某一个人事实上所得到的比另一个人多些，也就比另一个人富些，如此等等。要避免所有这些弊病，权利就不应当是平等的，而应当是不平等的。”[1]

马克思并不接受在不改变资本主义生产关系的情况下按“平等的权利”来谈论分配，但在私有财产制度已经瓦解的共产主义第一阶段，平等的权利

1《马克思恩格斯文集》第3卷，人民出版社，2009，第435页。

依然有其规范性效力，权利不能超出社会的经济结构以及由经济结构制约的社会的文化发展。上面这段重要的论述，针对的就是这个阶段的分配问题，而不是将矛头指向拉萨尔派。马克思在这里没有将“平等的权利”和“公平的分配”斥责为“陈词滥调”“凭空想象的废话”，但他也充分地认识到了按“平等的权利”进行分配时所造成的结果不平等这一弊病。他对这一弊病的指认，对于我们更全面、更深入地分析他对“平等的权利”的态度具有重要意义。

在现代规范性政治哲学的语境和理论叙事中，作为分配原则或规则的“平等的权利”，也就是体现为“按劳分配”的“应得权利”。在持有这种权利观念的政治哲学家们看来，一个人在分配中得到多少社会基本善品，如财富、机会、荣誉等，应当主要取决于其贡献及影响贡献的资质、禀赋、抱负等因素，正是在此意义上，权利才展现为一种应得权利，这种“应得”具有道德奖励的意涵。

从政治哲学史来看，这种应得权利观在古典政治哲学中就已被提出来了。亚里士多德在《政治学》中的如下论述，就是一个例证：“政治权利的分配必须以人们对于构成城邦各要素的贡献的大小为依据。所以，只有人们的具有门望（优良血统）、自由身份或财富，才可作为要求官职和荣誉（名位）的理由。”[1] 不过，由于古代人总体上将权利视为一种次级性的价值，所以与此相应，这种应得权利观也并未成为古典政治哲学的一个核心观点。近代特别是洛克以来，随着权利在现实社会层面和学术理论层面不断凸显，这种应得权利观也逐渐成为一个对政治哲学发展起支配作用的观点，因为近代以来的政治哲学家们在权利问题上的一个基本主张，就是让每个个体在获得独立人格的前提下，完全按照“自我决定”原则，在自己所拥有的条件范围内去过自己的生活，而这就把权利直接论定为一种不允许外部力量介入的应

1〔古希腊〕亚里士多德：《政治学》（节选本），吴寿彭译，商务印书馆，1965，第 152 页。

得权利。对于这种应得权利，诺奇克在《无政府、国家和乌托邦》中给出了一个看上去很极端的界定："特殊的人对特殊的事物拥有特殊的权利；……对事物的特殊权利充满了权利的空间，没有为存在于某种物质条件下的一般权利留有余地。"[1]诺奇克在此论及的"特殊的人"，是指现实生活中的每一个个别人，因为每一个人与他人相比都是特殊的；而其所论及的"特殊的权利"，也就是应得权利，因为认定每一个人都有特殊的权利，无非是强调每一个人的权利都是由其特定的资质、禀赋、抱负、贡献等因素所等价兑换来的，即从这些因素来看都是应得的。

不管在古典政治哲学中还是在近代以来的政治哲学中，应得权利往往也被认定为平等的权利，因为按亚里士多德、洛克、诺奇克等人的意见，只有当一个社会总是根据人们的资质、禀赋、抱负、贡献等来分配自由、机会、荣誉、权力及财富等基本善品时，这个社会才没有将利益的天平有意向什么人或什么群体倾斜，因而也才是真正平等而公正的。平心而论，与中世纪根据人的出身及社会地位等先决性因素而确立起来的权利相比，应得权利是一种更具平等主义倾向和进步意义的权利形式，其平等主义的基本标志，即在于将出身及社会地位等不可选择的、不应得的、对人身依附关系起维系作用的压迫性因素从社会分配结构中剔除出去。然而，因为应得原则是要使资质、禀赋、抱负、贡献等要素在社会分配中起决定性作用，而人们在这些要素上总是千差万别的，所以，应得权利不管在多大程度上被认定为一种平等的权利，它也容许了一种分配结果不平等的存在，甚至这种分配结果的不平等就是其题中应有之义。对于这个情况，洛克在《政府论》中就做过明确说明。洛克强调："所有的人生来都是平等的，却不能认为我所说的包括所有的各种各样的平等。年龄或德性可以给一些人以正当的优先地位。高超的才能和特长可以使另一些人位于一般水平之上。出生可以使一些人，关系或

1〔美〕诺奇克：《无政府、国家和乌托邦》，姚大志译，中国社会科学出版社，2008，第 286 页。

利益使另一些人，尊敬那些由于自然、恩义或其他方面的原因应予尊敬的人们。凡此种种都与所有人们现在所处的有关管辖或统治的主从方面的平等相一致。这就是与本文有关的那种平等，即每一个人对其天然的自由所享有的平等权利，不受制于其他任何人的意志或权威。”[1]洛克在此所指的“每一个人对其天然的自由所享有的平等权利”，实际就是指应得权利，而在他看来，这种应得权利作为一种平等权利，就是以结果的不平等为必然前提而建立起来的，而结果的不平等是一种正当的现象。

站在应得权利观的视点上，我们自然会认为，以结果不平等为前提的应得权利才是正宗的平等权利。但不争的事实是，在现实生活层面上，社会分配及权利的落实是一个连续性的事件，人们在前端分配上的不均衡虽然相对于前端的权利而言能够体现平等原则，但它作为一种既定结果，由于会直接影响到人们在后面分配中的资质、贡献及应得的份额，所以相对于后端的权利而言，它就未必能够体现平等原则。在这种情况下，结果不平等不但不是平等的权利的前提和题中应有之义，反而成为一个对权利平等起制约作用的因素。就此而言，应得权利就不是一种平等的权利，而是一种不应得的、不平等的权利。

上述问题对于我们理解马克思的思想富有启发。具体而言，在《哥达纲领批判》中，马克思之所以认为按“平等的权利”进行分配时所造成的结果不平等是一个弊病，一方面是因为结果不平等直接意味着“胃和肉体需要出现了差别”，而这是他在《德意志意识形态》中所反对的情况；另一方面则是因为他看到了结果不平等对权利平等所形成的实际制约，进而看到了应得权利之不应得和不平等的问题。就此来讲，马克思实际上并没有因为对“平等的权利”表达了一种批评性意见而导向对权利平等的根本排斥，相反，在这种批评性意见中恰恰蕴含了一种对权利平等的真诚而执着的追求。在这个

1〔英〕洛克:《政府论》下篇，叶启芳、瞿菊农译，商务印书馆，1964，第 34 页。

问题上，威尔·金里卡的如下理解值得重视：如果权利平等意味着把人当作平等者来予以对待，强调每个公民都有获得平等关照和尊重的权利，那么，这种平等理念“既出现在诺奇克的自由至上主义中，也出现在马克思的共产主义中”[1]。

马克思借助于结果不平等来反向地质询应得权利和权利平等的做法，在后来的罗尔斯那里得到了回应和响应。我们知道，罗尔斯《正义论》的中心思想之一，即是以作为公平的正义的观点来反对应得权利的观点。如在第17节“平等的倾向”中，罗尔斯就这样指出：“认为有较高天赋能力和使自己优越性能够发展的人对合作体系有一种权利，使他们能够获得甚至更大的利益而不必对他人的利益有所贡献的观点是不正确的。我们并不应得自己在自然天赋的分布中所占的地位，正如我们并不应得我们在社会中的最初出发点一样——认为我们应得能够使我们努力培养我们的能力的优越个性的断言同样是成问题的，因为这种个性在很大程度上依赖于幸运的家庭和早期生活的环境，而对这些条件我们是没有任何权利的。”[2]至关重要的问题是，罗尔斯虽然对应得权利提出了批评与反对意见，但这绝不意味着他疏离了权利平等这个政治哲学的坚实规范论前提，相反，如上文所述，他把“平等的权利”原则确立为正义的第一条原则。这个情况表明，罗尔斯反对应得权利不仅不在于疏远权利平等，而且正在于更好地促进和实现权利平等。罗尔斯要解决的问题之一，就是社会较不利者与社会较有利者如何在对权利的享有上达到相对平衡。在他看来，由应得权利所导致的结果不平等，会使社会较不利者无法与社会较有利者公平地分享本该享有的基本权利，故而只有在消解应得原则的基础上，才能够使“每个人所应有的平等的权利”在社会分配结构中确立起来，也才能够使权利平等成为掷地有声的价值主张和社会规范。如果

1〔加拿大〕威尔·金里卡：《当代政治哲学》上卷，刘莘译，上海三联书店，2004，第7—8页。

2〔美〕罗尔斯：《正义论》（修订版），何怀宏、何包钢、廖申白译，中国社会科学出版社，2009，第79页。

说罗尔斯受到了马克思的深刻影响，那么前者的情况也从一个侧面表明，马克思是支持权利平等观念的。

二、马克思对“平等的权利”的前提性批判

马克思自然没有也不可能像拉萨尔派那样，要求按照“平等的权利”的原则来实施社会分配，以此改善广大工人阶级的生活条件并提高其社会地位，而是致力于对资本主义的生产关系进行考察和批判。不过，在他对资本主义生产关系的考察和批判中，却又包含了对“平等的权利”之应得性的前提性批判。这是为什么？

近代以来支持“平等的权利”的应得权利观是以权利和自由为价值前设而确立起来的，因为从社会分配的角度来看，权利和自由就体现在每个人的资质、禀赋、抱负、贡献等具体要素当中，遵照这些要素来分配社会基本善品，无异于让权利和自由成为社会分配的前提。进而言之，根据这种以权利和自由为价值前设的应得权利观，当每个人在社会分工中各就其位、在社会分配中得其应得，从而使其权利和自由得到充分落实时，这个社会就是平等而公正、和谐而稳定的，权利（及自由）在此意义上，也就必然呈现为一种应得的、平等的权利。然而，权利分布是否体现应得原则和平等原则，在很大程度上取决于在其中是否包裹了某些压迫性的、不应得的、不平等的因素。比如，在西方中世纪封建社会中，权利分布就是由种姓制度、出身、人的依赖关系等先决的、压迫性的因素所支配的，而在这种情况下，就根本不存在应得的、平等的权利，除非是人们按照地位和权力来理解“应得”。需要追问的问题是，近代以来凭借权利和自由而得到合法性证明的“应得权利”，是否依然包裹了某些压迫性的、不应得的、不平等的因素？根据应得权利观的逻辑，答案当然是否定的；但根据马克思的检视与审理，答案则是肯定的，因为以他之见，政治解放的完成和现代市民社会的形成，虽然在很

大程度上消解了在人的依赖关系中所存在的压迫性因素，但恰恰又在权利和自由的名义下制造了更为隐秘的社会压迫，这使看似应得的、平等的权利，成了违反和背离应得原则与平等精神的东西。马克思为何会得出这样一个与应得权利观判然有别的观点？

从应得权利观的视点所看到的权利和自由，是由自然法所赋予的、具有先天合法性的东西，每个人的权利和自由都是其应得之物，相对于他人来说也能体现平等原则。然而，毋庸讳言，应得原则的一个基本要求是每个人对其劳动成果拥有一种几乎不可撼动的所有权，所以在资本主义历史条件下，应得权利在实际上支持和保护的是私有财产，甚至可以说，私有财产构成了应得权利的实体和内核。亚当·斯密及其后继者们在描述和理解社会经济生活时，虽然注意到了私有财产现象及其运动，但他们往往遵照洛克所开启的应得权利观的思维路线，把私有财产解释为个体的应得之物，把私有财产的运动解释为相互竞争的个体之间的利益博弈及他们的权利和自由的实际展开。根据这种解释，在以私有财产为实体和内核的应得权利中并不包含压迫性因素，因而也不会在前提上存在“不应得”和“不平等”的问题。在《1844 年经济学哲学手稿》中，马克思批评英国经济学家在这种解释中只是看到了事物的现象，而没有把握到事物的本质，即“国民经济学从私有财产的事实出发。它没有给我们说明这个事实。它把私有财产在现实中所经历的**物质**过程，放进一般的、抽象的公式，然后把这些公式当做**规律**。它不**理解**这些规律，就是说，它没有指明这些规律是怎样从私有财产的本质中产生出来的。国民经济学没有向我们说明劳动和资本分离以及资本和土地分离的原因”[1]。马克思的这个批评是要告诉人们，私有财产的关系在本质上是劳动与资本的关系，所以私有财产的运动并不是一种应得权利的实际展开过程，而是一个包含着劳动和资本及资本和土地的分离这一深刻社会矛盾的关系性在

1《马克思恩格斯文集》第 1 卷，人民出版社，2009，第 155 页。

场。如果说这一关系性在场是隐存于权利和自由中的压迫性因素，那么资质、禀赋、抱负、贡献等非压迫性因素，实际只是在前者的统摄之下发生作用。在这种情况下，所谓应得的、平等的权利，既不符合“应得”的精神实质，也与平等的要求相去甚远。

马克思主要是在政治经济学的视域中，对基于“应得”的“平等的权利”予以考察和批判的。而我们知道，从马克思政治经济学研究的全过程来看，《1844年经济学哲学手稿》还处在理论准备和思想实验阶段。所以，马克思在写作这部著作时，虽然在私有财产关系中发现了劳动和资本的分离这一社会经济矛盾，并由此看到了应得权利在前提上所存在的“不应得”和“不平等”问题，但他并没有清晰地揭示和说明这个问题究竟是如何发生的。不过，随着政治经济学研究的逐步推进和深化，马克思在后来的著作尤其是《资本论》及其手稿中，对这个问题做出了透彻的分析和阐释。在洛克、斯密等人看来，应得原则之所以是一个平等原则，一个很重要的原因就是，作为这个原则之价值前设的权利和自由并未与社会化的权力要素纠缠在一起，而是完全从属于没有外部力量介入的纯粹个人。但马克思所看到的情况是，在资产阶级社会里，具有独立性和个性的是资本而非活动着的个人，亦即个人的活动就其本质而言在于资本的运动。这个情况决定了，权利和自由在资产阶级社会里就不是纯粹个人所拥有的应得之物，而是以资本这种社会力量为中介而建立起来的东西。如果可以由此而认为，正是资本力量的介入，使得洛克、斯密等人所讲的应得权利与应得原则和平等要求渐行渐远，那么进一步来看，这一情形的最终秘密恰恰就隐藏在以自由为前提的“应得权利”当中。让我们根据马克思在《资本论》的有关论述，来梳理和分析这个问题。

在《资本论》第一卷中，马克思强调：“有了商品流通和货币流通，决不是就具备了资本存在的历史条件。只有当生产资料和生活资料的占有者在市场上找到出卖自己劳动力的自由工人的时候，资本才产生；而单是这一历史条件就包含着一部世界史。”[1]如果说马克思在这里是要挑明，工人出卖自己的劳动力是资本产生的一个必要条件，那么，这个必要条件实际上又是以“应得权利”为基础和条件的。道理不难理解，工人之所以能够出卖自己的劳动力，是因为在现代资本主义社会中，工人作为拥有自己人身的自由人，也本然地拥有对其劳动力这种特殊商品的所有权，亦即这种所有权具有天然的、不可被剥夺的应得性，工人可以根据自己的需要和意愿来拿这种应得的所有权与资本家进行交换（即出卖劳动力）。对于这个问题，马克思在如下论述中给予了清楚的说明：“要使货币占有者在市场上找到作为商品的劳动力，就必须具备各种条件。商品交换本身除了包含由它自己的性质所产生的从属关系以外，不包含任何其他从属关系。在这种前提下，劳动力只有而且只是因为被它自己的占有者即有劳动力的人当做商品出售或出卖，才能作为商品出现在市场上。劳动力占有者要把劳动力当做商品出卖，他就必须能够支配它，从而必须是自己的劳动能力、自己人身的自由所有者。劳动力占有者和货币占有者在市场上相遇，彼此作为身份平等的商品占有者发生关系，所不同的只是一个是买者，一个是卖者，因此双方是在法律上平等的人。这种关系要保持下去，劳动力所有者就必须始终把劳动力只出卖一定时间，因为他要是把劳动力一下子全部卖光，他就出卖了自己，就从自由人转化为奴隶，从商品占有者转化为商品。他作为人，必须总是把自己的劳动力当做自己的财产，从而当做自己的商品。而要做到这一点，他必须始终让买者只是在一定期限内暂时支配他的劳动力，消费他的劳动力，就是说，他在让渡自己的劳动力时不放弃自己对它的所有权。”[2]

作为一种应得权利，工人对其劳动力的所有权，在工人与资本家进行买

1《马克思恩格斯文集》第5卷，人民出版社，2009，第198页。

2《马克思恩格斯文集》第5卷，人民出版社，2009，第195—196页。

和卖的交换时，必定体现为一种平等的权利，一是因为这种交换是一种法律上平等的人之间所进行的、不包含任何压迫性因素的自愿交换，二是因为这种交换是一种工人得到应得的工资、资本家得到应得的劳动力的使用权的等价交换。如果说工人对自己劳动力的所有权的这种应得性和平等性，为资本在现代世界的形成提供了重要条件，那么进一步来看，资本的实现过程既包括工人与资本家在简单商品交换领域的劳动力买卖环节，也包括资本家在生产领域利用劳动力来创造剩余价值，以及用剩余价值来购买新的劳动力继续投入生产的环节。单从第一个环节来看，不管是对于资本家还是对于工人，权利都可归结为应得的和平等的权利，其所体现的是所有权规律和等价交换规律。但将后两个环节合并进来，情形则就截然相反，原因是在这两个环节中起支配作用的不再是所有权规律和等价交换规律，而是资本主义占有规律，即“所有权对于资本家来说，表现为占有他人无酬劳动或它的产品的权利，而对于工人来说，则表现为不能占有自己的产品”[1]。“商品生产按自己本身内在的规律越是发展成为资本主义生产，商品生产的所有权规律也就越是转变为资本主义的占有规律。”[2]

马克思对资本主义占有规律的揭示向人们清楚地表明，看似应得的、平等的权利最终会走向“应得”和“平等”的反面，因为这种权利实质上是受资本这种凌驾于纯粹个人之上的社会化的权力要素所支配，而在这种支配关系中，工人除了自己劳动力的所有权（其转化形式就是工资），并没有得到与其劳动付出相匹配的报酬，而资本家却无偿占有了他人的劳动成果和所有权。马克思的这种分析与《1844 年经济学哲学手稿》时期相比的一个不同和推进，就在于利用应得权利的预设和前提，来指明应得权利之“不应得”和“不平等”的问题——正是因为工人作为法律上的自由人拥有对自己劳动

1《马克思恩格斯文集》第 5 卷，人民出版社，2009，第 674 页。

2《马克思恩格斯文集》第 5 卷，人民出版社，2009，第 677—678 页。

力应得的所有权，才会发生其与资本家之间以剩余价值的生产为实质的雇佣劳动关系；而正是因为这种雇佣劳动关系的发生，应得权利才在资本统治中成为一种无论对工人还是对资本家来说都不应得的权利。

马克思的这种分析虽然利用了应得权利的预设和前提，但绝不意味着他在理论上完全认同和支持洛克、斯密等人的应得权利观，因为他没有像后者那样，对权利和自由的应得性和平等性提供一种公式化的辩护，而是根据资本主义实际的生产关系，对后者所维护的平等的、应得的权利或这种权利的应得性和平等性，提供了一种具有巨大现实感的前提性批判。这种前提性批判本质上是一种指向资本主义生产关系的历史批判，它并没有在自然个体和纯粹分配的意义上界定权利和自由及其应得性和平等性，而是把权利和自由视为嵌套在现实社会生产关系中的要素，或者将之直接视为一种表征现实社会生产关系的东西。这种前提性批判告诉人们，在资本主义社会中，平等的、应得的权利只是一种十分有限的权利形式，或者说权利平等只是一种十分有限的现象。马克思对这种有限性的揭示并不表明，他对权利平等持有敌视态度，相反，我们能够从这种揭示中清楚地看到，他不仅支持权利平等观念，而且他所支持的乃是一种实质性的而非形式性的权利平等观念。洛克、斯密等人没有深入地考察和批判在私有财产关系和私有财产运动中所定格下来的现实生产关系，这让他们的权利平等观念在很大程度上成了一种形式，马克思的情况则显然与此相反。

三、共产主义两个位阶的权利平等问题

马克思在《哥达纲领批判》中对“平等的权利”所发表的批评性意见以及在《资本论》等著作中对之所做的前提性批判，展现了他在把握权利平等问题上的一种批判性话语。不过，在现代规范性政治哲学中，权利平等作为一个价值主张，主要是在一种建构性的话语中得到把握的，其所关涉的核心问题，是如何为这一价值主张提供规范性的证成和辩护，以及如何遵循这一

价值主张来思考社会基本善品的公正分配和社会制度的安排。马克思有没有在权利平等问题上提供一种建构性的思考和言说？显而易见，要对这个问题做出实质性的回答，就必须要落脚到共产主义第一阶段和高级阶段这两个历史位阶，在资本主义的历史位阶上，马克思不可能通过建构性的方式来把握权利平等，因为在后一位阶上，应得的、平等的权利在前提上，就已注定只是一种包裹着压迫性因素和奴役关系的、不应得、不平等的权利，而对之所做出的任何建构性的言说，都难免会将本质上不平等、不公正的社会关系和社会制度掩盖起来。

在《哥达纲领批判》中，马克思虽然从结果不平等的视点反向地提出了对平等的权利的质询和反对意见，但在共产主义第一阶段的分配问题上，他同时又支持平等的权利。原因是，消费资料在各个生产者中间的分配，在他看来要遵从商品等价物交换的原则，也就是一种形式的一定量劳动同另一种形式的同量劳动相交换的原则。这个原则既可以被归结为多劳多得、少劳少得、不劳不得的“按劳分配”，也可以被归结为根据人们的禀赋、抱负、贡献、资质进行分配的“应得”，其价值前提就是平等的权利。体现平等的权利的应得原则之所以需要被选择，一个很重要的原因就是它与共产主义第一阶段的社会经济结构和文化发展相匹配。

然而，我们始终要看到，在马克思思想意识深处，并不认为应得原则就是最理想的分配原则（虽然从实际来看它是共产主义第一阶段最优的原则），也不认为它就是理解权利平等问题的唯一合法性支点，而是认为应同时考虑到结果不平等对权利平等所形成的实际制约。所以，概言之，马克思既要求在共产主义第一阶段按应得原则来实施社会分配，也要求在考虑结果不平等对权利平等的制约基础上来限制应得原则。这个情况并不表明在马克思的思想中存在无法化解的矛盾和悖论，而恰恰显现了其在把握权利平等问题上的辩证性、全面性和深刻性。鉴于本书第一章第三节已经就该问题做了较为详细的梳理和阐释，此处仅从自由和平等之关系的角度做些扩展性的阐发。

我们知道，“自由”“平等”是近代以来的政治哲学所追求和辩护的两个重要价值。政治哲学家们在这两个价值之间，往往做出一种非此即彼的选择，即要么站在“自由”的价值立场上，要么站在“平等”的价值立场上。近代以来持应得权利观的政治哲学家，如洛克、斯密等人，基本上都站在“自由”这个价值立场上。相应地，他们所论定的“权利平等”中的“平等”二字，并非指代一个独立价值，“自由”才是“权利平等”的价值内核和落点。黑格尔并不赞同洛克式的自由概念，但他同样站在“自由”的立场上来谈论平等，因此权利平等也是他认肯的价值主张。这正如他在《法哲学原理》中所强调的：“其实，人们（Mensch）当然是平等的，但他们仅仅作为人（Person），即在他们的占有来源上，是平等的。从这意义说，每个人必须拥有财产。所以我们如果要谈平等，所谈的应该就是这种平等。但是特殊性的规定，即我占有多少的问题，却不属于这个范围。由此可见，正义要求各人的财产一律平等这种主张是错误的，因为正义所要求的仅仅是各个都应该有财产而已。”[1] 与洛克、斯密、黑格尔等人不同，卢梭对作为一个独立价值的“平等”给予了更大程度的重视，而应得权利按其判断，正是社会不平等的根本始作俑者。显而易见，卢梭追求的“平等”，主要不是指权利上的平等，而是指结果以及人生起跑线上的平等，这更符合人们对平等的通常理解。

政治哲学家们在自由和平等之间所进行的非此即彼的选择，给人们造成了一个根深蒂固的印象，即这两个价值具有先定的对立性和不可调和性。然而，我们要看到，有些政治哲学家并未在要么自由要么平等的端点上进行选择，而是善于将这两个价值统合起来做一体化的考量。在近代以来的政治哲学史上，康德大概是在该问题上开先河的人。康德继承了霍布斯、洛克以来

1〔德〕黑格尔：《法哲学原理》，范扬、张企泰译，商务印书馆，1961，第 58 页。

的自由主义传统，对自由所给予的重视程度并不亚于霍布斯、洛克。不过，他没有按照经验意义上、以追求私利为目标的他律原则来证成自由，而是根据先验性的自律原则为之的。自律原则表面来看与平等似乎毫无关系，但由于这一原则表征的是人与人的一种均等的道德能力，所以，假如人们严格遵照这一原则来理解和界定相互之间的社会关系，那么就会比较容易确立起一种合作共同体的利益结构和平等的价值取向。由此可见，康德在政治哲学史上实现的一个重大推进，就是把自由与平等内在地统一在了一起，当然，这种统一的前提，是维护自由的优先地位。在统合自由与平等上，罗尔斯比康德更进了一步，其目标指向也更加明确。如果说诺奇克的自由概念是以明确承认社会的不平等为前提的，那么，罗尔斯在对自由的维护上，又明确地要求削弱应得原则的正当性，为平等赋予一个牢不可摧的地位，从正义来看，就是要求通过“差异原则”，来保护社会上的那些境遇较差的人，使他们也能够得到发展和人生出彩的机会。

马克思对共产主义第一阶段分配原则的认定以及对权利平等问题的把握，虽然没有受到康德的影响，但究其实质，也是实现了“自由”和“平等”这两大价值的内在统合。就对应得和“平等的权利”的认可而言，他兼顾到了自由；就对结果平等的强调来说，他兼顾到了平等。与之前的康德及之后的罗尔斯一样，马克思的这一做法在一定意义上消除了自由和平等的互斥性与排他性，打破了将它们对立起来的僵局，不仅提供了一个更加全面地把握它们各自内涵的重要视角，而且也提供了一个更为确当地理解权利平等的重要基点。权利平等的本义，是生活在世的每一个人与其他人一样，都平等地享有属于人的权利和自由，这是一种打动人心的平等理念。照此来说，权利平等中的“平等”不能只是一种停留在字面和口头上的形式，不能与作为一个独立价值的平等形成隔膜。但事实在于，在近代以来西方应得权利观的解释路线上，权利平等成了自由的另外一个说法，它不仅容许由偶然的自然因素和偶然的社会因素所带来的不平等的合法存在，而且也默认了导致更大不平等的私有财产制度的合法存在，这不仅与平等的价值定位相去甚远，而且也不利于维护自由和权利本身，因为在不平等的社会关系和社会制度中，自由和权利难免会变异成专属于一部分人的“强权”，这在资本主义社会中是屡见不鲜的事情。马克思将“自由”和“平等”统合起来，则突破了仅仅按照自由来解释权利平等的一贯套路，一方面在考虑到结果不平等对权利平等所形成的制约的前提下，为权利平等的促进和维护提供了一种更加切实的方案，另一方面也使权利平等与作为一个独立价值的平等发生了实质性关联，亦即使之真正成为能够彰显和体现平等之精神的价值主张。由此可见，在马克思对共产主义第一阶段分配问题的独特把握中，蕴含着丰富而深刻的有关权利平等的思想。

根据马克思的界定，共产主义第一阶段和共产主义高级阶段，虽然都因为剥削关系的消灭而根本不同于资本主义历史位阶，但它们并不可以合并在一起加以界定。因为共产主义高级阶段是标识人类社会发展终极目标的历史位阶，而共产主义第一阶段则是向此目标过渡的历史位阶。由这个界定来看，我们既不能想当然地以第一阶段的权利平等问题来认识高级阶段，也不能反过来，以高级阶段的权利平等问题来同化对第一阶段的理解。共产主义高级阶段有没有关涉权利平等问题？如果有，如何概括？

如本书前文所述，共产主义高级阶段是以人的解放和人的自由而全面发展为目标指向的，而这个目标指向是一个判断历史发展水平和社会文明程度的、具有超越性特色的人性标准。这个人性标准看似与权利平等问题没有任何关系，但实则是理解马克思权利平等思想的一座桥梁。这一方面是因为，马克思和恩格斯曾在《共产党宣言》中郑重指出，共产主义并不剥夺任何人占有社会产品的权力，而如果存在对社会产品的占有，那就同时存在权利平等的问题；另一方面是因为，只有在人们拥有平等的权利的前提下，才可能实现每个人的自由而全面发展，假如一部分人拥有特权、另一部分人不能享有实质性权利，这个目标就无法实现。进而言之，如果说在这个人性标准中蕴含了一个权利平等的价值前提，那么这个价值前提与应得原则必然是相互排斥、难以兼容的。原因主要在于，如按资质、禀赋、抱负、贡献等应得要素来分配社会基本善品，那么，就仍然不能解决人们在社会财富占有以及劳动分工上的明显差异，而这种差异势必会影响到人的自由而全面发展，当然也是人的自由而全面发展必须要消除的东西。由此来看，马克思以分配结果的不平等来反向地质询应得权利，既是要求通过综合“自由”和“平等”来全面地阐发共产主义第一阶段的权利平等问题，也是要求基于人的自由而全面发展这个人性标准来批评应得权利的不平等性和不合理性。后一个方面，清楚地透显在马克思和恩格斯在《德意志意识形态》中所提出的如下信念中，即人们头脑和智力的差别不应引起胃和肉体需要的差别，活动和劳动上的差别不应引起在占有和消费方面的任何不平等和任何特权，因为按他们的论述，这个信念正是以研究人的本性为基础的。

本节以上论述充分表明，马克思虽然在《哥达纲领批判》中对“平等的权利”提出了明确的反对意见，但这并不意味着他由此而从根本上否定和拒斥了“权利平等”的价值主张，相反，他不仅始终如一地执守这个价值主张，而且还在不同的语境下，从不同的历史位阶和不同的理论层面，阐发了具有立体感的权利平等思想。

第五章
马克思政治哲学中的生存权与人道主义

众所周知，根据哲学形态的划分，政治哲学从属于有别于理论哲学的实践哲学。而作为一门贴近于人的现实社会生活的实践哲学，政治哲学是与人性、人的生命、人的生存、人的发展等紧密关联在一起的，因而按理来说，诸如“生存权”与“人道主义”这样的问题，应当成为政治哲学的基础性议题。但令人深长思之的是，在20世纪70年代以来当代西方主流政治哲学的强势复苏与蓬勃发展中，生存权与人道主义却始终没有占据一席之地。因为如果说当代西方政治哲学的主干是正义理论，那么正义理论归根结底，是关于社会基本善品——包括财富、机会、权利、义务——如何划分和分配的理论，而不是关于人的生命存在如何确证和关照的理论。这个情况意味着一个基本事实，即在面对由各种不确定性的因素（如自然灾害）所带来的人道主义救助和援助问题时，政治哲学可能会因为纠结于权利和义务之分配的“应得性”而一筹莫展。不过，在这样的问题上，马克思为我们提供了一个完全不同的范例。因为事实上，马克思政治哲学不仅没有与生存权、人道主义问题发生隔阂，相反，其最坚实的思想基础之一和最根本的理论落点之一，就是一种面向人的存在、以人为目的的道义关怀。

第一节　马克思政治哲学中的生存权问题

20世纪70年代以来，以理性法为基本坐标系的规范性政治哲学的强势复苏与蓬勃发展，是始自英美继而又产生世界性影响的学术大事。我国学术界最近十多年以来，主要就是运用这种规范性政治哲学所提供的方法、概念及范式从事政治哲学研究的。这种规范性政治哲学予以立论的最根本价值前提之一及予以辩护的最重要价值目标之一，就是在现代人的政治生活和生命要素中具有不可替代地位的东西——权利。权利这一统称的、具有高度概括性的价值范畴，显然又要具体化为这样那样的权利形式，而生存权就是其中之一，甚至也可以说是最具有底线意义的权利形式。但令人深长思之的一个现象是，对于生存权问题的研究，通常都是法学和政治学的事情，而当代规范性政治哲学在几十年中围绕“权利”所进行的各种颇有深度的学术考辨与理论探析，却基本上没有触及这个问题。这个现象绝不意味着政治哲学对于生存权问题的介入从来就是一种非法的“越界”，相反我们要看到两点：一是在近代以来自上而下的政治哲学发展进程中，恰恰存在一条标识生存权问题及其流变的思想史线索，马克思在此线索上具有极其重要的地位；二是对于生存权问题的介入恰恰也是当前方兴未艾的政治哲学能够开辟新的思想地平及获得新的生命活力的题中应有之义。本节的主要工作，一方面在于从马克思政治哲学的视域出发，来查考和梳理近代以来标识生存权问题及其流变的思想史线索；另一方面在于通过查考和梳理这条思想史线索，来深入系统地阐发马克思政治哲学中的生存权问题。

一、生存权问题在近现代政治哲学中的原初地位

如果正像阿伦特所说，在古希腊城邦社会，人维系自己生命的劳动被视为不自由的、奴役性的、等而下之的活动形式，那么，生存权在这个情况下也必然不会进入古希腊人的视野。所以，要想到柏拉图和亚里士多德的著作

中去寻找有关这个问题的论述和答案，那终将一无所获。扩而论之，从古希腊一直到存在等级歧视的中世纪，包括生存权在内的整个权利意识，几乎都是不存在的。故此在这个时间轴上，无论如何都形成不了从权利层面将生命和生存予以主题化的理论思考，虽然生命是每个人都会在意的事情。不过近代之后，情况发生了根本转变。权利开始成为政治和社会生活中不可或缺的要素，同时也成为政治哲学予以论证和辩护的最重要价值之一，而生存权问题也随之浮出水面。

近代之后在理论上率先为权利提供论证和辩护的，是英国政治哲学家霍布斯和洛克。在今天，人们通常将权利置于实定法的框架中加以阐释，由此将之论定为实定法赋予人的一种做什么或不做什么的自由。然而与此不同，霍布斯和洛克是借助于先验的自然法而非人为制定、颁布的法律，来界定和解说权利的。所以，概言之，权利在他们的理论框架中，就是一种不需经过他者同意和认定的、人生来就有的“自然权利”。

对于“自然权利”，霍布斯在《利维坦》中有过一个看似平淡无奇、实则振聋发聩的界定：“著作家们一般称之为自然权利的，就是每一个人按照自己所愿意的方式运用自己的力量保全自己的天性——也就是保全自己的生命——的自由。”[1]显而易见，霍布斯对自然权利的这个界定，和今天人们对权利的理解是判然有别的。如果说今天人们对于权利的理解非常宽泛，涉及财产、行动等各种各样的权利，那么霍布斯的界定，则非常明确地聚焦在人保全自己生命的自由上。保全自己生命的自由也是一种行动上的权利，但其内核却不在于行动本身，而在于生命存在。所以，霍布斯实际是把人性和人的情感中最始源、最本能乃至最强烈的东西——求生，作为立论前提来界定自然权利的。在此意义上，他所界定的自然权利，必定就是指人出于对死亡的畏惧而保全自身的生存权利。

1〔英〕霍布斯：《利维坦》，黎思复、黎廷弼译，商务印书馆，1985，第97页。

人们通常会认为，霍布斯政治哲学的中心工作，在于为强权国家即“利维坦”提供合法性辩护，所以，权力（power）乃是其中占据主线的问题，而相形之下，自然权利（right）则是一个次位的概念。这个观点看似符合霍布斯的本意，但实则是对其政治哲学的一个倒置性的误解。霍布斯在《利维坦》的“引言”中就已明确地告诉人们，他所刻画的作为“人造的人”的国家，是以保护自然人为目的的，其事业在于人民的安全。这说明霍布斯不是把权力，而是把自然权利推定为本位的、在逻辑上处于开端的东西。用深谙政治哲学史的施特劳斯的话来说就是，霍布斯的主权学说“是一种法学理论，其要旨并不是说，把足够的权力赋予统治权威乃是合宜的，而是说，那足够的权力乃是作为权利而属于统治权威的”[1]。如果据此而论，自然权利不是霍布斯政治哲学中的一个次位概念，而是其立论前提和予以辩护的最根本对象，那么我们就有理由说，生存权问题在这一政治哲学中，必定占有轴枢地位。

霍布斯对于自然权利的独特界定及其整个政治哲学的价值指向，直接影响到其思想遗产的第一继承人洛克。洛克的政治哲学，集中展现在《政府论》这部彪炳思想史册的著作中。《政府论》与《利维坦》相比的一个最大不同，就在于没有像后者那样刻画出一个“权威国家”的形象，而是提供了一个关于“代理人政府”的论证。政府作为代理人，是指政府和政治国家的合法性，在于守护人们的自然权利从而增进社会的福祉。所以，在洛克的政治哲学中，真正居于中心地位、具有立论基石意义的，不是代理人政府，而是由自然法所证成的自然权利。换言之，洛克政治哲学的中心工作和最终目标，不在于为“代理人政府”提供理论说明，而在于为自然权利的合法性提供有力论证和辩护。这一点与霍布斯并无不同。

1〔美〕列奥·施特劳斯:《自然权利与历史》，彭刚译，生活·读书·新知三联书店，2003，第194页。

进而言之，与霍布斯相比，洛克所论定的自然权利在外延上涵盖到更多方面。不过，生存权利在洛克的自然权利学说中依然保留着不可动摇的重要一席。只要翻阅《政府论》下篇的有关论述，我们就很容易看到这一点。比如，在“论战争状态”一章中，洛克就这样说道：“我享有毁灭那以毁灭来威胁我的东西的权利，这是合理和正当的。因为基于根本的自然法，人应该尽量地保卫自己，而如果不能保卫全体，则应优先保卫无辜的人的安全。一个人可以毁灭向他宣战或对他的生命怀有敌意的人。他可以这样做的理由就像他可以杀死一只豺狼或狮子一样。”[1]在“论财产”这一章中，洛克更是直截了当地说道：“不论我们就自然理性来说，人类一出生即享有生存权利，因而可以享用肉食和饮料以及自然所供应的以维持他们的生存的其他物品；或者就上帝的启示来说，上帝如何把世界上的东西给予亚当、给予挪亚和他的儿子们；这都很明显，正如大卫王所说（《旧约》诗篇第一百十五篇，第十六节），上帝‘把地给了世人’，给人类共有。……上帝既将世界给予人类共有，亦给予他们以理性，让他们为了生活和便利的最大好处而加以利用。土地和其中的一切，都是给人们用来维持他们的生存和舒适生活的。”[2]如果说洛克这些论述所指涉的核心问题，正是人出于对死亡的畏惧而保全自身的生存权利，那么显而易见，洛克的政治哲学不仅在以自然权利为立论基石这点上与霍布斯相同，而且在对生存权利的证立与辩护这点上，与霍布斯也并无二致。

在自近代至当代的政治哲学中，对于自然权利的辩护和捍卫是一条从未中断的主线。但在今天的政治哲学研究中，生存权问题几乎不再被人们提及，也是一个谁也不能否认的事实，这似乎表明生存权利从来只是自然权利中不值一提的一种形式。不过，霍布斯和洛克的范例却确凿无疑地告诉我

1〔英〕洛克：《政府论》下篇，叶启芳、瞿菊农译，商务印书馆，1964，第11页。
2〔英〕洛克：《政府论》下篇，叶启芳、瞿菊农译，商务印书馆，1964，第17页。

们：生存权利不仅是近现代自然权利学说中不可缺少的一个部分，而且在一定意义上，也是现代权利意识和现代权利概念得以出场的一个重要标志。与此同时，生存权问题不仅容纳在近现代政治哲学的原初构建中，而且这个问题在当中占有一个十分关键的位置。

二、近现代政治哲学的演进与生存权问题的衰萎

在政治哲学史上，霍布斯和洛克具有开辟新时代、开启新传统的重要地位。宽泛意义上的近现代政治哲学，正是始自霍布斯和洛克的一个传统。霍布斯和洛克为近现代政治哲学的发展所赋予的最重要的东西，就是自然权利概念。按照这个情况，在霍布斯和洛克之后的政治哲学发展中，生存权利也应当是自然权利学说中的一个实体性内容，而生存权问题也应当是一个受重视的问题。然而，实际情况恰恰相反。在霍布斯和洛克之后，近现代政治哲学的确在由自然权利所奠定的概念框架中，迎来了更为广阔的发展空间，并形成了更多的话语分支，但生存权问题并没有一如既往地保留在政治哲学的叙事结构中，而是随着其他问题的不断凸显而逐渐淡出了政治哲学家的视野，或者成为一个被其他问题碾压的牺牲品。从一定意义上说，生存权问题在今天政治哲学研究中的缺位，就是这个情况的一个延长式的反映。

生存权问题的这个遭遇，不能仅仅归结为霍布斯和洛克之后政治哲学发生的一个“突变”，其根源恰恰要追溯到洛克。在《政府论》下篇之“论自然状态”一章中，洛克有这样一段重要论述：“自然状态有一种为人人所应遵守的自然法对它起着支配作用；而理性，也就是自然法，教导着有意遵从理性的全人类：人们既然都是平等和独立的，任何人就不得侵害他人的生命、健康、自由或财产。……正因为每一个人必须保存自己，不能擅自改变他的地位，所以基于同样理由，当他保存自身不成问题时，他就应该尽其所能保存其余的人类，而除非为了惩罚一个罪犯，不应该夺去或损害另一个人

的生命以及一切有助于保存另一个人的生命、自由、健康、肢体或物品的事物。”[1]这段论述对于完整地把握洛克的自然权利学说具有重要意义。洛克在这段论述中提到了他心目中三个最重要的东西，一是生命，二是自由，三是财产。这三个东西，支撑起了洛克自然权利学说的全部内容。换言之，根据洛克的界定，自然权利除了生存权，还包括自由和财产权。这与霍布斯仅从生存权层面来界定自然权利，显然是大不一样的。

洛克的自然权利学说归根结底是在讲社会的福祉，亦即生命、自由、财产在他看来，乃是社会福祉的三个不可缺少的要件。社会福祉的这三个要件不是并行的，而是有一种逻辑上的先后关系。这种关系在于，人首先要有自然生命，然后要有维系自然生命的自由，继而要有属于自身的财物以维系自然生命。这种关系表明，生存权在洛克的自然权利学说或者整个政治哲学中必定具有立论前提的意义，而财产权在其中则是一个归宿和落点。进而言之，生存权尽管构成了洛克自然权利学说和政治哲学的立论前提，同时如上所示，他尽管对这个立论前提进行了反复申述，但在生命、自由、财产这三者当中，他更为看重的，还是作为归宿和落点的财产及财产权。对于这个问题，施特劳斯在《自然权利与历史》中有过一个非常明确也非常准确的指认：“洛克的财产学说，实际上差不多是他政治学说中最核心的部分，当然也是其中最具特色的部分。这使得他的政治学说不仅与霍布斯的、而且与传统的学说最鲜明不过地区分开来。”[2]同时，美国学者拉塞尔·柯克在《美国秩序的根基》中也曾进行深刻说明：在洛克的心目中，“社会是在自然状态中地位平等之人自愿缔约的产物，其目的是更好地保障那些属于他们的自然权利——生命、自由和财产。……他对资产或财产问题的讨论远远多于对生命和自由问题的讨论。他多次宣称，‘人们进入社会的原因是保护他们的财

1〔英〕洛克：《政府论》下篇，叶启芳、瞿菊农译，商务印书馆，1964，第4—5页。

2〔美〕列奥·施特劳斯：《自然权利与历史》，彭刚译，生活·读书·新知三联书店，2003，第239页。

产’。这一论点对殖民地时期的美国特别有吸引力，因为那里有很大比例的白人居民都拥有某种地产”[1]。

洛克对于财产权问题的偏重，并没有使他疏离生存权问题，但却在一定意义上，为生存权问题的不断衰萎埋下了种子。洛克之后的自然权利学说和政治哲学，在两条既有分别又有重合的线路上得到了发展。一条线路是继承洛克的财产权理论，形成了以所有权的合法性和分配的公正性为根本主题的正义理论；另一条线路是放大了未被洛克像辩护财产权那样予以辩护的自由，形成了以“自我决定”、“自我立法”以及“有限政府”为根本观念的权界理论。这两条线路都是从洛克这个源头处开展出来的，而且也都没有歧出自然权利的概念框架（具体地说是将自然权利分别限定于财产权和自由），但关乎每一个人的生命和生存权问题，却必然会在其理论开展中被淡忘乃至被扼杀。

我们先来看第一条线路。大致说来，这条线路以洛克为起点，中经休谟、斯密，一直延伸到当代的诺奇克和罗尔斯。在这条归结为正义理论的线路上，政治哲学家们主要有两项相辅相成的工作，一是在“应得”的意义上，为人们基于劳动、资本投入以及遗产继承的所有权提供合法性辩护；二是在“道德”的视点上，为一种彰显公正原则的社会分配提供前提性说明。作为正义理论的两个侧面，这两项工作的最终目标都在于一点，这便是解决现代商品社会中人们占有和分有社会财富与社会资源的规范和规则问题，从而使人们追求“属于自己的东西”而得到来自制度和法的保障。这样来看，这条线路及其所表征的正义理论，可以简化为实物形态的“财富”和关系形态的“规则”这两个东西。应当说，在洛克那里，这两个东西就已经含摄在其财产权概念中了。亦即洛克所讲的财产权，就是一个实物和关系、财富和

1〔美〕拉塞尔·柯克：《美国秩序的根基》，张大军译，江苏凤凰文艺出版社，2018，第292—293页。

规则的统一体。不过，无论是就实物来说还是就关系来说，财产权虽然在洛克的心目中比生存权更重要，但它不完全是目的，在一定意义上，洛克把它视为人们满足自己生命需求的手段。然而，在洛克之后所发展起来的正义理论中，实物形态的“财富”和关系形态的“规则”从手段变成了目的，而人及其生命存在则从目的变成了按照既定规则来追逐和索取财富的手段。这个变化意味着，尽管财富依然是维系人的生命存在的前提性要素，但人的生命存在却实际被兑换和规制为干瘪的事物和冷冰冰的关系。另外，在资本主义社会中，财富的社会性积淀物和表现形式是私有财产。而正如马克思所揭示的那样，私有财产关系归根结底乃是一种不平等的、充斥着剥削的社会关系。生活在私有财产关系和私有财产制度中的弱者（如只能靠出卖劳动力为生的工人），并不可能像那些强者一样拥有包括生存权在内的权利。但政治哲学家们在对所有权的合法性以及分配的公正性做辩护时，往往都没有深入这个问题，相反，他们的理论在实际上起到了为这种具有剥削性的私有财产关系鸣锣开道的作用。考虑到所有这些情况，我们自然有理由说，在这条可归结为正义理论的线路上，与每一个人生命存在都息息相关的生存权问题，已成了一个被裹挟着的、难以独立绽出的下位问题。

我们再来看第二条线路。如果说这条线路依然始自洛克，那么，它是在后来才被改造成一种权界理论的。继承洛克同时又对洛克进行改造的政治哲学家，主要是 19 世纪的约翰·穆勒以及 20 世纪的哈耶克和诺奇克。这几位政治哲学家的主要工作，就是把洛克自然权利学说中的自由发挥到极致，从而突出“自我决定”和“自我立法”意义上的权利之于个人及社会所不可替代的价值。这项工作的关键所在，则是为群体、为国家的行动设置边界，将政府和国家证成为“有限政府”和“最小国家”（或“最低限度的国家”）。在《无政府、国家和乌托邦》的前言中，诺奇克对这一工作有过一个直言不讳的说明：“个人拥有权利，而且有一些事情是任何人或任何群体都不能对他们做的（否则就会侵犯他们的权利）。这些权利是如此重要和广泛，以致它们提出了国家及其官员能够做什么的问题，如果有这类问题的话。个人权利为国家留下了多大的空间？国家的性质、它的合法功能和它的证明是本书关注的中心。……我们关于国家的主要结论是：能够得到证明的是一种最低限度的国家（minimal state），其功能仅限于保护人们免于暴力、偷窃、欺诈以及强制履行契约等等；任何更多功能的国家都会侵犯人们的权利，都会强迫人们去做某些事情，从而也都无法得到证明；这种最低限度的国家既是令人鼓舞的，也是正当的。”[1]如上所示，在洛克那里，政府被认定为“代理人政府”。代理人政府的职责是守护人们的利益和福祉，包括守护人们的生命和生存权利。然而，在穆勒、哈耶克、诺奇克的“有限政府”论调中，情况发生了反转。如果说这一论调所追逐的自由和权利成了一个既高度抽象又可加以无限拔高和无限泛化的价值，那么生存权作为一个独立价值，则实质上被自由挤压到一个非常狭小的空间。换言之，根据“有限政府”的论调，自由如同财富和分配规则一样，实质上成为生命存在的目的或者大于生命的东西。当然还有一种观点认为，自由不仅不是处在生命与生存权对立面上的东西，相反，它在很多情况下构成了后者的“灵魂”和“硬核”。这种观点自有一定道理，但其重大偏误在于忽视了一个深层次的问题，这就是“有限政府”论如果说在相当大的意义上消解了共同体观念，那么在无限拔高的个体自由之间，就难免会因为缺少来自共同体的必要防护而产生出一种对彼此的包括生存权在内的权利形成威胁的、类似于丛林法则的互害性。考虑到所有这些情况，我们同样有理由说，在这条可归结为权界理论的线路上，曾经位于政治哲学逻辑起端的生存权问题，也已不可避免地丧失了其原初的地位。

洛克之后在上述两条线路上得到发展的政治哲学都是典型的规范性学

1〔美〕诺奇克：《无政府、国家和乌托邦》，姚大志译，中国社会科学出版社，2008，前言第1页。

说，其重大价值在于为现代社会生活提供了必要的规范性目标，以及为现代政治和法律制度的构建提供了重要的伦理性前提。以上论述绝不是要有意地否认或贬抑这种价值，而只是要指认和挑明生存权问题在洛克之后发生衰萎这个令人遗憾的事实。当然，我们不能将此衰萎简单地归责于政治哲学家，而应看到，这个情况的发生是有其现实历史层面的原因的。具体说来，政治哲学是一门与现实生活贴得很紧的实践哲学。政治哲学作为实践哲学，既会对现实社会生活的塑造和构建发挥价值引导作用，也是我们观看现实社会生活的一面镜子。换言之，政治哲学家们在理论上所进行的阐释和建构，往往不是这个人或那个人的突发奇想，而是映射了既定历史时代、既定国度、既定文化语境下人们的普遍观念和行动法则。事实上，洛克之后政治哲学在上述两条线路上的发展，通常被认为是人类从自然状态走向文明状态的重要标志。这也就是说，在这两条线路上发展起来的正义理论和权界理论，都在致力于刻画一个被人们普遍认可的文明社会的形象。或者说，将财产权或所有权、公正的分配以及自由树立为政治生活中头等重要的价值，正是现代人所认定的文明社会的应有形象。理论与现实之间的这种映照关系告诉我们，如果说在以霍布斯和洛克为坐标点的现代早期，以生命和生存权为重要标志的社会福祉还是人们尤为关切的东西，那么在斯密、穆勒、哈耶克、诺奇克等的政治哲学得以大行其道的现代资本主义社会“成熟期”，生命和生存权尽管依然会受到实定法的保护，但却时常被化约为一个可临时整合到财富、规则和自由观念中的抽象符号。[1]这说明财富、规则、自由对于生命本身的挤兑乃至碾压，就不仅是一个理论上的问题了，而且是一个随时就可能暴露出来的现实问题。

1 当然，这个说法也不是绝对的。在功利主义政治哲学的创始人边沁的幸福论中，生存就是一个与充裕、平等和安全齐驱并驾的价值。这应当也反映了现代西方社会一部分人的真实生活观念。

三、生存权问题在马克思政治哲学中的再度凸显

虽然在洛克之后西方政治哲学的发展中，生存权问题发生了难以逆转的衰萎，但在马克思政治哲学的叙事中，这个问题却再一次凸显了出来，并且成了马克思政治哲学的一个落脚点。人们往往有一个成见，即在马克思的政治哲学与霍布斯和洛克以来的规范性政治哲学之间，并不存在相互对话乃至相互打通的缺口和可能性。但这是一个因为缺失思想史的思维视野而导致的“近视”和“短视”。真正说来，马克思在很大意义上是承接着霍布斯、洛克以来的自然权利学说来介入和阐释政治哲学问题的，所以，将思维的视野从洛克之后的政治哲学移转到马克思，正是我们查考和梳理近代以来生存权问题之流变所不能缺少的关键一步。不过，我们必须指出，生存权问题在马克思政治哲学中的凸显，绝不是因为他回到了霍布斯和洛克，唤醒了人出于对死亡的畏惧而保全自身的人性之本能，从而重新复原了生存权利在自然权利中的原初地位。真实情况是，马克思是在深度介入洛克之后政治哲学的理论逻辑，并从中打开新的突破口的基础上，落脚于生存权问题的。

洛克之后以“自由”为价值基点的权界理论，是在马克思的同时代人约翰·穆勒那里真正确立，并在20世纪得到自由主义的强力支持的。马克思并没有与这种理论发生实质性碰撞，因为他所审视到的还是一个洛克式的“代理人政府”而非穆勒式的“有限政府”。与马克思发生实质性碰撞，并且也迫使马克思必须介入其中的，是以所有权为轴心、在亚当·斯密那里得到强化和巩固的正义理论。

我们需要看到，这种正义理论所负载的两项工作——为所有权提供合法性辩护以及为公正的社会分配提供前提性说明虽有不同侧重，但相互之间并不冲突，核心点都在于本着平等的权利原则，来论证基于各种“应得”要素特别是劳动的所有权在社会分配中的支配作用。换言之，在斯密等人看来，一种社会分配只有遵照并保护了基于“应得”要素的所有权原则，这种分配

才是公正合理和为人们所接受的，否则，这种分配就会因“恶”的因素的掺入而远离正义性。这个观点所涉及的问题，也就是上文所提到的问题——现代商品社会中人们占有和分有社会财富与社会资源的规范和规则。不过，需要特别注意的是，斯密等人并不是站在现代商品社会之外，以一种批判性的态度和视界来纠正既定的规范和规则，而是在道德和正义的名义下，为现代商品社会通行的规范和规则提供理论上的辩护。这直接意味着，斯密等人的正义理论，归根结底乃是一种与洛克以来逐步确立起来的资本主义生产和交换关系相呼应的政治哲学，它不仅不是要为资本主义的发展设置障碍，相反是要在理论上证成和巩固资本主义的规范性根基。

本书前文论述已经表明，马克思拥有以平等的权利和公正的分配为主题的、可与近代以来的西方规范性政治哲学相对话的政治哲学和正义理论，特别是当他思考共产主义第一阶段消费资料的分配时，这种政治哲学和正义理论更是能够被识别和梳理出来。然而，这并不意味着马克思曾经像洛克和斯密那样，在自然权利的原点上，为现代社会的所有权以及公正的社会分配进行合法性辩护。如果说马克思实质性地介入了洛克之后以所有权为轴心的正义理论，那么，这一工作是建立在对资本主义规范性根基予以深刻检视和批判基础上的。

这里的问题在于，马克思对资本主义的批判，主要是在经济生产关系层面上展开的。这种经济生产关系层面上的批判，也必定是一种对资本主义规范性根基的批判，因为显而易见，斯密等人为资本主义所证成的规范性根基，乃是资本主义经济生产关系在伦理层面上的表达。这样来看，马克思虽然没有对自己介入洛克之后以所有权为轴心的正义理论予以明示，但他的这一工作进路，却显然是蕴含在对以私有财产为基石的资本主义经济生产关系的批判中的。所以，从《1844 年经济学哲学手稿》开始，马克思就已经实质性地介入这种正义理论，并由此来对这种理论所涉及的政治哲学问题做出历史性的阐释了。这也就是我们要到马克思的政治经济学批判中来梳理和把握其政治哲学思想的内缘之所在。

进一步说，在洛克之后以所有权为轴心的正义理论及其为资本主义所证成的规范性根基中，有一条固定不移的“黄金”规律，这自然就是商品生产所有权规律。这条规律要求每个人都要以平等的自然人的身份，在商品生产和交换关系中得到其应得之物，从而占有其所有权。如果说商品生产所有权规律的这个要求就是资本主义既定的规范性根基的内核，那么依斯密等人的论证，这个成为资本主义规范性根基之内核的要求，也正是人世间公平契约关系以及文明制度下法的题中应有之义。马克思是如何看待商品生产所有权规律的呢？我们看到，马克思在《资本论》及其手稿中，不仅对商品生产所有权规律进行了深度剖析，而且更关键的是，他还从中引申出了为洛克、斯密等人所掩蔽起来的另一条规律，即资本主义占有规律。马克思指出，如果说商品生产所有权规律是一条真实发生的规律，那么这仅仅是就商品交换环节而言的。在这个环节中，即便是工人作为自由人与资本家之间所进行的“劳动力”的买卖，也是符合所有权原则以及契约和法的关系的，因为工人在这种买卖中得到了其所应得之物——劳动力的交换价值即工资。然而，在资本主义社会中，交换关系是一种从属于生产关系的次级关系。在生产这个最根本的环节，商品生产所有权规律，已经转化为资本主义占有规律。这条占有规律的实质就在于，“工人并不占有他自己劳动的产品，这个产品对他来说表现为**他人的财产**，反过来说，**他人的劳动**表现为资本的财产。资产阶级所有权的这第二条规律是第一条规律转变来的，并通过继承权等等而长期存在下去，不受单个资本家的易逝性的影响；它同第一条规律一样被承认为规律。第一条是劳动和所有权的同一性；第二条是劳动表现为被否定的所有权，或者说，所有权表现为对他人劳动的异己性的否定”[1]。马克思在洛克之

1《马克思恩格斯文集》第8卷，人民出版社，2009，第120页。

后的政治哲学理论逻辑中所打开的新的突破口，就是发现了这条占有规律。这条占有规律所要说明的问题，其实就是劳动和资本的分离与对立，以及由之而来的“资本家不劳而获、工人劳而不得”的剩余价值生产。这说明对劳资关系及剩余价值的揭示，是以所有权为轴心的正义理论在马克思这里所形成的一个突破性推进。从这种推进来看，斯密等人所信奉和辩护的公正合理的分配关系以及契约和法，都成了背离其宗旨的东西。

马克思对商品生产所有权规律向资本主义占有规律之转变的揭示具有双重表征性。这一方面表征的是其政治哲学的一种历史性视野和立场，另一方面表征的则是其政治哲学向生存权问题的敞开。后一方面的关键点在于，所有权被资本家名正言顺地窃取和占有，不仅意味着工人在由洛克之后的正义理论所指示的公正分配规则中遭受到了不公正的对待，而且也意味着工人的生命和生存资格在这种不公正的关系中遭受到了非人道的剥蚀和碾压。在洛克之后一直到罗尔斯的分配正义理论中，公正的关系及其所对应的规则是唯一受关注的问题，而生命和生存则不在政治哲学家的视野之内。即便是罗尔斯“每个人都有一种基于正义的不可侵犯性”的“强正义”主张，也没有与人的生命和生存权利发生实质性勾连。与之不同，马克思从来没有在资本主义的制度框架内为一种公正的分配关系和规则进行辩护，相反，他将工人的生命和生存权利，视为在考察所有权、正义、契约、法时需要关切的头等重要的问题。这一点，在《资本论》及其相关手稿中，有直截了当的体现。

在《1857—1858 年经济学手稿》中，马克思在指认了商品生产所有权规律转化为资本主义占有规律后，又进一步指出：“如果说工人把自己劳动的产品看做是他人的产品，那么他也把结合劳动看做是他人的劳动；正如他把自己的劳动看做虽然属于他自己，但对他来说却是异己的、被强制的生命活动，因此，亚当·斯密等人把这种生命活动看成是**辛苦**、**牺牲**等。”[1] 马克

1《马克思恩格斯文集》第 8 卷，人民出版社，2009，第 120—121 页。

思在这里提到了斯密，但他不是认为斯密曾站在道义的制高点上来关切人的生存权利。马克思只是借用斯密“辛苦”“牺牲”这样的术语，来指认工人所有权被占有而导致生命活动的“强制性”和“异己性”，也就是工人生存资格和生存权利流失问题。在《资本论》中，马克思对该问题的指认首先见于第一卷“货币转化为资本”一章的如下论述：“劳动力的买和卖是在流通领域或商品交换领域的界限以内进行的，这个领域确实是天赋人权的真正伊甸园。那里占统治地位的只是自由、平等、所有权和边沁。……一离开这个简单流通领域或商品交换领域，——庸俗的自由贸易论者用来判断资本和雇佣劳动的社会的那些观点、概念和标准就是从这个领域得出的，——就会看到，我们的剧中人的面貌已经起了某些变化。原来的货币占有者作为资本家，昂首前行；劳动力占有者作为他的工人，尾随于后。一个笑容满面，雄心勃勃；一个战战兢兢，畏缩不前，像在市场上出卖了自己的皮一样，只有一个前途——让人家来鞣。”[1]这段论述是对商品生产所有权规律向资本主义占有规律之转化的间接指认，其中前半部分的四个关键词——自由、平等、所有权、边沁，讲述的是在交换环节发生作用的商品生产所有权规律，而后半部分则以间接的方式讲述了资本主义占有规律。不难看到，对于资本主义占有规律的这个间接讲述，其实已经直接涉及生存权问题了。因为“战战兢兢、畏缩不前、让人家来鞣”的工人在其所有权被占有之后，同时被剥夺的还有其生活的尊严和生存的资格。在《资本论》第一卷“资本主义积累的一般规律”一章中，马克思则对入不敷出的生活常态、恶劣的居住条件以及突如其来的传染病给工人的生命和生存所造成的威胁逐一进行了考察。基于这些考察所得出的代表性的结论有：“最近10年伦敦饿死的人数惊人地增加了，这无疑证明工人是更加憎恶贫民习艺所这种贫民惩治所的奴役了。”[2]“其

1《马克思恩格斯文集》第5卷，人民出版社，2009，第204—205页。
2《马克思恩格斯文集》第5卷，人民出版社，2009，第753—754页。

实，在这个‘资本家的乐园’里，只要最必要的生活资料的价格发生最微小的变动，就会引起死亡和犯罪数字的变动！”[1]“资本主义积累的对抗性质，从而整个资本主义财产关系的对抗性质，表现得如此明显，就连英国官方关于这个问题的报告也都充满了对‘财产和财产权’的异端攻击。”[2]

我们只要真正看到马克思对生命和生存权问题的以上指认，是他介入洛克之后以所有权为轴心的正义理论进而又形成突破性认识的一个落点，那么我们就有理由说，在马克思的政治哲学中，生存权是一个无论如何都不能被遮蔽和隐去的问题。当然，我们要切近和如实地把握这个问题，就必须把它还原到马克思对资本主义进行批判的历史语境和历史逻辑中，而不能将之从这个语境和逻辑中孤立出来并做纯粹先验的阐释。因为马克思虽然在很大意义上是承接着近代以来的自然权利学说介入政治哲学问题的，但他绝没有像霍布斯和洛克那样，站在“自然权利”这个基点上来预先设置一种仅在人性意义上得到说明的、与历史无关的生存权利。如果看不到这一点，我们就将注定从源头上误解马克思的政治哲学了。

进一步说，生存权问题归根结底是一个有关“人”的问题。一种理论是否包含生存权问题，在很大意义上取决于这种理论是否将“人”放在核心地位，或者是否以“人”为目的。据此而言，要更加透彻地审视生存权问题在洛克之后政治哲学中的衰萎以及在马克思政治哲学的重新凸显，就有必要廓清“人”在整个近代以来的政治哲学中的地位这个根基性的问题。

平心而论，在霍布斯和洛克的政治哲学中，“人”从一定意义上说是处在中心地位的。因为他们所预设的自然权利虽然具有其难以避免的抽象性，但本身是指向包括生存权在内的、让人们过上幸福生活的社会福祉的。进一步说，洛克之后在两条线路上分别发展起来的政治哲学——以“所有权”为

1《马克思恩格斯文集》第5卷，人民出版社，2009，第774页。
2《马克思恩格斯文集》第5卷，人民出版社，2009，第758页。

轴心的正义理论和以“自由”为价值基点的权界理论，从表层看也都没有离开“人”这个主题，甚至都是以“人”为目的的。之所以如此，原因主要在于，这两种政治哲学无不是在权利这个重叠性的价值基点上予以立论的，而权利在现代社会成为政治生活中不可或缺的要素，恰恰就表征着人从传统等级制社会的依附性关系中解放了出来，由不独立、不自由、缺乏人格的人摇身变成了独立、自由、拥有人格的人。这个问题，用黑格尔在《法哲学原理》中的话说就是：“人格一般包含着权利能力，并且构成抽象的从而是形式的法的概念和这种法的其本身也是抽象的基础。所以法的命令是：‘成为一个人，并尊敬他人为人’。”[1]

然而从纵向看，洛克之后的西方政治哲学向“人”的切近乃是极不彻底，甚至也可以说是不断疏远“人”的。这种对于“人”的疏远不是简单地体现为从注重“社会福祉”这一端转到了偏离“社会福祉”这另一端，而主要是体现为人的“物化”和人的“个体化”。所谓人的“物化”是指，当权利主要被论定为财产权和所有权时，人格实质上是通过财产和所有物来得到确证的。这种确证方式，也就是马克思在《1857—1858年经济学手稿》中所提到的“以物的依赖性为基础的人的独立性”。这种确证方式虽然被普遍认定为现代文明社会的一个重要标志，但它同时意味着“生产表现为人的目的，而财富则表现为生产的目的”[2]。如果说财富、生产表现为人的目的就意味着人的“物化”，那么洛克之后以“所有权”为轴心的正义理论不仅不可能规避这种“物化”，相反它构成了这种“物化”在理论上的一个辩护工具。所谓人的“个体化”是指，权利在价值层面上的凸显，不仅表征着人从传统依附性关系中解放了出来，而且也表征着个体从传统共同体中脱离了出来。个体从传统共同体中脱离出来的一个直接后果，就是个体利益与普遍利

1〔德〕黑格尔：《法哲学原理》，范扬、张企泰译，商务印书馆，1961，第46页。个别地方有改动。

2《马克思恩格斯文集》第8卷，人民出版社，2009，第137页。

益在现代社会中的分化。个体和个体利益的大行其道是现代西方社会的一个突出特征，这在某种意义上的确像黑格尔所说，让人“成为一个人”。不过，在一个由独立的、原子式的个体组合而成的社会里，并不会真正建立起洛克和斯密所认定的那种“个人只为别人而存在，别人也只为他而存在”的理想化的生活模型。这种理想化的生活模型勾画只是一种抽象的普遍性。在这种抽象的普遍性中，充斥着“成为一个人”和“尊敬他人为人”之间的紧张关系。这种紧张关系，就是一种“不是普遍的肯定，而是普遍的否定”的关系。在这种普遍否定的紧张关系中，作为“人”的人没有成为目的，成为目的的只是作为“个体”的人。近代以来的西方政治哲学（也包括洛克的政治哲学）不仅没有很好地解决个体利益与普遍利益的分化问题，相反以“自由”为价值基点的权界理论是强力支持这种分化的。从这个角度来看，“人”并没有在近代以来的西方政治哲学中取得中心地位，取得中心地位的只是“个体”。

洛克之后的西方政治哲学表面肯定“人”、实际疏远“人”的局面，在马克思这里得到了根本扭转。马克思之所以能够实现这种扭转，倒不是因为他自觉效仿霍布斯和洛克，把具有抽象性特点的社会福祉树立为现代文明社会的中心价值基石，而是因为他将政治哲学的叙事框架由“政治解放”改换成了“人的解放”。政治解放的意思不难理解，即指人从依附他者的强制性关系结构中解脱出来，成为自由的、具有自我主张的人。近代以来的西方政治哲学没有超出政治解放的叙事框架，其基本工作目标就在于从理论上确认、修补、巩固政治解放的成果。政治解放在马克思看来是通向人的解放的一个中间环节，但不是人的解放的终点，因为在现代商品社会中，政治解放带来的结果之一，正是人的“物化”和“个体化”。马克思的最高价值诉求不是政治解放，而是人的解放。与政治解放相比，人的解放的重大推进，就在于彻底克服了人的“物化”和“个体化”。换言之，“人的解放”这个价值诉求拒绝将人当成追逐某种东西的手段，而是把人切实地视为目的。同时，这个价值诉求拒绝让人成为原子化的个体人，而是把人的生命存在看作个体人与社会人的一个统一体。这两点意味着，近代以来西方政治哲学对于“人”的关注在马克思这里必然已被提升到一个新高度，其政治哲学必然已真正成为既以“人”为出发点又以“人”为落脚点的哲学理论。而反观霍布斯和洛克，我们则看到一种不同的情形。这两位近代早期的政治哲学家固然因为强化了社会福祉而在一定意义上将“人”放在了中心地位，但他们并没有在“人的解放”这个制高点上来界定人及其所应享有的自然权利。这不仅说明在霍布斯和洛克的政治哲学中已经潜含着一条疏远和否定“人”的理论逻辑，而且也说明在近代以来的西方政治哲学中，唯有马克思的政治哲学是真正“以人为本”的。马克思之所以在介入洛克之后以所有权为轴心的正义理论后又落脚、聚焦于工人的生命和生存权问题，其最深层次的原因就在这里。

受近代以来逐步形成、20 世纪 70 年代以后又获得复兴的规范性政治哲学的启发，当前中国学术界的政治哲学研究在规范性的理论进路上进行了卓有成效的探索，取得了不少发人深省的成果，但总体来看并没有完全做到以“人”为目的，甚至严重一点说在很大程度上也偏离和疏远了“人”。只要洞见到这一点，我们就不难理解生存权这个与“人”息息相关的问题为什么迟迟不能进入研究者们的视野。据此而论，当前政治哲学研究介入生存权及相关问题的意义，并不仅仅在于能够由此而获得一个新视角和新基点，同时也在于能够由此而开辟出一条“以人为本”的理论逻辑。或者更明确地说，我们提出当前政治哲学研究介入生存权及相关问题的主张，目标并不满足于为政治哲学的进一步开展提供一个新视角和新基点，同时还在于申明如下观点：一种政治哲学只有像马克思的政治哲学那样切切实实地建立在“人”的基础和“人”的高度上从而做到“以人为本”，这种政治哲学才能够因为源源不断地焕发出其生命活力而成为“时代文明之活的灵魂”；而我们只有坚实地立足于“人”并紧贴“以人民为中心”这一朴实而伟大的理念，才能够构建起既具有现实解释力又具有思想引导性的当代中国马克思主义政治哲学。

第二节　马克思政治哲学中的人道主义意蕴

马克思虽然反对抽象的人道主义，但他对生存问题的殷殷关切以及对人的解放的执着追逐却表明，他的政治哲学本质上是一种建基于历史唯物主义的道义论哲学，道义关怀是我们理解和把握这一哲学理论所不能忽视的维度，而这一道义关怀则表征着一种有切实内容的人道主义。就此来看，我们有必要把生存权问题提升到人道主义层面做进一步探讨，这对于更加全面、更加系统、更加深入、更加高屋建瓴、更具有概括性地理解和把握马克思政治哲学的理论定位和思想主旨，具有重要意义。

一、人道主义在近现代自然主义政治哲学中的萌生与覆灭

对人的自然生命的尊重与敬重，是人道主义的坚实逻辑前提之一。所以，在某种意义上，人道主义就是一种自然主义，而自然主义往往也会蕴藏着人道主义的种子。马克思政治哲学中包含了“自然主义”和“人道主义”的要素，这来自他对近现代自然主义政治哲学的批判性改造。

这里所讲的自然主义政治哲学，特指近代以来在自然权利的框架下所发展起来的政治哲学理论，主要代表人物有霍布斯、洛克和亚当·斯密等人。这种政治哲学理论是以“反叛”古典政治哲学为问题意识的，展现的是现代人的政治意识和生活观念。这种“反叛”的具体体现，就是以人的世俗化的要求和世俗世界的价值，来替代柏拉图和亚里士多德等古典政治哲学家所尊崇的德性、崇高、卓越等超越性的价值和理念。在人的世俗化的要求和世俗

世界的价值中，居于关键位置并在逻辑上处于最前端的东西，就是人的自然生命及保全自然生命的人性之本质。

作为率先对生存权问题予以理论阐释的政治哲学家，霍布斯和洛克无疑是近现代自然主义政治哲学的开创者。他们对人的自然生命及保全自然生命的人性之本质给予高度重视这一点，是任何人都不能否认的。这集中体现在他们对自然权利的证成与辩护上，进而又集中体现在对生存权的守护与捍卫上。不过，需要在此强调的是，除了生命与生存权，洛克在自然权利的层面上所关注的自由与财产，也是属于人的自然生命的重要组成部分，因为按洛克的阐释，人类是出于对生命与生存权的守护，才需要自由与财产的。在《政府论》下篇中，洛克对此做过相当明确的论述。“论奴役”一章讨论的核心问题就是自由。在该章中，洛克指出：“这种不受绝对的、任意的权力约束的自由，对于一个人的自我保卫是如此必要和有密切联系，以致他不能丧失它，除非连他的自卫手段和生命都一起丧失。因为一个人既然没有创造自己生命的能力，就不能用契约或通过同意把自己交由任何人奴役，或置身于别人的绝对的、任意的权力之下，任其夺取生命。谁都不能把多于自己所有的权力给予他人；凡是不能剥夺自己生命的人，就不能把支配自己生命的权力给予别人。”[1] 在这段论述中，洛克对自由提出了强力辩护，而其辩护的依据就是人要保全自己的生命。在他看来，一个自由人一旦成为被奴役的人，其保全自己生命的权力和手段也就随之而丧失，自由既是人的自然生命的一种本能，其重要性在很大程度上也由自然生命所决定。至于在洛克的自然权利学说中占据最重要地位的财产和财产权，情形也有些相似。按一般理解，与生存权和自由有所不同，财产权是一种通过既定的分配规则而确立起来的、具有典型社会化特色的权利形式，与人的自然生命关系不大。不过，在洛克的论证思路中，人的自然生命和生存权依然构成财产和财产权的逻辑

1〔英〕洛克：《政府论》下篇，叶启芳、瞿菊农译，商务印书馆，1964，第15—16页。

前提，即人们要充分地利用大自然赐予人类的各种自然资源，以便更好地保护自己的自然生命，那就要人为地确立起财产归属的原则和规则，进而确立起财产权。洛克在“论财产”这一章中的很多论述，都或直接或间接地体现了这一点，下面这段论述就是如此：“土地上所有自然生产的果实和它所养活的兽类，既是自然地自发地生产的，就都归人类所共有，而没有人对于这种处在自然状态中的东西原来就具有排斥其余人类的私人所有权；但是，这些既是给人类使用的，那就必然要通过划拨私用的方式，然后才能对于某一个人有用处或者有好处。野蛮的印第安人既不懂得圈用土地，还是无主土地的住户，就必须把养活他的鹿肉或果实变为己有，即变为他的一部分，而别人不能再对它享有任何权利，才能对维持他的生命有任何好处。”[1] 由此可见，洛克的自然权利学说是一种对人的自然生命给予极大尊重的政治哲学理论。在这种理论中，作为现代人安身立命之本的权利和自由，归根到底乃是源出于人的自然生命的价值。当然，霍布斯的自然权利学说同样如此。我们之所以把他们认定为自然主义政治哲学的开创者和主要代表人物，原因一目了然。

按理说，从霍布斯、洛克所建构和开创的自然主义政治哲学中，本可以开辟出一条通向人道主义的理论逻辑，因为没有人会否认，人的自然生命和生存权利一旦被论定为逻辑上在先的东西，就会很自然地过渡到“生命至上”的人道主义，或者至少会与人道主义发生一种间接的关联。不过，令人遗憾的是，这一可能通向人道主义的理论逻辑，终究还是被扼杀掉了。这倒不是因为霍布斯从人对自然生命之保全的本能中，推出了人与人相互对立和残杀的“自然状态”，而主要是因为近现代自然主义政治哲学在观照人的自然生命和生存权利的前提下，整体性地转向了对财产权的研究。生存权问题在近现代政治哲学中所发生的衰萎，与这一转向自然也不无关系。同时，我

1〔英〕洛克：《政府论》下篇，叶启芳、瞿菊农译，商务印书馆，1964，第 17—18 页。

们也可以说，人道主义理论逻辑在近现代自然主义政治哲学中没有真正生长出来，与生存权的衰萎是同一个问题的不同表现形式。

近现代自然主义政治哲学整体性地转向对财产权的研究，如上一节所示，并不是洛克之后才发生的事情，而事实上正是从洛克开始的。洛克固然是本着对人的自然生命的观照而介入财产问题的，但财产及拥有财产的权利，却显然又是其政治哲学的聚焦点，这一点与霍布斯很不相同。洛克之后的自然主义政治哲学依然套用自然权利的理论框架，但离人的自然生命渐行渐远，而财产和财产权成了其最重视乃至唯一重视的东西。这个情况也折射和反映在受这一政治哲学影响的实定法中，即实定法对自然权利的保护，最终总要落脚到对财产权的保护。这正如马克思在《论犹太人问题》中所指出的，按照法国大革命时期颁布的法典，“自由这一人权的实际应用就是**私有财产**这一人权”[1]。

财产和财产权在洛克那里之所以被认定为保全、维系人的自然生命的东西，与他对自然状态的预设有一定关系。自然状态总体来看是一个未开化的、非社会化的状态，人在其中所面对的最大问题就是如何保存和延续生命。洛克从这个自然状态出发来阐释财产和财产权，就会顺理成章地将人的自然生命作为立论的逻辑前提。另外，在洛克的时代，普遍的财产权尚未完全确立起来，围绕财产和财产权而建立的社会关系尚未“成熟”，这大概也是洛克将人的自然生命作为立论前提的一个可能性原因。不过，在一个社会化程度越来越高特别是契约关系逐步确立起来的社会中，人们对财产和财产权的理解与解释，不可能固定在人的自然生命层面，而是会将之确立为既定社会关系中的法权概念。作为法权概念，财产和财产权讲述的就是人们如何分有或占有这个世界的物质生活资料的问题，因而在其中占据主线的东西，必然是作为实物形态的“财富”和作为关系形态的“规则”，而人的生命乃

1《马克思恩格斯文集》第1卷，人民出版社，2009，第41页。

至人本身都被边缘化了，这也是在现实市民社会中所存在的真实情况。由此来看，自然主义政治哲学的传统虽然在洛克之后并没有戛然而止，但人道主义的价值关怀却显然离这一传统越来越远。如果说人道主义是以人和人的尊严为目的的，那么在这种政治哲学传统中，人和人的尊严的的确确被财富及规则掩蔽起来了。或者也可以说，在财富及规则面前，人和人的尊严在一定意义上被降格为追求“属于自己的东西”的手段。这正如施特劳斯在《自然权利与历史》之“洛克”篇的最后所形象地指出的：“减轻痛苦的那种痛苦的过程不是在最大快乐，而是在‘拥有那些产生出最大快乐的东西’中臻于顶峰。生活就是对于愉悦的毫无愉悦的追求。”[1]

当然，有一个情况仍然需要我们辨明，这就是亚当·斯密在为财产权做辩护时，也基于人的同情心而提出了“道德情操”的问题。“无论人们会认为某人怎样自私，这个人的天赋中总是明显地存在着这样一些本性，这些本性使他关心别人的命运，把别人的幸福看成是自己的事情，虽然他除了看到别人幸福而感到高兴以外，一无所得。这种本性就是怜悯或同情，就是当我们看到或逼真地想象到他人的不幸遭遇时所产生的感情。”[2]平心而论，斯密的“道德情操论”很容易让人们联想到人道主义，而且事实上，像阿马蒂亚·森这样的政治哲学家（森也是经济学家），也曾借鉴斯密的理论资源来努力构建一种彰显人道主义关怀的正义理论。这似乎表明财产问题与人道主义问题在近现代自然主义政治哲学中是并行不悖的。不过，斯密不是因为要把人的生命当成目的而提出“道德情操”问题的，毋宁说其真正的用意，在于以人们的同情心和正义感来制约人们对私利的追求，从而使由财产权所维系的社会，成为一个有规则、有秩序的社会。简言之，“道德情操”不是一个人道主义的问题，而是一个对财产问题起补充作用的规则伦理的问题。总

1〔美〕列奥·施特劳斯：《自然权利与历史》，彭刚译，生活·读书·新知三联书店，2003，第256页。

2〔英〕亚当·斯密：《道德情操论》，蒋自强等译，商务印书馆，1997，第5页。

体来看，这个问题从属于洛克之后所发展起来的以所有权的合法性和分配的公正性为根本主题的正义理论。

不容否认，在原初理论设计中孕育着人道主义胚芽的近现代自然主义政治哲学，实际上并没有随着理论目标的逐步清晰而发展为一种人道主义理论或至少包含着人道主义阐释空间的理论。不过，这并不意味着在自然主义和人道主义之间存在永远无法打通的隔阂。事实上，经过马克思对近现代自然主义政治哲学的批判性改造，通向人道主义的理论逻辑终究还是被拯救了出来。

二、马克思对近现代自然主义政治哲学的人道主义改造

立足世俗人的自然生命与物质性生活而非形而上学的观念来考察和证成现代社会政治生活，如果说是近现代自然主义政治哲学根深蒂固的一个思想和要求，那么，这个思想和要求显然对马克思产生了一定影响。马克思自然没有像霍布斯和洛克那样，基于人对死亡的畏惧而保全自己自然生命的本能来建构政治哲学，但人存续自己自然生命的要求以及为此而从事生产的要求，却无疑是其理论的一个根本叙事前提。这一点，在《德意志意识形态》中就有所体现。比如，马克思和恩格斯在其中就曾这样指出："我们首先应当确定一切人类生存的第一个前提，也就是一切历史的第一个前提，这个前提是：人们为了能够'创造历史'，必须能够生活。但是为了生活，首先就需要吃喝住穿以及其他一切东西。因此第一个历史活动就是生产满足这些需要的资料，即生产物质生活本身，而且，这是人们从几千年前直到今天单是为了维持生活就必须每日每时从事的历史活动，是一切历史的基本条件。"[1] 马克思和恩格斯在这段论述中所提出的问题，自然是一个如何切入和把握历史的问题。在直接的意义上，这是一个历史唯物主义的问题，而在间接的意

1《马克思恩格斯文集》第 1 卷，人民出版社，2009，第 531 页。

义上，这是一个政治哲学的问题。因为历史唯物主义虽然并不等同于政治哲学，但马克思却正是在历史唯物主义的视域内，来考察和阐释诸如人的自由、人的权利、人的解放等政治哲学问题的。所以，当马克思以考察人类的生存需求及其活动为起点来考察历史时，他实质上也在一定意义上，以此为起点来探索政治哲学的诸种问题。据此而论，马克思的政治哲学既是一种真正切近历史深处的历史主义理论，同时也是一种特定形式的自然主义理论。当然，对于这种自然主义，我们绝不能在近现代政治哲学家所设定的独立的、非社会化的、平等的自然个体的意义上来加以理解，在后者的视点上所建立起来的自然主义，正是马克思的历史主义所拒斥的对象。

马克思的政治哲学作为一种自然主义理论，不仅仅构成了对霍布斯和洛克以来自然主义政治哲学的一定继承，更构成了对后者的根本批判和改造。而这一批判和改造的关键所在，就是将自然主义政治哲学建立在了坚实的“人道主义”地基上。马克思之所以能够完成这一“人道主义”的批判和改造，原因之一在于，他不仅把人存续自己自然生命以及为此而从事生产的要求，推定为一个考察政治哲学问题的“客观性”前提，而且与此同时，他也把这个要求所昭显出来的原则，提炼和树立为一种彰显“人道主义”精神性意蕴的价值关怀，这便是对人的生命、生存权和必要的物质性生活的敬重与捍卫。

这种价值关怀，渗透在马克思早、中、晚各个时期的著作中。在《1844年经济学哲学手稿》中指认“异化劳动”时，马克思就曾这样说道：“劳动的现实化竟如此表现为非现实化，以致工人非现实化到饿死的地步。对象化竟如此表现为对象的丧失，以致工人被剥夺了最必要的对象——不仅是生活的必要对象，而且是劳动的必要对象。甚至连劳动本身也成为工人只有通过最大的努力和极不规则的间歇才能加以占有的对象。对对象的占有竟如此表现为异化，以致工人生产的对象越多，他能够占有的对象就越少，而且越受自己的产品即资本的统治。……工人越是通过自己的劳动**占有**外部世界、感性自然界，他就越是在两个方面失去**生活资料**：第一，感性的外部世界越来越不成为属于他的劳动的对象，不成为他的劳动的**生活资料**；第二，感性的外部世界越来越不给他提供直接意义的**生活资料**，即维持工人的肉体生存的手段。”[1]在《德意志意识形态》中，马克思和恩格斯则如此强调：“当人们还不能使自己的吃喝住穿在质和量方面得到充分保证的时候，人们就根本不能获得解放。”[2]到了写作《资本论》时，马克思对人的生命、生存的关怀，自然没有因为对“以铁的必然性发生作用并且正在实现的趋势”[3]的研究而有所削弱。这种价值关怀不仅体现在他对资本主义血淋淋的原始积累所进行的揭露中，而且也体现在他对“成熟的”资本主义生产所进行的描述中。在修订于1871年的《国际工人协会共同章程》中，马克思也郑重指出：“劳动者在经济上受劳动资料即生活源泉的垄断者的支配，是一切形式的奴役的基础，是一切社会贫困、精神沉沦和政治依附的基础；因而工人阶级的经济解放是伟大的目标，一切政治运动都应该作为手段服从于这一目标”[4]。

从马克思的以上论述中，我们显然可以很清楚地看到其出于对人的生命、生存权及必要的物质性生活的敬重而树立起的价值关怀。但要全面开显马克思政治哲学中的人道主义意蕴，仅仅看到这种价值关怀还是不够的，而需要在上一节的基础上，厘清马克思所讲的生存权与所有权的关系。之所以这么说，主要是因为在洛克之后的政治哲学中，生存权在很大意义上成为一个被财产权挤压的问题，而所有权[5]又是马克思政治哲学中非常关键的问题，

1《马克思恩格斯文集》第1卷，人民出版社，2009，第157—158页。

2《马克思恩格斯文集》第1卷，人民出版社，2009，第527页。

3《马克思恩格斯文集》第5卷，人民出版社，2009，第8页。

4《马克思恩格斯文集》第3卷，人民出版社，2009，第226页。

5 黑格尔和马克思在描述财产的占有时，更多是用所有权这个概念，即在他们的语境中，财产权概念转化为所有权概念。当然，洛克在讲述财产和财产权问题时，也用过所有权的说法，是指每个人对自己的人身和自己的劳动的从属关系。

这容易让人产生一个疑问：在马克思政治哲学的叙事框架中，是否也存在生存权被所有权挤压的情况？

追根溯源，洛克之后的自然主义政治哲学从对生命和生存问题的关注整体性地转向对财产问题的关注，既迎合了政治哲学在“应得”的意义上为社会分配以及制度建构提供规范和规则的理论欲求，更契合了由商品生产和商品交换维系起来的现代市民社会的内在要求，因为在作为需要和劳动之体系的现代市民社会中，财产权和所有权不是等而下之的东西，而是占据轴枢地位的东西。众所周知，现代市民社会是马克思着力批判的对象。对市民社会的批判，使所有权顺理成章地成为他的政治哲学中的重要问题。不过，马克思并不可能像洛克或斯密那样为所有权提供规范性的辩护，毋宁说，他把所有权问题带入一种深层次的历史性视域，由此对之做了一种批判性的审视和审查。马克思如此处理所有权问题的目的之一，是要从道义的制高点上，同时也是本着一种现实主义和历史主义原则，来批判资本家对工人的剥削——工人丧失所有权，而资本家拥有对活劳动的所有权。在《资本论》第一卷及《1857—1858 年经济学手稿》中，这一点体现得淋漓尽致。

我们不能用理解近现代西方规范性政治哲学的方式，来把握马克思的上述批判及其所有权概念，而应看到，马克思不是要模仿洛克或斯密，为人们追求“属于自己的东西”的行为提供一种合法性的说明，或者为社会的分配提供一套规范性的方案，毋宁说其目标之一，是在现代财产问题沦为一个占有和剥削问题之后的历史背景下，揭示“人们的生存如何可能”这个为洛克之后的西方政治哲学所忽视和遮蔽的问题，因为毕竟以工人阶级为代表的“穷人”和普罗大众丧失的已经不仅仅是财产权或所有权了，而直接就是生命和生存本身。这就说明，人的生命和生存权利，是马克思语境中的所有权概念所指向的深层次的东西，这和洛克之后的自然主义政治哲学大不相同，也和黑格尔的所有权概念很不一样，因为黑格尔并没有将这个概念引向人的自然生命和生存权，而是着重强调了人的自由意志和人格。这表明，马克思在“自然主义”的视点上所确立起的生存权概念，不仅没有因为其在系统的市民社会批判中深度介入财产问题和所有权问题而萎缩，相反，他的这一介入正是对生存权问题予以更深层次考察的一个根本前提。所以，当我们紧扣财产权或所有权这个规范性政治哲学的概念来开展马克思政治哲学的研究时，无论如何都不能把生存权问题作为一个一般性的人学问题排拒在外，否则，不管对马克思的所有权概念的理解，还是对其政治哲学的理解，都可能是残缺不全、不得要领的。

如果说以上就是马克思所讲的生存权与所有权的真实关系之所在，那么这种关系告诉我们，在马克思各个时期的著作中不仅存在着“人道主义”的价值关怀，而且，这种“人道主义”的价值关怀必定构成了其政治哲学尤为重要的实体性内容，同时也必定表征着其政治哲学尤为根本的思想旨趣。这个思想旨趣的核心点就是，马克思自然拥有以平等的权利和公正的分配为主题的、与近代以来的西方规范性政治哲学相对话的政治哲学和正义理论，但其政治哲学在终极的意义上，既不是指向由财产和财富所象征的“物”的，也不是指向关于“物”之划分的干瘪规则的，而是指向“人”的。而实质上，也只有在“人”的意义上，特别是在未来共产主义社会实现了“自由而全面发展”的“人”的意义上，马克思政治哲学中的人道主义才能够获得最深刻、最全面、最彻底的理解和阐释。

三、“完整的人”与人道主义的最高规定

论述至此，我们必须立即指出，马克思的生存权概念自然最终是指向“人”的，但要在“人”的意义上来理解和阐释马克思政治哲学中的人道主义，仅仅抓住人的自然生命和生存权又是远远不够的。之所以如此，最直接的原因在于，“人”在马克思的思想语境中，是一个内涵完整的概念，亦即

“人”就是“完整的人”，人的自然生命和生存只是其中一个方面，当然也是一个必要的方面。而只有把握住了“完整的人”而不只是“人”的一个方面，马克思政治哲学的“人道主义”意蕴方可能得到全面开显。那么，究竟如何把握马克思讲的“完整的人”？

马克思“完整的人”的思想，是以批判由斯密所缔造的英国古典政治经济学为前提而确立起来的。英国古典政治经济学在某种意义上，是洛克财产学说的一个延续。按斯密的逻辑，其关于财产的理论是关注人的，理由大致就是，只有以财产权为核心的权利体系得到确立，人才得以在这个世界上找到自己的位置从而获得其存在的确定性，人同时也才得以拥有自己的人格和尊严。但在马克思看来，情况恰恰相反。在《1844 年经济学哲学手稿》中，马克思义正词严地指出：“**恩格斯**有理由把**亚当·斯密**称做**国民经济学**（指英国古典政治经济学。——引者注）**的路德**。正像路德把**信仰**看成是**宗教**的外部**世界**的本质，因而起来反对天主教异教一样，正像他把宗教笃诚变成人的**内在**本质，从而扬弃了**外在的**宗教笃诚一样，正像他把僧侣移入世俗人心中，因而否定了在世俗人之外存在的僧侣一样，由于私有财产体现在人本身中，人本身被认为是私有财产的本质，从而人本身被设定为私有财产的规定，就像在路德那里被设定为宗教的规定一样，因此在人之外存在的并且不依赖于人的——也就是只应以外在方式来保存和维护的——财富被扬弃了，换言之，财富的这种**外在的**、**无思想的对象性**就被扬弃了。由此可见，以劳动为原则的国民经济学表面上承认人，其实是彻底实现对人的否定，因为人本身已不再同私有财产的外在本质处于外部的紧张关系中，而是人本身成了私有财产的这种紧张的本质。”[1] 在这段极其深刻的批判性文字中，马克思向人们所揭示的问题一目了然：就如同路德把宗教变成人的内在本质，由斯密所缔造的英国古典政治经济学，把人变成私有财产的内在本质，人本身被设

1《马克思恩格斯文集》第 1 卷，人民出版社，2009，第 178—179 页。

定为私有财产的规定，这看似乎是对人的承认和肯定，但实质上是对人的彻底否定，因为人成为私有财产的内在本质的真正结果，就是私有财产成为人的内在本质。

扩而论之，马克思对英国古典政治经济学所进行的上述批判，包含两个方面：一是批判随着人变成私有财产的内在本质和私有财产变成人的内在本质而形成的劳动与资本的对立关系，以及由这种关系所造成的工人所有权和生存权的丧失；二是批判人变成私有财产的内在本质和私有财产变成人的内在本质而导致的人之为人的机能、特性和本质的丧失。这两个方面的批判，都揭示了英国古典政治经济学在对待“人”上的虚假性，只不过角度是不一样的。如果说前一个方面是主要揭示了“成为一个人”与“尊敬他人为人”之间的非协调性和非相通性，那么，后一个方面则主要揭示了“人作为外在事物”与“人作为人”之间的非协调性和非相通性。马克思“完整的人”的观点，就是通由后一个方面而提出来的。

根据马克思的指认，人变成私有财产的内在本质和私有财产变成人的内在本质，直接意味着人只是生活在由私有财产所规制的，由商品、劳动、资本、工资、利润、地租、契约、交换、所有权、法等有形和无形的东西所组成的，包含着紧张关系和冷冰冰的规则的“事物”世界里，亦即人被规定为“事物”。马克思自然认为，人被规定为“事物”的一个不可避免的后果，就是人会从“目的”退化和变异为“手段”。不过，我们不能仅仅以人被规定为“事物”来看待这个后果，原因是，假如人对某个“事物”的追求，如人对财富的追求、人对赞誉的追求，被论证为是人的本质之所在，那么就反倒有理由说，人在这个“事物”里成了“目的”。而在这个情况下，对洛克之后的自然主义政治哲学以及英国古典政治经济学的批判，就会是乏力的。所以事实上，对于马克思来讲，从人被规定为“事物”，到人退化为“手段”，以及到“完整的人”的观点的树立，是有一个特别重要的“中间论证”的。

这个“中间论证”，就是对非人的动物性机能和人作为“类存在物”的机能所进行的对比。

以马克思之见，人一旦被规定为“事物”，那么不管是工人还是资本家、穷人还是富人，对吃喝住穿的生命和生存需求以及相关的生产活动，都会下降为一种以“活着”或者以追求“属于自己的东西”为目的的机能。这种机能只是一种非人的动物性机能，而人之为人的机能、特性和本质在其中是荡然无存的。“吃、喝、生殖等等，固然也是真正的人的机能。但是，如果加以抽象，使这些机能脱离人的其他活动领域并成为最后的和唯一的终极目的，那它们就是动物的机能。”[1]

与动物性机能相对照的，就是人之为人的本质和机能。在马克思看来，人之为人的本质，就在于其区别于动物的“类”的自为创造本能和本性。动物只是一种直接的、纯粹自在的存在，而人则是能够把自己的生命活动变成自己意志和意识之对象的自为存在。所以，人按其本质来说，应当是一种根本区别于动物的“类存在物”，其所过的生活，应当是一种“类生活”，人的机能应当是作为“类存在物”的机能。人作为“类存在物”既要与“物”打交道，也要依赖于“物”，但却不会退行为“物”。毋宁说，人作为“类存在物”，是通过自为的创造性活动，在一种对象性的关系中，让“物”真正成为属人的东西，即让对象真正成为人的对象而非控制人的东西。这种对象性的关系是对人的存在的最终确证，也是对人的自由的最高规定，用马克思自己的话说就是：“只有当对象对人来说成为**人的**对象或者说成为对象性的人的时候，人才不致在自己的对象中丧失自身。……随着对象性的现实在社会中对人来说到处成为人的本质力量的现实，成为人的现实，因而成为人**自己的**本质力量的现实，一切**对象**对他来说也就成为他自己的**对象化**，成为确证和实现他的个性的对象，成为**他的**对象，这就是说，对象成为他**自身**。对

1《马克思恩格斯文集》第 1 卷，人民出版社，2009，第 160 页。

象**如何**对他来说成为他的对象，这取决于**对象的性质**以及与之相适应的**本质力量**的性质；因为正是这种关系的**规定性**形成一种特殊的、**现实的**肯定方式。**眼睛**对对象的感觉不同于**耳朵**，眼睛的对象**是**不同于**耳朵**的对象的。每一种本质力量的独特性，恰好就是这种本质力量的**独特的本质**，因而也是它的对象化的独特方式，是它的**对象性的**、**现实的**、活生生的**存在**的独特方式。因此，人不仅通过思维，而且以**全部**感觉在对象世界中肯定自己。”[1]概言之，根据马克思的论述，人作为“类存在物”的机能，就是在对象性活动和对象性关系中，让人的一切感觉和特性获得彻底解放，从而让人成为他自己而非任何其他事物的机能。从黑格尔《精神现象学》的观点来看，人的这种机能，表征的就是人在“自我意识”中让客体和主体实现完全统一的创造性活动。

马克思所证成的“完整的人”，就是使作为“类存在物”的机能得到充分发挥，从而能够在对象性关系中确证自身的人，用他和恩格斯在《共产党宣言》以及他在《1857—1858年经济学手稿》中的界定与描画，也就是在未来共产主义社会实现了“自由而全面发展”的人。不管是马克思政治哲学中的自然主义，还是其中的人道主义，最终来看都是以“完整的人”为立论前提和思想归宿的。事实上，在确证非人的动物性机能的前提下，也可以形成一种自然主义和人道主义立场。比如说，当人们仅仅在“活着”的意义上来讲生存权时，情况就是如此。但显而易见，这绝不是马克思的思想之所在。在马克思的潜意识中，从动物性机能所衍推出的自然主义，只是一种“没有完成的自然主义”，而在这种自然主义的基础上所形成的人道主义，也只是一种“没有完成的人道主义”。洛克之后以执迷于财产权的政治哲学和政治经济学如果说依然还代表了一种自然主义，那么，其所代表的只能是这种“没有完成的自然主义”。同时，这种政治哲学和政治经济学如果说还自

1《马克思恩格斯文集》第1卷，人民出版社，2009，第190—191页。

视为关注人的“人道主义”，那么至多也就是这种“没有完成的人道主义”。与此大相径庭，马克思的最高诉求，是一种“完成了的自然主义”和“完成了的人道主义”。对于“完成了的自然主义”和“完成了的人道主义”，马克思在《1844 年经济学哲学手稿》中做过一个人们耳熟能详的申述：真正的共产主义“是对**私有财产**即**人的自我异化的积极的**扬弃，因而是通过人并且为了人而对**人的**本质的真正**占有**；因此，它是人向自身、也就是向**社会的**即合乎人性的人的复归，这种复归是完全的复归，是自觉实现并在以往发展的全部财富的范围内实现的复归。这种共产主义，作为完成了的自然主义，等于人道主义，而作为完成了的人道主义，等于自然主义，它是人和自然界之间、人和人之间的矛盾的**真正**解决，是存在和本质、对象化和自我确证、自由和必然、个体和类之间的斗争的真正解决”[1]。

在终极的意义上，马克思政治哲学中的自然主义，必定是“完成了的自然主义”，而其中的人道主义，也必定是“完成了的人道主义”。无论是“完成了的自然主义”还是“完成了的人道主义”，都需要在“完整的人”和人作为“类存在物”的界面上获得理解，而这也就是马克思政治哲学之“人道主义”的最高规定之所在。这个规定与“人的解放”这个概念并不矛盾，相反正表明马克思政治哲学乃是真正以“人的解放”为最高思想目标的理论。当然，在马克思那里，这一规定不局限于《1844 年经济学哲学手稿》的初步论述。事实上，随着《德意志意识形态》《共产党宣言》《资本论》等作品的问世，这一规定不仅在内涵上更为丰富，而且更重要的是，这一规定还获得了来自历史唯物主义的根本奠基，由此使“完整的人”真正成为踏踏实实、切实可行的理念和思想，因为毋庸置疑的一点是，根据历史唯物主义，只有通过无产阶级政党领导下的共产主义运动，并在社会生产力高度发达的基础上，人在得到彻底解放的过程中实现了自由而全面的发展，才能真正成

1《马克思恩格斯文集》第 1 卷，人民出版社，2009，第 185 页。

为“完整的人”。从这个意义上说，马克思政治哲学中的人道主义，必然是基于历史唯物主义而对人的生命、人的生存、人的权利、人的自由、人的发展、人的解放等政治哲学问题做出深入探索和透彻解答的一种理论逻辑，也必然是在根本上有别于西方学者所抽象谈论的人道主义的一种理论逻辑。

另外，总结上述可以看到，马克思政治哲学中的“人道主义”，实际上包含了两个层面，一是基于生存权的“人道主义”，二是基于“完整的人”的“人道主义”。从这两个层面来看，马克思对近现代自然主义政治哲学的人道主义批判和改造，事实上是在两个视点上完成的，一是他在财产权大行其道的社会背景下，拯救出了生存权；二是他在批判人被降格为“事物”和动物性机能的基础上，建构起了以人的自为创造本能为前提的、以实现人的彻底解放为目标的目的论。我们需要结合马克思政治哲学的超越性指向和现实性指向及其关系（本书第二章第一节做过专题探讨），来看待这两个层面上的“人道主义”之间的关系。可以认为，基于生存权的“人道主义”，正是马克思政治哲学在现实性指向上涉及的内容；而基于“完整的人”的“人道主义”，则正是在超越性指向上涉及的内容。超越性指向和现实性指向之间的可打通性和互补性告诉我们，这两个层面上的“人道主义”必然不是相互对立的两个极点，相反，它们构成的是一个密不可分的整体。这种关系一方面在于它们归根结底都以“人”为目的，并且都建基于历史唯物主义；另一方面还在于以下两点：一是基于“完整的人”的“人道主义”以人的彻底解放为旨归，但它也将自然生命和生存权容纳在内，而不是一味地、不加区别地将后者视为动物性机能，二是基于生存权的“人道主义”彰显了人的自然生命的基础性价值，但马克思却从来都没有将人的自然生命和生存权降格为一种以“活着”为原则的、缺失终极意义的本能诉求，相反，他始终以“完整的人”为参照点来对待人的自然生命和生存权利。所以，他在为工人的生存权和历史命运奔走呼号时，最终的价值目标并不在于他们在“占有”

的意义上“活下来”甚至过上体面的物质性生活，而是在于他们（也是所有的人）作为“人”而获得根本且彻底的解放，亦即在现实的历史运动中，通过对旧世界的改造和对私有财产的扬弃而成为“完整的人”。这种以历史唯物主义为深厚奠基的“人道主义”和政治哲学，无论是在古希腊的柏拉图、亚里士多德那里，还是在近现代的霍布斯、洛克、休谟、卢梭、康德、黑格尔那里，抑或是在当代的罗尔斯、诺奇克那里，都是找不到的。

第六章
政治哲学视域中的历史唯物主义

政治哲学与历史唯物主义的关系，是马克思主义政治哲学研究中无法回避的一个重要问题。在对这个问题的认识上，学术界存在“分离论”和“对立论”的见解，前者将政治哲学与历史唯物主义严格区分开来，后者则将它们截然对立起来。但事实上，在马克思的理论结构中，政治哲学与历史唯物主义既不可能是完全分开的，也不可能是相互对立的，毋宁说它们融会贯通为一个整体，这才是它们的真实关系之所在。不过，要阐明这种关系，需要回到对历史唯物主义本身的理解。因为我们如何判定政治哲学与历史唯物主义之间的关系，在很大意义上取决于我们如何理解历史唯物主义。长期以来，中外学术界要么将历史唯物主义理解为一种仅仅描述经验事实的实证性理论，要么将之理解为一种仅仅关涉客观历史规律的决定论。这两种理解遮蔽和牺牲了历史唯物主义所包含的丰富内涵，特别是抽掉了该理论中与价值判断相关的规范性内容。上述“分离论”和“对立论”的提出，与这两种理解不无关系。如果走不出这两种理解的框架，就注定无法看到政治哲学与历史唯物主义之间的真实关系。基于这种审视，本章力图跳出原理解的框架和一些所谓“定论”，从政治哲学视域及其关联到的问题域出发，正本清源而又不偏离事实地对历史唯物主义予以创新性阐发，以此从根本上确立准确把握政治哲学与历史唯物主义之关系的前提。

第一节　政治哲学与历史唯物主义的发源

马克思政治哲学的历史性原则及基于社会人的立论方式已经表明，马克思不仅不是在隔离历史唯物主义的前提下考察和阐发政治哲学问题，相反，他的考察和阐发始终立足于历史唯物主义，其政治哲学也因此而与西方规范性政治哲学区分开来并在一定意义上超越了后者。所以，问题并不在于如何在绕开历史唯物主义的情况下，从马克思的文本中检索“纯粹的”规范性话语和政治哲学片段，也不在于如何依据历史唯物主义来证明马克思政治哲学的“非法性”，而在于如何在历史唯物主义的框架下，开显、阐释、建构作为一种政治哲学理论和马克思主义哲学理论的马克思主义政治哲学。不过，这是问题的一方面。问题的另一方面在于，历史唯物主义的创立不是一蹴而就的，而是经历了一个从发源到不断成熟和定型的过程。在这个过程中，马克思对政治哲学的研究具有极其重要的意义，因为这种研究实际上构成了通往历史唯物主义的一条关键道路，亦即它是历史唯物主义的一个真实的发源地。要把这个问题的来龙去脉梳理清楚，则需要牢牢抓住“市民社会”这个概念。

一、何为市民社会?

毋庸置疑，在马克思的理论著作和思想结构中，市民社会是一个至关重要的概念，但也是一个复杂多义的概念。追根溯源，市民社会之所以是一个复杂多义的概念，不仅仅是因为马克思是在不同层面上使用这一概念的，更是因为从原本意义来讲，这个概念并非指涉抽象的、实体化的对象，而是关涉和链接到了丰富复杂的历史性叙事与历史性关系，即它原本是一个非实体化的、包含多种意义的历史性概念。学术界在理解和阐释这个概念时，虽然大都注意到了其复杂多义这一点，但往往都没有认识到其与历史之间的关联，由此产生的结果，就是将这个概念不由分说地从具体的历史语境中抽离出来并对其做出实体化的解释，从而将其所牵涉的丰富复杂的历史性内容严严实实地遮蔽了起来。学术界对马克思市民社会概念进行实体化解释的一个通行观点，就是在“物”的意义上，将这个概念所指涉的对象确认为“社会物质关系”或“经济基础”。

当然，人们并非无缘无故地在“社会物质关系”或“经济基础”的意义上来理解马克思的市民社会概念，毋宁说这样做是有一定文本依据的。比如说，在《德意志意识形态》中，马克思和恩格斯就曾这样说道：“受到迄今为止一切历史阶段的生产力制约同时又反过来制约生产力的交往形式，就是**市民社会**。……从这里已经可以看出，这个市民社会是全部历史的真正发源地和舞台，可以看出过去那种轻视现实关系而局限于言过其实的重大政治历史事件的历史观是何等荒谬。”[1] 再比如说，在 1846 年 12 月 28 日写给帕·瓦·安年科夫的信中，马克思还曾这样说道：“在人们的生产力发展的一定状况下，就会有一定的交换 [commerce] 和消费形式。在生产、交换和消费发展的一定阶段上，就会有相应的社会制度形式、相应的家庭、等级或阶级组织，一句话，就会有相应的市民社会。有一定的市民社会，就会有不过是市民社会的正式表现的相应的政治国家。”[2] 单从马克思和恩格斯的这些话来看，他们的确是在“社会物质关系”或“经济基础”的意义上使用“市民社会”这一术语的。然而，“社会物质关系”或“经济基础”只是从市民社会的原本含义中所衍生出来的含义，而我们要透彻地理解市民社会概念，无论如何都不能仅仅拘泥于其衍生性含义，而应把握其作为非实体化的历史性概念的原本含义。

要把握市民社会作为一个非实体化的历史性概念的原本含义，就不能仅

1《马克思恩格斯文集》第 1 卷，人民出版社，2009，第 540 页。

2《马克思恩格斯文集》第 10 卷，人民出版社，2009，第 42—43 页。

仅停留在马克思这一个节点上，而应将思维的触角切实伸向关联到马克思哲学的思想史。从思想史来看，马克思是承接着黑格尔来讲述市民社会的，所以要透彻理解马克思的市民社会概念，就不能不深入考察黑格尔对市民社会所做出的界定。

众所周知，黑格尔主要是在《法哲学原理》一书中界定和阐释市民社会概念的。在这部著作中，黑格尔所使用的主要研究方法是辩证逻辑的方法，因而他主要是在其所建立的逻辑学框架中，来界定和阐释包括市民社会在内的一系列理论概念的。需要特别注意的是，由于黑格尔所讲的逻辑并非形式逻辑，而是承担着本体角色和规定着事物之存在的思想逻辑，所以逻辑与历史必然是高度统一而非相互脱节的，逻辑的东西在一定意义上也就是历史的东西。这个情况决定了，黑格尔在《法哲学原理》中所指认和界定的市民社会，从一开始就不是一个抽象的实体化概念，而是一个与历史紧密关联和对接的历史性概念。这一点，从黑格尔对市民社会的如下指认和界定中可以看得一清二楚："市民社会是处在家庭和国家之间的差别的阶段，虽然它的形成比国家晚。……此外，市民社会是在现代世界中形成的，现代世界第一次使理念的一切规定各得其所。"[1] 根据黑格尔的这个指认和界定，市民社会虽然从逻辑上说处在家庭和国家之间的差别阶段，但它在形成时间上却是晚于国家，具体一点说，就是在现代世界中才最终形成的。如果说黑格尔在这里是从历史的角度来指认和界定市民社会概念的，那么这个概念所实际表征和刻画的，就是 16 世纪以来在英法等国所实际展开的资本主义历史，因为黑格尔是在洞观英法资本主义历史进程，以及概括这一历史进程之内在精神性原则的基础上写作《法哲学原理》并由此提出市民社会概念的，他在上述指认和界定中所提到的"现代世界"，主要就是指走在欧洲历史前列的英法资本主义世界。进而言之，根据黑格尔的界定，这个表征和刻画英法资本主义

1〔德〕黑格尔：《法哲学原理》，范扬、张企泰译，商务印书馆，1961，第 197 页。

历史的市民社会，具体是指在现代商品经济中所建立起来的、以需要和满足需要的劳动为起点和中介、以财产关系为根本内容的资本主义生活和生产领域，而这才是市民社会概念的本义。从这个本义中，我们所看到的市民社会并不是一个实体化的“物”，而是一种具有历史大跨度的复杂关系性在场、一个标志现代社会之生成的宏大历史性叙事。这说明市民社会虽然在内容上主要指涉社会物质关系，但这种物质关系所折射出的，却又是在商品经济的浪潮中大踏步向前推进的现代历史及其鲜活生动的历史构件。这样说来，市民社会概念的重心不是物质关系而是历史，后者才是我们理解这一概念时应着力把握的东西。说市民社会是一个非实体化的历史性概念，自然是符合实际情况的。

进一步讲，作为一个非实体化的历史性概念，市民社会又是一个政治哲学的概念。事实一目了然：由市民社会所表征的现代历史，既是一种在商品经济中所凸显出来的“经济的”历史，也是一种关涉现代伦理观念和政治秩序之构建的“政治的”历史，因为这个在古代社会并不存在的“经济的”历史的到来，不仅会带来现代社会政治结构的重大变迁，而且也必然会引发人们在政治观念上的重大变革，促使人们不断反思和建立符合现代商品经济之内在要求的政治原则和伦理规则。就此而论，近代以来的各种具有异质性思路的政治哲学理论，如功利主义、自由至上主义、平等的自由主义等，从来就不是在纯粹学理层面予以建构和向前发展的非历史性的理论，而恰恰是在现代商品经济和市民社会的历史土壤上所孕育出来的历史性的理论，市民社会才是这些理论所共同关涉的一个“根”问题和“原生”问题，而权利、自由、平等、正义、道德、伦理以及法等问题，却是以这个“根”问题和“原生”问题为基础的“次生”问题。这说明，市民社会概念虽然看似与政治哲学关系不大或完全外在于政治哲学，但其所蕴藏的历史性内涵，则注定它在近现代政治哲学中是占据轴枢位置的，即使有些政治哲学家并未直接论及或使用这一概念。

对于上述情况，英国学者伯尔基在梳理近现代自由主义的发展时做过指认。以伯尔基之见，自由主义包含了三个核心概念，一是市民社会概念，二是劳动力概念，三是私有财产概念。[1]由于伯尔基所指认的“劳动力”和“私有财产”并不是与“市民社会”平行存在的概念，毋宁说前两者从属于市民社会概念，所以在伯尔基的眼中，市民社会才是近现代自由主义这种政治哲学的最核心概念。伯尔基所看到的这个情况，也充分体现在黑格尔的《法哲学原理》中。作为一部政治哲学的著作，《法哲学原理》在篇章结构上包括三个部分，一是抽象法，二是道德，三是伦理，而市民社会则与家庭和国家共同处在伦理篇中。从这种结构安排来看，市民社会似乎并不占据特别显要的位置，至多与抽象法、道德及伦理篇中的家庭和国家处在同等地位上。但实际上，在这部著作中，最具有轴心意义的概念就是市民社会，其他概念只有借助于市民社会才可得到根本理解。比如说，黑格尔在谈到抽象法时指出，人格和由人格所规定的权利乃是抽象法的基础和实质。由于他讲的人格和权利并不是跨越历史的绝对抽象普遍的东西，而是近代以来随着市民社会的历史形成而凸显出来的生存原则和政治法则，所以追根溯源，在《法哲学原理》的语境中，抽象法是一个建基于市民社会的概念，市民社会概念是通向抽象法的基石。

马克思既然是承接着黑格尔讲述市民社会的，那么在他那里，市民社会首先也是一个非实体化的历史性概念和政治哲学概念，其次才衍生出其他含义。这一点，淋漓尽致地体现在《论犹太人问题》和《〈政治经济学批判〉导言》中。众所周知，贯穿于《论犹太人问题》这个马克思早期思想文本的一个中心概念就是市民社会。马克思在其中谈到市民社会时曾这样说道，政

1〔英〕伯尔基：《马克思主义的起源》，伍庆、王文扬译，华东师范大学出版社，2007，第67—68页。

治革命“把市民社会分割为简单的组成部分：一方面是**个体**，另一方面是构成这些个体的生活内容和市民地位的**物质要素**和**精神要素**。……**政治革命**把市民生活分解成几个组成部分，但没有**变革**这些组成部分本身，没有加以批判。它把市民社会，也就是把需要、劳动、私人利益和私人权利等领域看做**自己持续存在的基础**，看做无须进一步论证的**前提**，从而看做自己的**自然基础**”[1]。从这段话来看，马克思并未在抽象的“社会物质关系”或“经济基础”的意义上来使用“市民社会”这一术语，相反他完全是在黑格尔的意义上来使用这一术语的，因为他在这段话中实际是将市民社会认定为“需要、劳动、私人利益和私人权利”的领域。这不仅表明马克思所讲的市民社会是一个指示资本主义之到来的非实体化的历史性概念，同时也一并表明它是一个政治哲学的概念，因为显而易见，从私人利益和私人权利的角度来认定市民社会，表明马克思已经切入到近代以来以所有权为显性论题的政治哲学理论叙事中，市民社会在此意义上，也便成为马克思阐发其政治哲学理论见解的一个关键支点。

在后来的《〈政治经济学批判〉导言》中，马克思再一次谈到了市民社会。他指出：“只有到18世纪，在‘市民社会’中，社会联系的各种形式，对个人说来，才表现为只是达到他私人目的的手段，才表现为外在的必然性。但是，产生这种孤立个人的观点的时代，正是具有迄今为止最发达的社会关系（从这种观点看来是一般关系）的时代。”[2]显然，马克思此时所谈到的市民社会，同样不是指抽象的、实体化的“社会物质关系”或“经济基础”，而是指包含着发达、复杂的社会关系的资本主义历史时代。他对市民社会的这一认定与写作《论犹太人问题》时相比的一个变化，就是明确补入了一个“资本”的视角，即把市民社会中的关系归结为资本的关系。由于在

1《马克思恩格斯文集》第1卷，人民出版社，2009，第44—46页。

2《马克思恩格斯文集》第8卷，人民出版社，2009，第6页。

资本主义时代，固化为一种客观社会结构的资本既是历史的本质之所在，也是权利、自由、平等、公正等政治哲学问题的全部奥秘之所在，所以马克思在审视和认定市民社会上的这个变化，不仅不表明他在全面开展政治经济学批判时期已从历史和政治哲学的视域中抽离了出来，相反，这个变化一方面表明由市民社会所表征的现代历史只是到他这里才得到了根本揭示，另一方面也表明近代以来以市民社会问题为“根”问题和“原生”问题的政治哲学，也只是到他这里才获得了最深刻的学术表达和理论言说。

如果由上可见，市民社会在马克思的语境中始终保持着其作为历史性概念和政治哲学概念的本义，那么毋庸置疑，我们只有在思想史的维度中厘清其本义，才能够倚重于这个概念来对马克思哲学的相关理论问题予以透彻的理解、阐释和说明。对于政治哲学与历史唯物主义之关系的理解、阐释和说明，就要基于这一点来进行。

二、市民社会与历史唯物主义的关系

进一步说，当基于对市民社会之本义的把握来阐释政治哲学与历史唯物主义的关系时，我们需要追问历史唯物主义的生成路径这个问题。我们可以肯定地说，历史唯物主义绝非马克思用费尔巴哈式的一般唯物主义观点来审视和认识社会历史的一个结果，在很大意义上，正是他探析市民社会问题的一个结果，亦即市民社会问题才是历史唯物主义理论生成的一个真正原点。为什么？

在《〈政治经济学批判〉导言》中，马克思曾这样说道：“资产阶级社会是最发达的和最多样性的历史的生产组织。因此，那些表现它的各种关系的范畴以及对于它的结构的理解，同时也能使我们透视一切已经覆灭的社会形式的结构和生产关系。资产阶级社会借这些社会形式的残片和因素建立起来，其中一部分是还未克服的遗物，继续在这里存留着，一部分原来只是征兆的东西，发展到具有充分意义，等等。人体解剖对于猴体解剖是一把钥匙。反过来说，低等动物身上表露的高等动物的征兆，只有在高等动物本身已被认识之后才能理解。”[1]人们通常会认为，马克思的这段话是对其政治经济学研究所采用的“从后思索”方法的一个形象说明，目的是要告诉人们，他是通过研究资本主义社会中的经济关系来探索一般性的经济规律的。不过，这个“从后思索”方法不仅向我们呈示了马克思政治经济学研究的一般逻辑进程，也向我们呈示了其历史唯物主义之形成的一般逻辑进程。因为历史唯物主义是马克思通过探寻历史而创建起来的，而他所首先面对和探寻的历史，并非跨越一切时代、抽象普遍、没有具体所指的历史，而是随着现代市民社会的形成而不断延展开来的资本主义历史。这便是说，马克思正是在对资本主义历史之在场性关系的深入考察和探析中，揭示了历史的普遍性本质，并由此发现了生产力、生产关系、经济基础、上层建筑等客观性的社会构件及相互之间的联系，具有广泛指导意义的历史唯物主义才由此被创立了起来。进而言之，如果说这就是历史唯物主义之形成的一般逻辑进程，那么，在这个历史唯物主义之形成的逻辑进程中，马克思关于市民社会的研究和批判并非一个无关紧要的节点，而是这整个进程的最关键部分和最重要载体，原因是马克思对资本主义历史的考察和探析不是一个空泛的说法，而正是以研究和批判市民社会为基本切入口与坚实基石的。如何理解这个问题？

从解剖学的角度来看，资本主义的历史在静态结构上包括两个部分，一是与政治相对应的国家，二是与经济相对应的市民社会。根据霍布斯、洛克等的社会本位的国家观，国家与市民社会在价值排序上并非完全对等，毋宁说市民社会是优先于国家的。虽然这个观点的主旨在于从规范的层面为权利和自由等现代社会的政治原则予以辩护，但也反映了现实的国家和现实的市民社会在发生学上的真实关系，即在现代资本主义历史中，国家是以市民

1《马克思恩格斯文集》第 8 卷，人民出版社，2009，第 29 页。

社会为历史基础而构建起来的，市民社会构成了国家的真实发生学本源。马克思对市民社会与政治国家之关系的判定——市民社会决定政治国家而非相反，把这种发生学的关系极其透彻、极其深刻地揭示了出来。他从这种关系中所进一步看到的事实是，资本主义的历史固然在静态结构上可被界分为政治国家与市民社会这两个部分，但它归根结底就是以市民社会为本体和实体的历史，就是围绕市民社会的历史出场与在场而逐渐形成并不断展开的历史。在这一历史的语境中，对于政治国家和市民社会的认识与批判需要合为一体，当然，落脚点是市民社会。

问题的关键就在于，“历史”自始至终都是马克思最重要的理论兴趣点之一。当他看到市民社会在现代资本主义历史中所具有的本体和核心地位进而将之与政治国家在理论认知和理论批判上合并为一体时，他必然会顺理成章地将市民社会的研究确立为切入历史的一个根本途径。马克思虽然没有在任何一个地方，对以市民社会的研究为切入历史的途径这一点予以直截了当的说明，但从文本写作来看，从《黑格尔法哲学批判》《论犹太人问题》到《1844年经济学哲学手稿》再到《关于费尔巴哈的提纲》《德意志意识形态》，马克思始终是在不断推进对市民社会的研究中，来一步一步揭示资本主义的社会关系及历史的普遍性本质的。就此而论，如果说历史唯物主义是马克思以研究现代资本主义历史为端点而创制的一个一般性的历史理论，那么我们同样有理由认为，市民社会的研究和批判不仅没有歧出于历史唯物主义的生成路径，而且一定是历史唯物主义之生成的最关键起点和最重要背景。

对于这个问题，马克思和恩格斯在《德意志意识形态》中做过一个隐含的说明，德国人“从来没有为历史提供**世俗**基础，因而也从未拥有过一个历史学家。法国人和英国人尽管对这一事实同所谓的历史之间的联系了解得非常片面——特别是因为他们受政治意识形态的束缚——，但毕竟作了一些为历史编纂学提供唯物主义基础的初步尝试，首次写出了市民社会史、商业史和工业史”[1]。如果说马克思和恩格斯在这里只是借用英国人和法国人的范例来指示市民社会研究与历史唯物主义之间的理论关联，那么在《〈政治经济学批判〉序言》中回顾自己的研究历程时，马克思则直截了当地对这种关联进行了说明：“对市民社会的解剖应该到政治经济学中去寻求。我在巴黎开始研究政治经济学，后来因基佐先生下令驱逐而移居布鲁塞尔，在那里继续进行研究。我所得到的，并且一经得到就用于指导我的研究工作的总的结果，可以简要地表述如下：……”[2]有的学者也注意到了马克思的这一说明为我们理解历史唯物主义的理论生成所提供的重要信息，并将这种信息解释为马克思对“物质的生活关系”或“经济事实”在社会历史中的决定作用的认识。虽然直观地看，这种解释并无不当，但深层地看，这种解释中所缺失的东西就是市民社会所链接到的“历史”，亦即这种解释既没有从“历史”的角度来理解市民社会研究与历史唯物主义之间的理论关联，也根本不可能真正看到它们之间的理论关联。而实际上，马克思即使是出于对“物质的生活关系”或“经济事实”在社会历史中的决定作用的认识而提出了历史唯物主义的基本原理，那么他的这个认识，也是通过考察由市民社会所代表的生动鲜活的历史而得来的，而绝不是在一种与历史相隔离的抽象思想实验中得来的。所以归根到底，相比对“物质的生活关系”或“经济事实”之决定作用的认识，马克思对市民社会的研究，才是我们在把握他的历史唯物主义之创制时所应看到的更根本的东西。

三、政治哲学何以成为历史唯物主义的发源地？

由于如上所述，市民社会既是一个非实体化的历史性概念，又是一个政治哲学的概念，所以我们不仅需要从“历史”的视域，而且也需要进一步从“政治哲学”的视域，来倚重市民社会概念理解历史唯物主义。进而言之，

1《马克思恩格斯文集》第1卷，人民出版社，2009，第531页。
2《马克思恩格斯文集》第2卷，人民出版社，2009，第591页。

由于市民社会代表的是一个随着商品经济和市场交换体系的发育与不断成熟而从过去的政治国家中独立出来的私人自主领域，所以与此相应，近代以来在市民社会的历史土壤上孕育出来的政治哲学所予以关切的最根本问题，就是以个人所有权为核心的权利和自由的问题。在这个问题上，洛克、斯密、卢梭、康德、黑格尔等政治哲学家都进行了比较周密的阐释和论证。马克思在《论犹太人问题》中围绕“市民社会”所开展的批判，也切入到这一问题中来。不过，与前面这些政治哲学家不同的是，马克思虽然认为权利和自由从其抽象意义上看，乃是现代人的生命结构中不可或缺的组成部分，但他的核心工作，并不在于为市民社会这个利益纷争的舞台中的权利和自由予以系统辩护，而在于对它们进行检省、审查与质询。我们知道，马克思在这一工作中所实现的一个重大理论推进，就是提出了从政治解放到人的解放的伟大主张。作为两种完全不同的解放形式，政治解放和人的解放分别对应着市民社会和人类社会的历史位阶。这说明，马克思在《论犹太人问题》中，就已经把人类社会确立为其政治哲学的立脚点，因此他也是在这个立脚点上，来考察以个人所有权为核心的权利和自由问题的。从政治解放推进到人的解放、从市民社会推进到人类社会，这是马克思与洛克、斯密、卢梭、康德、黑格尔等人相比在政治哲学上所取得的重大理论突破之一。

进一步来看，马克思在政治哲学研究上所取得的这个重大理论突破，同时也是其历史唯物主义在形成过程中的一个极为重要的理论转折点。根据何在？

实际上，自洛克到马克思，政治哲学家们以何种方式来阐释权利和自由问题，与他们以何种方式来审视市民社会是一个问题的两个方面。具体而言，当洛克、斯密、卢梭、康德、黑格尔等人站在市民社会的立脚点上来阐释权利和自由问题时，他们显然只能在一个“静时态”中，用一种非历史的、非过程性的眼光来审视市民社会。康德和黑格尔虽然已经确立起了一定的历史性意识，但这种历史性意识具有显而易见的不彻底性，并未超出洛克以来的非历史主义思维定式。与之相反，当马克思不以市民社会而以人类社会为立脚点来阐释权利和自由问题时，他无疑就能够将市民社会放在一个历史过程当中，从一种历史的视野来对其做进一步的审视和批判。如果说这是马克思与洛克、斯密、卢梭、康德、黑格尔等政治哲学家在市民社会研究上的一个重大分殊，那么这个分殊尤为突出地展现在《1844 年经济学哲学手稿》中。

马克思在《1844 年经济学哲学手稿》中批评斯密之后的英国古典政治经济学时指出，英国古典政治经济学“从私有财产的事实出发。它没有给我们说明这个事实。它把私有财产在现实中所经历的**物质**过程，放进一般的、抽象的公式，然后把这些公式当做**规律**。它不**理解**这些规律，就是说，它没有指明这些规律是怎样从私有财产的本质中产生出来的。……它把应当加以阐明的东西当做前提”[1]。马克思在这段话中虽然没有使用“市民社会”这个术语，但他显然是针对英国古典政治经济学在市民社会研究上的重大缺陷而批评后者的，因为作为后者研究出发点的私有财产，是市民社会在“物”的层面上的一个主要构件和内容。扩而论之，马克思在这段话中所提出的批评不仅适应于英国古典政治经济学，而且也适应于与英国古典政治经济学存在家族相似性或遗传基因的洛克及黑格尔哲学，因为他实际是把这些看似不同的学思传统作为同类项合并起来加以一体化处理的，例如，他在《1844 年经济学哲学手稿》中曾直截了当地指出，“黑格尔是站在现代国民经济学家的立场上的”[2]。至关重要的一点是，马克思在这里既然批评英国古典政治经济学把应当加以阐明的东西当作了前提，那么就表明他已明确看到斯密、黑格尔等人在市民社会研究上的非历史主义思维定式，同时也表明他已真正开始

1《马克思恩格斯文集》第 1 卷，人民出版社，2009，第 155 页。
2《马克思恩格斯文集》第 1 卷，人民出版社，2009，第 205 页。

从历史的视野来审视市民社会，亦即“历史”已真正开始成为他的市民社会研究中最根本的东西了。如果我们把这一点视为马克思从《论犹太人问题》过渡到《1844年经济学哲学手稿》时在市民社会研究上所形成的一个重要理论推进，那么这个重要理论推进，不仅意味着马克思相比之前更进一步切近了由市民社会所表征的现代资本主义历史的本质，而且意味着他开始将思维的触角切实伸向了现实的“生产关系”。

我们要指认的问题在于，洛克、斯密及黑格尔等政治哲学家，都是立足于“劳动”这个市民社会的要素来说明、证成私有财产及以之为基础的权利和自由体系的。在市民社会研究上的非历史主义思维定式，则决定了他们只能本着一种非批判性的眼光，从对劳动的一味肯定中来呈示这个问题。具体一点说，他们所要做的事情就是先把劳动归结为人的本质，继而把由劳动所生成的私有财产及因之而来的权利和自由，认定为人得以确证自我以及公正和谐的社会关系得以构建和维系的基石与基本标识物，最后达到为资本主义自由市场体系鸣锣开道的目的。与之大相径庭，从历史主义出发的马克思在《1844年经济学哲学手稿》中所要做的最关键工作，则是要通过揭示劳动的消极方面即异化劳动，来揭示私有财产和资本主义经济关系的本质。具体来讲，马克思从工人的异化劳动中所看到的基本事实是，资本主义社会中的私有财产关系，归根结底是由“劳动”和“资本”这两个市民社会的关键要素所构成的一个复合性、整体性的关系。由于在整个私有财产关系的形成与确立中，劳动与资本所经历的是一个由起初的统一到后来的分离乃至对立的运动历程，所以私有财产关系及全部资本主义经济关系就其本质而言，是由劳动和资本的分离与对立所造成的一种压迫性的社会关系。需要注意的是，马克思在《1844年经济学哲学手稿》中，虽然没有像后来在《资本论》中那样从剩余价值角度来精确地揭示资本主义的剥削关系，但他显然已实质性地进入由市民社会所表征的现代资本主义社会之“生产关系”层面了。相反，洛克、斯密及黑格尔等人虽然都是在市民社会的历史地平线上来构建各自的理论学说的，但由于受制于非历史主义思维定式，他们都没有真正看到“生产关系”这个历史的实体性内容，从而也只能把这个内容的一些外在表象推定为他们的立论前提和理论归宿点。就此来说，马克思之前的这些政治哲学家即便为历史唯物主义的创立做了一个长时段的思想史准备，最后也都没有真正通达历史唯物主义的思维水准，更不用说像马克思那样直接创立历史唯物主义的理论学说。而马克思在《1844 年经济学哲学手稿》中对“生产关系”的把握和呈示，则显然是其历史唯物主义形成过程中的一个极为关键的环节。马克思是通过揭示历史的本质来创立历史唯物主义的，而生产关系是最能展现历史之本质的东西。

不容否认，无论就马克思在较为宏观的意义上对由市民社会所表征的现代资本主义历史之本质的切近而言，还是就他在较为微观的意义上对包藏在这个历史中的现实“生产关系”的呈示来讲，他之后系统构建的历史唯物主义理论学说，都和他在《1844 年经济学哲学手稿》中对市民社会的审视和批判紧密相关，进而追溯起来，也都和他在《论犹太人问题》中从政治解放推进到人的解放、从市民社会推进到人类社会的政治哲学探索密不可分。正是因为存在这样一种学术理论上的内在勾连和对应性关系，马克思才在《关于费尔巴哈的提纲》第十条中指出：旧唯物主义的立脚点是市民社会，新唯物主义的立脚点则是人类社会或社会化的人类。这种学术理论上的内在勾连和对应性关系深刻表明，政治哲学就是历史唯物主义的发源地。

第二节　历史唯物主义的实践哲学维度

众所周知，根据亚里士多德对理论、实践及制作等活动类型的界划，特别是根据康德对理论理性与实践理性的界划，我们可以将古往今来的哲学在形态学的意义上区分为理论哲学与实践哲学，前者是一个以“事实”为前提、以探求固定不变的知识为宗旨的哲学分支，如认识论、形而上学等；而后者是一个以“价值”为前提、以探索可能的好社会为宗旨的哲学分支，如政治哲学（特别是近代以来的规范性政治哲学）、道德哲学等。遵照这种区分，人们通常将历史唯物主义认定为一种纯粹的理论哲学，理由就是由马克思和恩格斯所创立的这个哲学理论，归根结底是一个有关认识论或知识论的理论，其所揭示和讲述的都是一些恒久不变的历史规律和事实性原则，如社会存在决定意识、生产力决定生产关系、经济基础决定上层建筑，如此等等。这种认定容易使历史唯物主义乃至全部马克思主义哲学与人们的现实伦理、政治生活发生脱节和断裂，也不可能为理解历史唯物主义与政治哲学的关系提供有效前提。这样来看，能否将历史唯物主义在理论形态上认定为实践哲学，或者能否从中开显出一个实践哲学的维度，无论如何都是历史唯物主义研究中需要着力探索和解答的重大问题，也是马克思主义政治哲学研究中需要辨明的基础性问题。在传统马克思主义哲学的理解结构中，该问题自然没有得到深入的考察和令人满意的解答。本节在突破传统马克思主义哲学理解结构的前提下，来实质性地解答该问题。

一、从历史到实践

众所周知，虽然一提到马克思，人们会立即想到他的历史唯物主义理论，但马克思却从来没有写过一部专门论述历史唯物主义的著作。不过，毋庸讳言的是，人们在理解何为历史唯物主义时，通常又会想到马克思在《〈政治经济学批判〉序言》中的如下著名论述：“人们在自己生活的社会生产中发生一定的、必然的、不以他们的意志为转移的关系，即同他们的物质生产力的一定发展阶段相适合的生产关系。这些生产关系的总和构成社会的经济结构，即有法律的和政治的上层建筑竖立其上并有一定的社会意识形式与之相适应的现实基础。物质生活的生产方式制约着整个社会生活、政治生活和精神生活的过程。不是人们的意识决定人们的存在，相反，是人们的社会存在决定人们的意识。社会的物质生产力发展到一定阶段，便同它们一直在其中运动的现存生产关系或财产关系（这只是生产关系的法律用语）发生矛盾。于是这些关系便由生产力的发展形式变成生产力的桎梏。那时社会革命的时代就到来了。随着经济基础的变更，全部庞大的上层建筑也或慢或快地发生变革。”[1]由于这段论述长期以来被称为马克思关于历史唯物主义的“经典表述”，所以人们也总是根据这段论述来理解历史唯物主义的理论实质。恩格斯在为马克思《政治经济学批判。第一分册》所写的书评中，将这段“经典表述”所阐发的原理进一步概括为“人们的意识取决于人们的存在而不是相反”[2]，这在人们看来也正是历史唯物主义的理论实质之所在。然而，这种理解并没有真正把握历史唯物主义的理论实质。

我们知道，苏联马克思主义哲学解释模式的一个最大缺陷，就是将历史唯物主义做了自然本体论或物质本体论的理解。根据自然本体论或物质本体论，历史唯物主义只是自然唯物主义在历史领域中的推广和运用，所以重点不是历史而是唯物主义。实际上，如果仅仅停留在“人们的意识取决于人们的存在而不是相反”这个层面来界定历史唯物主义，我们就依然没有摆脱自然本体论和物质本体论的思维定式，因为这种界定必然将思维的触角伸向唯物主义而不是历史。可是，马克思和恩格斯在《德意志意识形态》中批评费尔巴哈时曾这样指出：“当费尔巴哈是一个唯物主义者的时候，历史在他的视野之外；当他去探讨历史的时候，他不是一个唯物主义者。”[3]列宁也曾在《唯物主义和经验批判主义》一书中指出：“马克思和恩格斯的学说是从费尔巴哈那里产生出来的，是在与庸才们的斗争中发展起来的，自然他们所特别

1《马克思恩格斯文集》第 2 卷，人民出版社，2009，第 591—592 页。
2《马克思恩格斯文集》第 2 卷，人民出版社，2009，第 598 页。
3《马克思恩格斯文集》第 1 卷，人民出版社，2009，第 530 页。

注意的是修盖好唯物主义哲学的上层，也就是说，他们所特别注意的不是唯物主义认识论，而是唯物主义历史观。因此，马克思和恩格斯在他们的著作中特别强调的是**辩证**唯物主义，而不是辩证**唯物主义**，特别坚持的是**历史**唯物主义，而不是历史**唯物主义**。”[1] 马克思、恩格斯和列宁的这些话直截了当地告诉我们，历史唯物主义的理论实质在于历史而不在于唯物主义，人们通常重视的“社会存在决定社会意识”这一唯物主义原则，实际是随着马克思和恩格斯对历史的深入探究而确立起来的，所以，只有把握住了“历史”这个环节，历史唯物主义的实体性内容及理论实质才有可能展现出来，相反，如果仅仅抓住“唯物主义”一词而遮蔽了历史，历史唯物主义就很容易被曲解为与之格格不入甚至截然相反的东西。关键是，如何理解历史唯物主义中的“历史”？

毋庸讳言，人们往往会从字面上，将历史唯物主义中的“历史”理解为与自然领域不同的社会历史领域。遵照这个理解，历史唯物主义实际就被先在地界定为“社会历史领域中的唯物主义”，而这个界定显然没有将历史唯物主义与自然唯物主义根本区分开来，因为其所突出的是与自然唯物主义相重合的部分即“唯物主义”，真正从属于“历史”的东西却无法得到凸显。需要看到，这里的“历史”主要不是指社会历史领域，而是指社会历史领域的本质。人们是否或在多大程度上理解了历史，自然取决于是否或在多大程度上揭示了历史的本质。在近代以来的经验主义者看来，一个事物的本质也就是在直观经验范围内能够得到确证的东西，所以，历史也就是可以通过直接的事实性材料得到证实的过去人物和过去事件的集合，除此之外的所谓历史都是值得怀疑的。这个观点虽然符合人们对历史的直觉认识，但由于经验主义往往缺少对研究对象的反思性探究，因而，其所看到的历史通常只是一些历史现象而非历史本质。黑格尔在思想史上率先从辩证思维的角度，

1《列宁专题文集 论辩证唯物主义和历史唯物主义》，人民出版社，2009，第115—116页。

运用集认识论和本体论于一体的逻辑学来重新理解和建构历史，由此在很大程度上把握到了历史中蕴藏着的丰富复杂的关系，大大推进了对于历史之本质的科学性认知。恩格斯高度评价了黑格尔在认识历史问题上所取得的重大推进，认为黑格尔的思维方式不同于所有其他哲学家的地方，就在于以巨大的历史感做基础。[1]不过，黑格尔以逻辑来规定历史的做法不管在多大意义上超越了经验主义的历史观，也无法真正达及历史的本质层面，因为其逻辑学建立的是一种思维与存在的同质性认识结构，故而其所讲述的历史，归根到底是一种由思维和概念所确立起来的精神性的东西，与历史的本质依然相距甚远。马克思、恩格斯实际是在克服经验主义和以黑格尔为代表的唯心主义的基础上理解历史的，所以他和恩格斯在《德意志意识形态》中指认，历史既不是抽象的经验主义者所认定的那种“僵死的事实的汇集”，也不是唯心主义者所认定的那种“主体的想象活动”[2]。如果说马克思和恩格斯的这个指认是要告诫人们，既不能凭借抽象直观也不能凭借纯粹主观想象来捕获和把握历史的本质，那么在他们的心目中，就只能借助于实践思维这一工具来做这项工作。这不仅是因为实践思维一方面能够克服经验主义和旧唯物主义的抽象直观，另一方面也能够克服唯心主义的纯粹主观，同时也是因为人们总是通过感性实践活动而非其他东西来创造自己的历史并赋予其本质，实践构成了历史的真实发生学本源。马克思和恩格斯在《德意志意识形态》中批评费尔巴哈时，曾反复阐述这个观点。比如，他们在下面一段批评费尔巴哈的话中，就阐述了这个观点：“费尔巴哈特别谈到自然科学的直观，提到一些只有物理学家和化学家的眼睛才能识破的秘密，但是如果没有工业和商业，哪里会有自然科学呢？甚至这个‘纯粹的’自然科学也只是由于商业和工业，由于人们的感性活动才达到自己的目的和获得自己的材料的。这种活

1《马克思恩格斯文集》第 2 卷，人民出版社，2009，第 602 页。
2《马克思恩格斯文集》第 1 卷，人民出版社，2009，第 526 页。

动、这种连续不断的感性劳动和创造、这种生产，正是整个现存的感性世界的基础，它哪怕只中断一年，费尔巴哈就会看到，不仅在自然界将发生巨大的变化，而且整个人类世界以及他自己的直观能力，甚至他本身的存在也会很快就没有了。”[1]

进一步说，如果正像马克思和恩格斯所指示的那样，只有借助于实践思维这一工具，才能够根本揭示和把握历史的本质，那么实质上也只有借助于这一工具，才能够提出并厘定生产力、生产关系、经济基础、上层建筑及社会发展形态等一系列历史唯物主义的基本范畴，也才能够发现并确立起“社会存在决定社会意识”这一历史唯物主义的基本原理。因为不管是这些历史唯物主义的基本范畴，还是此历史唯物主义的基本原理，都不是摆在历史平面上的、触手可及的东西，而是只有在历史的本质得以揭示之后才能够被把握的东西。经验主义者和唯心主义者之所以都不能提出历史唯物主义的理论观点，原因之一就在于，他们都没有从实践的角度来切近历史，从而都没有真正把握历史的本质。在此意义上，“实践”不仅是通向历史的有效桥梁，而且也是理解历史唯物主义的一个重要切入口，疏离了实践及以实践为中介和本源的历史，我们并不能达到历史唯物主义的思维水平。从这个情况来看，历史唯物主义与其说是一个以“人们的意识取决于人们的存在而不是相反”为原理的理论，倒不如说是一个“从实践来理解历史之本质”的理论，这是因为前一界定只是向我们讲述了一个历史唯物主义的结论性观点，而后一界定却向我们呈示了历史唯物主义的理论前提及理论实质。

从文本的关联性来看，马克思和恩格斯在《德意志意识形态》中所提出的从实践来理解历史之本质的理论主张，直接来自马克思在《关于费尔巴哈的提纲》中所提出的“把感性理解为实践活动”的理论观点。由此来讲，马克思在《关于费尔巴哈的提纲》第十条中所提到的“新唯物主义”，实际

1《马克思恩格斯文集》第1卷，人民出版社，2009，第529页。

就是他与恩格斯正在创立的历史唯物主义，而不是指涉一个与历史唯物主义并不相同的理论。与此同时，恩格斯虽然将《关于费尔巴哈的提纲》指认为包含新世界观的“萌芽”的第一个文件，但由于马克思在这个文件中正式提出了“把感性理解为实践活动”这个极为重要的理论观点，所以这个提纲式的文件，实际已经把新世界观即历史唯物主义最核心的原则提出来了。就此而言，在理解历史唯物主义时，我们就不能仅仅将学术的视线投向《〈政治经济学批判〉序言》中的“经典表述”及与之相类似的结论性话语，而应当同时回溯到《关于费尔巴哈的提纲》乃至更早的理论文本，这是从“根”上来把握历史唯物主义的题中应有之义。

二、异质性思维与实践哲学

马克思要求在实践中揭示和把握历史的本质，并不足以表明其所创立的历史唯物主义就是一种实践哲学或包含了实践哲学维度的理论。要对这个问题做出根本解答，还需要追溯实践哲学的理论特质以及历史唯物主义与该理论特质的符合程度。在亚里士多德所界划的活动类型——理论、实践、制作中，理论涉及的是人们对事物的本性和普遍必然的东西的探察，而实践涉及的则是朝向人们的目的且会因人们的主观意志和能力而改变的现实行动。如果与理论这一活动类型相对应的就是理论哲学、与实践这一活动类型相对应的就是实践哲学，那么理论哲学与实践哲学的差异大致可概括为、前者要求用一种不变的观念和理论来对事物予以解释，而后者则要求打破一切观念和理论教条的束缚，在流动的生活世界中去追求和创造可能的善的世界，这也是实践哲学的理论特质之所在。从这一差异来看，政治哲学既可能是一种实践哲学，也可能是一种理论哲学。比如说，柏拉图的政治哲学严格说来，就是一种理论哲学。然而，就破解政治哲学与历史唯物主义的关系而言，我们则需要在实践哲学的层面上来界定政治哲学。因为当把政治哲学与历史唯物主义严格区分开来或者直接对立起来时，人们实际上已经自觉不自觉地根据实践哲学和理论哲学，来分别认识这两种理论了。将政治哲学认定为实践哲学符合通常的理解，而在马克思哲学中开显实践哲学的理论维度，也是我们证成与建构马克思政治哲学的重要前提。所以，问题的关键依然在于，历史唯物主义符合实践哲学的理论特质吗？

显而易见，判断一种理论是否符合实践哲学的理论特质，不单单看它是否承认实践活动的重要性，更要看它是否把实践视为一个与理论存在差异的领域。如果认为实践是一个可以被先在的思维、观念和理论完全驾驭的必然的领域，那么，这就没有确立起实践哲学所特有的以“自由”和可变性为显著标志的致思方式。对于马克思所讲的实践而言，情况是怎样的呢？

在完成于 1841 年初的博士论文中，马克思曾将哲学形象地比喻为吞噬外部世界的“火焰”，并明确地提出了“哲学的世界化”的口号。在 1843 年 9 月写给卢格的信中，马克思将博士论文中所指示出来的这样一条以外部世界为端点的哲学路线确立为一条批判哲学的路线：“新思潮的优点又恰恰在于我们不想教条地预期未来，而只是想通过批判旧世界发现新世界。以前，哲学家们把一切谜底都放在自己的书桌里，愚昧的凡俗世界只需张开嘴等着绝对科学这只烤乳鸽掉进来就得了。而现在哲学已经世俗化了，最令人信服的证明就是：哲学意识本身，不但从外部，而且从内部来说都卷入了斗争的漩涡。如果我们的任务不是构想未来并使它适合于任何时候，我们便会更明确地知道，我们现在应该做些什么，我指的就是**要对现存的一切进行无情的批判**……所以我不主张我们树起任何教条主义的旗帜，而是相反。我们应当设法帮助教条主义者认清他们自己的原理。”[1] 马克思在这段文字中虽然没有直接谈到理论和实践之间的差异性问题，但他所表明的非教条主义的批判性态度，却显然已经根本性地涉及了这个问题。具体一点说，在马克思的心目

1《马克思恩格斯文集》第 10 卷，人民出版社，2009，第 7 页。

中，实践是一个与作为观念形态的理论并不等同的领域，因而并不能教条地根据后者所提供的样本来解释和规定前者，而应当在哲学的世俗化过程中针对前者来具体地加以研究和批判。

在思维根源上，马克思之所以能够看到理论与实践的差异性问题，乃是因为他建立的是一种思维和存在的异质性认知结构。我们知道，在哲学史上，以黑格尔为代表的哲学家抱持的是一种思维和存在的同质性认知结构。需要注意的是，思维和存在的同质性认知结构，并不是要求思维努力地接近或达到存在，而是让思维具备为存在立法的先天地位和资格，从而使具有差异性的存在统一在作为最终根据的思维的层面。显而易见，这种思维和存在的同质性认知结构虽然能够做到在精神性层面上来审视和反思现实世界，但却难以发展出一种针对现实世界最鲜活的矛盾的批判理论。在哲学史上，康德是持有思维和存在的异质性认知结构的典范，这展现为他对现象和物自体、理论理性和实践理性的严格划界。这个认知结构虽然让康德背负上了“不可知论”的罪名，但其深刻之处在于没有将存在论或本体论问题粗暴地划归在认识论框架中，从而避免了用必然来消解自由、用事实来消解价值的可能。这既为人们讨论自由、权利、平等、公正、道德等问题提供了一个坚实的逻辑前提，也由此而划定了实践哲学与理论哲学的明确边界。后来的罗尔斯、诺奇克等人之所以相继地以康德为重要支点来发展各自的政治哲学，与这一点不无关系。在批评康德“不可知论”的基础上，黑格尔运用其辩证逻辑，将现象和物自体、理论理性和实践理性统合为一个不可分割的整体，并在此基础上建立起了思维和存在的同质性认知结构。这个认知结构虽然在一定意义上克服了“不可知论”的问题，但却显然将以“自由”为旨向的本体论问题消融在了认识论框架中，虽然在黑格尔那里，辩证逻辑既具有认识论的意义，也具有本体论的意义。

作为一位批判理论家，马克思深刻洞察到了黑格尔建立的思维和存在的同质性认知结构所存在的重大偏蔽和缺陷。在写于1844年秋的《神圣家族》中，他和恩格斯对这种认知结构做出了深刻而有力的批判："有这样一个世界，在那里**意识**和**存在**是不同的，而当我只是扬弃了这个世界的思想存在，即这个世界作为范畴、作为观点的存在的时候，也就是说，当我改变了我自己的主观意识而并没有用真正对象性的方式改变对象性现实，即并没有改变我自己的**对象性**现实和其他人的对象性现实的时候，这个世界仍然还像往昔一样继续存在。因此，**存在**和**思维**的思辨的**神秘的同一**，在批判那里作为**实践**和**理论**的同样神秘的同一重复着。因此，批判怒气冲冲地反对那种还想同理论有所区别的实践，同时也反对那种还想同把某一特定**范畴**变成'**自我意识的无限普遍性**'的做法有所区别的理论。批判本身的理论仅限于把一切确定的东西（如国家、私有财产等）宣布为自我意识的无限普遍性的对立物，因而也就把它们宣布为微不足道的东西。其实恰好相反，必须加以说明的是，国家、私有财产等怎样把人变为抽象概念，或者它们怎样成为**抽象的**人的产物，而不是成为单个的、具体的人的现实。"[1] 马克思和恩格斯的这一批判表明，与黑格尔判然有别，他们所建立的就是思维和存在的异质性认知结构。这一异质性认知结构意味着，他们无论如何都不可能把实践认定为一个可以由先在的思维、观念和理论所完全把握和驾驭的领域。

20世纪80年代后期以来，中国马克思主义哲学界把关于实践的认识论阐释转换为了本体论阐释，但由于实践只是充当了一个苏联马克思主义哲学理解模式所讲的"物质"的替代品（从"物质本体论"到"实践本体论"），所以这种本体论阐释并没有打开一个真正的实践哲学的研究空间。实质上，马克思虽然是在不同于康德纯粹道德的意义上来使用"实践"这个概念的，同时也没有直截了当地声称要基于"实践"而发展一种不同于理论哲学的实践哲学，但毋庸置疑，他是用一种实至名归的实践哲学的态度而非理论哲学

1《马克思恩格斯文集》第1卷，人民出版社，2009，第358页。

的态度来审视和对待实践的。这一实践哲学的态度，用《关于费尔巴哈的提纲》第八条的话说就是："全部社会生活在本质上是**实践的**。凡是把理论引向神秘主义的神秘东西，都能在人的实践中以及对这种实践的理解中得到合理的解决。"[1]根据这种情况，我们有理由认为，实践在马克思的语境中，乃是一个并非通达理论哲学而是通达实践哲学的概念。

一目了然的事实在于，如果说马克思是在一个并非通达理论哲学而是通达实践哲学的"实践"概念基础上揭示和把握历史的本质，从而创立起历史唯物主义这个伟大的哲学理论的，那么，我们就有理由将这个理论放在实践哲学的层面上来加以创造性阐发。就此来讲，这一看似只关乎"事实"判断的哲学理论，与政治哲学、道德哲学等实践哲学的理论形态不是相互外在甚至彼此排斥的，毋宁说它们之间存在一种内在的兼容和会通关系。

三、理论哲学的维度

我们固然有理由把历史唯物主义放在实践哲学的层面上来加以创造性阐发，但却不能由此而否认这样一个事实，即作为一个以科学认知为重要旨趣之一的理论，历史唯物主义必然承担着理论哲学在探求规律和真理上的任务，从而彰显着理论哲学的基本底色。如果忽视了这一点，一味地在实践哲学的层面上来对历史唯物主义进行诠释，则会很容易偏离其理论实质。所以，要在完整的意义上来解答历史唯物主义与实践哲学是否相兼容的问题，就需要在理论哲学的维度上对其做更全面的把握。

我们知道，历史唯物主义是一个不可任由人们随意拆解的理论整体。但为了在理论哲学的维度上来做更全面的把握，我们倒可以从这个理论整体中区分出两个部分，即一是"唯物主义"，二是"历史"。实际上，在马克思主义哲学发展史上，第二国际和苏俄马克思主义者（列宁除外），主要是在

1《马克思恩格斯文集》第1卷，人民出版社，2009，第501页。

“唯物主义”这条线上来阐释历史唯物主义的；而卢卡奇、柯尔施及其后的西方马克思主义哲学家，则主要是在“历史”这条线上来阐释历史唯物主义的。从理论哲学的维度来看，“唯物主义”的重心在于对人们所熟知的历史规律的认知和揭示，“历史”的重心则在于对“历史中本真的东西”的理解和把握。这两个方面，都是历史唯物主义所要揭示和说明的“事实”的内容。关于前者，人们自然不会陌生，因为人们常常将此解释为历史唯物主义的全部；关于后者，人们却很少进行有深度的追问和考究，所以基本上还是一个隐而不彰的问题。基于这种情况，我们不对前者予以进一步论述，而着力对后者加以考察和阐释。现在的问题是，什么是“历史中本真的东西”？

根据阿尔都塞的理解，历史中本真的东西，大致说来就是生产力、生产关系、经济基础、上层建筑等结构性的历史要素，以及这些历史要素之间所形成的必然关系，而马克思正是由于发现了这些本真的东西，才揭示了历史的全部奥秘，并由此创立了作为一种科学理论的历史唯物主义。阿尔都塞的这个理解虽然在一定意义上也是站得住脚的，但却没有触及问题的内核和本质。这一方面是因为这个理解基本停留在“唯物主义”这条线上，而没有真正就“历史”来做深入考究；另一方面则是因为它即便涉及了历史，也只是就理论结论而不是就理论前提来下判断的。如果说阿尔都塞所提到的这些历史要素及其相互关系作为一种“事实”，代表的是历史自身客观的实体性内容，那么追根溯源，历史中本真的东西就是历史自身，这才是历史唯物主义所要揭示和阐明的一个客观道理。“历史中本真的东西就是历史自身”表面来看是同语反复，相当于什么也没有说出，但实际上，在自黑格尔到马克思的哲学路线中，这是一个极端重要的问题，虽然长期以来这个问题始终处在被遮蔽的状态之下。为什么？

如果说在黑格尔“精神现象学”乃至其全部哲学中起支配作用的一个核

心论断是“实体即主体”，那么在这个论断中，就蕴含着“历史中本真的东西就是历史自身”这个见解，这是因为落实到历史层面，实体就是指历史中本真的东西，而实体一旦被认定为主体，那么历史中本真的东西，从逻辑上说也就是它自身的生成和展开。由于黑格尔是在一个充满矛盾的“正－反－合”的辩证历程中来指认历史的生成和展开的，所以内在地看，“历史中本真的东西就是历史自身”并不是同语反复，而无论如何都是在揭示“何为历史”这个问题上的一个深刻而伟大的思想发现。而与此同时，在这个思想发现中，也必然蕴含着一个在思想史上具有革命意义的宣言，这就是“按照历史的原本状貌认识历史”。实质上，黑格尔为其哲学所赋予的根本使命，就是按照历史的原本状貌来认识历史，从而揭示与历史的实体或本质相对应的真理。而马克思就是根据黑格尔的这个革命性的宣言来认识历史的，其历史唯物主义则是这方面的一个伟大理论成果。根据何在？

众所周知，马克思和恩格斯在《神圣家族》中说过一段极其重要的话：“在**黑格尔**的体系中有**三个**要素：**斯宾诺莎的实体**，**费希特的自我意识**以及前两个要素在**黑格尔**那里的必然充满矛盾的**统一**，即**绝对精神**。第一个要素是形而上学地改了装的、同人**分离**的**自然**。第二个要素是形而上学地改了装的、同自然分离的**精神**。第三个要素是形而上学地改了装的以上两个要素的**统一**，即**现实的人**和现实的**人类**。”[1]需要注意的是，作为斯宾诺莎的实体和费希特的自我意识的矛盾统一体，黑格尔的绝对精神实质上既是其“实体即主体”这个论断中所说的实体（具体一点说是活的实体），也是这个论断中所说的主体（具体一点说是现实的主体）。由此来看，马克思和恩格斯既然认为绝对精神就是现实的人和现实的人类，那么很容易推知，他们不仅认同和接受“历史中本真的东西就是历史自身”这个蕴含于黑格尔“实体即主体”中的思想发现，而且也必然要求人们按照历史的原本状貌来认识历史。

1《马克思恩格斯文集》第1卷，人民出版社，2009，第341—342页。

这一点，既构成了历史唯物主义由以形成的一个重要思想前提，也构成了历史唯物主义的一个根本理论主张。在《德意志意识形态》中，马克思和恩格斯曾郑重地提出这个问题："只要这样按照事物的真实面目及其产生情况来理解事物，任何深奥的哲学问题——后面将对这一点作更清楚的说明——都可以十分简单地归结为某种经验的事实。"[1] 毋庸置疑，按照事物的真实面目及其产生情况来理解事物，放大开来，就是按照历史的原本状貌认识历史，而这就是马克思和恩格斯在《德意志意识形态》中创立历史唯物主义时所提出的一个最根本的理论原则。他们在这部著作中使用过"真正的实证科学"这个术语，这并不是因为他们把历史唯物主义论定为一种与孔德的实证主义相等同的理论，而正是因为他们要把它认定为一个能够按照历史的原本状貌认识历史的革命性的理论。

不过，"按照历史的原本状貌认识历史"虽然是从黑格尔那里延续下来的一个革命性宣言，但在思维和存在的同质性认知结构中，这个宣言必然与其表达的精神实质相背离。这是因为思维要达到与存在的同质，就只能为历史赋予一种由其认可和认定的本质。但由于历史是在人类的实践活动中不断生成和展开的，所以思维所做的这项精神性的工作对于已经完成的历史虽然是有效的，但对于尚未生成和展开的历史却是极其独断的。在这种情况下，"按照历史的原本状貌认识历史"必然会下降了一个空洞的口号，而"历史中本真的东西就是历史自身"也就相应地成了一个虚假的戏言。与此相反，马克思和恩格斯是在倒转黑格尔思辨唯心主义认知结构的前提下，站在鲜活生动的历史地平线上，通过考察现实的人及其实践活动，来阐明"历史中本真的东西就是历史自身"这个道理，并兑现"按照历史的原本状貌认识历史"这个革命性宣言的。这正如他们在《德意志意识形态》中所指出的："德国哲学从天国降到人间；和它完全相反，这里我们是从人间升到天

1《马克思恩格斯文集》第1卷，人民出版社，2009，第528页。

国。这就是说，我们不是从人们所说的、所设想的、所想象的东西出发，也不是从口头说的、思考出来的、设想出来的、想象出来的人出发，去理解有血有肉的人。我们的出发点是从事实际活动的人，而且从他们的现实生活过程中还可以描绘出这一生活过程在意识形态上的反射和反响的发展。……只要描绘出这个能动的生活过程，历史就不再像那些本身还是抽象的经验主义者所认为的那样，是一些僵死的事实的汇集，也不再像唯心主义者所认为的那样，是想象的主体的想象活动。”[1] 实际上，正是在马克思和恩格斯对黑格尔思辨唯心主义予以倒转的基础上，“按照历史的原本状貌认识历史”才真正成为一个与其精神实质相契合的革命性宣言，“历史中本真的东西就是历史自身”也才真正成为历史唯物主义的一个伟大的科学理论发现。

如果以上论述表明，从理论哲学的维度来看，历史唯物主义在“历史”这条线上的任务，就是揭示、理解和把握“历史自身”这个历史中本真的东西，并由此证立“按照历史的原本状貌认识历史”这条唯物主义的理论逻辑，那么，阿尔都塞所指认的那些结构性要素及其关系，以及人们所熟知的历史规律，其实是历史唯物主义在科学认知的层面所得出的结果，而“历史自身”以及“按照历史的原本状貌认识历史”却构成这些结果的前提。在这条从前提到结果的因果链上，前提无疑是更为根本的东西，如果仅仅停留在结果上而遗忘了前提，历史唯物主义作为一种理论哲学所具有的科学意义将很容易被遮蔽起来。另外，这一前提是建立在实践概念基础上的，历史自身就是人类通过实践活动所创造的原本历史。所以，历史唯物主义的理论哲学维度与实践哲学维度并不矛盾，相反，在前者中蕴含通向实践哲学的理论逻辑。这是我们要阐释的下一个问题。

1《马克思恩格斯文集》第 1 卷，人民出版社，2009，第 525—526 页。

四、实践哲学维度与理论哲学维度的融贯性

一个不争的事实是，人们通常会遵照康德对现象和物自体、理论理性和实践理性的严格区分，在一种非此即彼的“对抗性”思维和“划界”意识中来看待实践哲学与理论哲学的关系。比如，在谈到政治哲学或道德哲学等实践哲学的问题时，会有意识地把认识论、形而上学等理论哲学方面的问题剔除在外，似乎唯有如此，关于前者的讨论和研究才既是合法的，也是有效的。而反过来看，在谈到认识论或形而上学等理论哲学方面的问题时，也会有意识地避开政治哲学或道德哲学等实践哲学方面的问题，似乎只有这样，才不至于把前者降格到一个较低的思想层面。然而，实际情况远非人们通常的认知。如同自然科学的探索和发现总是能够惠及人们的现实生活，理论哲学对于“事实”的探索和揭示，往往不会是由好奇心所驱使的一种纯粹的精神消遣活动，而是潜入实践哲学中并作为后者的形而上学前提而发生作用的一种理论沉思。比如说，在黑格尔那里，实践哲学就是通过一种高位的理论思考来予以建构的，形而上学在其中就发挥着至关重要乃至不可替代的作用。再比如说，罗尔斯在以政治哲学的方式来推动20世纪实践哲学的发展时，也非常重视针对人性的理论思考和理论探索，关于“人是利己的”“人是有理性的”这样的理论思考，就构成了其正义理论的立论和推理前提。显而易见的事实是，并没有因为实践哲学和理论哲学的这种“越界”，而在它们中间产生出一种消极的“抵消”作用，从而使它们丧失各自的底色，相反，它们通过这种“越界”而成了相互补充、彼此借力的两个点。实质上，历史唯物主义的实践哲学维度与理论哲学维度，就是这样一种关系。具体说来，这种关系包括两个方面：其一，历史唯物主义并没有因为其实践哲学维度的存在，而成为一种缺乏理论反思的经验主义哲学，相反正是由于它与实践哲学相兼容的理论本色，才与经验主义划清了界限；其二，历史唯物主义也没有因为其理论哲学维度的存在，而阻断与实践哲学相打通的道路，相反

正是由于它在理论层面对事实性和必然性的东西进行了深刻的探索并取得了科学的认知成果，才将实践层面的思考根本性地推向了纵深。

我们先来看第一个方面的关系。在近代哲学史上，理论哲学的主要形式，就是以经验主义为主导的认识论哲学。而自康德以来，理论哲学上的每一次重大推进，都展现为对经验主义的颠覆与超越，这与哲学家们在实践哲学层面的思考和探索是密不可分的。就康德来说，他虽然无意于放低经验主义的身份，也没有在高于经验主义的界面上发展一种理论哲学，但他指认经验知识的有限性并为其划界，实际上构成了对经验主义及其代表的理论哲学的一次根本撞击。这看起来与他在实践领域中的思考和研究没有关系，但实质上他之所以指认经验知识的有限性并为其划界，却正是因为他把追求无限的事务看作实践理性而非理论理性的分内工作。就黑格尔而言，他在理论哲学上的目标之一，就是通过辩证法来超越经验主义。但他讲的辩证法不仅是一种理解事物和事情的思维方式，也是一种实践态度和生活过程。比如，他在《小逻辑》中讲到辩证逻辑的第一个方面——理智（知性）时，就曾这样说道："在理论方面，理智固属重要，在实践方面，理智也不可少。品格是行为的要素，一个有品格的人即是一个有理智的人。"[1]这个情况表明，实践不是外在于理论的东西，相反它构成了理论认识的一个最重要的源头和载体。正是因为如此，黑格尔才在《法哲学原理》中这样指出："理论的东西本质上包含于实践的东西之中。这与另一种看法，认为两者是分离的，完全相反。"[2]由此可知，黑格尔在理论哲学上所取得的原创性成果和突破性进展，与他在实践哲学上的思考存在直接的关联。

上述情况，对于我们理解历史唯物主义的实践哲学维度和理论哲学维度的关系富有启发。历史唯物主义是康德以来理论哲学在倒转和超越经验主

1〔德〕黑格尔：《小逻辑》，贺麟译，商务印书馆，1980，第174页。

2〔德〕黑格尔：《法哲学原理》，范扬、张企泰译，商务印书馆，1961，第13页。

义上的一个最伟大的成果。无论是对历史规律的科学揭示，还是对“历史自身”这个历史中本真的东西的客观把握，历史唯物主义在理论认知上，都达到了一个经验主义所无法企及的高度。历史唯物主义与经验主义的分野在于，后者在知性界限内所形成的关于当前事物的普遍认识和知识，归根结底只是一种抽离了丰富复杂的社会历史关系的“感性直观”，而历史唯物主义由于涉入实践哲学问题域，所以它不是在“感性直观”而是在“感性实践活动”的基点上，来审视和认识历史事物的。历史唯物主义之所以能够成为一个揭示生产力、生产关系、经济基础、上层建筑等历史的结构性要素及其关系，并真正发现和把握“历史自身”这个历史中本真的东西的科学理论，与其实践哲学的进路恰恰不无关系。这一实践哲学的进路将过去纯粹的认识论，转换为了以存在论或本体论为前提的社会认识论。历史唯物主义不仅没有因此在理论哲学的探索上退行到近代的水平，相反标志着近代以来理论哲学的最高思维水准。

我们再来看第二个方面的关系。人们在试图从马克思哲学中划分出政治哲学、道德哲学等实践哲学的分支时，总是竭尽全力地将其事实性判断悬置起来。但实际上，马克思与所有其他政治哲学家和道德哲学家的不同之处，就在于他不是在一个纯价值层面来讨论相关的实践哲学问题的，而是在融合事实与价值的基础上来做这项工作的。这个情况告诉我们，历史唯物主义在理论哲学维度上的事实判断，并不是其在实践哲学维度上的价值判断的一个天然的对立面，相反前者构成了后者得以落地生根的一个根本基础。

对于这个问题，恩格斯在《社会主义从空想到科学的发展》中曾隐含地予以指认：“唯物主义历史观从下述原理出发：生产以及随生产而来的产品交换是一切社会制度的基础；在每个历史地出现的社会中，产品分配以及和它相伴随的社会之划分为阶级或等级，是由生产什么、怎样生产以及怎样交换产品来决定的。所以，一切社会变迁和政治变革的终极原因，不应当到人们的头脑中，到人们对永恒的真理和正义的日益增进的认识中去寻找，而应当到生产方式和交换方式的变更中去寻找；不应当到有关时代的**哲学**中去寻找，而应当到有关时代的**经济**中去寻找。”[1]根据恩格斯的这段指认，作为一种事实判断，历史唯物主义在理论哲学维度上所得出的基本原理，并没有消解公正、道德和政治变革等实践领域的问题，而是为人们思考和探索这些实践领域的问题提供了一个必不可少的认识论视角。在此意义上，这些基本原理作为一种事实判断和理论哲学层面的问题，同时也是一种价值判断和实践哲学层面的问题。

推进一步说，上述问题不仅仅是一个关涉实践哲学的认识论视角的问题，更是一个关涉实践哲学在何种层面来开展的深层次历史问题。这一点，从近代以来政治哲学、道德哲学等实践哲学形态的生成背景及开展路数来看是一目了然的。

在自霍布斯、洛克到黑格尔的近现代哲学史上，以政治哲学、道德哲学为主要形态的实践哲学获得了长足的发展，其现实历史基础，就是近代以来逐渐形成的以私有财产权为根基的商品生产关系和市民社会。在此意义上，近代以来实践哲学中的那些基本论题，如权利、自由、平等、公正、道德等，都是一些从现实商品生产关系和市民社会中所透射出来的问题。就此来讲，不管是政治哲学还是道德哲学，所有实践哲学的理论建构和学术探讨，都不是纯粹的学理问题，根本来看，则是如何用学术和理论来回应现实历史的问题，亦即由商品生产关系和市民社会所表征的现实历史，构成了近现代几乎全部实践哲学最需要洞察和把握的对象。由这个情况可知，只有在科学性层面上，对现代历史中丰富复杂的社会关系做出深刻考察，并植入现实历史关系，才可能实质性地将实践哲学的研究推向深入。然而，毋庸讳言的事实是，无论是近现代政治哲学家还是道德哲学家，相继在契约论的框架中借

1《马克思恩格斯文集》第3卷，人民出版社，2009，第547页。

助先验的自然法来立论和说理时，都走了一条漂浮于现实历史之上的学术路线，由此便将他们所面对的现实历史关系严严实实遮蔽了起来。从历史唯物主义在理论哲学维度上对历史关系的探索、发现和认知来看，这个问题显然只是到了马克思这里才得到了根本解决，这不仅是因为从逻辑上说，只有根据历史唯物主义对本真的历史关系的探索、发现和认知，通过针对市民社会内在最深层矛盾的政治经济学批判这一独特的理论形式，才能够透彻地领会和把握政治、道德等实践哲学领域的问题，同时也是因为从马克思实际的理论开展来看，他在以《资本论》及其手稿为载体的政治经济学批判中，根本性地推进了近代以来实践哲学的学术探究，并由此开辟出了一条以历史批判为前提和端点的实践哲学路径。就此而论，作为一种理论哲学，历史唯物主义不仅没有疏离实践哲学，相反它将近代以来的实践哲学探索推进到针对历史的最深层面。这是我们在审视历史唯物主义的实践哲学维度和理论哲学维度的关系时所应看到的一个重要问题，也是我们在审视作为一个理论整体的历史唯物主义与实践哲学的关系时所应看到的一个重要问题。

第三节　历史唯物主义排斥自由吗?

不管是就西方规范性政治哲学中与权利相提并论的“自由”而言，还是就马克思自由而全面发展意义上的“自由”来说，抑或是就宽泛意义上作为人的行动原则的“自由”而论，自由问题都应被视为政治哲学的根本问题，或者至少与政治哲学直接相关的问题。所以，自由问题与历史唯物主义的关系，在一定意义上是政治哲学与历史唯物主义之关系的一个缩影。学术界长期以来关于历史唯物主义的实证化理解和决定论解释，都有意无意地将自由问题从历史唯物主义中驱逐了出去。这似乎告诉人们，在历史唯物主义的框架内并不可能打开一个通向自由的缺口，如果要追寻自由，就只能置身于历史唯物主义之外或直接拒绝历史唯物主义的基本理论。然而，历史唯物主义既非仅仅描述经验事实的实证性理论，也非仅仅关涉客观历史规律的决定论，它不仅没有与自由问题形成隔膜或者将之直接排斥在外，相反，其与实证主义和决定论相比的优长之处，恰恰展现在对自由的承认与容纳当中。

一、实践与自由

如果说“实践”是内置于历史唯物主义的一个根基性概念，那么，要探明历史唯物主义与自由的关系，我们就需要追问：实践是不是自由的？

人们可能会不假思索地认为，实践作为人的活动的展开，其标志性特质之一就是自由。但在马克思主义哲学的研究中，这是一个异常复杂的问题。在传统物质本体论的理解模式中，实践总是被相沿成习地认定为以既定的物质条件为基础的整理性活动。按照这种理解，实践与自由无疑是两相隔绝的，在前者中并不存在一个向后者敞开的空间。我们知道，这种理解的重大缺陷之一，就是从单一的客体性维度来界定实践，而没有注意到实践的主体性维度，或者将主体性维度包裹在客体性维度中了，这并不符合马克思的本意。马克思在《关于费尔巴哈的提纲》第一条中这样指出：“从前的一切唯物主义（包括费尔巴哈的唯物主义）的主要缺点是：对对象、现实、感性，只是从**客体**的**或者直观**的形式去理解，而不是把它们当做**感性的人的活动**，当做**实践**去理解，不是从主体方面去理解。因此，和唯物主义相反，唯心主义却把**能动的**方面抽象地发展了，当然，唯心主义是不知道现实的、感性的活动本身的。”[1]根据马克思的这一著名指认，实践既包含了客体性维度，也包含了主体性维度，因而是主体见之于客体的活动。

不过，认识到实践的主体性维度，我们还不足以由此认定实践就是自由的。在西方哲学史上，对于自由，康德做出了最为严格、最为纯粹的界定

1《马克思恩格斯文集》第1卷，人民出版社，2009，第499页。

和规定。以康德之见，自由是在不掺杂任何经验事物的前提下才可得到的东西，因而是一种绝对的主体“自律”，是主体自己为自己立法，自己命令自己。这种观点虽然由于排除了外界事物而使自由变成了一种没有对象，因而处在真空状态下的不可实现的东西，但却至少提示我们，只有在具有自律性的主体参与的条件下，自由才是可能的，即自律性主体的在场，是自由之不可或缺的先决条件。这样来看，实践是自由的还是不自由的，并不直接取决于实践是否包含了主体性维度，而是取决于实践所包含的主体性维度是自律的还是他律的。

根据康德的观点，自律与他律的根本界标，就在于主体是受自己内在生命的支配还是受外在自然事物和经验事物的支配，前者对应的是自律，而后者对应的是他律。人们可能会顺理成章地认为，马克思由于是在强调人的吃、喝、住、穿等自然需要和自然生命这个重要的端点上，建立起实践概念并由此走向历史唯物主义之创立的，所以他所讲的主体和实践，归根结底乃是听命于自然必然性即遵从他律的。然而，马克思从人的自然需要和自然生命中所进一步引申出的，并不是一种自然必然性，而是一种超越这种自然必然性的生命创造活动。对于这种生命创造活动，马克思在《1844年经济学哲学手稿》中做出过如下论述：“动物的生产是片面的，而人的生产是全面的；动物只是在直接的肉体需要的支配下生产，而人甚至不受肉体需要的影响也进行生产，并且只有不受这种需要的影响才进行真正的生产；动物只生产自身，而人再生产整个自然界；动物的产品直接属于它的肉体，而人则自由地面对自己的产品。动物只是按照它所属的那个种的尺度和需要来构造，而人却懂得按照任何一个种的尺度来进行生产，并且懂得处处都把固有的尺度运用于对象；因此，人也按照美的规律来构造。因此，正是在改造对象世界的过程中，人才真正地证明自己是**类存在物**。这种生产是人的能动的类生活。

通过这种生产，自然界才表现为**他的**作品和他的现实。”[1]马克思通过这段论述就是要表明，作为区别于动物的类存在物，人所从事的生产活动，并非由自己的肉体需要所支配的受动性活动，而是在超越这种肉体需要的基础上所形成的能动的创造性活动，虽然人的自然生命必须要得到敬重与捍卫。由马克思的这个观点可知，作为主体的人及其实践活动，在本体论的意义上是贴近康德的自律要求的，虽然前者与康德所假定的那种完全自我同一的主体及其实践（道德）并不等同。从这一点来看，虽然历史唯物主义的基本要求之一，是将实践置于具体的历史境遇和历史条件下加以理解，但在本体论的意义上，实践却是通向自由而非甘愿服从命运摆布的。

进而言之，在马克思和恩格斯那里，实践之通向自由的问题，说到底也是一个关联到康德的物自体的问题。我们知道，康德主要是在道德这个独特的实践理性领域来界定自由的，而由于道德在一定意义上是对理论理性领域中物自体问题的解决，所以自由实际是与物自体相对应的东西。从这个意义上讲，承不承认自由，在很大意义上取决于承不承认物自体的存在。换言之，只有当人们承认在经验事物之外存在物自体并努力去接近或实现物自体时，人们才不至于因为受制于经验事物而处在不自由的状态。马克思和恩格斯虽然批评康德在物自体问题上的不可知论，但在他们的思想意识深处，并不是简单否定物自体的存在，而是认为通过实践活动完全可以解决物自体的问题。根据这个观点，实践就绝不可能是一种受经验事物所任意支配的操作过程，而是一种开放性的、追求无限的自由创造活动。卢卡奇正是认识到了这一点，才在《历史与阶级意识》中反复重申康德物自体问题的重要性，并由此郑重指出：“马克思在他的《关于费尔巴哈的提纲》里所提出的答案在于使哲学变为实践。但是，正如我们已经看到的，这实践具有它的客观的结构上的前提，具有它的另一面，那就是认为现实是‘过程的集合体’，认为

1《马克思恩格斯文集》第 1 卷，人民出版社，2009，第 162—163 页。

较之经验的僵化的物化的事实，历史发展的倾向代表的虽然是产生于经验本身的，因此决不是彼岸的，但确实是一个更高级的、真正的现实。对于反映论来讲，这就意味着，思维、意识虽然必须是指向现实的，真理的标准虽然就在于切中现实，然而这现实决不与经验的事实的存在相同一。这现实并不是现成的，而是生成的。”[1]显而易见，卢卡奇在这里从过程和生成的角度来理解现实及实践，表明实践在他的眼中代表的就不是一个决定论的领域，而是一个自由的领域。

人们通过决定论或事实判断来否定历史唯物主义中的自由问题的一个重要依据，就是客观性原则。然而，鉴于实践概念在历史唯物主义中的基础性地位，以及实践与自由之间的相通性问题，我们认为，历史唯物主义绝没有因为强调历史的客观性而否定自由的可能性及其意义，相反，历史唯物主义的基本定位之一，就在于在承认人的自由的前提下，对人所自由创造的历史予以客观把握和诠释。承不承认自由是一回事，对这种自由及其所创造的东西是否给出客观性诠释是另一回事，这是两个处在不同层面上、不可混为一谈的问题。

二、形而上学的解构与自由的奠基

众所周知，在否认历史唯物主义与自由相容上，卡尔·波普尔是一个非常极端的人物。在这个问题上，波普尔不仅将矛头指向马克思，同时也指向黑格尔，因为以波普尔之见，历史唯物主义之所以与自由不兼容，乃是因为它是一种以预测历史为最终指向的历史主义理论，而这种历史主义在某种意义上又源自黑格尔乃至更为久远的柏拉图。波普尔对黑格尔及柏拉图的批评是有一定道理的，但对马克思的指责却是粗疏大意乃至极其偏颇的。波普尔的重大失误就在于只看到了马克思与黑格尔之间的某种同质，而没有洞见到

1〔匈〕卢卡奇：《历史与阶级意识》，杜章智、任立、燕宏远译，商务印书馆，1999，第307页。

他们之间的重大殊异和根本不同。马克思与黑格尔的不同自然表现在多个方面，但在形而上学问题上的不同尤为显著。这一不同，对于我们理解历史唯物主义中的自由问题具有非凡意义。为什么？

从哲学史的前后关系来看，康德以自律的主体或主体的自律为前提来界定自由，是对近代经验主义自由观的一种深刻反拨。根据霍布斯、洛克等经验主义政治哲学家的指认，自由是源自人的自然生命和生活的东西，除此之外的所谓自由都是没有意义或不具有合法性的。由于自康德到黑格尔的德国古典哲学家都面对一个如何以主体性哲学来克服经验主义的理论任务，所以康德以不同于近代经验主义的方式来界定自由的做法，也为黑格尔所效仿，亦即在黑格尔看来，自由并不是因人的自然生命和生活而确立起来的东西，而是主体尤其是自律的主体所把握的东西。在《法哲学原理》中，黑格尔是这样表述这个观点的："有这样一种观念，仿佛人在所谓自然状态中，就需要说，其生活是自由的；在自然状态中，他只有所谓简单的自然需要，为了满足需要，他仅仅使用自然的偶然性直接提供给他的手段。……自然需要本身及其直接满足只是潜伏在自然中的精神性的状态，从而是粗野的和不自由的状态，至于自由则仅存在于精神在自己内部的反思中，存在于精神同自然的差别中，以及存在于精神对自然的反射中。"[1]黑格尔在这里既然认为自然需要及其满足只是处在一种前自由和非自由的状态，而自由只栖息于精神对自己和外部自然的反思、反射中，那么显而易见，他同样也是以自律的主体或主体的自律为前提来界定和规定自由的，只不过这个自律的主体并不是康德所说的那个完全向内的自我同一的主体，而是在主体和客体的二元认知结构中所确立起来的理性精神。

进而言之，理性精神追求和实现自由的过程，也就是达到理性的反思水平，在概念中理解存在的东西，从而透过事物的现象来把握事物的本质的

1〔德〕黑格尔：《法哲学原理》，范扬、张企泰译，商务印书馆，1961，第208页。

过程。所以对于黑格尔而言，自由是一个与现象和本质、特殊和普遍、偶然和必然的关系紧密关联在一起的问题。黑格尔虽然并不同意柏拉图、康德将现象和本质区隔开来的做法，而是要求将这两者作为一个整体来对待，但由于他又将偶然和特殊的现象看作本质在外部的具体显现，所以，他的工作重心绝不在于对现象世界进行周详的考察与探索，而在于通过辩证思维来把握和呈现包藏在现象世界中的普遍必然的本质。这正如他在《法哲学原理》的“序言”中所强调的：“最关紧要的是，在有时间性的瞬即消逝的假象中，去认识内在的实体和现在事物中的永久东西。其实，由于理性的东西（与理念同义）在它的现实中同时达到外部实存，所以它显现出无限丰富的形式、现象和形态。它把它的核心用各色包皮裹起来，开始时意识在包皮里安家，而概念则首先贯穿这层包皮以便发见内部的脉搏，同时感觉到在各种外部形态中脉搏仍在跳动。但是，通过本质在外界中的映现所形成的无限繁复的情况，即这些无限的材料及其调整，并不是哲学的对象。”[1]由此来看，如果说自由就是对普遍必然的本质的认识，那么，各种偶然和特殊的感性存在既不是理解自由的基点，也不包含在自由的范围之内。这倒不是说黑格尔将各种偶然和特殊的感性存在与自由绝对对立了起来，而是说他从一种思维和存在的同质性结构出发，将各种偶然和特殊的感性存在消融在了思维所能达到的理性反思水平即自由之中了。

可是，我们知道，自由的要义之一就在于追求各种可能的善的生活，而这又是以承认各种偶然和特殊的感性存在的独立性为必要前提的。从这一点来看，黑格尔所讲的自由虽然在精神性层面构成了对近代经验主义者所讲的自由的某种超越，但与自由的原本精神渐行渐远。如果说这是黑格尔在自由问题上的一个重大理论缺陷，那么，这个缺陷归根结底是由其形而上学所导致的。因为问题在于，虽然黑格尔承担的一个重要理论任务是借助于逻辑

1〔德〕黑格尔：《法哲学原理》，范扬、张企泰译，商务印书馆，1961，序言第11页。

学和辩证法来消解传统独断的、非反思的形而上学，但将现象视为本质的外在显现的观点，又决定了他所最终遵从的还是以“一”（当然这是一个蕴含了自我差别的“一”）来注解和说明“多”的形而上学路数，尽管这种归于“一”的形而上学是在一个历史过程之中，通过理性的反思能力所确立起来的。由于在一般意义上，形而上学所导向的就是排斥或吞噬偶然性、特殊性和差异性的本质主义，所以在形而上学的思维结构中，自由只能是有限的和残缺不全的。这一点不仅对于柏拉图以降的传统形而上学而言是成立的，对于黑格尔的思辨形而上学来说自然也不例外。然而，在马克思的历史唯物主义理论叙事中，情形截然相反，这与马克思对黑格尔思辨形而上学的解构是密不可分的。

在马克思看来，黑格尔思辨形而上学的全部秘密，就在于其思维和存在的同质性认知结构。具体一点说，这个认知结构大致分为两个步骤：一是从各种现实事物中抽象出作为“实体”的一般观念（如从苹果、梨、葡萄等各种具体果实中抽象出“果品”这个一般观念）；二是将这个作为“实体”的一般观念视为存在自我差别的统一体，进而反过来引申出实体的具体显现即各种现实事物。在由这两个步骤所组成的认知结构中，现实事物并不构成一个独立自存的世界，它们只是实体即一般观念的具体规定，所以只能以后者来说明前者而不是相反。然而，我们知道，马克思深刻认识到了存在与思维、实践与理论之间的差异乃至断裂，其所确立起来的是一种思维和存在的异质性认知结构。根据思维和存在的同质性认知结构，现实的东西总是包含在观念之中，相反地，根据思维和存在的异质性认知结构，任何观念都不具备为现实的东西立法的先天资格，现实的东西只能借助于针对其自身的深入考察才可得到真实展现。由此可以看到，马克思通过确立思维和存在的异质性认知结构，不仅根本性地解构了黑格尔的思辨形而上学，而且也一并解构了过往全部形而上学（尤其是各种观念形而上学），虽然我们认为他依然具有形而上学情结或保留了形而上学思维。

由于马克思解构黑格尔思辨形而上学乃至过往全部形而上学的一个直接理论要求，就是将现实感性的生活世界作为研究的出发点并给予持续性关注和批判，而不是像黑格尔或柏拉图那样用一种一劳永逸的观念来统摄感性生活世界并消解其中的矛盾，所以进一步来看，这个理论要求既导向了一条切实的实践哲学的思维路径和从“生活到意识”而非“从意识到生活”的历史唯物主义理论逻辑，又因为对各种偶然和特殊的感性存在的某种开放性承认而为自由开辟了广阔空间。如果我们把这两个方面视为马克思解构形而上学所带来的两个结果，那么这两个结果自然不是相互外在、彼此无关的，而是相辅相成的一体之两面。只要认识到这两个结果之间的相辅相成性，我们就有理由认为，历史唯物主义不仅没有因为对历史之本质的探察而走向一种消解自由的本质主义，相反，其解构形而上学的理论前提，及由之而确立起来的面向流变的现实生活世界而非以抽象观念为端点的开展路数，为自由的实现提供了无限可能。不过，我们不能由此而将历史唯物主义中的自由，简单地降格为康德和黑格尔所批评过的近代经验主义的自由，这一则是因为总体来看，历史唯物主义与经验主义是两种存在不可同日而语之差别的理论形式，二则是因为具体来讲，历史唯物主义在面向现实生活世界中所承认的偶然和特殊的感性存在，并不像经验主义者所认为的那样具有任意性和散漫性，而是要在既有的历史条件下获得其自由。这涉及历史唯物主义与自由是否相容问题的第三个方面。

三、科学认知与有条件的自由

在马克思的语境中，旨在改变世界的革命活动是最重要的实践。这正如他和恩格斯在《德意志意识形态》中所指出的：“对**实践的**唯物主义者即**共产主义者**来说，全部问题都在于使现存世界革命化，实际地反对并改变现存的事物。”[1]如果说这种实践本身蕴含了自由这个前提，那么作为其前提的自由，又是以理论批判为前提的，它代表的是一种理论批判的逻辑。我们知道，马克思最早是在《〈黑格尔法哲学批判〉导言》中，明确提出了理论批判的纲领、任务和目标，这就是揭露具有非神圣形象的自我异化，进而确立此岸世界的真理。不难发现，在理论批判的这一纲领、任务和目标中，包含了一个重要方面，这就是由确立此岸世界的真理所表征的“科学认知”。我们承认，历史唯物主义的首要意义，就是通过揭示历史发展规律和历史的本质而达到科学认知，只不过，人们通常将其科学认知的意义做孤立化处理，而很少注意到这一意义与理论批判之间的内在联系。但实际上，马克思推进科学认知直到创立历史唯物主义的整个过程，与其理论批判的渐次深化过程是完全同步并且始终紧密结合在一起的。

具体说来，在写作《黑格尔法哲学批判》时期，马克思理论批判的矛头主要指向政治领域，这是因为在科学认知的层面上，马克思此时是将法和国家视为非神圣形象的自我异化发生的场域和此岸世界的真理之栖息之地。但随着对法和国家的批判的深化，特别是随着对市民社会与国家之关系的深入考察，马克思在科学认知上发生了一个重大转换，即认识到非神圣形象的自我异化并非根本性地发生在由法和国家所代表的政治领域，而是发生在由市民社会所代表的经济领域，所以只有实质性地置于经济生产领域，才可能根本性地确立起此岸世界的真理。这个科学认知上的重大转换，促使马克思在理论批判上也做出了重大调整，这便是将先前的政治批判决然推进到经济批判。而与此同时，由于马克思所开启的经济批判是要以系统的政治经济学研究为基础和载体的，所以这个理论批判上的重大调整，又反过来促进了其科学认知的步伐。根据马克思在写于1859年的《〈政治经济学批判〉序言》中的记述，其历史唯物主义就是随着以政治经济学研究为中轴的科学认知的进

1《马克思恩格斯文集》第1卷，人民出版社，2009，第527页。

展而创立起来的，同时也代表了其科学认知的一个总的结果。

上述表明，历史唯物主义的科学认知逻辑，与彰显自由的理论批判逻辑，并不是两条互不搭界的平行线，更不是两条存在此消彼长之对抗关系的哲学链条，实为马克思思想探索过程中不可分解的一体之两面，它们在某种意义上存在着互为因果的关系。由此可以看到，在科学认知的意义上，历史唯物主义不仅没有像波普尔所以为的那样弱化或消解了自由及建基于自由的革命实践，相反，它是面向自由和革命实践的一个开放性理论框架，自由和革命实践在某种意义上既是它的深刻动因，也是它的必然归宿。对于这个问题，恩格斯曾在不同场合多次予以申明。在《在马克思墓前的讲话》中，恩格斯指认了马克思的两大发现（即唯物史观所揭示的普遍历史规律和资本主义社会的剩余价值规律）之后接着强调："他作为科学家就是这样。但是这在他身上远不是主要的。在马克思看来，科学是一种在历史上起推动作用的、革命的力量。……因为马克思首先是一个革命家。他毕生的真正使命，就是以这种或那种方式参加推翻资本主义社会及其所建立的国家设施的事业，参加现代无产阶级的解放事业，正是**他**第一次使现代无产阶级意识到自身的地位和需要，意识到自身解放的条件。斗争是他的生命要素。很少有人像他那样满腔热情、坚韧不拔和卓有成效地进行斗争。"[1] 在这段意味深长的文字中，恩格斯要告诉人们的一个重要问题就是，马克思作为一位革命家，其所从事的科学理论研究及取得的成果，包括历史唯物主义这个最重大的科学研究成果，在价值上都不会是中立的，而是与其关注和参与的革命事业紧密结合在一起，因为马克思最看重的不是科学认知本身的价值，而是这种科学认知所可能带来的革命性结果。如果在这段文字中恩格斯只是间接地阐述了历史唯物主义与自由和革命实践之间的关系，那么在《卡尔·马克思〈政治经济学批判。第一分册〉》中，恩格斯则是直截了当地对这种关系进行了

1《马克思恩格斯文集》第 3 卷，人民出版社，2009，第 602 页。

指认："在历史上出现的一切社会关系和国家关系，一切宗教制度和法律制度，一切理论观点，只有理解了每一个与之相应的时代的物质生活条件，并且从这些物质条件中被引申出来的时候，才能理解。……但是，这个事实不仅对于理论，而且对于实践都是最革命的结论。……由此可见，只要进一步发挥我们的唯物主义论点，并且把它应用于现时代，一个强大的、一切时代中最强大的革命远景就会立即展现在我们面前。"[1]另外，卢卡奇在《历史与阶级意识》中为历史唯物主义下定义时，也间接谈到了这种关系："什么是历史唯物主义呢？无疑，它是按其真正的本质理解过去事件的一种科学方法。但是，同资产阶级的历史方法相反，它同时也使我们有能力从历史的角度（科学地）考察当代，不仅看到当代的表面现象，而且也看到实际推动事件的那些比较深层的历史动力。"[2]

进而言之，历史唯物主义的科学认知逻辑不仅在一定意义上把自由和革命实践作为归宿点，而且也阐明了自由得以实现的现实条件。

这里的问题在于，自由在一定意义上就是做某事的权利，在西方政治哲学中，自由与权利往往是等义的。一个显而易见的事实是，当人们在凸显权利的价值和重要性时，人们不可能仅仅就权利来谈论权利，而应当结合义务来为之，这是因为只讲权利而不讲义务，权利反而最终只会成为飘荡无根的浮萍，义务看似是对权利的一种限定，但实质上却构成了权利的根本保障。在政治哲学史上，休谟、卢梭、康德、黑格尔和罗尔斯等政治哲学家，都持有类似的观点和主张。由此来说，自由就像黑格尔所指示的那样，不应当是一种散漫和任意的原则，缺乏任何规定性的自由，实质上只是一种伪自由和反自由的东西。这倒不是说，自由只能按照黑格尔的规定，在认识论的意义上展现为对必然的认识。毋宁说，在克服散漫性和任意性基础上的自由，是

1《马克思恩格斯文集》第 2 卷，人民出版社，2009，第 597—598 页。

2〔匈〕卢卡奇：《历史与阶级意识》，杜章智、任立、燕宏远译，商务印书馆，1999，第 317 页。

有条件的自由，这大概才是自由的本真内涵之一。就此而言，自由的条件与自由本身具有同等重要的意义。

对此问题，马克思和恩格斯都曾进行明确说明。比如说在《路易·波拿巴的雾月十八日》中，马克思就曾这样指出："人们自己创造自己的历史，但是他们并不是随心所欲地创造，并不是在他们自己选定的条件下创造，而是在直接碰到的、既定的、从过去承继下来的条件下创造。"[1]在1890年9月21—22日致约瑟夫·布洛赫的信中，恩格斯则不仅重申了马克思的意思，而且还做了进一步发挥，把有条件的自由创造性地阐释为一种历史的"合力"："我们自己创造着我们的历史，但是第一，我们是在十分确定的前提和条件下创造的。……但是第二，历史是这样创造的：最终的结果总是从许多单个的意志的相互冲突中产生出来的，而其中每一个意志，又是由于许多特殊的生活条件，才成为它所成为的那样。这样就有无数互相交错的力量，有无数个力的平行四边形，由此就产生出一个合力，即历史结果，而这个结果又可以看做一个作为整体的、**不自觉地**和不自主地起着作用的力量的产物。因为任何一个人的愿望都会受到任何另一个人的妨碍，而最后出现的结果就是谁都没有希望过的事物。所以到目前为止的历史总是像一种自然过程一样地进行，而且实质上也是服从于同一运动规律的。但是，各个人的意志——其中的每一个都希望得到他的体质和外部的、归根到底是经济的情况（或是他个人的，或是一般社会性的）使他向往的东西——虽然都达不到自己的愿望，而是融合为一个总的平均数，一个总的合力，然而从这一事实中决不应作出结论说，这些意志等于零。相反，每个意志都对合力有所贡献，因而是包括在这个合力里面的。"[2]

马克思和恩格斯的以上论述是在一般历史的层面上来谈论自由及其条件

1《马克思恩格斯文集》第2卷，人民出版社，2009，第470—471页。
2《马克思恩格斯文集》第10卷，人民出版社，2009，第592—593页。

的。这个自由的条件指的就是社会历史中客观的东西，而非意志自身或由意志所任意引申出来的东西，借用阿尔都塞的观点，就是作为科学的历史唯物主义所揭示的结构性要素。这告诉我们，在历史唯物主义与自由问题上，与其说前者在科学认知逻辑上所揭示的历史规律构成了对自由的一种抑制，倒不如说它让人们看到了自由之所以可能的现实条件，因为历史规律向人们呈现的东西，必定是社会历史中真正客观的东西。就旨在改变世界的革命活动而言，历史规律之于自由的意义就在于，只有切实立足于历史唯物主义，扎根于作为历史根基的生产方式和经济关系，由自由意志所推动的革命才是可能的。在此意义上，历史唯物主义作为无产阶级的理论和思想武器，其最重大的价值之一，就在于揭示了无产阶级革命和人的解放这项人类历史中伟大的自由事业的历史条件，从而使空想社会主义变成了科学社会主义。这正如恩格斯在《社会主义从空想到科学的发展》中所郑重指出的："完成这一解放世界的事业，是现代无产阶级的历史使命。深入考察这一事业的历史条件以及这一事业的性质本身，从而使负有使命完成这一事业的今天受压迫的阶级认识到自己的行动的条件和性质，这就是无产阶级运动的理论表现即科学社会主义的任务。"[1]恩格斯在这里所讲的科学社会主义的任务，实际上也是历史唯物主义的任务。历史唯物主义所揭示的历史规律，让无产阶级看到了革命行动的现实条件。相应地，体现在革命行动中的自由，被规划为一种有条件的自由。如果说这种有条件的自由是一种真正现实的自由，那么，扩而论之，历史中任何领域的自由，大概也只有放在一定的社会条件下，才不至于最后变成虚无缥缈的东西。而如果说这是我们从历史唯物主义视域来认识自由所看到的一个重要问题，那么，这个问题无疑再一次表明，历史唯物主义并不排斥自由，而是与自由相兼容的。

1《马克思恩格斯文集》第3卷，人民出版社，2009，第566—567页。

第四节　历史唯物主义为何不是实证主义理论?

要从根本上把握政治哲学与历史唯物主义的关系，并根据历史唯物主义所阐明的原理和原则来研究马克思的政治哲学，就必须走出对历史唯物主义的实证主义理解。长期以来人们之所以将历史唯物主义阐释为一种实证主义理论，一个深层次的原因，就是没有看到辩证法与历史唯物主义之间的真实关系。我们知道，作为一个重要的思维方法和研究方法，辩证法是实证主义天然的对立面，一种理论如果是实证的就不会是辩证的，反之亦然，几乎不会出现两者兼具的情况。在传统马克思主义哲学的理解结构中，历史唯物主义是一个与辩证法存在严格分界线的理论板块，即便人们自觉地把辩证法与唯物主义统合起来，也主要是落脚于辩证唯物主义，而基本上不会指涉历史唯物主义。严格地在辩证法之外来理解历史唯物主义，事实上成为将后者阐释为实证主义理论的思维根源。所以，要走出对历史唯物主义的实证主义理解，就应当重视辩证法这个切入点。马克思主义哲学是一个不可任由人们随意拆分的整体，作为其重要构件的历史唯物主义与辩证法虽然处在相对独立的问题域中，但相互之间并不存在严格的划界和区隔，相反从理论前提、理论实质与理论要求等诸方面来看，历史唯物主义都是一个以辩证法为重要起端和重要归宿点的伟大理论，而非反辩证法的实证主义理论。

一、历史唯物主义的非实证性

我们知道，作为一个独立的理论传统，实证主义是由马克思的同时代人、法国哲学家孔德所开创的。根据孔德的指认和论述，实证主义的一个基本思想，就是运用认识自然规律的方法来认识社会和历史问题，因为在他看来，自然规律与社会历史规律之间有着高度的相似性和可推演性。在创立历史唯物主义理论及运用这一理论来分析资本主义发展的趋势时，马克思曾反复申明达尔文的生物进化论对他的启示，甚至认为后者为他提供了自然史的基础。马克思对达尔文的这一态度，让其思想的阐释者们常常以为，他与孔德乃是实证主义的“同道中人”，由此便形成了以实证主义来界定历史唯物主义的阐释路径和思维定式。从马克思和恩格斯直接的文字叙述来看，这一历史唯物主义的阐释路径似乎也可以得到有力的文本支持。比如说，在《德意志意识形态》的“费尔巴哈”章中，在确立历史唯物主义基本原则之际，马克思和恩格斯就曾郑重写道：“在思辨终止的地方，在现实生活面前，正是描述人们实践活动和实际发展过程的真正的实证科学开始的地方。关于意识的空话将终止，它们一定会被真正的知识所代替。”[1] 仅从这段文字的字面意思来看，将历史唯物主义认定为一种实证性的而非思辨性的理论，大概是没有什么疑义的。

然而，认定一种理论的形态归属，既不能仅仅依据其所支持的一些结论性观点，也不能仅仅依据其创立者使用过的一些字词，而应重点依据这种理论所要表达的精神实质。关于实证主义的精神实质，孔德在《论实证精神》一书中给予了直截了当的界定和说明：“真正的科学，远非单凭观察而成，它总是趋向于尽可能避免直接探索，而代之以合理的预测，后者从各方面来说都构成实证精神的主要特性，正如整个天文学研究将会令我们清楚地感受到的那样。这样的预测，是不断发现现象之间的关系的必然结果，它绝不会把真正的科学与虚妄的博学混淆起来，后者机械地堆砌事实，却不想对此加以演绎推断。我们全部健康思辨的这一重大属性，对于思辨的自身尊严及其实际效用都一样重要。因为对已出现的现象的直接探索如果并不引导我们进行适当预测的话，是不足以令我们改变其实现的。因此，真正的实证精神主要在于为了预测而观察，根据自然规律不变的普遍信条研究现状，以便推断

1《马克思恩格斯文集》第 1 卷，人民出版社，2009，第 526 页。

未来。”[1]根据孔德所写下的这段说明性文字，实证主义的精神实质就在于预测和推断未来，这是识别一个理论是否从属于实证主义传统的最重要标准。

问题的关键在于，作为一个关乎历史发展规律的理论，历史唯物主义是否符合上述实证主义的精神实质？根据波普尔、哈贝马斯等哲学家的分析，答案是肯定的，因为在他们看来，历史唯物主义的一项主要理论工作，就是根据不变的规律来勾画一个历史发展的单线条序列，而预测和推断未来则是这一工作的一个最终落点。可是我们知道，作为一位批判理论家，马克思始终将其所从事的哲学事业，规定为一项不以预测和推断未来为旨趣，而以批判和改造世界为旨趣的事业。比如，在 1843 年 9 月致卢格的信中，马克思就曾对此做出明确说明：“新思潮的优点又恰恰在于我们不想教条地预期未来，而只是想通过批判旧世界发现新世界。……如果我们的任务不是构想未来并使它适合于任何时候，我们便会更明确地知道，我们现在应该做些什么，我指的就是**要对现存的一切进行无情的批判**……所以我不主张我们树起任何教条主义的旗帜，而是相反。我们应当设法帮助教条主义者认清他们自己的原理。”[2]马克思在这里强调，新思潮的优点在于不想教条地预期未来，而是通过批判旧世界来发现新世界。如果正如上节所指，历史唯物主义的科学认知逻辑和理论批判逻辑是马克思思想探索过程中不可分解的一体之两面，存在着互为因果的关系，那么我们就有理由认为，历史唯物主义是马克思在对旧世界的批判和对新世界的发现中创立起来的。而这样来看，历史唯物主义完全具备马克思所指认的新思潮的优点，即作为一个哲学理论，历史唯物主义的精神实质不在于预测和推断未来，而在于批判和改造世界。在此意义上，历史唯物主义与孔德所讲的实证主义存在不可同日而语的差异，前者是批判性的哲学理论，而后者是非批判性的哲学理论。

1〔法〕孔德：《论实证精神》，黄建华译，译林出版社，2011，第 12 页。

2《马克思恩格斯文集》第 10 卷，人民出版社，2009，第 7 页。

进而论之，作为批判性的哲学理论，历史唯物主义同样也将“实证方法”推定为考察和审视社会历史问题的基本方法。这个实证方法的根本旨趣，用马克思和恩格斯在《德意志意识形态》中的话说，就是“按照事物的真实面目及其产生情况来理解事物”[1]。孔德的实证主义所倡导的理论方法，无疑也是实证方法，甚至这个实证方法也强调“按照事物的真实面目及其产生情况来理解事物”。虽然这两种实证方法的宗旨都在于还原“事物的真实面目”或“真实的事物”，然而相互之间存在重大不同。孔德的实证方法所认定的“事物的真实面目”或“真实的事物”，是通过科学观察和科学实验所得到的东西，除此之外的其他东西都不具有确定性和真实性。马克思强调用抽象力来代替显微镜和化学试剂，以此作为考察社会历史和经济问题的主要工具，这说明历史唯物主义的实证方法所认定的“事物的真实面目”或“真实的事物”，并非借助科学观察和科学实验所证实的东西，而只能是通过辩证的理论思维所透视和把握的东西。在此意义上，历史唯物主义的实证方法，归根结底就是一种透射着批判性精神品格的辩证的方法。

二、何为历史唯物主义中的“物”？

作为一种特定形式的唯物主义，历史唯物主义中的“物”指的是什么？毫无疑问，这虽然是一个在马克思那里没有直接论及的问题，但却是每一个马克思主义哲学研究者都应当深入思考的基础性问题。由于受到传统理解模式的制约，这个问题始终没有得到应有的解答。比如说，根据传统“推广论”的马克思主义哲学理解模式，历史唯物主义被视为自然唯物主义在历史领域中的推广和运用，所以人们总是遵照理解自然唯物主义中“物”的方式，来理解历史唯物主义中的“物”。由于人们一般会把前一个“物”理解为自然界中可证实的东西，所以与此相应，人们也顺理成章地把后一个

1《马克思恩格斯文集》第1卷，人民出版社，2009，第528页。

“物”理解为社会历史领域中可证实的东西。然而很显然，这种理解在很大程度上使历史唯物主义退回到实证主义或经验主义的思维水平，故而也根本不可能实质性地揭示这个“物”的独特性。要透彻地解答这个问题，只能回到从黑格尔到马克思的辩证思维传统。

人们在传统“推广论”的理解模式中所界定的“物”，从近代以来认识论的传统来看，对应的是“感性确定性”这个范畴。无论是近代以来的经验主义传统还是孔德开创的实证主义传统，都是在“感性确定性”层面来进行推理的。在经验主义者和实证主义者眼中，这个“感性确定性”构成了知识的坚实起点和可靠根据，在它之外的任何东西都是不值得信任的。然而，在以真理为最高问题的德国古典哲学传统中，这个看似牢不可摧的“感性确定性”，却受到了严格的检视、考问和批判。康德通过界划现象和物自体而对人的认知能力所做出的检视和审查，构成了对“感性确定性”的第一次实质性的批判，这至少让人们意识到“感性确定性”在把握真理上的限度。在德国古典哲学家中，对“感性确定性”做出最深刻检视、考问和批判的哲学家，是在康德的基础上来构造思想大厦的黑格尔。在《精神现象学》中，针对“感性确定性”，黑格尔有这样一段论述：“感性确定性的这种具体内容使得它立刻显得好像是最丰富的知识，甚至是一种无限丰富的知识。对于这种无限丰富的内容，无论我们追溯它通过空间和时间而呈现给我们的广度，或我们从这种丰富的材料中取出一片断，通过深入剖析去钻研它的深度，都没有极限。此外感性确定性又好像是最真实的知识；因为它对于对象还没有省略掉任何东西，而让对象整个地、完备地呈现在它面前。但是，事实上，这种确定性所提供的也可以说是最抽象、最贫乏的真理。它对于它所知道的仅仅说出了这么多：它存在着。而它的真理性仅仅包含着事情的存在。”[1]不难推知，黑格尔在这段论述中既然认为“感性确定性”貌似代表的是最丰

1〔德〕黑格尔：《精神现象学》上卷，贺麟、王玖兴译，商务印书馆，1962，第 71 页。

富、最真实的知识，实则代表的是最抽象、最贫乏的真理，那么他心目中的真理，一定是多于感性确定性的东西。用黑格尔自己的话说，“感性确定性”只是一个纯有，“在这种纯有中还包含着更多的别的东西”[1]，真理就蕴藏在由纯有以及“更多的别的东西”所构造的整体中。问题在于，如何认识纯有中“更多的别的东西”，从而获得真理？

实质上，黑格尔对“感性确定性”的检视、考问和批判，是在以辩证法为内核的逻辑学框架中进行的。根据黑格尔在《小逻辑》中的界定，其逻辑思想是由知性、否定的理性和肯定的理性这三个环节所构成的一个完整的链条。思维要洞观和认识真理，就不能仅仅停留在第一个环节，而必须从第一个环节推进到第二个环节和第三个环节，从而在一个“正－反－合”的三段论中完成整个认识的历程，即达到对真理的把握。由于这个三段论的认识真理的思维历程是黑格尔辩证法思想的一个实际展开，所以黑格尔超越“感性确定性”范畴的内核，就是从知性思维推进到了以理性为本质的辩证思维。“感性确定性”之所以代表的是最抽象、最贫乏的真理，就是因为它完全没有到达理性和辩证思维的阶段，甚至连知性思维的阶段都没有到达。而只要没有到达理性和辩证思维的阶段，“感性确定性”这个纯有中所包含的“更多的别的东西”以及最后的真理，就不可能被认识和把握。所以归根结底，辩证思维乃是人们突破“感性确定性”这个纯有，进而获得真理之必不可少的思维工具。这一点，对于我们理解历史唯物主义中的“物”富有启示。

我们知道，马克思在《关于费尔巴哈的提纲》和《德意志意识形态》中创立历史唯物主义理论时，不仅批评了黑格尔的思辨唯心主义，而且批评了费尔巴哈的直观唯物主义。马克思批评费尔巴哈，主要将矛头指向其“感性直观”。而这个“感性直观”，与黑格尔所批评的“感性确定性”有类同性。马克思之所以批评费尔巴哈的“感性直观”，是因为在他看来，“感性”归根

1〔德〕黑格尔：《精神现象学》上卷，贺麟、王玖兴译，商务印书馆，1962，第72页。

结底不是一种直观存在，而是一种实践活动。在黑格尔的参照点上，感性实践活动与感性直观的差异在于，感性直观如果代表的只是纯有，那么感性实践活动则一定包含着“更多的别的东西”，或者更形象一点说，感性直观如果只是个单面体，那么感性实践活动则必然是个多面体。马克思既然要求将感性理解为实践活动，那么不难发现，其与恩格斯所创立的历史唯物主义中的“物”，无论如何都不可能是与感性直观或感性确定性相对应的既定之物，而是在人们的实践活动中所生成和展现出来的、包裹在既定事物中的、蕴藏着错综复杂的历史关系的复合之物，不管这个复合之物具体是指什么。历史唯物主义与一切旧唯物主义相比所实现的最重大推进之一，就是将以既定之物为端点的唯物主义路线，置换为以复合之物为端点的唯物主义路线。这个复合之物虽然未必指涉人类生活经验中直接的、现成的东西，但在马克思看来，却是人类历史中真正具有现实性的，因而最需要得到探察、揭示和说明的东西。在历史唯物主义正式创立之前的《1844年经济学哲学手稿》中，马克思在批评国民经济学时，就隐含地表达了这个见解。在他看来，作为国民经济学立论前提的私有财产，恰恰是应当加以继续阐明的东西。他虽然没有在这个批评中直截了当地提出“何为历史中真正具有现实性的事物”的问题，但他显然已经实质性地涉入了这个问题。而历史中真正具有现实性的事物，必然就是在对私有财产加以继续阐明的过程中所呈示出来的复合之物。

问题的关键就在于，如果说马克思是因为实现了从感性直观到感性实践活动的重大飞跃，才洞见和揭示出了这个历史中的复合之物，那么进一步追索会发现，他之所以能够实现从感性直观到感性实践活动的重大飞跃，则是因为他不是遵照经验主义和实证主义的知性思维，而是遵照黑格尔的辩证思维来审视历史中的“物”的。根据何在？

让我们来看马克思在《关于费尔巴哈的提纲》第一条中的如下论述：“从前的一切唯物主义（包括费尔巴哈的唯物主义）的主要缺点是：对对象、

现实、感性，只是从**客体的**或者**直观的**形式去理解，而不是把它们当做**感性的人的活动**，当做**实践**去理解，不是从主体方面去理解。因此，和唯物主义相反，唯心主义却把**能动的**方面抽象地发展了，当然，唯心主义是不知道现实的、感性的活动本身的。”[1] 在这段人们耳熟能详的论述中，马克思批评包括费尔巴哈在内的旧唯物主义者的理由之一，就是后者没有从主体方面去理解对象、现实和感性。这说明马克思实现从感性直观到感性实践活动的飞跃，中间最重要的环节之一，就是建立了主体性概念。而追根溯源，这个环节已经实质性地关涉了黑格尔的辩证法问题。这是为什么？

对于黑格尔而言，通过辩证法所得到的真理，如果不是指由感性确定性所提供的那种抽象和贫乏的真理，那么实际上是指在一个动态的生命历程中所展开的事物的本质和实体。在这个问题上，黑格尔最著名的断言就是“实体即主体”。这个断言的基本要义在于，一个事物的实体，是在其作为主体的生成和发展过程中展现出来的精神性的东西，而这个过程不仅是人们在认识论的意义上运用辩证逻辑来从精神层面把握实体的思维历程，也是辩证逻辑在本体论意义上从正到反再到合的生命塑造和演进历程。照此来看，主体与辩证法在黑格尔那里并非相互隔膜的两个问题，毋宁说前者构成了后者不可或缺的理论内核，当黑格尔谈到主体时，他一定指涉了辩证法问题，而反过来说，当他谈到辩证法问题时，他必然会回溯到主体问题。对于马克思来说，他不仅充分认识到主体乃是黑格尔辩证法的内核和灵魂，而且自始至终，对后者以主体为内核的这个辩证法给予充分的肯定乃至高度的评价。这个情况说明，当马克思有意识地突出主体性概念时，他自然不是要退守到唯心主义的立场之上，而是要强调作为能动原则和创造原则的辩证法的重要意义。马克思在创立历史唯物主义时，虽然没有像黑格尔那样构建一个从“知性”到“否定的理性”再到“肯定的理性”，或从“存在论”到“本质论”

1《马克思恩格斯文集》第1卷，人民出版社，2009，第499页。

再到“概念论”的辩证逻辑体系，但他显然在黑格尔的基础上，通过建立主体性概念而建立起了超越知性思维的辩证思维。这既是他实现从感性直观到感性实践活动之飞跃的最深层原因之一，也是他将历史中的“物”理解和审定为复合之物的最深层原因之一。

进而论之，如果说在历史唯物主义的初创时期，马克思通过辩证思维所捕捉的复合之物并不具有特别具体的历史指向，那么当他推进到以《资本论》及其手稿为载体的政治经济学研究，从而使历史唯物主义在微观上落脚于针对资本主义经济生产关系的批判之后，之前并不具有特别具体历史指向的“物”，便顺理成章地落实为他通过批判资本主义经济生产关系而揭示的具体的东西。而在《资本论》及其手稿中，马克思更是明确地从辩证思维的视野，来审定这个具体的“物”。

我们知道，在创作《资本论》时期，马克思不仅反复强调黑格尔的辩证法对他整理和加工材料有所帮助，而且还在黑格尔的启示下，明确确立起了自己的政治经济学研究方法。这个研究方法，就是与17世纪以来英法经济学家所使用的“从具体到抽象”的方法截然相反的“从抽象到具体”的方法。需要注意的是，这个为马克思所钟情的“从抽象到具体”的研究方法，实质上就是辩证逻辑的方法，具体一点说，大致相当于黑格尔在《小逻辑》中所指认的从“知性”到“否定的理性”再到“肯定的理性”的逻辑思想链条。而与之相对照，“从具体到抽象”的研究方法，实质上就是经验主义者和实证主义者所普遍运用的知性规定。在马克思看来，遵从“从具体到抽象”的研究方法，完整的表象会蒸发为抽象的规定，而相反，遵从“从抽象到具体”的研究方法，抽象的规定在思维行程中则会导致具体的再现。

毋庸置疑，锁定和揭示何为历史唯物主义中的“物”，是马克思以《资本论》及其手稿为载体的政治经济学研究的一个基本课题。而“从抽象到具体”的研究方法则表明，这个“物”无论如何都不会是感性确定性或感性直观所能容纳的、可在科学观察和科学实验中得到证实的既定之物，而一定是社会经济生产中的复合之物。这是因为“具体”并非指一个具体的有形事物，而正是指超出有形事物的关系结构，用马克思的话说，“具体之所以具体，因为它是许多规定的综合，因而是多样性的统一”[1]。推进一步说，由于每一个经济学研究者所必然面对的“物”就是商品，所以如何看待商品这个无处不在的“物”，往往就是不同的经济学研究者之间的一道重要分水岭。对于商品这个特定的“物”，马克思在《资本论》第一卷中做出了如下描述：“最初一看，商品好像是一种简单而平凡的东西。对商品的分析表明，它却是一种很古怪的东西，充满形而上学的微妙和神学的怪诞。就商品是使用价值来说，不论从它靠自己的属性来满足人的需要这个角度来考察，或者从它作为人类劳动的产品才具有这些属性这个角度来考察，它都没有什么神秘的地方。很明显，人通过自己的活动按照对自己有用的方式来改变自然物质的形态。例如，用木头做桌子，木头的形状就改变了。可是桌子还是木头，还是一个普通的可以感觉的物。但是桌子一旦作为商品出现，就转化为一个可感觉而又超感觉的物。它不仅用它的脚站在地上，而且在对其他一切商品的关系上用头倒立着，从它的木脑袋里生出比它自动跳舞还奇怪得多的狂想。”[2]马克思对商品的这个描述，实质上表征着他与英国古典经济学家在“何为真实之物”这个问题上的根本分野：对于遵从“从具体到抽象”研究方法的英国古典经济学家来讲，可感觉的、具有使用价值的商品就是真正的“物”；而对于遵从“从抽象到具体”研究方法的马克思而言，超感觉的、渗透于交换价值中的社会关系，才是蕴藏在商品这个有形物中的真实的“物”。马克思的全部政治经济学研究，虽然既是围绕商品这个有形物展开的，也是以对商品的分析为逻辑端点的，但他所要做的核心工作，显然是通过商品拜

1《马克思恩格斯文集》第8卷，人民出版社，2009，第25页。
2《马克思恩格斯文集》第5卷，人民出版社，2009，第88页。

物教批判，来全面揭示和展现被有形的商品这个“物”所深深遮蔽的在场性社会关系，这就是落实到政治经济学研究之后历史唯物主义所讲的“物”。《资本论》之所以成为人类思想史上的一部永远无法绕开的伟大作品，自然不是因为它在对商品这个有形之物的研究上超越了英国古典经济学，而是因为它深刻揭示出了这个作为在场性社会关系的无形之物。

三、何为历史唯物主义中的“历史”?

毫无疑问，历史唯物主义与直观唯物主义相比的一个重大不同，就在于它是一个“历史”的理论，即“历史”构成了历史唯物主义最重要的逻辑和思想前提。我们是否对历史唯物主义理论做出符合本意的理解和阐释，在一定意义上取决于我们是否把握住了“历史”这个根本端点。

如果说历史唯物主义中的“历史”主要不是指与“自然领域”不同的“社会历史领域”，而是指历史的本质，那么我们要看到的是，马克思和恩格斯创立历史唯物主义，归根结底就是要揭示历史的本质是什么。显而易见，对历史之本质的揭示与对“物”的理解必定是密切相关的，因为大致可以认为，“物”在某种意义上就是最微观的历史，而历史在某种意义上则是最宏观的“物”。由此来看，遵照知性思维来理解“物”的经验主义者和实证主义者，由于其所重视的是对既定的事物做一种抽象规定，进而在此基础上将之诠释为一种恒定不变的历史存在，所以他们眼中的历史，就是“感性直观”的一种放大和延展，是可证实的各种既定事物及其相互关系的一种简单组合。如果说这种历史是以纯粹抽象的推理为前提的，那么借用葛兰西的指认，这种历史中“能够被称做历史的部分往往极小，而且被湮埋在以纯粹的、抽象的推理为根源的抽象的复合体中”[1]。之所以如此，是因为从抽象的前提所推演出来的历史，往往只是一种既无矛盾也无时间性的持续在场的东

1〔意〕葛兰西:《狱中札记》，曹雷雨、姜丽、张跣译，中国社会科学出版社，2000，第258页。

西，或用卢卡奇的话说，只是一种可以被预见而不可被改变的东西[1]，而历史在其本来意义上，则是一个在错综复杂的矛盾关系中不断生成和展开的过程。如果我们据此认为，遵照知性思维来理解“物”的经验主义者和实证主义者，至多只能对历史做出一种浅尝辄止的理解，而几乎不能思入历史的深处从而洞见和把握其本质，那么在近代以来的哲学史上，这个问题实质上是随着黑格尔辩证思维传统的确立而得到解决的。

并非以知性为思维前提，而以辩证法为思维前提的黑格尔，是在逻辑概念中来把握和规定历史的，所以与此相应，他既没有将历史认定为一种没有时间性的持续在场的东西，也没有将之认定为一个凝固的点，而是将之认定为一个充满矛盾的、跌宕起伏的过程性存在。与经验主义者和实证主义者相比，黑格尔把“如何认识历史”这个时代课题向前推进了一大步，由此切近了历史的本质或实体。不过，人们很容易根据黑格尔“逻辑与历史相一致”的观点，把他认定的历史，整体性地视为先验辩证逻辑的一个产物，从而将之不由分说地宣判为一种与现实历史相去甚远的东西。但实际上，从“实体即主体”这个断言来看，历史作为一个充满矛盾的过程性存在，不仅表征着一种由辩证思维所构建起的主观逻辑，而且也表征着一种以历史自身为主体和载体的客观逻辑。这意味着历史在黑格尔那里既有一个先验的前提，也有一个经验的基础。如果说这个经验的基础具体指涉在英、法等国逐步展开的现实资本主义历史，那么黑格尔的辩证历史观，实质上就是这个现实资本主义历史及其矛盾在理论上的一个深刻反映。这便是说，黑格尔通过逻辑概念所呈示的“序列”和“矛盾”，也就是几个世纪中欧洲资本主义的历史序列和内在矛盾。这一点，充分体现在《法哲学原理》这部既关涉政治也关涉历史的著作中。在其中的“伦理”篇中，黑格尔之所以用心编排了一个从家庭到市民社会再到国家的逻辑序列，究其根本原因，是由于他深刻洞察到了市

1〔匈〕卢卡奇：《历史与阶级意识》，杜章智、任立、燕宏远译，商务印书馆，1999，第229页。

民社会的特殊性原则与国家的普遍性原则在现实历史层面上的冲突。进一步说，他之所以把国家放在这个逻辑序列的顶端或终端，则是由于他试图在普遍性原则的制高点上，来重建被现代特殊性原则摧毁的伦理生活和公共秩序。黑格尔的这种思考不是书斋里不切实际的冥思苦想，而是充当了现实资本主义历史的“哲学头脑”。就此而言，历史在哲学上的出场，无论如何都是黑格尔以辩证法为硬核的理论思维的重大成果之一。

早在写作《〈黑格尔法哲学批判〉导言》时，马克思就已经敏锐地洞见到了黑格尔以辩证逻辑来把握和规定历史的深刻之处。在他看来，在黑格尔的著作中得到最系统表述的德国法哲学和国家哲学“是唯一与**正式的**当代现实保持在同等水平上［al pari］的**德国历史**”[1]。在《卡尔·马克思〈政治经济学批判。第一分册〉》中，恩格斯则更是在与经验主义和实证主义相对比的基础上，诚恳地强调黑格尔的辩证思维与历史之间的关联：“黑格尔的思维方式不同于所有其他哲学家的地方，就是他的思维方式有巨大的历史感做基础。形式尽管是那么抽象和唯心，他的思想发展却总是与世界历史的发展平行着，而后者按他的本意只是前者的验证。真正的关系因此颠倒了，头脚倒置了，可是实在的内容却到处渗透到哲学中；何况黑格尔不同于他的门徒，他不像他们那样以无知自豪，而是所有时代中最有学问的人物之一。他是第一个想证明历史中有一种发展、有一种内在联系的人，尽管他的历史哲学中的许多东西现在在我们看来十分古怪，如果把他的前辈，甚至把那些在他以后敢于对历史作总的思考的人同他相比，他的基本观点的宏伟，就是在今天也还值得钦佩。在《现象学》、《美学》、《哲学史》中，到处贯穿着这种宏伟的历史观，到处是历史地、在同历史的一定的（虽然是抽象地歪曲了的）联系中来处理材料的。”[2]

1《马克思恩格斯文集》第 1 卷，人民出版社，2009，第 9 页。

2《马克思恩格斯文集》第 2 卷，人民出版社，2009，第 602 页。

马克思和恩格斯不仅充分认识到辩证法对黑格尔把握历史所具有的重大意义，而且他们也是在黑格尔所奠定的辩证思维传统和理论地基上来揭示历史的本质的。马克思和恩格斯在《神圣家族》中，将黑格尔体系的描述认定为三个部分——实体、自我意识、绝对精神。根据这一认定，作为黑格尔的最高概念，绝对精神就是实体和主体（自我意识）的统一。这种统一并不意味着前者就是后两者的简单相加，而是意味着它成为活的实体和真正的主体。在此意义上，绝对精神、实体、主体乃是在内涵上等同的概念，这与“实体即主体”这个断言完全一致。按照“实体即主体”，历史就是历史的剧中人物通过自我批判和自我否定来不断创造自己生命的辩证过程。而马克思和恩格斯在认定黑格尔体系时，将绝对精神指示为“现实的人和现实的人类”。这表明他们心目中真正的历史，必然就是历史的剧中人物通过自我批判和自我否定来不断创造自己生命的辩证过程，这也就是历史唯物主义中“历史”二字的基本内涵。这一内涵与本章第二节所论述的“历史中本真的东西就是历史自身”这个说法完全一致，这个说法中的“历史自身”，其实就是历史所展现出来的辩证过程。

实际上，一旦将历史视为一个辩证发展过程，就可以理所当然地借助于黑格尔的逻辑学来勾勒和复现这个历史，而马克思在系统开展政治经济学批判时就是这么做的。对于这一点，恩格斯在以下论述中进行了明确说明：“对经济学的批判，即使按照已经得到的方法，也可以采用两种方式：按照历史或者按照逻辑。既然在历史上也像在它的文献的反映上一样，大体说来，发展也是从最简单的关系进到比较复杂的关系，那么，政治经济学文献的历史发展就提供了批判所能遵循的自然线索，而且，大体说来，经济范畴出现的顺序同它们在逻辑发展中的顺序也是一样的。这种形式表面上看来有好处，就是比较明确，因为这正是跟随着**现实的**发展，但是实际上这种形式至多只是比较通俗而已。历史常常是跳跃式地和曲折地前进的，如果必须处处跟随着它，那就势必不仅会注意许多无关紧要的材料，而且也会常常打断思想进程；并且，写经济学史又不能撇开资产阶级社会的历史，这就会使工作漫无止境，因为一切准备工作都还没有做。因此，逻辑的方式是唯一适用的方式。但是，实际上这种方式无非是历史的方式，不过摆脱了历史的形式以及起扰乱作用的偶然性而已。”[1]恩格斯在这段文字中所提到的逻辑，不是与知性规定相对应的形式逻辑，而是黑格尔意义上从正到反再到合的辩证逻辑。这段文字不仅是对马克思勾勒和复现历史之逻辑方法的一个说明，实质上也是对“历史就是一个辩证发展过程”这个伟大发现的一个说明，因为显而易见的事实是，如果还像经验主义者和实证主义者那样将历史看作一种无时间性的持续在场的东西，就既不可能联想到黑格尔式的逻辑概念，自然也不可能运用这套概念来对这个历史予以阐释。由此而论，历史是辩证逻辑的真正主体，而辩证逻辑则是历史的本真刻画。如果说这就是马克思哲学中历史与逻辑一致的本义，那么这两者的一致，关涉的并不是一个如何用确当的叙述方法来叙述研究对象的一般方法论问题，而是一个如何用辩证思维来梳理和把握历史关系的深层理论问题。

进而论之，马克思虽然因为辩证法而在历史的认知上靠近了黑格尔，但我们却不可完全根据黑格尔的历史概念来阐释历史唯物主义中的“历史”，而必须看到这两种“历史”之间不可同日而语的差别。

对于黑格尔而言，其最大的哲学志向，就是使思维和存在、概念和现实达到统一与和解。而这一点表明，黑格尔主要是在认识论而非存在论或本体论的意义上来对待历史的，虽然他所讲的辩证法包含认识论和本体论这两方面的意义。在认识论的意义上，黑格尔所讲的历史就是一个有起点亦有终点的闭合圆圈，而非向未来无限敞开的进程。然而，这个闭合的圆圈不仅覆盖了已经完成的历史，也覆盖了尚未到来的历史。人们固然可以运用辩证逻辑

1《马克思恩格斯文集》第 2 卷，人民出版社，2009，第 603 页。

来把握已经完成的历史，从而为之赋予一种被知性思维遮蔽的意义。然而在关涉尚未到来的历史时，这个问题就会彻底走向其反面。原因是要在尚未到来的历史这个节点上实现思维和存在、概念和现实的一致，就只能在形而上学层面，以一种粗暴的方式来为之——尚未到来的历史——赋予一种先在的内容，并将其永远定格在历史圆圈的终点处。在这种情况下，对于历史所做出的任何辩证阐释，最终都会滑退到独断的知性思维水平，看似是真正的历史，也由此而成为非历史或反历史的东西。卢卡奇正是由于深刻检视到了这个问题，才在《历史与阶级意识》中评论黑格尔的历史理论时尖锐地指出：黑格尔的方法“受到没有被把握的历史的践踏并被撕为碎片。……因此古典哲学在发展史上处于这样一种自相矛盾的境地：它的目的是从思想上克服资产阶级社会，思辨地复活在这个社会中并被这个社会毁灭了的人，然而其结果只是达到了对资产阶级社会的完全思想上的再现和先验的推演”[1]。

对于马克思来说，情形则大为不同。马克思没有像黑格尔那样将哲学比喻为“黄昏到来时才会起飞的猫头鹰”，而是将之比喻为“宣布复活日的高卢雄鸡”。这说明马克思不是在纯粹认识论意义上，而是在以存在论为前提的认识论意义上，借助于辩证逻辑把握历史的。在以存在论为前提的认识论意义上，马克思所讲的历史绝不是一个闭合的圆圈，而必然是一个朝向未来的开放性进程。从这一点来看，马克思虽然强调逻辑与历史的一致，但却不会因此而导向思维和存在、概念和现实的最终和解，毋宁说他所思考和关注的重点，是如何从历史与逻辑的一致中发现和揭示真正的历史规律和历史矛盾，从而达到改变世界的目标。就此而论，马克思对历史的揭示既包含着科学认知的重大意义，也包含着理论批判的重大意义。实质上，这两个方面构成了马克思创立的历史唯物主义的两个基本维度。推进一步说，作为一个哲

1〔匈〕卢卡奇：《历史与阶级意识》，杜章智、任立、燕宏远译，商务印书馆，1999，第234—235页。

学理论，历史唯物主义的伟大之处，就在于在对历史的把握上，正如上节所示，既没有将科学认知消融在理论批判中，也没有将理论批判消融在科学认知中，而是使这两个维度成为不可分解的一体之两面。而在黑格尔对历史的把握中，我们至多只能看到科学认知这个维度，而几乎不能从中引申出理论批判这个维度。实质上，科学认知的彻底性，并不取决于其自身的完善，而是取决于它是否与理论批判融合在一起。历史唯物主义之所以是一种实至名归的“唯物主义”，原因之一就在于它在关于历史的科学认知上达到了彻底性，而进一步追索，则与其针对资本主义关系所展开的深层理论批判分不开。而黑格尔虽然在历史的认知上大大超越了经验主义，但他至多只是为历史唯物主义奠立了一个思想史基础，而没有能够到达历史唯物主义所在的科学性界面，这在很大程度上，显然是由理论批判这一维度的缺失所直接导致的。

马克思与黑格尔的这个不同，并不意味着他在承接后者所开创的辩证思维传统后，最终又疏远了这个传统，相反，这个不同恰恰意味着马克思是在一种彻底的辩证思维中来看待历史的，而黑格尔却是背离了自己所精心打造的辩证法。之所以如此，是因为只要自始至终都贯彻辩证法的原则，从而总是将历史认定为历史的剧中人物通过自我批判和自我否定来不断创造自己生命的辩证过程，那么在对历史的科学认知中，就必定会开显出一个理论批判的维度，用马克思的话说就是，“辩证法不崇拜任何东西，按其本质来说，它是批判的和革命的”[1]。当然，历史唯物主义不仅在“历史”这个端点上，除了包含科学认知这个维度外，还包含了理论批判这个维度，在“物”这个端点上，情形亦复如此。因为马克思不管是对于直观唯物主义的批判，还是对于资本主义商品关系的批判，与他在辩证思维视野中对“物”的揭示总是紧密相关的。

1《马克思恩格斯文集》第5卷，人民出版社，2009，第22页。

由上可见，历史唯物主义与辩证法之间的关联程度，无论在哪种意义上，都远远超出了人们通常的想象。这种关联一方面确凿无疑地表明，辩证法乃是通向历史唯物主义的一座桥梁；另一方面也确凿无疑地表明，历史唯物主义无论从哪个方面看，都不是一种实证主义理论。

第七章
当代中国马克思主义政治哲学建构的理论定位

作为近十多年来在中国学术界兴起的一个广受关注并展现出蓬勃生命力的热点领域，马克思主义政治哲学包含了两项尤为迫切的、具有补白意义的学术理论任务：一是马克思主义政治哲学的历史阐释，二是马克思主义政治哲学的当代建构。前一任务的主要工作，在于从思想史的视域，对马克思的历史性文本进行创造性的解读、阐释和阐发，从而从中挖掘、开显政治哲学的理论和思想资源，为马克思拥有可与西方主流政治哲学进行对话，同时又彰显自己特色的政治哲学进行有力辩护；后一任务的主要工作，则是在吸收各种政治哲学特别是马克思政治哲学思想成果的基础上，以切实回应、回答中国改革开放以来的历史实践与历史进程所给出的重大现实和理论问题为己任，建构具有中国特色、中国风格、中国气派的当代中国马克思主义政治哲学。在前面几章中，我们围绕前一任务进行了多层面、多角度的探讨。接下来，我们的探讨则主要围绕后一任务展开，聚焦点是当代中国马克思主义政治哲学建构的理论定位以及一系列极为关键的前提性问题。本章集中就理论定位问题进行探析。

第一节　当代中国马克思主义政治哲学的理论类型

毫无疑问，要建构当代中国马克思主义政治哲学，我们需要对当代中国马克思主义政治哲学的理论类型做出明确界定，这是把握这一理论之定位的题中应有之义。而要对当代中国马克思主义政治哲学的理论类型做出明确界定，则需要深入考索两个问题：一是当代中国马克思主义政治哲学应该是一种实践哲学还是理论哲学？二是当代中国马克思主义政治哲学应该是一种单一型理论还是复合型理论？

一、实践哲学还是理论哲学？

我们知道，亚里士多德关于理论、实践及制作这三种活动类型的划分，以及康德关于理论理性与实践理性这两种理性形式的划分，造成了理论哲学与实践哲学这两大哲学形态的基本分野。理论哲学主要探求的是具有不变性特征的规律和知识，而实践哲学主要探讨的是具有可变性特征的自由意志和善观念。前者主要包括认识论、知识论、本体论和形而上学，而后者则主要包括伦理学、道德哲学和政治哲学。从目前的学术开展来看，人们通常是以亚里士多德和康德为范导，在严格区隔理论哲学和实践哲学的前提下，来从事政治哲学研究的。而由此一来，政治哲学就被先在认定为一门仅仅关乎自由意志和善观念，而与认识论、知识论、本体论和形而上学无关的实践哲学。这似乎告诉我们，唯有在一条纯粹实践哲学的道路上，我们才有资格谈论当代中国马克思主义政治哲学的建构问题，而一旦夹杂理论哲学的内容，当代中国马克思主义政治哲学的建构就可能会走向歧途。但实际上，这个问题绝非如此简单，我们需要在更加宽广的视野内来予以把握。

从哲学史来看，作为实践哲学的政治哲学，与理论哲学的问题并不总是相互分离和隔绝的，相反，它们经常是交织和糅合在一起的。这种交织和糅合的情况，从苏格拉底就开始了。苏格拉底之前，古希腊哲学主要探索的是知识论、本体论和形而上学等理论哲学方面的问题。苏格拉底所实现的一个重大转折，就是开启了政治哲学。但“美德即知识”这个口号表明，苏格拉底并没有由此而改换古希腊哲人对于最高知识和形上世界的探索，而只是将这种探索从自然领域推置到了政治和道德领域。在这个意义上，政治哲学作为一种实践哲学，实质上又是以理论哲学的方式得以实现的，形而上学在其中起着奠基作用。这一点，同样明显地体现在柏拉图的政治哲学中。柏拉图是在“理想国”的界面上阐述其政治哲学思想的，而理想国作为他所讲的超感性世界，代表的就是真理而非一般性的意见。所以，柏拉图的政治哲学既关涉到善观念的意志，也关涉到善观念的认识和知识，体现了实践哲学与理论哲学、政治哲学与形而上学的高度融合。而至于亚里士多德，他虽然区分了理论、实践及制作并把实践指定为伦理和政治活动，而人们也总是据此来为理论哲学和实践哲学划界，但在亚里士多德看来，伦理和政治活动并非具有任意性，相反，要符合事物的本性，所以从事政治学研究（在亚里士多德时代，政治学与政治哲学并未发生分化）的人，应当是具有丰富生活经验的、理性的、能够对事物做出正确判断的人。亚里士多德的这个观点表明，政治哲学作为一门实践哲学，虽然与追求确定知识为旨趣的理论哲学形成了基本分殊，但也保留了理论哲学所具有的“求真”意识。由此可见，从苏格拉底到亚里士多德，政治哲学始终都是在一条实践哲学与理论哲学相交融的路线上开展和推进的，亚里士多德的划界只具有相对的意义。正是基于对古希腊政治哲学这一独特开展路线的把握，20 世纪政治哲学家施特劳斯才将政治哲学直截了当地界定为“有关好的生活和好的社会的知识”。

在排除理论哲学问题的前提下从事政治哲学的研究，严格说来是近代之后的事情，这与西方近现代政治哲学家对形而上学的普遍拒斥直接相关。以洛克为代表的近现代政治哲学家关切的最根本问题之一，就是所有权的合法性问题，以及根据这一问题而确立起来的分配正义问题。以施特劳斯之见，合法的所有权就其正义性而言，与古希腊政治哲学所讲的正义有着天壤之别。在正义性上，合法的所有权讲的是“得其应得”，其立论基点是人在物质利益上的占有关系。古希腊政治哲学也将正义界定为“得其应得”，但其立论基点是自然本性和真理：“正义首先要求的就是，每个人被赋予一份他能够很好地履行的职能或工作。但是，每个人能够做得最好的，是依据自然他最为适合的事情。于是，正义就只存在这样的社会中，在其中，每个人都在从事他能做好的事情，每个人都拥有他能够很好利用的东西。正义就等同于在这样的社会中的成员身份并献身于这样的社会——一个合于自然的社会。”[1] 以自然本性和真理为基点的正义观念，彰显的是古希腊政治哲学的形上关怀及以理论哲学问题为底蕴的特质。而近现代政治哲学围绕合法的所有权而确立的正义观念，则将自然本性、真理、形而上学等理论哲学的问题和内容，统统视为遥不可及乃至无用的东西予以疏远和抛弃。[2]

近现代政治哲学与古希腊政治哲学的不同，根源于历史基础的根本差异。具体一点说，近现代政治哲学是在商品经济和市场社会的历史基础上生成与发展起来的，而古希腊政治哲学则缺少这一历史基础。在一定意义上，近现代政治哲学对理论哲学问题的拒斥，与其历史基础是相适应的，因为在商品经济和市场社会中，首要的理论任务的确不在于追求真理和构建形而上世界，而在于确证所有权的合法性及分配的公正性。作为一个重大理论课题，当代中国马克思主义政治哲学的建构，既是在中国市场化改革的历史实践中凸显出来的，也要切实对接这一历史实践所提出的现实问题，反过来对这一历史实践做出必要的回应。中国的市场化过程必然与西方近代以来的

1〔美〕列奥·施特劳斯：《自然权利与历史》，彭刚译，生活·读书·新知三联书店，2003，第150页。

2 近现代政治哲学虽然普遍拒斥形而上学，但其主导性的思维方式，却又是一种以“知性”为根本的形而上学。这种形而上学并不涉及最高知识、自然本性和真理，而是一种对最直接的经验世界所做出的抽象把握，它与经验主义是相对应、相暗合的。

市场社会有着质的不同，但都作为市场社会，它们又会在某些方面具有相似性。这种相似性，也使得当代中国马克思主义政治哲学在问题和形态上，与西方近现代政治哲学保持了某种“一致”。比如说，如同西方近现代政治哲学，当代中国马克思主义政治哲学也应关注所有权的合法性及分配的公正性问题，而前者所反复讲述的那些现代价值，如理性、契约精神、公民意识、平等的政治人格和权利、公正、法治等，亦需得到重视。然而，这种情况绝不意味着，理论哲学对于当代中国马克思主义政治哲学的建构而言是非法的，从而也绝不意味着，我们应当像诸多西方近现代政治哲学家那样，在保持与理论哲学严格划界的前提下，来建构马克思主义政治哲学。

我们知道，政治哲学的最大特色之一，就在于其非实证性和超越性。政治哲学的非实证性和超越性，主要体现为对理想化政治存在的向往和对政治“乌托邦”的塑造。人们之所以把以柏拉图的政治哲学为代表的古希腊政治哲学称为超越性政治哲学或理想性政治哲学，根本依据之一，就是其所塑造的乌托邦世界及因之而得以展现的超越性。至关重要的一点是，古希腊政治哲学的乌托邦和超越性，恰恰是在理论哲学的制高点上，借助于自然本性、真理、最高知识和形而上学等问题建立起来的。在此意义上，理论哲学的内容，恰恰成就和确保了政治哲学，而不是使后者成为远离自身的东西。由此反观近代之后的政治哲学，我们看到一种相反的情形。西方近现代政治哲学对于理论哲学的疏远，在某种意义上，也就是对于理想化的乌托邦的疏远。从理想走向现实，由此成为近现代政治哲学的最大特点之一。然而毋庸置疑，这一现实性走向，与政治哲学非实证性和超越性的本色又必然是相矛盾的，站在施特劳斯回归古典的立场上，这一现实性走向实质上是在断送政治哲学的前途。或许也正是因为这一点，在近现代政治哲学的发展中，内在地又形成了一种“反拨”的力量。

对近现代政治哲学的内在“反拨”，大致始自康德。康德虽然严格区分了理论理性与实践理性，但有趣的是，他讲的实践理性作为一种纯粹的自由意志，又在先验的界面上获得了一个形而上学的奠基，从而以一种独特的方式回到了理论哲学的问题。这样来看，康德实际上是在形而上学的先验基点上，来切入洛克以来的权利、自由、平等、公正等问题的。这一做法，对于在现代世界中重构政治哲学的理想性和超越性，从而恢复政治哲学的思想本色具有重大意义。当代政治哲学家罗尔斯在研究和建构政治哲学时，自觉继承了康德的思想遗产。受康德的影响，罗尔斯认为，现代政治哲学虽然不可能是柏拉图式的，但却应当成为一种追求合宜政治秩序的“现实主义的乌托邦”：政治哲学的重要功能之一，“是探讨实践政治之可能性的极限。根据这一功能，我们把政治哲学视为现实主义的乌托邦。我们对于我们社会之未来的希望依赖于这一信念：我们的社会制度至少允许一种合宜的政治秩序的存在，从而，一种足够正义，但不完美的民主体制是可能的。因此，我们要询问：在足够合理，但仍只具有历史可能性的条件（现实社会的法律和趋势能够提供的条件）下，一个正义的民主社会将会是什么样的？在如我们所知的民主文化所提供的正义环境的制约下，这样一个社会力图实现的将会是什么样的理想和原则？”[1]如果说在自康德到罗尔斯的传统中，政治哲学形成了一种向理想性和超越性回归的趋势，那么这种回归，又在一定意义上印证了作为实践哲学的政治哲学与理论哲学问题的复杂关系。

要充分彰显非实证性和超越性的本色，当代中国马克思主义政治哲学就必须要建立自己的“乌托邦”。在市场社会的条件下，当代中国马克思主义政治哲学的建构不可能完全走古希腊政治哲学的道路，所以，其乌托邦也不可能是纯粹理想型的，而必然是一种“现实主义的乌托邦”。尽管如此，要建立这种“现实主义的乌托邦”，当代中国马克思主义政治哲学也应当要关

1〔美〕罗尔斯：《政治哲学史讲义》，杨通进、李丽丽、林航译，中国社会科学出版社，2011，第10页。

注理论哲学的问题，特别是要注重构建自己的形而上学，或者至少要形成一种形上关怀。形而上学虽然看似与市场社会格格不入，但对于建构当代中国马克思主义政治哲学所具有的重大意义是毋庸置疑的。这种意义的最直接体现，就是确保了政治哲学非实证性和超越性的本色。但这一本色绝不仅仅是学理上的，而是有其现实针对性。这种现实针对性在于，如果说在“当代中国”这个特定历史方位上，我们建构政治哲学所面对的最大背景就是社会主义市场经济，那么中国马克思主义政治哲学责无旁贷的使命和工作主要包含两个方面：一是顺应市场经济的要求，为其提供规范性的论证和辩护；二是立于市场经济之外，为其提供价值和思想的指引。洛克之后的西方政治哲学在前一方面做了大量工作，但在后一方面却少有作为，即便从康德到罗尔斯的传统，也不外于此。仅仅停留于前一方面，难以从马克思所指认的“以物的依赖性为基础的人的独立性”中走出来，上升到人的自由而全面发展的界面。我们不仅要建构与西方规范性政治哲学相对话的政治哲学，而且也要建构比前者更优的政治哲学。要做到这一点，就需要切实地认识到，当代中国马克思主义政治哲学所要最终回答和解决的问题，并不是“以物的依赖性为基础的人的独立性”的问题，而是构建“人的美好生活”与实现“人的全面发展”的问题。就此来讲，当代中国马克思主义政治哲学就必须要在上述第二个方面有所作为，亦即必须要确立能够有效引导市场经济的思想性维度。而要做到这一点，当代中国马克思主义政治哲学就不可能将形而上学视为与自己无关乃至与自己对立的东西，而需要将之纳入自身的建构。张岱年先生曾经说过，根据生活实践创立伟大切实的理想，是哲学的重要任务。哲学可以不谈具体的事实，但却不能不谈理想。张岱年先生所说的这个问题，对于我们理解和把握当代中国马克思主义政治哲学的建构显然富有启示。在一定意义上，形而上学就表征着当代中国马克思主义政治哲学“伟大切实的理想”，这个理想虽然未必会直接关乎具体的事实，但它却不是虚无缥缈的东西，而是在市场经济这一生活实践基础上所确立起来的“切实的”思想向度。如果说总体来看，这一思想向度在西方近代之后的规范性政治哲学中是缺失的，那么当代中国马克思主义政治哲学优于前者的一个根本点，就是实质性地确立起这一思想向度。由此来看，当代中国马克思主义政治哲学的建构，并不仅仅是一个实践哲学的问题，同时在相当大的意义上，也是一个理论哲学的问题。

需要说明的是，以上论述并不是要取消实践哲学与理论哲学划界的基础性意义，而是要求在保持两者划界的前提下，又应注重它们之间的内在打通。这不仅不是一个悖论和矛盾，而且恰恰正是建构一种在理论形态和理论功能上皆完备的政治哲学的题中应有之义。

二、单一型理论还是复合型理论？

众所周知，在构建政治哲学上，罗尔斯是一个典范乃至表率。其《正义论》的核心工作，就是在“理论”、“制度”及“目的”的篇目下构建一个逻辑自洽、体系完整的正义理论。诺奇克虽然不同意罗尔斯的一些根本主张（如向社会最不利者倾斜），但对后者的工作给予了充分肯定。这个情况很容易让人们以为，建构当代中国马克思主义政治哲学的最佳参照点和模板，应当就是罗尔斯。然而，这种“理所当然”的推论缺少一个重要前提，这就是对罗尔斯的政治哲学与当代中国马克思主义政治哲学之同质性与异质性的说明。毋庸讳言，这两种政治哲学是存在同质之处的，如它们都属于现代形态的政治哲学，都需要确立“现实主义的乌托邦”。然而，它们之间的异质性要远远大于同质性。这种异质性一方面来自文化背景、历史基础和价值观念的差异，另一方面也来自论域和边界的差异。就后一方面来看，罗尔斯的政治哲学是一种单一型理论，而当代中国马克思主义政治哲学则应该是一种复合型理论。为什么？

如果说罗尔斯的政治哲学就是指他的正义理论，那么按照他在《正义论》中的界定，这一理论的根本主题，是社会基本结构的正义。具体一点说，这一正义理论所处理的核心问题，是权利和义务之分配以及社会利益之划分的方式。基于契约论方法，罗尔斯对这一正义理论做了两个限定："首先，我关心的是正义问题的一种特殊情形。我不想普遍地考虑制度和社会实践的正义，也不想考虑国际法的正义和国际关系的正义。因此，即便有人假定正义的概念适用于一切有利害关系的分配，我们也只感兴趣于其中的一种。……如果可能的话，只需做到下一点我就满足了：为一个暂时被理解为同其它社会隔绝的封闭社会的基本结构，概括出一种合理的正义观来。……我们为我们的讨论规定的另一个限制是：我们主要考察那些调节着一个良序社会（a well-ordered society）的正义原则。每个人都被假定是在符合正义地行动，在支持正义的制度中尽他的职责。虽然正义可能像休谟评论的是一种谨慎的、嫉妒的德性，我们还是可以追问一个完全正义的社会是什么情形。这样，我主要考虑的就是我所称的严格的服从（strict compliance），它对立于部分服从（partial compliance）的理论。"[1] 根据第一个限定，罗尔斯的正义理论只是一种"向内"和"封闭"的，亦即并不关乎国际法和国际关系的政治哲学理论；根据第二个限定，这一理论只是一种有关良序社会的、严格服从的理论，而非部分服从的理论。这里所讲的"严格服从"，指涉的是整个社会结构的正义，而"部分服从"，则指涉的是紧迫的、具体的正义或不正义问题。综合这两个限定，我们可以看到，罗尔斯所规划和建构的政治哲学，是一个仅仅适应于美国特定文化语境，并且仅仅考虑美国整体社会结构的理论，其核心目标，就是在假定的"良序社会"条件下，构造一个真正得到广泛而普遍认同的正义制度和"良序社会"。简言之，罗尔斯的政治

1〔美〕罗尔斯：《正义论》（修订版），何怀宏、何包钢、廖申白译，中国社会科学出版社，2009，第6—7页。

哲学，就是要为作为一个整体结构的美国社会确立一个规范性目标，从而用以指导社会善品的分配和制度的设计。罗尔斯所探讨的自然是一个很大的问题，但就其论域来说，则又是一个狭小的问题。在此意义上，我们有理由将罗尔斯的政治哲学指认为一种单一型理论。

当代中国马克思主义政治哲学的建构，是在“当代中国”这个历史语境中所凸显出来的一个论题，其所包含的问题，也必然是这个历史语境所提供和映射的问题。然而，与罗尔斯所假定的语境不同，作为改革开放以来的一个特定历史方位，“当代中国”处在一个社会全面转型和深刻的社会变革时期，总体来看，这是一个多维度的、多层次的、包含多点矛盾的复杂历史语境。政治哲学的一个重要职能，就是能够对重大现实问题做出全面而有效的回应。要发挥这个职能，我们就不应当像罗尔斯那样，将当代中国马克思主义政治哲学认定为一种单一型理论，而应当在多个向度和多重问题的复合结构中来对之予以界定。进而言之，作为一种复合型理论，当代中国马克思主义政治哲学所涵盖的问题，展现在向内、向外、向前、向后这四个时空维度中。

首先，我们来看“向内”这个维度。在这个维度上，当代中国马克思主义政治哲学所应思考、回答和解决的问题，也就是改革开放以来的历史实践所给出的“中国自身”的问题。这样的问题，与罗尔斯所讲的“封闭的”美国社会问题形成对照。但“中国自身”的政治哲学问题，依然在界域上不同于罗尔斯所界定的美国社会的问题。如果说后者仅仅关涉社会的基本结构，那么，前者则超出了这个界域，呈现出一种交织叠加的状况。具体来看，“中国自身”的政治哲学问题，至少包含两个方面：一是如何为市场社会和法治社会提供规范性论证及树立规范性目标；二是如何回应和回答具体的社会公平正义问题。前一方面，大致相当于罗尔斯所讲的“严格服从”的理论，其目的，也就在于塑造一个以公共认同和公共价值观念为基础的“良序社会”

结构，这是一个现代市场社会和法治社会必然孕育的一个重大而根本的规范性问题。不仅仅是罗尔斯，洛克以来的政治哲学家们，实际上都在思考和探索这个问题。洛克基于所有权、休谟基于道德和正义、康德基于自由意志和实践理性、亚当·斯密基于“看不见的手”、黑格尔基于市民社会和国家所进行的理论探索与思想建构，都深刻表征着这一点。后一方面，大致类似于罗尔斯所讲的“部分服从”的理论，其所要回应和回答的具体的社会公平正义问题，既包括“效率与公平”关系中所包含的问题，也包含长期以来在城乡、区域、行业的不平衡发展中所造成的收入分配差距问题和机会不平等问题，还包括从医疗、司法、教育等领域中所折射出来的社会公正问题以及在权力和金钱的勾结与暗箱操作中所呈现出来的社会腐败问题，等等。

罗尔斯之所以将其正义理论仅仅界定为“严格服从”的理论，原因之一是在他看来，“严格服从”的理论作为一种关涉社会总体架构的理论，恰恰为人们思考和解决“部分服从”的问题提供了基础。这个观点有一定道理，但在当代中国的特定语境中，如果说关于社会结构的规范性问题，是在传统社会向现代社会、计划经济向市场经济、人治社会向法治社会的转型中所生成的问题，那么，上述几类具体的社会公平正义问题，则未必与这种社会转型存在关系，毋宁说是在多个矛盾点上生成和凸显出来的。所以，具体的社会公平正义问题并不能被完全纳入关于社会结构的规范性问题中来加以认识和解决，而是必须要有针对性地加以探讨。这样来看，当代中国马克思主义政治哲学在“向内”这个维度上，已经呈现为一种复合型的问题结构。当然，如何确立现代社会规范性目标的问题与公平正义问题，在西方规范性政治哲学中并不是相互分离的，而是紧密地耦合在一起的：自洛克到黑格尔的近现代政治哲学虽然主要探讨的是前者，但也隐在地包含了后者；而罗尔斯《正义论》发表以来的当代政治哲学虽然明确地将后者论定为最显性的问题，但其关于正义理论的建构，也是要以一种新的方式来思考前者。

其次，我们来看“向外”这个维度。如上所示，罗尔斯并没有把国际法和国际关系的正义作为他的考察对象，所以其政治哲学并不包含一个实质性的“向外”的维度。一般而言，在契约论的框架内所建立起来的政治哲学，都会缺少这个维度，这是因为契约论的一个重要前提，就是假定一个用以推理的均衡状态，而这样的均衡状态通常只是针对一个相对封闭的社会情境来讲的，一旦超出了这个情境而涉入全然不同的历史和文化背景，就没有理由去假定这样的状态了。但当代中国马克思主义政治哲学的建构，并不需要契约论作为理论的奠基，所以在逻辑上并没有把“向外”的维度堵死。进一步说，这个问题不仅仅是一个理论逻辑的问题，更是一个具有价值担当和思想内容的问题。“当代中国”不同于“传统中国”的一个重要方面，就是在改革开放的历史进程中，始终面对全球化运动及由之而来的全球治理的问题。从现实层面来看，中国改革开放 40 多年来所取得的历史性成就，为世界的发展提供了重要参照和方案。在理论上，当代中国马克思主义政治哲学也应当积极对接“构建人类命运共同体”理念，以一种开放包容的心态和博大宽广的视野，介入全球治理问题，构建和开辟一个实质性的“向外”的维度，为世界政治哲学的发展以及世界政治性难题的解决提供中国智慧。这既是我们对当代中国马克思主义政治哲学的一种期许，也是当代中国马克思主义政治哲学能够超越于西方规范性政治哲学的一个重要方面。

再次，我们来看“向前”这个维度。如果说“向内”和“向外”是两个空间性的维度，那么“向前”和“向后”则是两个时间性的维度。作为一个时间性的维度，“向前”所涉及的是一种历史性的思考。古往今来的大多数政治哲学家，不管是苏格拉底、柏拉图、亚里士多德等古希腊政治哲学家，还是霍布斯、洛克、休谟、卢梭、边沁等近现代政治哲学家，抑或是罗尔斯、诺奇克、德沃金、哈贝马斯等当代政治哲学家，基本都把既定的社会视为恒久不变的社会以及立论和推理的前提，所以与此相应，他们基本都没有建立起历史性的理论视野和“向前”的理论维度。但从黑格尔到马克思，政治哲学开始成为一种历史性理论，“向前”的维度也由此建立了起来。不过，黑格尔的政治哲学由于是以绝对精神为立论和推理支点的，所以他所建立的历史性思考和“向前”的维度，主要指向了精神性层面而非现实性层面（当然，我们不能否认也有现实性层面的内容）。马克思的伟大创造和贡献，就在于在对现实市民社会这个旧世界的批判中发现了新世界，从而将政治哲学的立脚点由市民社会推置为朝向未来的人类社会，由此也建立起了一种具有历史大跨度的理论叙事和思想架构。马克思政治哲学优于近代以来西方规范性政治哲学的一个重要方面，就是这个“向前”的历史性阐释维度的建立。由于缺少这个维度，近现代以至当代的西方政治哲学，都可被归结为以市民社会为立脚点的理论。这种政治哲学理论注定难以克服“以物的依赖性为基础的人的独立性”所包含的弊端，故而也难以与马克思讲的“人的自由而全面发展”，以及我们今天讲的“美好生活”形成对接。如果正如上文所述，当代中国马克思主义政治哲学所要最终回答和解决的问题，就是构建“人的美好生活”与实现“人的全面发展”的问题，那么，它就应当以马克思的政治哲学为样本，来建立一个超越当下的历史性思考的“向前”的维度。这一点，与通过形而上学来创立“伟大切实的理想”，从而彰显政治哲学的超越性本色是一致的。

最后，我们来看“向后”这个维度。作为一个时间性的维度，“向后”主要指的是如何看待中国传统政治哲学的问题。进一步剖析，这个问题又包含两个子问题：一是中国传统政治哲学能否作为建构当代中国马克思主义政治哲学的思想资源，二是如何在建构当代中国马克思主义政治哲学中继承和弘扬中华优秀传统文化。这两个子问题虽有不同，但又是关联在一起的。需要看到，当代中国马克思主义政治哲学是在现代市场社会的历史地基上予以建构的理论形态，而以儒家为核心的中国传统政治哲学，总体上与现代市场社会并不匹配，所以也不可能成为建构当代中国马克思主义政治哲学的有效理论支点。但是，我们不能因此而断然否定中国传统政治哲学的现代价值，而应看到它是我们建构当代中国马克思主义政治哲学不可忽视的思想资源。一个直接的例子是，人们通常会认为，我们建构当代中国马克思主义政治哲学的根本价值和立论基点，应当是以自由、权利为内核的现代价值，而非儒家所讲的仁爱、民本、和合等传统价值。但实际上，自由、权利作为现代价值，又负载着一个更深层和更重要的价值，这就是公共理性。自由、权利在其初始和原本意义上，是指向个体性的。但仅仅强调个体性而掩蔽了社会性和公共性，个体性实质也难以得到保证。正是因为如此，康德之后直到罗尔斯的政治哲学家，都在思考如何在自由、权利的基础上构建公共理性的问题。在以平等为重要价值取向和价值目标的社会主义市场经济条件下，公共理性具有更加重要的地位，所以它也理所当然地成为我们建构当代中国马克思主义政治哲学最不可或缺的立论基点之一。至关重要的问题就在于，中国传统政治哲学所讲的仁爱、民本、和合等价值，从其基始性内涵来看，恰恰又蕴含了与公共理性相对接的要素，甚至通过“现代转化”这个环节，这些价值可以直接作为今天建构公共理性的前提。如果说从这个例子能够看到，中国传统政治哲学完全可以作为珍贵的思想资源而对接到当代中国马克思主义政治哲学的建构中来，那么通过这种对接，我们实际上也肩负起了继承和弘扬中华优秀传统文化的历史重任。

以上四个维度足以表明，当代中国马克思主义政治哲学在理论模式上，绝不是单一型的，而必然是复合型的。这倒不是说我们应当把四个维度的所有问题都生硬地压缩在一个统一的理论体系中，而是说当代中国马克思主义政治哲学至少应当将其思维的触角伸向这四个维度，从而展现其应有的理论解释力和思想张力。

第二节　建构整全性的当代中国马克思主义政治哲学

虽然建构当代中国形态的马克思主义政治哲学越来越成为学术界的一个重大理论自觉和问题意识，但总体来看，对于建构什么样的当代中国马克思主义政治哲学，以及如何建构当代中国马克思主义政治哲学，学术界还缺乏明晰的认识。毫无疑问，这些涉及理论定位方面的问题如果始终处在一种晦暗不明的状态下，当代中国马克思主义政治哲学的建构就难以有实质性的突破和进展。基于这一情况，本节明确地提出“建构整全性的当代中国马克思主义政治哲学”的主张，并从三个方面为之提供必要的论证、辩护和具体说明。

一、避免规范性与事实性的分离和断裂

当谈论到政治哲学时，人们往往首先想到的是它与政治学、社会学、法学、经济学等具有明显实证性质的科学之间的区别：后者研究的是事实或以事实性为立论基石，前者研究的是规范或以规范性为立论基石。在通常意义上，这个区别是有根据的。其根据在于，政治哲学是一门追问价值前提的学问，而不是对现实世界进行描述的学问，其根本使命和任务，是提供关于好生活和好社会的界定与辩护，进而为现实社会政治秩序的改进提供样板或指导性意见，而这都有赖于规范性视角和维度的确立，或者本身就彰显了规范性的力量。这个情况似乎表明，我们所要建构的当代中国马克思主义政治哲学，就是一种研究规范或以规范性为立论基石的马克思主义哲学理论，规范性是我们唯一需要着力思考的东西，而事实性则无须进入我们的视野。然而，这个结论值得商榷。问题在于，规范性对于任何一种政治哲学来说固然都是不可缺少的，但仅在规范性的意义上来建构的政治哲学，却往往存在重大的弊端，虽然其弊端常常会被人们以这样或那样的方式掩蔽起来。

在政治哲学史上，仅在规范性的意义上来建构政治哲学的范例，对应的是一个悠久的理论传统——先验主义传统。因为显而易见，脱离经验和事实的规范性，从来都是以先验的方式确立起来的，或者说，只有在先验的基点上，才可能引申出一种不让经验和事实参与其中的规范性。总体来看，政治哲学的先验主义传统有两种形式，一是柏拉图理念论的形式，二是近代之后契约论的形式。柏拉图建构政治哲学的基本思路和方案，就是通过严格界划理性和感性、超感性世界和感性世界，来在理念中塑造作为最佳政治之模型的“理想国”。没有人会否认这个思路和方案的先验主义特色，原因是在柏拉图看来，任何从属于真理的东西，都不可能在世俗的感性世界中找到，而只能在由理念所规制的先验理性层面上确立起来。与柏拉图在德性、卓越、永恒等目的论和最高善的意义上来构建规范性不同，近代之后的政治哲学主要是通过证立和辩护权利、自由、平等、公正以及法等现实性价值，来构建规范性的。然而，政治哲学的先验主义传统并没有因此而遭到摒弃，相反，它在契约论的框架中得到了延续和复活。契约论是近代之后西方政治哲学的最重要形式，主要代表人物有近代的霍布斯、洛克、卢梭、康德，以及当代的罗尔斯和诺奇克等。不论这些契约论政治哲学家在具体的观点上存在什么差异和分野，有一点是共同的，即他们都是通过设定一个作为推理前提的“原初状态”，来建构各自的理论学说的。由于这个“原初状态”并不是一个“真实如此”的状态，而是一个“应当如此”的状态，所以，契约论政治哲学同样具有明显的先验主义特色。

对于从整体上塑造一种最佳政制或构建一种制度正义，从而解决罗尔斯所说的那种“严格服从”的政治哲学问题，政治哲学的先验主义传统是有不可否认的巨大优势的。然而，这一传统所存在的弊端同样不可否认。对于柏拉图理念论的先验主义形式来说，其弊端主要体现为逻辑上的非自洽性：理性和感性、超感性世界和感性世界虽然存在严格的划界，但与此同时，前者又并非一种纯粹孤芳自赏的东西，而是作为后者可加改进的样本和模板而占据真理的制高点的。可如此一来，当后者具备了前者的某些特质从而与前者保持了某种一致性时，柏拉图的划界似乎就不再明朗如初，理性所代表的真理似乎堕落为了感性所代表的意见，这与柏拉图的立论前提就必然会发生矛盾。对于近代之后契约论的先验主义形式而言，其弊端则主要体现为一个历史的问题：以霍布斯和洛克为代表的契约论政治哲学家在“自然状态”（即他们眼中的“原初状态”）下，以自然法为根据对权利和自由所进行的证成及辩护工作，同样存在一个从先验到经验、从理论到现实、从规范到事实的过渡，而这个过渡的目标，就在于为现代社会构建伦理规范、行动规则和新秩序。然而，一个突出的问题是，这些契约论政治哲学家在为“个人”的权利和自由，特别是为“个人”的所有权提供合法性论证时，并没有真正思考其所构建的伦理规范、行动规则和新秩序成为一种现实历史后所带来的各种可能性的结果。但实质上，正如马克思所看到的那样，近代以来以个人所有权为前提的资本主义历史，塑造的并不是一个真正平等的社会，而是一个具有层级结构的、充满剥削和先定不平等因素的社会。一种政治哲学如果不对这样的历史及结果进行反思性探察，而一味地根据自然法来抽象地谈论权利、自由以及平等，不仅难以彰显其规范性意蕴，甚至在规范性上还会走向其反面，从而倒退为替既定的不平等社会做辩护的力量。

政治哲学的先验主义传统所存在的上述弊端，归根结底都是由规范性与事实性之间的实质性分离和断裂所造成的。所以，克服这些弊端的唯一有效途径，就是在充分考察和把握事实性的基础上，来思索规范性之构建的问题，从而避免这两者之间的分离和断裂。在政治哲学史上，这方面的工作展现在另外一个传统，即现实主义传统中。现实主义传统的代表人物，主要有黑格尔、马克思和哈贝马斯。黑格尔为政治哲学所指示的任务，就在于研究“真实如此”而非纯粹“应当如此”的东西。所以在《法哲学原理》这部政治哲学的典籍中，黑格尔并没有像霍布斯、洛克那样，将先验的自然法作为立论和推理前提，而是将自然法所讲述的规范，放置于现实社会关系中予以历史性的考察。作为当代最具有个性的政治哲学家之一，哈贝马斯自觉继承了黑格尔的传统，明确提出了“应当”之软弱性的问题：“从 70 年代（指 20 世纪。——引者注）初期开始，社会科学对理性法传统之规范主义的破坏，引起了出乎意料的反应。也就是说，在实践哲学问题总的来说得到重新重视的过程中，法哲学发生了一个转向，以相当直接的方式使理性法传统恢复了荣誉。至少从约翰·罗尔斯的《正义论》（1971 年）开始，钟摆就偏向这另一边了。不仅在哲学家和法学家中间，而且在经济学家中间，人们已经习惯于毫无拘束地采纳那些 17、18 世纪的理论，似乎人们可以用不着重视社会科学对法的解魅了。由于没有在元批判层次上涉及政治经济学和社会理论所造成的视角变化，在直接恢复理性法论证的同时，把这两个商谈域之间的桥梁给拆除了。但是，在规范性商谈的领域内，关于应当之软弱性的问题同时也紧迫地提了出来。”[1] 对于哈贝马斯而言，其解决应当之软弱性问题的基本方案，就是在经验的、现实的社会交往关系中，寻找和构建人们在规范性上的“重叠共识”。在这个方案中，规范性显然不是先在设定出来的，而是人们基于自己的经验生活进行讨论和选择的结果。毫无疑问，作为现实主义传统的代表，黑格尔和哈贝马斯的努力方向之一，就是在政治哲学的研究和建构中，规避规范性与事实性的分离和断裂。

建构当代中国马克思主义政治哲学的根本宗旨，绝非在于建构一个仅在逻辑上符合圆融性要求的封闭框架，而在于建构一个既能够反映现实重大问题又具有思想指引力，或者既具有描述性功能又具有规范性功能的理论体系。所以在这个问题上，我们绝不能照搬先验主义传统的模式，一味地停留在“应当”的层面，而是非常有必要借鉴现实主义传统的思路，将规范性与

1〔德〕哈贝马斯：《在事实与规范之间》，童世骏译，生活·读书·新知三联书店，2003，第 70 页。

事实性放在一个整体中加以统合性的考量和把握，亦即从事实性中来引申规范性，或者基于事实性来考察规范性。这个做法与仅仅立足于“应当”和规范性的做法相比，无疑体现了一种“整全性”。这种“整全性”绝不仅仅是出自学术理论上的要求，同时更是出自现实问题上的要求。比如说，当人们自觉或不自觉地基于权利、自由、平等、公正、公共理性以及法等价值来开展马克思主义政治哲学的研究时，人们应当看到的是，这些现实性的价值之所以是无法回避的，并不是因为它们在当代西方规范性政治哲学中占据了核心地位，而是因为当代中国由市场化转型所带动的重大社会变革，使这些价值以前所未有的姿态凸显了出来。所以，我们不能以“应当”自居、以构建纯而又纯的规范性为由来阐释这些价值，而应回过头来，认真研究当代中国由市场化转型所带动的重大社会变革及其所表征的事实性，进而以此为前提，来阐释这些价值。由此可以看到，不管是从事实性中来引申规范性，还是基于事实性来考察规范性，“整全性”的要求都是以现实问题为根本基点的，因为显而易见，是重大现实问题孕育和带来了重大规范性问题而不是相反。这说明在当代中国马克思主义政治哲学的建构中，对于事实性的把握与对规范性的概括具有至少同等重要的意义。

不过，我们必须立即指出，对于事实性是什么以及如何来甄别和把握事实性，则需要做出认真考量，因为一个最直接的问题是，有些在人们的感官经验中被认定为“事实”的东西，却是与事实本身相距甚远的，而实质上只有从真正的事实性中，才可能引申出真正的规范性，或者只有以研究真正的事实性为前提，才能够对规范性做出真正有深度的探析。在这个问题上，马克思为我们提供了最深刻、最富有启示性的阐释。马克思的深刻性，既来自对黑格尔的继承，又来自对黑格尔的超越。在黑格尔那里，事实性对应的是“真实如此”的东西。然而，这个“真实如此”的东西并不是指经验性的物象，而是指在历史的发展过程中所生成和展开的“实体”与“事情本身”。

黑格尔对事实性的这个界定是建立在辩证法的思维基础上的，因而也必然构成了对经验主义的超越。不过，黑格尔的致命缺陷在于，他的整个理论认知结构是“思维和存在相同质”的结构，所以他所讲的事实性，在某种意义上是由一种外在的思辨逻辑所规定下来的，没有也根本不可能涵盖全部真实发生的事情。马克思重视黑格尔的辩证法及对经验主义的超越，这是他理解和界定事实性的基本前提。但不同于黑格尔，马克思决定性地突破了思辨逻辑的框架，注重从历史唯物主义视域出发，在对最粗糙、最鲜活的社会生产关系和社会矛盾的剖析中，来揭示和把握事实性。马克思的这个突破和推进，意味着他比黑格尔更彻底地超越了经验主义，同时也更切实地呈现了“事情本身”和事实性。相比之下，作为后来人的哈贝马斯在把握事实性上，不仅没有达到马克思的高度，在某种意义上也没有达到黑格尔的高度，因为他所讲的事实性，在相当大的程度上指涉经验性的生活，而非经验性的生活背后更深层面的东西。如果这些情况表明，在政治哲学的现实主义传统中，马克思是唯一真正把握住了事实性、唯一真正揭示了如何把握事实性的人，那么他的政治哲学，应当也是这一传统中唯一真正克服了先验主义传统的重大弊端、唯一真正向人们表明如何克服先验主义传统之弊端的理论范例，虽然黑格尔和哈贝马斯的政治哲学在这方面也并不是无所作为的。

对于建构当代中国马克思主义政治哲学，马克思的启示在于，如果我们不能满足于在经验层面来把握事实性，以及在基于经验的事实性基础上来探察规范性，那么，我们尤其需要做到的，就是以历史唯物主义为方法论指导，以深入研究改革开放 40 多年来蓬勃展开的中国现实为坚实前提，以准确概括、全面总结当代中国的“事情本身”和事实性为根本立足点，来为马克思主义哲学树立明确的价值主张，亦即构建具有规范意义的当代中国马克思主义政治哲学。可以想见，这样的工作既避免了规范性与事实性的分离和断裂，也切近了真正的事实性和真正的规范性。

二、实现超越性维度与现实性维度的互补和打通

如果说政治哲学在20世纪经历了一个从沉寂到复活的重大转折，那么这个转折与两个关键人物是分不开的，他们分别是施特劳斯和罗尔斯。今天中国学术界，人们无论是在哪个学科内从事政治哲学的研究，都要把施特劳斯和罗尔斯作为极其重要的学术史背景、思想资源和参照系，这已经成为一个不容否认的事实。于是就产生了如下人们经常追问的一个问题：我们建构当代中国马克思主义政治哲学，到底应以施特劳斯为参照系，还是应以罗尔斯为参照系？这个问题虽然预设和包含了一个未必合理的前提——以施特劳斯或罗尔斯来解释马克思，但却引申出了另一个值得我们深长思之的问题：当代中国马克思主义政治哲学，应是一种超越性政治哲学还是现实性政治哲学？因为事实上，施特劳斯回归古典的政治哲学与罗尔斯立足现代的政治哲学，分别代表超越性政治哲学和现实性政治哲学这两种截然不同的理论形态。在这个问题上，我们不能本着一种非此即彼的态度来进行选择，而需要看到，当代中国马克思主义政治哲学既应当是一种超越性政治哲学，也应当是一种现实性政治哲学，或者更准确地说，它不仅应当包含超越性和现实性这两个维度，而且应当在这两个维度之间予以内在打通，这也是建构整全性的当代中国马克思主义政治哲学的题中应有之义。基于这种判断，我们需要进一步追问两个问题：一是当代中国马克思主义政治哲学为何既要包含超越性维度，又要包含现实性维度？二是实现超越性维度与现实性维度内在打通的可能性何在？

我们先来看第一个问题：当代中国马克思主义政治哲学为何既要包含超越性维度，又要包含现实性维度？

政治哲学超越性维度与现实性维度的划分，反映的是超越性政治哲学与现实性政治哲学的划分。我们知道，在政治哲学史上，超越性政治哲学主要指的是由柏拉图和亚里士多德所开创，后又为施特劳斯所继承，尊崇德性、

卓越、永恒等最高善和超越性价值的理论形态。与之不同，现实性政治哲学则主要指的是从近代的霍布斯和洛克一直延续到当代的罗尔斯和诺奇克，将权利、自由、平等、公正、法等视为首要价值的理论形态。前者关注的价值和问题带有鲜明的目的论色彩，且与人们的世俗生活世界相距甚远，所以才被称为"超越性政治哲学"。相反，后者关注的价值和问题褪去了目的论色彩，且直接关系到人们的日常社会和政治生活，所以才被称为"现实性政治哲学"。人们通常所讲的"善优先于权利"与"权利优先于善"，就是指超越性政治哲学与现实性政治哲学之间的一种不同。总体上说，政治哲学是一门现实感很强的实践哲学。一个时代需要建构什么样的政治哲学，在很大程度上，取决于这个时代的现实问题和人们的实际需求。现实性政治哲学之所以在近代之后取得了绝对统治的地位，很重要的一个原因，就是近代之后形成了商业社会。在商业社会中，所有权的合法性以及分配的公正性问题会很自然地凸显出来，而这就需要一种切实有效的现实性政治哲学来从理论上加以回应和回答。与此截然相反，古希腊时代并没有商品经济，所有权和后来人所讲的公正分配都是等而下之甚至根本不存在的问题。最为这个时代的人们所看重的不是财富分配上的平等和物质生活上的安逸，而是政治生活上的卓越性和摆脱俗务的自由。超越性政治哲学显然就是这个时代的理论产物。

毫无疑问，建构什么形态的当代中国马克思主义政治哲学，绝不能由我们在学术理论上的偏好来决定，而要由当代中国所发生的重大社会变革及由此而呈现出的重大现实问题来决定。我们都知道，当代中国的重大社会变革，是在多个层面、多个领域展开的，市场社会、法治社会都是这一变革的重要表征。在由市场社会和法治社会所表征的社会变革中，权利、自由、平等、公正、法治以及契约精神、公共性等，越来越成为与人们的现实生活休戚相关的价值和问题。马克思虽然没有针对这些价值和问题来构建一种类似于罗尔斯"正义论"的、一目了然的政治哲学，但这并不表明当代中国马克思主义政治哲学就应当回避这些价值和问题。毋宁说，当代中国马克思主义政治哲学要真正成为有资格、有能力来回应当代中国重大社会变革的理论，就必须站在马克思主义的立场上，严肃对待、认真研究这些现实性的价值和问题。这就说明，现实性维度并非当代中国马克思主义政治哲学的一个可有可无、可增可减的部分，而是它葆有自己在重大现实问题面前的解释力的关键之所在。众所周知，在当代英美学术界，以柯亨为代表的分析的马克思主义者在马克思主义政治哲学的构建上做出了开创性的探索和贡献。说到底，分析的马克思主义者所构建的马克思主义政治哲学，就是一种比较典型的现实性政治哲学，其所关注和解决的最主要问题，也就是罗尔斯、德沃金、诺奇克等政治哲学家所讨论的分配正义问题，虽然在价值立场上，分析的马克思主义者与这些西方政治哲学家存在分歧。我们虽然不必一定要效仿英美分析的马克思主义者，但面对我国社会收入分配领域中的公平正义问题，建构一种现实性的马克思主义政治哲学，无论如何都是我们义不容辞的理论责任和学术使命。

将当代中国马克思主义政治哲学建构为一种现实性的政治哲学，这一点在学术界应当是没有太大异议的，因为目前马克思主义政治哲学领域的相关研究，几乎都是在关涉平等的权利、公正的分配等现实性问题的框架内展开的。然而，对于要不要建构超越性的当代中国马克思主义政治哲学，学术界总体来看，并没有做出实质性的分析和回答。在某种意义上，这成了一个“存而不论”的问题。但实际上，这个问题既关系到我们对当下社会现实问题和社会发展的全面理解，也关系到我们对马克思主义哲学理论品格的阐释和把握，因而需要我们做出明确判断。我们承认，当代中国的社会结构与古希腊时代已不可同日而语，两者所面对的最重大问题也存在显而易见的差别，用柏拉图、亚里士多德等古人的观点，的确难以概括当代中国人的需求。不过，施特劳斯这位被认定为“离经叛道”的现代人的范例告诉我们，作为一种特定形态的政治哲学，超越性政治哲学虽然形成于古代社会，但其所包含的思想智慧却是跨越一切时代的，现代性突飞猛进的当今时代，尤其需要这种思想智慧。超越性政治哲学虽然不教导人们如何公正地分配权利、机会、财富、荣誉等社会基本善品，但它引导人们去构建自己的形而上学、意义世界和精神家园，引导人们去追求终极性的生活。这些东西看似与现代市场社会格格不入，但其实它们恰恰是市场经济时代最需要的“理想”。在我国社会主要矛盾发生历史性转化，“美好生活如何构建”以及“社会如何均衡发展”等问题得到彰显的今天，这种“理想”已经超出了观念的层面，从而具有了与人们的日常生活相对接，并切实地引导人们日常生活的现实性。由此可见，按照超越性政治哲学的模式来建构当代中国马克思主义政治哲学，或者赋予当代中国马克思主义政治哲学超越性维度，是一件理所当然的事情。而从马克思主义哲学的理论品格来看，这个问题会更加一目了然。正如本书第二章第一节所述，马克思的最高价值诉求，是突破“以物的依赖性为基础的人的独立性”的生活框架，实现人的自由而全面发展。追求人的自由而全面发展，是马克思主义哲学最重要的理论品格之一。人的自由而全面发展虽然与柏拉图和亚里士多德所讲的德性、卓越、永恒具有不同的内涵，但在精神实质上，它们是有相通之处的，至少都指示了一种形上意义上的终极关怀。所以，在马克思的政治哲学中，就存在一个通达人的自由而全面发展、与柏拉图的政治哲学相比拟的超越性理论指向和理论维度。我们构建当代中国马克思主义政治哲学，不可能无视马克思主义哲学的理论品格以及马克思阐发政治哲学思想的基本方案，所以，在人的自由而全面发展的制高点上来塑造超越性维度，也是顺理成章的。

我们再来看第二个问题：实现超越性维度与现实性维度内在打通的可能性何在？

虽然施特劳斯与罗尔斯对于推动20世纪政治哲学的复兴都具有关键作

用，但有趣的是，由他们两人所开创的学派，却从来都没有进行过实质性的对话，甚至在各自的眼中，对方从来就没有从事过政治哲学的研究。这个情况似乎告诉我们，在超越性政治哲学与现实性政治哲学或政治哲学的超越性维度与现实性维度之间，并不存在打通的任何可能性。故而，当代中国马克思主义政治哲学并不会因为超越性维度与现实性维度的确立而成为一种有广泛解释力的理论，相反，可能会因为这两个维度的内在对立和撕裂而丧失其在重大现实问题面前应有的解释力。显然，这给我们提出了一个具有挑战性的难题。破解这个难题的关键点，就是找到超越性政治哲学与现实性政治哲学之间的交叉点和重合处。

其实，在当代西方政治哲学的学术争鸣中，以桑德尔为代表的社群主义的思考，就涉及了超越性政治哲学与现实性政治哲学之交叉和重合的问题。人们通常会认为，社群主义的立论基石是“共同体”，而“共同体”在价值上与“平等”相呼应，所以归根结底，社群主义仍然是一种现实性政治哲学。不过需要注意的是，桑德尔为“共同体”概念所注入的重要元素是“善”和“道德”，这使之与德性、团结、牺牲、服务等超越性或理想性层面的价值或由这样的价值所推导出的价值紧密关联在了一起。这样来看，作为社群主义的重要代表人物，桑德尔的一系列思考和阐释，也可归入超越性政治哲学之列。最发人深省的是，桑德尔将自己阐发的政治哲学，也界定为一种特定类型的公正理论。而以他之见，这种公正理论恰恰“跟不同的关于荣誉和德性、自豪和认可的观念绑定在一起。公正不仅包括正义地分配事物，它还涉及正确地评价事物”[1]。虽然桑德尔最关切的问题是如何扩展作为现实性政治哲学之核心的公正理论，但换一个角度来看，这个问题的实质，就在于如何破解超越性政治哲学与现实性政治哲学之间的紧张关系。桑德尔的阐

1〔美〕迈克尔·桑德尔：《公正：该如何做是好？》，朱慧玲译，中信出版社，2012，第298—299页。

发对我们固然是富有启示的，但他在这个问题上更多是诉诸一种“直觉”，欠缺的是对政治哲学概念和观念上的深层次反思与理论上的“重构”。要对这个问题做出更有说服力的论证，就需要这种深层次反思和“重构”。

让我们回到施特劳斯对政治哲学的界定，来做进一步阐释：“自政治哲学在雅典萌生以来，政治哲学的意义及重要特点在今天同过去一样明显。所有政治行动的目标不是保守就是变革。当渴望保守时，我们希望不要变得更糟；当渴望变革时，我们希望能带来更好的东西。……所有的政治行动本身都指向了善的知识：关于好的生活或好的社会。……如果人们把获得有关好的生活、好的社会的知识作为他们明确的目标，政治哲学就出现了。”[1] 如果说施特劳斯在此将政治哲学界定为关于好生活和好社会的知识，那么很显然，这个定义包括两个基本点：一是“好生活和好社会”，二是“知识”。由于柏拉图、亚里士多德的政治哲学与理论哲学所特有的问题——形而上学、真理和知识相关联，故而从“知识”这个基本点来看，施特劳斯的界定对于描述超越性政治哲学是十分确当的。不过，近代之后的现实性政治哲学关注的主要是由权利、自由、平等、公正等价值所证成的规则和行动，“知识”不再是政治哲学家所探讨的东西。然而，在对“好生活和好社会”的探索上，形成于古代的超越性政治哲学和形成于近代之后的现实性政治哲学，却是完全一致的。所以，我们如果把“知识”这个基本点“悬置”起来，从而将施特劳斯对政治哲学的界定修正为“关于好生活和好社会的学说”，那么就会发现，自柏拉图至罗尔斯，政治哲学家们所讨论的问题之间，并不存在人们通常以为的那种隔阂，不管是追求德性、卓越或者人的自由而全面发展，还是诉求平等的权利、公正的分配，都将目标定位于好生活和好社会的构建。在这方面，马克思的思考尤其深刻。

我们知道，马克思的政治哲学不仅包含一个超越性的理论指向和理论

1〔美〕施特劳斯：《什么是政治哲学》，李世祥等译，华夏出版社，2011，第1—2页。

维度，同时也包含一个现实性的理论指向和理论维度。如果说在前一指向和维度上，马克思追问的是人的自由而全面发展如何实现的问题，那么在后一指向和维度上，他追问的则是权利上的平等及社会分配上的公正何以可能的问题。超越性理论指向与现实性理论指向之间的可打通性和互补性告诉我们，马克思的这两个追问并不是相互无关的，毋宁说第二个追问是容纳在第一个追问中的。这便是说，"平等的权利"和"公正的分配"虽然有其独立的意义，但它们同时也都是通向"人的自由而全面发展"或以后者为最高标准的。换言之，当马克思讨论这些现实性的价值和问题时，他是针对特定的历史阶段——资本主义阶段和共产主义第一阶段，来思考作为超越性价值和问题的"人的自由而全面发展"的。反过来说，从马克思对"人的自由而全面发展"的直接阐发中，也能够看到他在"平等的权利"和"公正的分配"上的规范性主张。在一定意义上说，只有清楚了这一点，我们才能够真正透彻地理解，马克思为什么在《论犹太人问题》中认为，政治解放虽然不是普遍的人的解放的最后形式，但在迄今为止的世界制度内，是人的解放的最后形式，以及他为什么在《1857—1858 年经济学手稿》中强调，人的发展的第二个阶段——以物的依赖性为基础的人的独立性阶段，为第三个阶段——建立在个人全面发展和他们共同的、社会的生产能力成为从属于他们的社会财富这一基础上的自由个性阶段——创造了条件。如果我们把马克思所讲的"人的自由而全面发展"以及"平等的权利""公正的分配"，都视为"好生活和好社会"的标识，那么其政治哲学的超越性维度与现实性维度之间所取得的统一，就不是一般意义上的，而是一种由前而后的历史性的统一。众所周知，伍德在解读"马克思与正义"论题时，提出了"道德善"和"非道德善"的区分问题。以他之见，马克思看重的是自我实现、安全、身体健康、舒适、共同体等非道德善，而非正义这一道德善，所以马克思既没有基于正义批判资本主义，也没有确立起实质性的正义思想。如果说伍德对"道德善”和“非道德善”的区分是有一定道理的，那么他的不足是没有看到这两者在构制“好生活和好社会”、实现“人的自由而全面发展”上的一致性，从而也没有看到马克思政治哲学的超越性维度与现实性维度所取得的历史性的统一。

以上论述充分表明，如果在“整全”意义上赋予当代中国马克思主义政治哲学超越性维度与现实性维度，那么在这两个看似根本不同的维度之间予以内在打通，不仅是完全可能的，而且对于确保理论的融洽性和解释力，也是十分必要的。

三、探索不同价值的创造性整合

任何人都不会否认，作为一门规范性的学问，政治哲学必然要有明确的价值理论，其规范性的力量在相当程度上，就是由其价值理论所铸就的。对于构建当代中国马克思主义政治哲学，这一点并不例外。亦即当代中国马克思主义政治哲学要发挥对现实生活予以立言的规范性作用，就必须要树立明确的价值主张。到目前为止，学术界在这个问题上并没有形成特别自觉的认识，但这恰恰需要我们表明自己的态度。极为重要的一点是，要建构整全性的当代中国马克思主义政治哲学，我们不能满足于以这个或那个价值作为立论基石，而应着力思考不同价值之间的整合问题。之所以如此，主要原因在于，当代中国马克思主义政治哲学的价值理论不可能先验地设定出来，而必须符合改革开放以来不断凸显出来的重大现实和理论问题以及人们的实际需求。总体来说，这个时期的现实和理论问题以及人们的需求具有多样性、叠加性、立体性、复合性等特点，而当代中国马克思主义政治哲学大概唯有在不同价值之间予以创造性整合，才能够充分反映和有效回应这个特点。

在不同价值之创造性整合上，马克思和罗尔斯为我们提供了经典范例。化繁为简地说，近代以来的规范性政治哲学，是在自由和平等这两大价值之间所发展起来的。而马克思和罗尔斯，主要就是对这两大价值予以创造性整合的。按照一般的理解，自霍布斯、洛克到罗尔斯、诺奇克，政治哲学家要么站在自由的价值立场上，要么站在平等的价值立场上，除此之外，似乎看不到第三种情况。但其实，这个理解过于简单和表层化，因为马克思和罗尔斯所实现的，恰恰就是人们通常看不到的第三种情况。本书在前面特别是在第四章第二节已经论及这个问题，此处出于需要，再对一些核心的内容予以重申和扩展。

首先，我们来看马克思在这个问题上的阐释。

马克思固然没有像洛克以及后来的诺奇克那样，对作为现代政治哲学基础性价值的权利和自由进行合法性的证成与辩护，但毫无疑问，他是持有如下观点的：生活在世的每一个人，都应当拥有自己的人格、尊严、权利、自由。很多自由主义者批评马克思没有认真对待人权，这实质上是一种严重的误读和歪曲。以洛克和诺奇克为代表的自由主义者，虽然在证成权利和自由时，针对的是“每一个人”，而非“这个人”或“那个人”，但在他们的观点和主张中，却实际上包含了为私有财产制度和不平等做辩护的逻辑，一个很重要的原因在于，他们所说的权利和自由，不仅是以默认乃至公开承认各种导致不平等的偶然因素——包括偶然性的自然因素和偶然性的社会因素——的应得性为前提的，而且也要依靠私有财产制度来加以落实。然而，这种权利和自由所包含的不平等，特别是在私有财产制度中所形成的“压迫”，反过来又会使权利和自由变异为与其自身的价值旨趣相背离的东西。这相当于是一部分人用自己的权利和自由来剥夺另一部分人的权利和自由。马克思深刻洞察到了这个问题，所以他提出的一个核心主张，就是消灭在私有财产制度中的不平等。他和恩格斯在《共产党宣言》中所说的“共产主义并不剥夺任何人占有社会产品的权力，它只剥夺利用这种占有去奴役他人劳动的权力”[1]，就体现了这个主张。马克思的这个主张虽然在价值立场上彰显的是平等，但绝不意味着他从权利和自由这一极，走向了平等这另一极。事实上，在马克思这里，自由和平等并不是两个相互牵制乃至对立的价值，它们在某种意义上，都要依托对方来获得和彰显其规范性意蕴，甚至在某种意义上，它们具有对等的规范性内涵。简言之，每一个人真正拥有自由就表征着平等，而真正的平等也表征着每一个人都拥有自由。用马克思和恩格斯在《共产党宣言》中的另外一句话说就是，“每个人的自由发展是一切人的自由发展的条件”[2]。由此来看，马克思既没有像洛克那样来界定自由，也没有像卢梭那样来界定平等。正是由于他把这两个通常被人们对立起来的价值做了一种统合性的处理，而不是把它们简单拼接在一起，所以它们中的每一个实际上都超出了人们通常理解的意思，从而获得了更具有内在张力的思想性。

马克思在自由和平等之间所做的这种创造性整合，同时也展现在他对共产主义第一阶段分配问题的思考上。正如我们已经阐明的，在这个问题上，他一方面承认以自由、权利平等为价值前提的“按劳分配”和“应得”原则，另一方面又对按劳分配、应得、自由、权利平等提出了质疑。马克思的这种“矛盾”的想法自然让许多人感到十分困惑，但只要透彻地看到他在自由和平等之间所做的创造性整合，我们就知道，马克思既不是要用平等来否定权利和自由，也不是要用权利和自由来否定平等，亦即他希望通过按劳分配来实现人们在财富占有上的权利和自由，但并不愿意看到人们因劳动能力和家庭情况的差异而造成结果上的不平等，更不愿意看到由这种结果上的不平等进一步导致权利和自由上新的不平等。马克思的真实用意，是在价值层面上通过对自由和平等予以统合性处理，来从一个侧面阐发“每个人的自由发展是一切人的自由发展的条件”的思想。

1《马克思恩格斯文集》第 2 卷，人民出版社，2009，第 47 页。

2《马克思恩格斯文集》第 2 卷，人民出版社，2009，第 53 页。

其次，我们再来看罗尔斯在这个问题上的阐释。

作为20世纪新自由主义的代表，罗尔斯也是近代以来自由主义传统的集大成者。之所以这么说，倒不是因为罗尔斯将各式各样的自由主义观点都纳入他的学术结构，而主要是因为他在自由和平等这两大价值之间，做了一种协调和平衡。罗尔斯不但不拒绝霍布斯、洛克以来始终在西方规范性政治哲学中占据重要乃至主导地位的权利和自由，而且他还将它们视为现代社会的重要遗产和人们长期以来的生活经验而安置在自己的理论框架中。他将“自由和平等的权利原则”设定为正义的第一条原则，就充分说明了这个问题。然而，与自洛克至诺奇克的自由至上主义传统不同，罗尔斯并不接受社会中的某些人因为各种偶然性因素而遭受的不平等对待。所以，他站在社会最少受惠者或最不利者的价值立场，为正义设定了导向“平等”的第二条正义原则，也就是广为人们所关注的“差异原则”：“社会的和经济的不平等应这样安排；使它们：（1）适合于最少受惠者的最大期望利益；（2）依系于在机会公平平等的条件下职务和地位向所有人开放。”[1]这两条正义原则之间的关系，反映的就是自由和平等之间的关系。如同马克思的情况，罗尔斯不是要用平等来削弱自由的规范性力量，或用自由来削弱平等的规范性力量。相反，他的主旨在于把自由和平等调适在一个合理的平衡点上，从而达到为“每个人都拥有一种基于正义的不可侵犯性”做辩护的目标。罗尔斯之所以被称为“平等的自由主义者”，原因就在这里。

马克思与罗尔斯在自由和平等之间所进行的统合处理或创造性整合，对于我们建构整全性的当代中国马克思主义政治哲学具有重要启示。我们当然不能简单地把马克思和罗尔斯的问题移植过来，而应紧密结合中国社会发展的实际情况来予以具体探索。我们虽然可以尝试在多种不同甚至看似对立的

1〔美〕罗尔斯：《正义论》（修订版），何怀宏、何包钢、廖申白译，中国社会科学出版社，2009，第65页。

价值之间进行创造性整合，但中国社会发展的实际情况告诉我们，如何为自由和平等找到一个合理的平衡点，同样也是当代中国马克思主义政治哲学的构建中最需要思考的重大理论和现实问题之一。

在改革开放之前的计划经济时代，平等毫无疑问成为社会价值的重中之重，这也体现了社会主义的特色。当然，在"一大二公"的特定时期，"平等"变异为了马克思并不主张的"平均"，这是一个例外。而在这个时代，社会对权利和自由在价值上的要求并不凸显，这也是一个不争的事实。改革开放以来，特别是建立市场经济体制以来，情况发生了很大变化。权利和自由不仅成为关涉每一个人的社会生活的重要价值诉求，也成为法治的基本价值前提和实质内容，因为正像黑格尔在《法哲学原理》中所指出的，"人格一般包含着权利能力，并且构成抽象的从而是形式的法的概念和这种法的其本身也是抽象的基础。所以法的命令是：'成为一个人，并尊敬他人为人'"[1]。在这种情况下，人们普遍地树立起权利意识，以及人们的合法权益得到充分保障，已成为一个公正、健康、良性有序的法治社会的重要基础和题中应有之义。与此同时，平等在社会价值中的重要性也更加彰显。在城乡之间、不同地区之间、不同行业和领域之间所形成的收入分配差距拉大问题，以及与此问题相关的社会公平正义问题和社会平衡发展问题，都需要我们站在平等的价值基点上来加以审视和解决。而共享发展理念、共同富裕的发展道路以及以人民为中心的发展思想，也都是坚实地建立在平等的价值基础之上的。这样一来，在自由与平等之间，就必然会产生出一些深层次的复杂问题。最直接的问题是：其一，如果平等在价值比重上超过了权利和自由，会不会减损市场社会的活力，并给那些凭借自己的禀赋、贡献特别是勤奋和努力而成为社会最多受惠者、处在起跑线前端的人，带来潜在的、新的不平等？其二，反之，如果权利和自由在价值比重上超过了平等，会不会继续

1〔德〕黑格尔：《法哲学原理》，范扬、张企泰译，商务印书馆，1961，第46页。个别地方有改动。

拉大人们在收入分配以及机会上的差距，进而固化在城乡之间、不同地区之间、不同行业和领域之间所形成的“层级性”身份，使人们的幸福指数和对社会生活的满意度下降？如果说唯有将这些问题纳入我们的视野，一种整全意义上的、有现实针对性的当代中国马克思主义政治哲学，才可能实质性地构建起来，那么更关键的是，面对这些问题，我们不能满足于“既要自由，又要平等”这样的简单口号，而需要从理论上认真梳理、辨析自由与平等之间的平衡关系。或许，参照马克思提出的“每个人的自由发展是一切人的自由发展的条件”以及罗尔斯强调的“每个人都拥有一种基于正义的不可侵犯性”来破解自由与平等之间的对置性，实现它们之间的一种创造性整合，是我们思考这个问题的一个突破点，因为至少，在社会主义国家中，权利和自由是需要平等来加以守护的，而平等的旨趣之一，则是要实现“每一个人”的合法权利和自由。

我们处在一个独特的时代转折点上，面对繁多复杂且具有层级化特征的问题。同时，我们也面对两千多年以来的人类思想史，拥有这样那样的思想资源。所以，我们不能满足于从某个微观的节点出发来建构当代中国马克思主义政治哲学，我们最需要的就是一种“整全意义”上的理论建构。无论是对规范性与事实性的统筹考虑，还是对超越性维度与现实性维度的内在打通，抑或是对不同价值的创造性整合，都体现了“整全性”的要求。在整全意义上建构当代中国马克思主义政治哲学，绝不意味着要建构一个不伦不类的、大杂烩的理论“怪胎”，相反，这是建构一种包容性强的、涵摄力大的、充满思辨张力的、具有时代感的理论形态的题中应有之义。同时，在整全意义上建构当代中国马克思主义政治哲学，也绝不意味着会偏离马克思主义的基本方向，因为我们已经清楚地看到，马克思的政治哲学就具有鲜明的“整全性”特质。

第三节　当代中国马克思主义政治哲学建构的“真理”本位

如果严格按照理论哲学与实践哲学的区分，人们一般不会把政治哲学与真理问题联系起来，亦即一般不会认为在政治哲学中存在真理问题。之所以这么说，乃是因为在最直接的意义上，真理问题是一个从属于理论哲学的问题，而政治哲学则是实践哲学的最典型形态。应当承认，对于全面把握哲学的类型、问题以及功能，理论哲学与实践哲学的区分始终有其重要意义。然而，这种区分并不意味着，真理问题乃是一个本然就外在于政治哲学的问题，因而在真理的意义上来讲述政治哲学或者在政治哲学的框架下来谈论真理是非法的。相反，要深刻认识当代中国马克思主义政治哲学的建构，真理问题是一个必须要得到重视的理论视点，而且从政治哲学发展史来看，这个问题也具有重要地位。本节针对当代中国马克思主义政治哲学建构的理论定位，提出真理本位的观点。我们将通过梳理、分析真理问题在不同时代政治哲学中的展现形式，来阐明这个观点。

一、古典政治哲学中的真理问题

我们知道，在对政治哲学形态的认识上，存在古典政治哲学与现代政治哲学的划分。所谓古典政治哲学，主要就是指古希腊政治哲学，苏格拉底、柏拉图以及亚里士多德是这种政治哲学的主要缔造者。列奥·施特劳斯曾经指出，古典政治哲学的最高问题和最终问题，是何为最佳政制以及最佳政制何以可能的问题。施特劳斯的这个认识极其准确而深刻，因为事实上，不管是柏拉图还是亚里士多德，都把对最佳政制的刻画和描绘，视为其重要的思想追求和理论任务。通俗地说，所谓最佳政制，也就是一个最好的、最公正的政治制度模式。柏拉图所讲的那种各安其位、各尽其责的正义秩序，亚里士多德所讲的那种按德行和才能分配权力的贤人政治，都是这一政治制度模式的具体体现。从表层看，最佳政制所涉及的问题，是一个以“善好”为标准的问题，因而也是一个从属于价值判断的，与事实判断和真理没有必然联系的问题。然而，需要透视到的是，在古典政治哲学的理论叙事中，所有关涉“善好”的价值判断，最后都要归结为真理问题，最佳政制也不外于此。这是为什么？让我们以柏拉图为例，来进入这个问题。

在柏拉图看来，最佳政制并不存在于现实政治制度中。它既不是对现实政治制度的一种描绘，也不是对现实政治制度的一种改造。如果说在现实政治制度中，根本不可能找到最佳政制的模型，那么，最佳政制只能是一种理想化的政治制度模型，因而也只能在理念层面，更具体地说是在“理想国”中得到塑造和刻画。所以简言之，最佳政制不是现实政治，而是理想政治。最佳政制尽管只是一种不能得到直接兑现的理想政治，但它依然需要在概念上被塑造起来。这是因为最佳政制是一个最好的政治范本，它充当了现实政治得以不断改进和提升的一个永恒标准。现实政治虽然永远都达不到最佳政制的高度，但它却永远需要由最佳政制来提供标准。

由上述关系，我们看到，柏拉图阐释最佳政制的范式，是一个典型的二元论范式，理想政治与现实政治，是这个范式中构成对立关系的两个方面。扩而论之，这个二元论范式的实质之所在，就是在思维界面上，对理性和感性、超感性世界和感性世界做出严格区分与划界，而最佳政制作为一种理想政治，就处在理性和超感性世界的思维界面。进一步说，理性和感性、超感性世界和感性世界的区分，同时也意味着真理和意见的区分。具体言之，在理性和超感性世界的思维界面上得到证立的东西，乃是有资格表征真理的东西，而相反，在感性和流俗的感性世界中，存在的只是意见。理性和超感性世界之所以与真理相对应，在很大意义上是因为，柏拉图不是在经验层面，而是在纯粹先验的思维框架中，来界定理性和超感性世界的。如果说先验的东西，也就是不需要经过任何证明，就可以直接作为立论前提的东西（例如几何学原理），那么对于柏拉图而言，这样的东西，也就是先天正确的、符合事物或事情之自然本性的、具有终极指向的东西，从而也就是满足真理条件的东西。

上述二元论范式，是柏拉图的思想创制中最具有标志性意义的理论范式，自然也代表着柏拉图建构政治哲学的最根本进路。在这一特定的范式和进路中，最佳政制作为一个政治哲学的议题，固然涉及好与坏、优与劣、正义与非正义等的价值判断，但这并不会因为主体自由意志的偏好而偏离真理，毋宁说，真理构成了这个议题所涉及的价值判断的最终尺度，从而也构成了最佳政制的最高目标。最佳政制之所以“最佳”，归根到底，就在于它具有真理性。而最佳政制所具有的真理性，实质上就来自它的先验性。这便是说，作为一个先验的政治制度模型，最佳政制拥有先天正确、符合自然本性、一劳永逸的终极指向等真理的特质。根本说来，最佳政制正是因为拥有这样的特质，才有资格充当现实政治得以不断改进和提升的永恒标准。由此可见，真理不仅不是柏拉图政治哲学之外的问题，相反在其政治哲学中占据着至关重要的位置，是其政治哲学的灵魂和最高建构原则。这正如罗尔斯在《政治哲学史讲义》中所指出的，根据柏拉图式的观点，“政治哲学能够掌握关于正义与公共善的真理”，而“关于真理的知识使它获得了影响”[1]。

柏拉图的政治哲学是整个古典政治哲学的一个缩影，他以真理为最高原则来建构政治哲学的思路，也是整个古典政治哲学之开展的基本路线。换言之，真理不仅仅是柏拉图政治哲学的最高建构原则，毋宁说它构成了整个古典政治哲学的最高建构原则。真理之所以构成了整个古典政治哲学的最高建构原则，在最直接的意义上是因为，以柏拉图为代表的古典政治哲学家是在“真理－意见”的二元论范式下，用先验的立论手法来刻画和阐释最佳政制

1〔美〕罗尔斯：《政治哲学史讲义》，杨通进、李丽丽、林航译，中国社会科学出版社，2011，第3页。

的。不过，在这个原因背后，还有一个更深层次的原因。这个更深层次的原因，概括地说，就是理论哲学的思维传统在伦理和政治领域以及在实践哲学中的贯彻。究竟如何理解这个问题呢?

在古希腊哲学的发展中，主张“认识你自己”的苏格拉底，是一个至关重要的转折点。苏格拉底所带来的转折，就是把哲学的目光从自然界转移到了伦理的世界和政治的世界，从而在引入主观自由原则的基础上，决定性地开启了包括道德哲学和政治哲学在内的实践哲学。不过，我们对政治哲学的认识，既要追溯到苏格拉底，又要追溯到前苏格拉底。众所周知，包括米利都学派、毕达哥拉斯学派、埃利亚学派等在内的前苏格拉底哲学，主要致力于追问世界的本原和终极的存在。所以，以认识论、知识论和本体论为主线的理论哲学，很自然地成为前苏格拉底哲学的主要形态和标志性特色，而由知识所表征的真理，也顺理成章地成为这一哲学的标志性原则。问题的关键就在于，前苏格拉底哲学在理论哲学的思维路线上所开辟的“求知”和“求真”的传统，并没有被苏格拉底拒绝和抛弃，而是被苏格拉底贯彻和运用到了有别于自然界的伦理和政治领域，这集中体现和反映在苏格拉底的著名断言“美德即知识”中。如果说这个断言直截了当地告诉人们，苏格拉底并没有在纯然的主体性价值判断和价值选择的层面来界定美德，而是按照知识论和本体论的思维路线，将美德论定为伦理和政治领域的知识与真理，那么由这个断言可知，苏格拉底所开启的包括道德哲学和政治哲学在内的实践哲学，并没有因为主观自由的引入而把知识与真理问题驱逐在外，相反，由知识所表征的真理，依然构成了这一哲学的最高问题和最高原则。

古典政治哲学是在苏格拉底的基础上发展起来的。苏格拉底在伦理和政治领域贯彻理论哲学的思维传统，从而以真理为原则来建构包括道德哲学和政治哲学在内的实践哲学的做法，极其深刻地影响了整个古典政治哲学的发展。柏拉图之所以要在严格的二元论范式下，用先验的手法来刻画和阐释最佳政制，与接受苏格拉底的教诲是直接相关的。亚里士多德虽然并不完全赞同苏格拉底“美德即知识”的说法，他虽然将理论与实践区分了开来，但理论哲学所固有的那种“求真”意识和终极性思维，还是潜移默化地渗透在他对作为实践问题的伦理和政治问题的考察中。所以，综合来看，在从苏格拉底到柏拉图甚至再到亚里士多德的线路上，政治哲学作为一种实践哲学，从来就没有与理论哲学真正发生非此即彼的分野，它在一定意义上，就是理论哲学的思维传统在伦理和政治领域得以贯彻的结晶。与此相应，在这条线路上，政治哲学作为一种实践哲学，不管在对最佳政制的刻画和阐释上，还是在对其他问题的质询和探问上，也必定要以知识与真理为原则和制高点（在政治上好的和公正的东西，都应当是符合政治本性和本质的、正确的、确定不移的），其所包含的价值判断、自由意志和主体性，都不能违背知识与真理的原则。

对于古典政治哲学的上述特质，施特劳斯有着准确的理解和深刻的把握。他在《什么是政治哲学》中，实际上是根据对古典政治哲学的理解，而将政治哲学界定为关于好生活或好社会（也就是政治之善或最佳政制）的知识的。这说明古典政治哲学在他的眼中，正是以真理为最高建构原则和最终判断基准的，因为事实上，施特劳斯是按照大部分古希腊哲学家的思想来使用“知识”这个概念的，亦即“知识”的内核，就是理性基础上的共相、本质、真理。

二、真理问题在现代政治哲学中的流变

确切地说，与古典政治哲学在理论形态上存在显著区别的现代政治哲学，是在17世纪之后逐步发展起来的，英国政治哲学家霍布斯和洛克是其开创者。作为现代政治哲学的开创者，霍布斯和洛克不再对最佳政制这个在他们看来是遥不可及的东西感兴趣，而是把目光投向了人世间最世俗的东

西——生命、财产、权利、自由。这意味着，如何对生命、财产、权利、自由的合法性予以证成和辩护，成了现代政治哲学关注的头等重要的问题。

在对生命、财产、权利、自由的证成和辩护上，现代政治哲学的主流范式，是一种先验主义的范式。这一范式的内核之所在，就是把生命、财产、权利、自由，认定为先验的、不可被剥夺的自然权利。对于柏拉图而言，先验与真理之间有一种本然的对应性和对等性，因为如上所述，先验的东西就是符合事物或事情之自然本性的东西。但对于以霍布斯、洛克为代表的现代政治哲学家来说，先验的东西并不涉及事物或事情的自然本性，故而与真理也没有任何关联。霍布斯、洛克等人为生命、财产、权利、自由赋予一个先验的地位，并将之认定为自然权利，不是要把有关这些东西的学说拔高到知识和真理的层面，并为之确立一个形而上学的基础，而只是为了加强对这些东西之“不可剥夺性”的辩护。洛克虽然在其经验主义的思维路向上探讨了“真理的来源”这个认识论问题，但他并没有将这个问题与其政治哲学关联起来。

由上可见，在现代政治哲学中，知识问题和真理问题已经不再必然地占据一个显赫的、至高无上的地位，而是趋于隐退乃至消逝。如果将这个变化视为政治哲学的一种“去知识化”和“去真理化”，那么，这个变化意味着，现代政治哲学作为一种实践哲学，已经不再像古典政治哲学那样与理论哲学先定地纠合在一起，而是开始要求与后者划清界限，从而拥有自己的确定地盘。现代政治哲学与古典政治哲学相比较的这个重大不同，标志着它已开始趋向于成为一种以主体的价值判断和自由意志的选择为唯一合法性根据的、纯粹规范性的政治哲学理论。

现代政治哲学的上述理论趋向和定位，不仅透显在霍布斯、洛克的论证范式中，也体现在休谟、康德的叙事框架中。作为继霍布斯、洛克之后的又一位重要的政治哲学家，休谟在《人性论》中对道德和正义问题做出了别具一格的阐释与说明，由此推动了现代政治哲学的发展。休谟并不认同以理性和永恒不变的形而上学法则来解释道德与正义的传统做法。在他看来，理性的作用在于发现真伪，永恒不变的形而上学法则也构成了判断是与非、真与伪的标准。然而，不管是道德还是正义，都不涉及是非问题或真伪问题，所以也不可能通由理性和永恒的法则来获得自我奠基。毋宁说，道德和正义是一种人类为了解决利益争端而发明和制定的“人为”规范与协议，作为其来源和根据的东西，只能是人的情感和意志这种主观的东西。休谟的这个观点符合并且印证着其所提出的著名论断——从事实判断无法推出价值判断。我们需要看到的是，休谟对事实判断与价值判断的严格区分，并不是现代政治哲学发展中的一个偶然的、可以将其独立出来加以讨论的个例，而是现代政治哲学在发展过程中力图与理论哲学、真理原则发生分野这一方向和趋势的一个鲜明体现。

康德的情况与休谟并无实质不同。作为德国古典哲学的开创者，康德也是现代政治哲学和现代道德哲学发展的重要推动者。康德的政治哲学和道德哲学建基于他对理论理性和实践理性的严格界划。以他之见，政治哲学和道德哲学并不关乎理论理性界限内“我能知道什么”的问题，而只关乎实践理性界限内“我应当做什么”的问题。“我应当做什么”是一个规范性的问题，其所涉及的是与真理没有本质关系的价值判断。当然，康德在理论理性的界限内，也没有解决真理问题，因为众所周知，他将与真理相对应的“物自体”判定为不可能被认识的东西。另外，康德在政治哲学和道德哲学上的一个重大贡献，就在于对道德和自由做了一种独特的阐释和证成。其阐释和证成的独特性，则在于为道德和自由赋予了一个先验的形而上学基础。值得注意的是，康德如此为之的目的，同样不是将道德和自由拔高到真理的层面，按照古典政治哲学家的路数，将它们说成是符合人与政治的自然本性的东西，而是要强调道德和自由以自身为根据与目的的纯粹性（为道德而道德，为自由而自由）。这一点也表明，真理问题没有在康德的政治哲学和道德哲学中占有一席之地，其政治哲学和道德哲学，就是一种严格意义上的实践哲学。

进而言之，霍布斯、洛克、休谟、康德的范例自然以铁一般的事实表明，现代政治哲学作为实践哲学，呈现出一种与理论哲学、真理原则彻底分野的方向和趋势。然而，我们也要看到，真理问题并没有因此而在政治哲学家的视野中消失，相反，这一问题在现代政治哲学的发展进程中，经历了一个从沉寂和隐退到重新出场的过程。真理问题的重新出场，是现代政治哲学具有标志性意义的一个转折点。实现这一重大转折的人，是德国古典哲学集大成者黑格尔。

虽然在 20 世纪 70 年代以来的政治哲学大复兴中，黑格尔的思想资源并没有得到应有的重视和利用，但黑格尔作为一位举足轻重的政治哲学家的事实，却是无论如何都改变不了的。黑格尔虽然从古典政治哲学特别是从亚里士多德思想中吸收了不少养分，但根本说来，他是在现代意义上构建和发展政治哲学的，亦即其所构建和发展的乃是一种现代而非古典式的政治哲学，原因就在于现代政治哲学所聚焦的财产、权利、自由等，也正是黑格尔在政治哲学的视野内所探讨的关键议题。黑格尔的政治哲学思想集中体现在《法哲学原理》这部经典著作中。黑格尔在这部著作中讨论了三个主题，即抽象法、道德和伦理。事实上，这三个主题并没有疏离财产、权利、自由等议题，因为抽象法讲的是财产占有和转让意义上的所有权和契约，而抽象法、道德和伦理的内核就是自由。不过，黑格尔对于现代政治哲学的发展，又是在一条有别于霍布斯、洛克、休谟、康德等人的线路上做出的。就此而言，黑格尔的政治哲学可被视为现代政治哲学发展中的一个独具特色的“异类”。黑格尔政治哲学的独异之处，首先就在于其所探讨的是“真实如此”的问题，而非“应当如此”的问题。要认识真理问题在现代政治哲学中的重新出场，就需要把握住黑格尔政治哲学的这一独异之处。这个情况的原委何在呢？

不难看到，作为一种纯粹规范性的政治哲学，黑格尔之前并不涉及真理的现代政治哲学，乃是一种以探索和建构应然世界为旨趣的理论，其对生命、财产、权利、自由以及国家的关注和研究，都是基于“应当”这一问题意识的。比如说，在洛克的心目中，生命、财产、权利、自由都是“应当”得到保护的人类价值和社会基本善品，而政府和国家的职能，则“应当”在于保护这些价值和善品。对于这种以“应当”为主线的研究，黑格尔则进行了犀利的批判。在《小逻辑》的“导言”中，黑格尔这样说道：“惯于运用理智的人特别喜欢把理念和现实分离开，他们把理智的抽象作用所产生的梦想当成真实可靠，以命令式的‘应当’自夸，并且尤其喜欢在政治领域中去规定‘应当’。这个世界好像是在静候他们的睿智，以便向他们学习什么是应当的，但又是这个世界所未曾达到的。因为，如果这个世界已经达到了‘应当如此’的程度，哪里还有他们表现其老成深虑的余地呢？如果将理智所提出的‘应当’，用来反对外表的琐屑的变幻事物、社会状况、典章制度等等，那么在某一时期，在特殊范围内，倒还可以有相当大的重要性，甚至还可以是正确的。而且在这种情形下，他们不难发现许多不正当不合理想的现状。因为谁没有一些聪明去发现在他们周围的事物中，有许多东西事实上没有达到应该如此的地步呢？但是，如果把能够指出周围琐屑事物的不满处与应当处的这一点聪明，便当成在讨论哲学这门科学上的问题，那就错了。哲学所研究的对象是理念，而理念并不会软弱无力到永远只是应当如此，而不是真实如此的程度。所以哲学研究的对象就是现实性，而前面所说的那些事物、社会状况、典章制度等等，只不过是现实性的浅显外在的方面而已。”[1]

1〔德〕黑格尔：《小逻辑》，贺麟译，商务印书馆，1980，第43—44页。

如果说黑格尔对“应当”的批判是要告诉人们，哲学的研究对象乃是“真实如此”的现实性，那么其政治哲学作为一种特定的哲学形态，也正是以研究“真实如此”的现实性为己任的。“真实如此”的现实性问题尽管也会在“善”的意义上涉及价值判断和规范性指认，但归根结底，这是一个以真理为原则和内核的问题。这说明，黑格尔的政治哲学作为一种现代形态的实践哲学，已经不再继续保持着与真理的隔膜状态，而是把自己得以立足的合法性牢牢建立在真理的基石之上。这里所讲的“真理”，如果说已经不再像古典政治哲学那样，指涉先天正确的、符合政治之自然本性的东西，而正是指涉政治事物之“真实如此”的现实性，那么问题的关键就在于，政治事物之“真实如此”的现实性，具体又指涉什么呢？我们可以从《法哲学原理》中，找到这个问题的明确答案。

《法哲学原理》所涉及的“政治事物”，也就是抽象法、道德和伦理。黑格尔将抽象法、道德和伦理，认定为以自由为内核和实体的法的三种定在形态。黑格尔在《法哲学原理》中的工作，自然不在于对法的这三种定在形态做出一种“应然”意义上的辩护，而在于研究“法的概念及其现实化”[1]。我们知道，在黑格尔之前，洛克和康德分别对作为抽象法的所有权和作为主观自由的道德做出过系统的论证。在他们的眼中，这两者在对自由的表达上，具有不依赖于他者的独立意义。也就是说，不管是洛克眼中的所有权，还是康德心目中的道德，作为一种“应然”的法，也都是最终、最高的法，它们都要通过自身来获得合法性的证成，也能够通过自身来完全地彰显和表达自由之价值。然而，黑格尔的观点是，无论是作为抽象法的所有权和契约，还是作为主观自由的道德，抽象而孤立地来看，都是缺少根基的、不真实的法，故而它们对自由的表达，也将注定是贫乏而残缺不全的。研究“法的概念及其现实化”的要义，则在于克服关于法和自由的抽象化理解，从而将之

1〔德〕黑格尔：《法哲学原理》，范扬、张企泰译，商务印书馆，1961，第1页。

把握为现实而具体的生活规范。这就要求把所有权、契约、道德以及立于其上的国家等“法”从“应然”的价值设定层面，拉回到由交往关系、承认结构、政治机制、制度实体等所组成的广义的社会生活世界，一方面将这些“法”理解为社会生活世界的建制性内容而非凌驾于其上的东西，另一方面又在社会生活世界所提供的基础上理解这些“法”。黑格尔的这个观点，体现在《法哲学原理》的篇目安排和逻辑“进阶”中。我们需要看到，抽象法、道德和伦理，并不是《法哲学原理》中三个并列的篇目，毋宁说前后之间有一种逻辑“进阶”关系。以黑格尔之见，抽象法和道德虽然都是法和自由的定在形态，但它们的实体性内容，只有“进阶”到伦理环节，才能够充分地展现出来，亦即所有权、契约和道德等，才能够成为具有确定性的东西。之所以如此，是因为包括家庭、市民社会和国家在内的伦理，就代表着最具体、最具有确定性的社会生活世界，在伦理的框架内得到理解与把握的法和自由，才是现实而具体的生活规范。

由上可知，在《法哲学原理》中，政治事物之“真实如此”的现实性，具体指涉的是法和自由在由伦理所表征的社会生活世界中的实现形式，或者在伦理的框架内得到安置与理解的、以现实社会制度为坚实前提与基础的法和自由。如果说对这一“真实如此”的现实性的考察、认识与把握，就彰显着黑格尔政治哲学的真理之意涵，那么真理问题得以重新出场的一个重要标志和重大结果，就是作为实践哲学的政治哲学与作为理论哲学的认识论的“合流”。政治哲学与认识论之所以实现了“合流”，是因为黑格尔在由现实性所表征的真理意义上考察法和自由的要点，是切实地认识法和自由的现实性或现实性中的法和自由，而这已经内在地包含了“我能知道什么”这个被康德严格限定在理论理性界限内的认识论问题。对于此，黑格尔在《法哲学原理》的“序言”中以“国家学”为题来概括该书内容[1]时，曾明确地予以说明：“现在这本书是以国家学为内容的，既然如此，它就是把国家作为其自身是一种理性的东西来理解和叙述的尝试，除此以外，它什么也不是。作为哲学著作，它必须绝对避免把国家依其所应然来构成它。本书所能传授的，不可能把国家从其应该怎样的角度来教，而是在于说明国家这一伦理世界应该怎样来认识。”[2]在黑格尔把国家作为理性的对象来认识、理解和叙述的工作中，认识论的问题意识，是一个显而易见的问题意识。这足以说明，黑格尔的政治哲学与其认识论哲学，不是截然不同的两种哲学形态，它们之间在一定意义上形成“合流”，是不可否认的事情。当然，政治哲学与认识论的“合流”，并不意味着黑格尔凭借政治哲学的构建而发展了一种认识论哲学，毋宁说在写作《法哲学原理》之前，黑格尔已经在《精神现象学》《逻辑学》《小逻辑》等著作中，构建起其系统的认识论哲学。所以，这种“合流”只是向人们表明，黑格尔是本着认识论之探求真相和真理的问题意识，来构建其独具特色的政治哲学的。这个情况，与苏格拉底、柏拉图以及亚里士多德对政治哲学的构建如出一辙，因为黑格尔和这些古典政治哲学家一样，也是将理论哲学的思维传统贯彻和运用到了伦理和政治领域。

三、建构当代中国马克思主义政治哲学需要把握的真理问题

人们可能会认为，当代中国马克思主义政治哲学在理论形态上得以合法的一个重要标志，就是其作为“政治哲学”的纯粹性。而当代中国马克思主义政治哲学作为“政治哲学”的纯粹性，则在于其纯粹的规范性理论特质以及其与本体论、认识论等理论哲学的严格划界。如果依照这个观点，在当代中国马克思主义政治哲学的理论设计中安置真理问题，则必定是非法的，这

1《法哲学原理》的研究对象是法和自由，但其最终建构的是一个有关国家的理论，这既是因为国家本身就是法和自由的具体定在形式，也是因为只有在由国家所代表的普遍伦理中，法和自由才可以成为现实而具体的政治生活规范。

2〔德〕黑格尔：《法哲学原理》，范扬、张企泰译，商务印书馆，1961，序言第 12 页。

样做的一个可能性后果，就是使当代中国马克思主义政治哲学成为一种用“政治哲学”的标准来看有名无实的理论。然而，当代中国马克思主义政治哲学的合法性，根本说来，在于其所能够发挥的现实描述功能和思想引导功能。而要构建一种能够发挥这双重功能的当代中国马克思主义政治哲学，则恰恰需要一种理论上的综合，从而也恰恰需要从理论哲学的视点把握真理问题，确立起真理本位的观念。要对这个情况予以深刻认识，则需要看到从政治哲学的真理问题中所透显出的重大理论和思想意义。

显而易见，根据上述我们能够从政治哲学发展史上，概括出两个真理问题：一个是古典政治哲学的真理问题，另一个是现代政治哲学的真理问题。简言之，前者指涉符合自然本性的、先天正确的、一劳永逸的东西，后者指涉现实性。这两个真理问题的存在，实质上并没有把以实践哲学为名分的政治哲学装点或改造成大杂烩的东西，相反，它们不仅分别标识着两个时代的政治哲学的基本特质，而且对于每个时代的政治哲学而言，都具有超出人们通常想象的重大意义。

首先，我们来分析古典政治哲学的真理问题。归根结底，古典政治哲学的真理问题，是一个形而上学的问题，因为形而上学所刻画的世界，正是一个先天正确的、一劳永逸的真理世界。由于古典政治哲学惯于在理性与感性、超感性世界与感性世界、真理与意见之间做严格的二元论划分，所以这个以形而上学为底色的真理问题的存在，既在一定意义上造成了政治哲学理论与现实政治和社会生活之间的非对称性乃至严重错位，也容易带来诸如“独断主义”之类的责难和批判。不过，我们也要看到，这个以形而上学为底色的真理问题，为政治哲学赋予了高屋建瓴的批判功能和思想引导功能。这个批判功能和思想引导功能，建基于政治哲学对先天正确的东西的把握和描绘，彰显的是人类对永恒价值和最高生活目标的不懈追求。永恒价值和最高生活目标虽然常被人们视为与现实生活隔河相望的“乌托邦”，但它们往往又切实地构成了现实生活的思想纲领，是现实生活得以不断发展的标准、原则和根据。这一点，也正是以柏拉图为代表的古典政治哲学家在真理的制高点上来刻画和阐释最佳政制的重大意义之所在。因为事实上，柏拉图等人虽然是以远离实际的社会政治生活为前提来刻画和阐释最佳政制的，但其用意之一，却在于通过建构“最佳政制”的概念模型，为现实社会政治生活的不断改造和完善提供一个最高标准和最优方案。最佳政制作为最高标准和最优方案，代表的就是永恒价值和最高生活目标，其所发挥的功能，也就是批判功能和思想引导功能。

现代政治哲学对于以形而上学为底色的真理问题，采取普遍漠视和排拒的态度，这也体现了现代人对传统形而上学予以解构的迫切心态。由此可以想见，现代政治哲学虽然在对必要的人类世俗价值以及公正合理的社会政治生活的辩护上做出了不可否认的重大贡献，但却难以像古典政治哲学那样，基于最高标准和最终原则而发挥批判功能和思想引导功能。就此可说，现代政治哲学乃是一种思想高度逐步下坠、思想引导力日渐式微的政治哲学。对于这个问题，施特劳斯曾在《自然权利与历史》的“导论”中予以深刻指认和形象说明。他这样说道：“我们在所有第二等重要的事情上都可以是聪明的，或者可以变得聪明起来，可是在头等重要的事情上，我们就得退回到全然无知的地步。我们对于我们据以作出选择的最终原则、对于它们是否健全一无所知；我们最终的原则除却我们任意而盲目的喜好之外并无别的根据可言。我们落到了这样的地位：在小事上理智而冷静，在面对大事时却像个疯子在赌博；我们零售的是理智，批发的是疯狂。”[1]施特劳斯的这个指认和说明，在很大程度上将矛头指向了现代政治哲学。依他的洞察，现代政治哲学对于最终原则的忽视，已经与头等重要的事情渐行渐远，从而也就将政治哲学推向一个理智不足而疯狂有余的状态。施特劳斯的指认和说明至少间接地

1〔美〕列奥·施特劳斯：《自然权利与历史》，彭刚译，生活·读书·新知三联书店，2003，第4页。

告诉我们，古典政治哲学虽然总体上是一种难以反映现代人的生活目标和价值诉求，因而与现代社会并不特别匹配的政治哲学，但就其为现实生活提供标准、原则和根据，从而发挥批判功能和思想引导功能来说，却为我们在今天全面而深刻地理解政治哲学的内涵提供了重要参照和启示。这也从一个侧面，彰显了以形而上学为底色的真理问题对于当代政治哲学之构建所具有的重大意义。

其次，我们来分析现代政治哲学的真理问题。真理问题在现代政治哲学中的重新出场，不仅意味着作为实践哲学的政治哲学与作为理论哲学的认识论的“合流”，而且也意味着在现代政治哲学的发展逻辑中，开始分化和生长出一种有别于纯粹“应当”的规范性进路的新进路，即现实主义和历史主义进路。毫无疑问，在霍布斯、洛克、休谟、康德的线索上，政治哲学遵从的是纯粹“应当”的规范性进路。这一进路在当代政治哲学得以复兴的过程中，依然占据着主导地位，罗尔斯、诺奇克等当代政治哲学家，主要就是根据这一进路来建构他们的政治哲学理论的。在黑格尔的范例中，我们看到了全然不同的情况。如果说黑格尔政治哲学中的真理问题，归根结底是一个能否认识和把握现实性的问题，那么由此可以推知，由黑格尔的政治哲学所开辟出的理论进路，是一种现实主义和历史主义进路，而不再是纯粹“应当”的规范性进路。除了黑格尔，马克思、哈贝马斯以及霍耐特等人，也都是在这一进路上阐发政治哲学思想的。

在纯粹“应当”的规范性进路上，政治哲学家们的最基本关切，在于如何构建一个将诸如权利、自由、平等、公正等人类的基本世俗价值容纳在内的规范性世界，至于现实社会关系、历史变动及其内在矛盾，则不在他们的考量范围。当然，他们也看重自己的规范性建构如何向现实转化，从而使理论与现实保持同质的问题。不过，这并不代表他们的理论建构与现实取得了真正一致，因为他们的研究起点，并不是鲜活具体的现实本身，而往往是在鲜活具体的现实中尚未出现的规范性事物。这个情况，决定了以纯粹“应当”的规范性为进路的现代政治哲学，同样无法有效克服古典政治哲学所难以克服的问题，即理论与现实之间的非对称性、断裂和错位问题。不仅如此，在这一进路上，政治哲学家们在理论上所证立和辩护的那些生动美妙的价值和规范，也可能会因为现实根基的缺乏而成为仅仅停留于口头许诺层面的东西。对于纯粹“应当”的规范性进路的局限，作为法兰克福学派两代传人的哈贝马斯和霍耐特，都进行过深刻指认。在《在事实与规范之间》，哈贝马斯就曾直截了当地指出，“规范主义的思路始终有脱离社会现实的危险”[1]。在《自由的权利》的“导论”中，霍耐特则无比感慨地指出，规范性原则与社会分析的脱节，成了制约当代政治哲学之发展的最大的局限之一。“这就几乎最终注定了以康德（或者，盎格鲁－撒克逊、洛克）为代表的正义论的胜利：应当被用来衡量社会秩序道德合法性的规范原则，不是来自现存机制结构的内部，而是不依赖现存机制自己独立发展的，并且这种情况直到今天仍没有多大的改变。”[2]

纯粹“应当”的规范性进路的理论局限，将现实主义和历史主义进路的优长之处鲜明地映衬了出来。根据现实主义和历史主义进路，政治哲学的研究对象，绝不是那些具有抽象普遍性的、放之四海而皆准的价值和规范。毋宁说，成为其研究对象的，一定是从现实生活与历史实践中引申、概括出来的价值和规范。这就意味着，在这一进路上，政治哲学的工作与其说是对一些抽象概念予以界定、组合、扩充、演绎或重新阐释，不如说是对这些概念所指涉的现实生活、历史实践予以深刻考察。这一研究进路虽然有将具有规范意义的政治哲学引向纯经验主义和纯实证主义的风险，但它却能够有效地克服和避免价值与事实、理论与现实之间的可能性断裂和错位，也能够因此

1〔德〕哈贝马斯：《在事实与规范之间》，童世骏译，生活·读书·新知三联书店，2003，第 8 页。

2〔德〕霍耐特：《自由的权利》，王旭译，社会科学文献出版社，2013，第 10 页。

而发挥对现实社会政治生活的描述功能。现实主义和历史主义进路的优长之处，充分彰显了现代政治哲学的真理问题所包含的重大意义。

作为一种政治哲学理论，当代中国马克思主义政治哲学的合法形态，既非古典政治哲学的形态，也非现代西方意义上的政治哲学形态。但古典政治哲学的真理问题和现代政治哲学的真理问题，却是我们理解当代中国马克思主义政治哲学之建构的两个视点。换言之，建构当代中国马克思主义政治哲学需牢牢把握住的真理问题，既包括以形而上学为底色的真理问题，也包括以现实性为原则的真理问题。

说建构当代中国马克思主义政治哲学需要把握以形而上学为底色的真理问题，绝不是要求我们像苏格拉底、柏拉图等古典政治哲学家那样，在真理和意见的二元论框架下来建构一个形而上学的世界，而是要求我们在形而上学的立论高度上，为当代中国马克思主义政治哲学赋予一个能够通达和反映社会生活之本质的思想性维度，从而使之能够切实地发挥对现实社会生活的思想引导功能。这个理论要求，既是建构一种完备的政治哲学的题中应有之义，也是建构一种能生动诠释当代中国实践内涵的政治哲学的题中应有之义。之所以如此，是因为当代中国的社会实践，是由新时代中国特色社会主义所标定的社会实践。美好生活的建构以及人的全面发展，是这一社会实践中极其重要的价值诉求和发展逻辑。而一种政治哲学要能够对美好生活以及人的全面发展做出生动诠释，则需要具备一个高屋建瓴的思想性维度。这个思想性维度不是要以对真理的掌握为名制造一种话语霸权，而是以洞察和准确把握中国特色社会主义的长远目标以及中国式现代化的实践内涵为前提，发挥政治哲学的思想引导功能。

说建构当代中国马克思主义政治哲学需要把握以现实性为原则的真理问题，则不是在建构当代中国马克思主义政治哲学这个问题上，要求完全消解一种有名分的政治哲学总要具备的规范性理论诉求，而是要求以对当代中国现实性的切实把握为坚实前提，来厘定当代中国马克思主义政治哲学的理论形态，并确立这一理论之建构的价值前提、思想资源和实现路径。提出这个要求的最一般理由，在于可以避免价值与事实、理论与现实之间的断裂和错位，从而保证马克思主义政治哲学能够有效地发挥其对现实社会生活的描述功能。而更具体地说，这个理论要求之被提出的内缘，则在于当代中国马克思主义政治哲学的建构作为一个重大的时代性课题，是在改革开放以来的深刻社会变革和伟大实践创新的不断推进中凸显出来的。改革开放以来，由社会主义市场经济、社会主义法治社会、中国式现代化、共享的发展理念、共同富裕的发展道路等标识出来的深刻社会变革和伟大实践创新，催生出了一系列具有规范意义的、需要由政治哲学来回应和回答的重大理论与现实问题，这就使建构一种本土意义上的当代中国马克思主义政治哲学，尤为紧迫地被提了出来。这个情况决定了，建构当代中国马克思主义政治哲学需遵从的进路，绝不是纯粹“应当”的规范性进路，而是现实主义和历史主义进路。要遵从这一现实主义和历史主义进路来建构当代中国马克思主义政治哲学，则要特别警惕一种看似“正宗”的做法，这就是要么以“应当”自居，要么以规范性为名，生搬硬套地运用那些取自西方政治哲学的现成概念和论题，来建构一种所谓“体系化”和“精细化”的中国马克思主义政治哲学。毋庸讳言，这种做法完全忽视了以现实性为原则的真理问题，也没有实质性触碰当代中国的现实性本身，其所构建的政治哲学，只是一种与当代中国现实相隔膜的外在形态。当代中国马克思主义政治哲学应是一种深刻反映当代中国现实的内在政治哲学形态。要构建这种内在形态的政治哲学，就不能不把以现实性为原则的真理问题，当作一个重大的理论问题来对待。

第八章
当代中国马克思主义政治哲学建构的学术前提和理论导向

总体来看，当代中国马克思主义政治哲学的建构尚属一个全新的理论课题。在这个课题上，我们还没有走出开疆拓土的学术奠基与有待澄清和确立前提的学术准备阶段。所以，要在这个理论课题上建立起有效的言说，就离不开对一些涉及观念认知的前提性学术问题的解决，也离不开对一些理论导向层面上的关键问题的解答。这些方面的问题如果得不到根本的阐释、解决和解答，当代中国马克思主义政治哲学的建构就难免会因为缺乏来自自我的学术奠基而处于一种贫瘠疲软的“空心”状态，这个课题的推进也就难以为继。基于这种考虑，本章在上一章阐释“理论定位”的基础上，对这些方面的问题进行探索，以此从更多角度为当代中国马克思主义政治哲学的建构提供可能性的思路和方案。

第一节　当代中国马克思主义政治哲学建构的学术前提

如果说在当代中国马克思主义政治哲学的建构上，存在一些涉及观念认知的、必须要得到阐明的前提性学术问题，那么，如何认识历史唯物主义与政治哲学的关系、如何把握政治哲学在马克思主义哲学中的位置和地位、如何界定马克思主义政治哲学与当代西方政治哲学的关系，就是这样的问题。本节力图针对这三个问题，给出建设性的意见及合理的阐释，以此为当代中国马克思主义政治哲学的建构确立必要的学术前提。

一、破解历史唯物主义与政治哲学之间的对立性或相互无涉性

如果说在传统的马克思主义哲学阐释结构中，政治哲学并未占有一席之地，那么，今天开展马克思主义政治哲学研究，特别是构建当代中国马克思主义政治哲学的一项前提性和基础性工作，就是从马克思主义理论中开显、开辟出政治哲学的学术向度，并使之成为一个具有合法性的“稳态”结构。然而，这项工作所面对的最大困扰之一，就是如何破解历史唯物主义与政治哲学之间的对立性或相互无涉性。按照通常的界定，政治哲学是一门规范性科学，其立论前提是价值论意义上的“应当”，而非事实性意义上的“是”。与之相反，历史唯物主义是一种关乎事实和“是”的理论，价值的维度和“应当”的规范性要素并没有在其中占有一席之地。这个界定直截了当地告诉人们，在历史唯物主义与政治哲学之间，并不存在打通和会通的任何可能性，所以，要从马克思主义理论中开辟出政治哲学的向度，就只能将历史唯物主义悬置或屏蔽起来，否则，政治哲学将成为与自身的特质相违背的、不伦不类的东西。对于马克思主义政治哲学的研究来说，历史唯物主义与政治哲学之间的这种对立性或相互无涉性，表面看来只是一个要不要让历史唯物主义在场的切入点和开展路数的问题，但实则是一个关系到马克思主义政治哲学是否具有合法性的根本问题。这个问题的要害之处在于，历史唯物主义并不能被简单地认定为马克思主义哲学的一个组成部分，毋宁说它应被看作马克思主义哲学的主干和实质，所以，在悬置或屏蔽历史唯物主义的前提下来开展马克思主义政治哲学的研究，本身就是一个矛盾的说法或“伪命题”。这个矛盾的说法或“伪命题”只能表明一个基本事实，即从马克思主义理论

中，是开辟不出政治哲学的学术向度的，换言之，马克思主义政治哲学是不具有合法性的。由此可见，只要历史唯物主义与政治哲学之间的对立性或相互无涉性得不到实质性的破解，马克思主义政治哲学的研究就总是会遭受到“合法性”的质疑，当代中国马克思主义政治哲学的建构，也就总是会缺乏坚实的理论地基。

本书第六章已经尝试探讨了历史唯物主义与政治哲学之会通的可能性。概括地说，这些尝试性工作的一个主要思路，就是为历史唯物主义赋予一个“应当”的规范性维度，从而找到它与政治哲学之间的交叉点和重合处。此处再提出一个具有挑战性的方案，就是为政治哲学赋予一个“是”的维度。之所以说这个方案是具有挑战性的，是因为无论从政治哲学的理论品格来看，还是从政治哲学的发展史来看，我们似乎都没有太多理由从“是”出发来把握政治哲学。不管人们在概念上对政治哲学做出多少种不同的界定，有一点几乎是公认的，即可以根据施特劳斯的概念，将政治哲学论定为关于“好生活”和“好社会”的学说，而这个定义也正是政治哲学的理论品格之所在。这里的“好生活”和“好社会”，往往不是对既定生活和既定社会的一种实然描述，而是一种应然规定。正是因为如此，政治哲学对于“好生活”和“好社会”的阐释，一般都是在先验意义上进行的，而很少介入“是”中，这大概也是彰显其理论品格的题中应有之义。无论是在柏拉图的政治哲学中，还是在霍布斯、洛克之后的政治哲学中，这一点都展现得一清二楚。柏拉图是在感性和理性、意见和真理的二元划界中，来构筑政治哲学的。对他而言，塑造好生活或好社会的灵感，不是来自现实感性世界，而纯粹是一种理性层面上的先验证成。霍布斯、洛克之后的近现代政治哲学家，弃绝了对柏拉图及亚里士多德等古代政治哲学家所崇尚的德性、卓越、永恒等超越性价值的追求，转而为权利、自由、平等、公正、法等现实性价值做规范性的辩护。但总体来看，近现代政治哲学家的一个主导性理论思路，还是在抽象的规范性概念框架中（契约论传统最为典型），来讲述什么是好生活或好社会的问题，而很少去实际地考察现实社会中所存在的矛盾。

实际上，政治哲学家们虽然大都是在“应当”而非“是”的界面上来论证的，但他们并不是要提供一个与人们的现实生活完全无关的观念模型，而是用“应当”来改进或塑造人们的现实生活世界。显而易见，这个由“应当”所改进或塑造的生活世界，必然是一个同质化的、无矛盾的、具有一劳永逸之要求的世界。问题就在于，现实生活世界往往具有流变性、异质性、层级性、矛盾叠加性的特点，它不仅无法用“应当”所塑造的同质化的世界来加以描述，而且也不可还原为这个同质化的世界。从这一点来看，政治哲学要真正彰显其固有的规范性力量以及追求好生活和好社会的理论品格，恰恰不能满足于单纯“应当”意义上的证成和建构，而应时刻保持对于现实世界的敞开性，亦即应实质性地确立起一个“是”的维度。在这个问题上，黑格尔应当是第一个打开缺口的政治哲学家。黑格尔并不认可和接受柏拉图以来的政治哲学家们仅从“应当”这个软弱无力的层面来构制好生活和好社会的一贯套路，他的真正主张，就是以“真实如此”的“现实性”为对象来开展政治哲学的研究。更为深刻的是，黑格尔在这里所讲的“现实性”，并不是经验性的现象世界，而是代表真理和本质的实体世界，各种琐屑的事物、社会状况和典章制度等经验性的东西，都只是这个实体世界的外在显现。这就告诉我们，如果说黑格尔已经为政治哲学赋予了一个“是”的维度，那么这个维度，也就不是各种经验现象的集合，而正是从经验现象背后所折射出来或统摄经验现象的实体世界和本质世界。与此同时，这个“是”的维度并不构成对“应当”的消解，毋宁说黑格尔是要求将“应当”提升到实体的高度来加以对待，从而使之成为符合现实性的东西，而不是使之成为以自身为最终根据、自己为自己立法的纯粹抽象的东西。事实上，黑格尔的这种思考，也正是他在《法哲学原理》中构建政治哲学的前提和基本框架。在《法哲学原理》中，黑格尔并没有从先验的自然法的视角，来重复霍布斯、洛克以来的政治哲学家所讨论的规范性议题，如权利、自由、正义、法等，而是通过追溯这些议题的现实历史根基——市民社会，来从整体上对之做统合性的考察。黑格尔构建政治哲学的这种独特方式，不仅呈现了他所认定的实体世界和本质世界，而且也在一定意义上避免了“应当”的好生活和好社会与现实社会之间的断裂和错位。对于这一点，霍耐特有着清晰的认识。他指出，今天占主导地位的政治哲学理论，“虽然没有社会的真实性，但却有着道德的理性。其实，黑格尔曾设想在他的《法哲学原理》中将这两者统一起来：把他那个时代的机制化了的现实，在关键的内容上已经作为理性来阐述；反过来，他又将道德的理性在现代的核心机制中，作为已经实现了的事实来加以证明；他在这里使用的法的概念，应当将所有重要的社会现实都包括进去，因此而具有道德的现实性和合法性，也使个人的自由具有了普遍的可能性和可行性”[1]。

按照“精神现象学”，特别是“实体即主体”这个论断，黑格尔的实体概念归根结底是一个展开了的历史概念，其基本意旨，是要探寻和揭示作为“事情本身”的历史本质。然而，由于黑格尔所设定的是思维和存在相同质的理论结构，所以，他对于历史之本质的揭示乃是不彻底的，逻辑的东西最后成了历史的主宰者，而历史中最粗糙、最鲜活、最真实的东西，则被严严实实地遮蔽了起来。据此而论，黑格尔为政治哲学所赋予的“是”的维度，其实并没有如其所愿地达到“真实如此”的程度，这也决定了他的政治哲学固然比以纯粹的“应当”为前提的政治哲学更具有现实性和更深刻，但在对现实社会最深层矛盾的反思和把握上，依然还是存在不足的。无疑，政治哲学要根本性地改变这个状况，就只有将思维的触角切实地伸向最本初、最真实的社会关系，这就有赖于一个最彻底的“是”的维度的确立，而历史唯物

1〔德〕霍耐特：《自由的权利》，王旭译，社会科学文献出版社，2013，第 11 页。

主义就提供了这样一个“是”的维度。

不管我们在何种意义上为历史唯物主义赋予规范性的要素和“应当”的维度，也要承认这是一个伟大的关于“是”的理论。历史唯物主义的伟大之处，并不在于它为人们提供了一些决定论的公式，而在于极为根本、极为深刻地切近了“事情本身”，从而既透彻地揭示了历史的本质，也明白无误地揭示了洞察历史本质的思维路向和方法论前提。这样来看，历史唯物主义所提供的“是”的维度，正是政治哲学最需要确立的一个思维视角。这一点，对于理解、阐释和建构马克思主义政治哲学，具有重大意义。我们必须要深刻地认识到，马克思既没有否弃霍布斯、洛克以来的政治哲学所讲的那些基本问题，如权利、自由、平等、公正等，也没有祛除它们本有的规范性意蕴。他与之前的政治哲学家相比的一个重大改换，就是比黑格尔更为彻底地批判了讲述这些政治哲学问题的先验方式和纯粹“应当”性，从而将这些问题置于现实历史和社会关系的框架中予以阐释。在此意义上，试图从马克思的文本中提取纯粹的规范性要素和“应当”，必然是不可能的。相反，只有在马克思对现实历史和社会关系的考察中，我们才可能把握到他对于规范性问题的论述。所以，问题的实质在于，马克思必然是有政治哲学的，而其政治哲学又必然不可能是在历史唯物主义之外的一个独立自存的部分。毋宁说，马克思的政治哲学正是因为获得了由历史唯物主义所提供的“是”的维度的奠基，才具有了其实质的规定性和坚实的内容，这与柏拉图以来基于纯粹“应当”的政治哲学传统显然存在根本分殊。马克思的政治哲学不仅没有由此而疏远政治哲学之诉求好生活和好社会的理论品格，相反，这一理论品格正是由于获得了“是”的奠基而没有下降为空洞的规范性口号。这与马克思所提出的“在批判旧世界中发现新世界”，显然是一致的。如果这深刻表明，马克思的政治哲学乃是一种将事实性与规范性、是与应当浑然融为一体的理论形式，那么这同时也告诉我们，悬置或屏蔽历史唯物主义，根本不是阐释和建构马克思政治哲学的合法前提，也根本不可能是从马克思主义理论中开辟政治哲学的向度，从而建构当代中国马克思主义政治哲学的有效门径。显而易见，我们只有为政治哲学切实地赋予“是”的维度，破解其与历史唯物主义之间的对立性或相互无涉性，这些工作才有可能实质性地展开。

二、准确把握政治哲学在马克思主义哲学中的位置和地位

虽然政治哲学在传统的马克思主义哲学阐释结构中并未占有一席之地，但也要看到，时至今日，情况已经发生了很大转变。最近几年来，学术界有越来越多的人开始关注马克思主义政治哲学的研究，使这个领域展现出欣欣向荣的局面和蓬勃的生命力。在马克思主义政治哲学研究从无到有、从相对寂寥到不断兴盛的发展过程中，一个我们必须要认真对待和慎重回答的前提性问题是，在全部马克思主义哲学中，政治哲学究竟占有什么位置和地位？

对于这个问题，学术界有一种主流的认识，即认为政治哲学是从马克思主义哲学中所分化出来的应用哲学和部门哲学，与其并置存在的是经济哲学、文化哲学等。这个认识所隐含的一个可能性逻辑是，政治哲学虽然对于繁荣马克思主义哲学的研究具有一定意义，但它无论发展到何种程度和地步，至多也只能算作马克思主义哲学中的一个并不特别重要乃至可有可无的分支。与这个认识不同，有个别学者从马克思主义哲学的理论形态上，来界定和认定政治哲学的地位。比如，白刚教授在《从“辩证唯物主义”到“政治哲学”——当代中国马克思主义哲学的形态演变及内在逻辑》一文中，就将政治哲学认定为当代中国马克思主义哲学的最新理论形态：“继对马克思主义哲学形态的辩证唯物主义、实践唯物主义和历史唯物主义理解之后，政治哲学又成为了马克思主义哲学的最新形态，甚至出现了从‘历史唯物主义’到‘政治哲学’的整体性转向。这一转向实际上也体现了马克思主义哲学形态从‘存在论’向‘价值论’的转变。”“在规范性和价值论的意义上，

马克思主义政治哲学作为‘第一哲学’终于闪亮登场，未来中国化马克思主义哲学的发展，必定是以此为地基而继续前行。”[1]

相比上述第一种观点，第二种观点似乎有人为拔高政治哲学的嫌疑，但其实它比第一种观点更为深刻地看到了问题的本质。实质上，政治哲学不是马克思主义哲学的一个无关紧要的分支，而是马克思主义哲学的应有理论形态和本根之所在。不过，我们不能满足于在“学术增量”的意义上，依据人员、成果、课题、会议等外在的指标，来描述性地认识这个问题，而更应当从质的规定性上来对之予以把握。在质的规定性上，将政治哲学认定为马克思主义哲学的应有理论形态和本根之所在，既是回到马克思思想原初语境的题中应有之义，也是发展当代中国马克思主义哲学的题中应有之义，第一个方面涉及的是一个“文本”的问题，第二个方面涉及的是一个“当代”的问题。

关于第一个方面，本书在前面特别是在第一章，已经做了详尽入微的阐释，此处不再赘述。关于第二个方面，引论部分也已涉及，我们在此基础上，再做一些扩展性的分析和阐发。

从学术理论上看，当代中国马克思主义哲学，是以20世纪80年代中后期以来的教科书体系的批判、西方马克思主义思潮的引介与研究、以“回到马克思”为标志性口号的马克思文本与思想的再阐释等重要学术事件为契机和突破点，逐步向前发展的。这似乎告诉我们，当代中国马克思主义哲学的每一步重大推进，都要追溯和归结到学术理论上的创新，乃至“叛逆性”的创新上去。实质上，这是一个错觉。考察哲学发展史可知，重大的理论问题往往来自重大的现实问题，重大的现实问题也必然会蕴含着重大的理论问题。理论与现实的这一关系，对于以实践性为重要特质和品格的马克思主义

1　白刚：《从“辩证唯物主义”到“政治哲学”——当代中国马克思主义哲学的形态演变及内在逻辑》，《求是学刊》2018年第5期。

哲学来讲，是尤为重要的。在《〈黑格尔法哲学批判〉导言》中，马克思就曾明确强调："理论在一个国家实现的程度，总是取决于理论满足这个国家的需要的程度。"[1]实际上，如果我们把当代中国马克思主义哲学的发展放在40多年改革开放的大背景中来加以审视，就很容易看到这样一个基本事实：当代中国马克思主义哲学的理论逻辑，恰恰就来自改革开放的实践逻辑。正是改革开放这一伟大历史实践的生动展开，为当代中国马克思主义哲学的发展提供了最深厚的土壤，而无论是教科书体系的批判、西方马克思主义思潮的引介与研究、以"回到马克思"为标志性口号的马克思文本与思想的再阐释等重要学术事件，还是实践问题、价值问题、主体性问题等马克思主义哲学界集中探讨的重要理论问题，其实只有放在改革开放的叙事框架中，才能够得到最透彻的认识。这个基本事实，对于马克思主义政治哲学的研究来说，究竟意味着什么呢？

毋庸置疑，中国40多年来的改革开放，是一场从经济领域开始、进而牵涉整个社会的伟大实践。在这场伟大社会实践中，经济领域所发生的变化，已远远超出了纯粹"经济"的意义，而是关系到社会政治方面的一系列重大问题，尤其重要的是带来了一系列需要由政治哲学来回应和回答的重大规范性问题。事实上，西方社会在由中世纪向近现代过渡的转折期，首先经历的就是商品经济的普遍确立这个前所未有的新现象，而这个新现象恰恰就孕育和包含了如何为所有权的合法性及分配的公正性辩护这个重大规范性问题，因而也决定性地催生了霍布斯、洛克以来的西方规范性政治哲学。中国改革开放中由经济领域的变革所带来的规范性问题主要包括两类：一是存在于收入分配、教育、司法等领域中的，具体的、亟待解决的社会公平正义问题；二是从整体上构建社会伦理规范和行为规则，以此为社会生活树立价值目标、为社会分配提供价值遵循、为政治体制改革确立价值前提的问题。这

1《马克思恩格斯文集》第1卷，人民出版社，2009，第12页。

两类规范性问题不是改革开放实践逻辑中的细枝末节，而是其中最深层次的乃至具有决定性意义的东西；它们不会因为改革开放历史进程的推进而趋于沉寂，而会长期存在于改革开放的历史实践中，甚至也可以说，在社会主要矛盾发生变化、以经济发展为重心转向以社会平衡发展为重心的新时代，它们比以往更加凸显。由此而论，在中国，马克思主义哲学要持续彰显自己在重大现实问题面前的反思能力和旺盛的生命力，就必须要实质性地介入这些重大的规范性问题，从而确立起马克思主义政治哲学的领地。

不仅如此，开展马克思主义政治哲学的研究，也是我们坚定对中国特色社会主义的制度自信的题中应有之义。在四个自信——道路自信、理论自信、制度自信、文化自信中，制度自信与其他三个自信是一个整体，但也有其相对独立的内涵。简言之，制度自信就是对一个具有优越性的好制度的自信。而一个具有优越性的好制度的重要标志之一，是能够容纳、促进和实现社会公平正义。用罗尔斯的话说，正义是社会制度的首要德性。这样来看，要坚定对中国特色社会主义的制度自信，就需要讲清楚如下问题：中国特色社会主义是否具有容纳、促进和实现社会公平正义的制度优势？

中国共产党是一个伟大的马克思主义政党，马克思主义是其理论和思想的基石。中国共产党领导的中国特色社会主义是否能够容纳、促进和实现社会公平正义，在很大意义上取决于马克思主义是如何对待公平正义这一社会价值的。这既是一个重大的现实问题，也是一个重大的理论问题。在对这个问题的理解上，有一种观点认为，公平正义是近代以来西方自由主义政治哲学家着力辩护和发展的价值原则，而马克思则不仅没有对公平正义提出一个系统性的辩护，甚至还站在自由主义的对立面上，对诸如权利、自由、正义之类的价值和问题进行了彻底的批判和解构，所以简言之，与自由主义不同，在马克思主义所认定和支持的价值谱系中，公平正义并不占有不可撼动的一席之地。这当然是一种需要澄清的错觉和误解。

对于马克思的情况，我们已经很清楚。在此予以强调和重申的是，马克思在其文本中，的确对权利、自由、正义等价值原则进行过尖锐的批判。但要看到的是，马克思批判的不是这些价值原则本身，而是这些价值原则在资本主义社会的实现形式及其制度载体，以及自由主义者利用这些价值原则来粉饰和掩盖社会矛盾的做法。对于这些价值原则本身，马克思实际上是予以肯定和认可的。马克思的最高价值目标，是让每一个人都得到全面发展的“人的解放”。“人的解放”与“公平正义”不是处在同一个层面和位阶上的价值，但前者在一定意义上却容纳和包含了后者。之所以如此，是因为公平正义的价值内核是平等待人，而人的解放虽然包含了多方面的思想意蕴，但其指示的却正是一种平等个体的均衡生活状态，这是一种深层次的平等待人的理念。在这个意义上，马克思虽然没有为公平正义提供一种系统的规范性辩护，但从其明确提出和倡导的“人的解放”中，却显然能够推导出公平正义这一价值原则。

而且，在对公平正义的认定和界定上，马克思与自由主义有着原则性的不同。自由主义认定和界定的公平正义，在很大程度上是一种形式化的，乃至是一种与公平正义的精神实质相背离的东西，这一是因为自由主义并没有看到在其所认定的公平正义关系中所包藏的剥削关系，二是因为自由主义从个体出发来界定公平正义时，始终无法解决在差异性的个体的竞争中所产生的类似于丛林法则的互害性。相反，马克思所认定的是一种实质性的公平正义。这种实质性的公平正义要求克服自由主义在公平正义上的“二律背反”，其基本主张就在于，生活在世的每一个人，都应当切实地拥有自己的人格、尊严、权利、自由以及发展的机会。

马克思对公平正义的基本态度，代表了马克思主义在公平正义问题上的基本立场。马克思主义的价值主体是人民，其价值目标之一是人民的幸福。人民的幸福自然不等同于公平正义，但公平正义却显然是人民的幸福的价值前提之一和题中应有之义，因为人民的幸福是每一个人的幸福，而只有当公平正义成为掷地有声的社会价值时，每一个人的幸福才可能得到来自制度的有力保障。如果说这就是马克思主义在公平正义问题上的基本立场，那么这一基本立场也决定了中国化的马克思主义以及中国特色社会主义在这一问题上的本质规定性。

中国特色社会主义是改革开放以来党的全部理论和实践的主题，也是改革开放以来中国化马克思主义的实践成果。公平正义是中国特色社会主义的根本价值底色，这集中体现在中国特色社会主义对“共同富裕”的诉求和追求中。共同富裕是社会主义的本质，是在全面建成小康社会基础上开启全面建设社会主义现代化国家新征程的重要奋斗目标，也是中国特色社会主义所始终坚守的制度原则。共同富裕作为一个长远的奋斗目标和制度原则，其价值前提之一和价值内核之一便是公平正义。试想，如果没有公平正义作为制度保障，进而如果人们在生存、竞争和发展上没有平等的机会，那么也就不可能实现共同富裕。在此意义上，共同富裕必然是检验中国特色社会主义是否容纳、促进和实现社会公平正义的重要试金石。

在改革开放之初及之后的一段时间内，“效率优先，兼顾公平”和“先富带动后富”是中国特色社会主义的一个基本定位。这个基本定位是在经济总量总体不高的历史条件下优先和大力发展社会生产力的必然要求，它不是中国特色社会主义的一个长期甚至是永久性的发展逻辑，它也不可能必然性地构成对共同富裕的排斥和否定。不过，不可否认的是，随着改革开放以来经济和社会生产力的快速发展，在城乡之间、不同区域之间、不同行业和领域之间，曾一度出现收入分配差距不断拉大的现象。收入分配差距的问题还夹杂着或者带来更多的问题，最突出的就是机会不平等问题。不管是收入分配差距问题还是机会不平等问题，都是制约社会公平正义实现的重要因素。如果不在改革开放的历史进程中及时有效地解决这些“阵痛”，可能对社会发展造成非常不利的影响。

中国特色社会主义对共同富裕的诉求和追求，为解决收入分配差距问题以及机会不平等问题注入了强大的制度性动力。进而言之，以解决收入分配差距问题和机会不平等问题为前提来凸显共同富裕的发展道路，切实地构成了党的十八大以来中国特色社会主义的一条尤为重要的主线。2015 年 10 月 29 日，习近平总书记在党的十八届五中全会第二次全体会议的讲话中，提出了创新、协调、绿色、开放、共享的新发展理念。无论是协调发展还是共享发展，都致力于解决收入分配不公和机会不平等突出问题，从而也都内在地包含了共同富裕和公平正义的价值追求。党的十九大报告又郑重指出，中国特色社会主义进入新时代，我国社会主要矛盾已经转化为人民日益增长的美好生活需要和不平衡不充分的发展之间的矛盾。事实上，制约美好生活的不平衡发展，在很大意义上是指城乡之间、不同区域之间、不同行业和领域之间的不平衡发展，也是指存在于其中的收入分配差距问题和机会不平等问题。这样来看，在解决新时代社会主要矛盾或者在新时代构建美好生活的实践逻辑中，中国特色社会主义已经旗帜鲜明地把解决收入分配差距问题和机会不平等问题作为责无旁贷的时代重任，这就把共同富裕和公平正义作为最重要的价值目标之一彰显了出来。党的十九届五中全会在勾画和描绘社会主义现代化远景目标时指出：到 2035 年，人民平等参与、平等发展权利得到充分保障；人均国内生产总值达到中等发达国家水平，中等收入群体显著扩大，基本公共服务实现均等化，城乡区域发展差距和居民生活水平差距显著缩小；人民生活更加美好，人的全面发展、全体人民共同富裕取得更为明显的实质性进展。党的十九届五中全会的这些勾画和描绘，再一次凸显了共同富裕和公平正义在中国特色社会主义的发展逻辑中的重要地位。

中国特色社会主义对于共同富裕和公平正义的诉求和追求，集中体现在我国脱贫攻坚的伟大“战役”中。十八大以来，党中央把脱贫攻坚作为中心工作、关键工作和全面建成小康社会的底线任务，组织开展了声势浩大的脱贫攻坚人民战役，以精准扶贫为重要抓手，做到了真扶贫、扶真贫、脱真贫。这次脱贫攻坚战役所取得的成就举世瞩目，农村贫困人口全部脱贫，脱贫地区经济社会发展大踏步赶上来，整体面貌发生了历史性巨变。这次脱贫攻坚的伟大战役，既是一次反贫困的伟大战役，也是一次全面推进公平正义事业的伟大战役。收入分配差距以及机会不平等，往往是由人们不可选择的偶然性因素导致的，比如体力、智力、特长、出生地、家庭背景等。在影响和决定收入分配以及发展机会上，这些因素并不具有"必须如此"的应得性。因而在社会主义的制度框架内，缩小由这些偶然性因素所造成的不平等，是符合公平正义的精神实质的。我国脱贫攻坚的主要工作，是对贫困人口、贫困地区实施政策倾斜和制度性"帮扶"。显而易见，通过这种政策倾斜和制度性"帮扶"，由不可选择的偶然性因素所造成的收入分配差距以及机会不平等，能够在相当大程度上得到解决。这充分表明，我国脱贫攻坚战役的伟大胜利，无论如何都是中国特色社会主义在解决社会发展不平衡、追求共同富裕、全面兑现公平正义价值承诺上迈出坚实步伐的重要标志。

比较来看，以诺奇克为代表的自由至上主义不仅承认由不可选择的偶然性因素所带来的不平等，而且还以为这种不平等做辩护为己任。以罗尔斯为代表的平等的自由主义虽然并不承认这些偶然性因素的应得性，但其趋向于平等主义的理论，并不包含一种支持精准扶贫和共同富裕的主张。这说明，在自由主义和资本主义的体系内，虽然收入分配差距也有缩小的可能性，机会平等也常常被认定为一种重要的价值追求，但无论如何都不可能做到精准扶贫和共同富裕。这进而说明，在自由主义和资本主义的体系内，罗尔斯所提到的"每个人都有一种基于正义的不可侵犯性"，在现实的生活中是很难实现的。因为，在这个体系内，人与人永远都不可能在财富收入和发展机会上达到一种趋向于平等的均衡状态。与此不同，我国脱贫攻坚战的伟大胜利则以铁一般的事实向世人宣告：在以共同富裕为根本目标的中国特色社会主义的制度框架内，每一个人都能够得到来自公平正义的制度保障，每一个人都有发展的机会和人生出彩的可能性。

实践表明，在容纳、促进和实现社会公平正义上，中国特色社会主义具有资本主义所根本无法比拟的制度优势。这种制度优势是我们坚定中国特色社会主义制度自信的重要基础之一。如果说对这种制度优势从理论上予以阐释是坚定制度自信的一项根本要求，那么，系统开展马克思主义政治哲学的研究，就具有了尤为重大的意义。因为，对这种制度优势予以阐释，正是马克思主义政治哲学研究的重要任务。

由上可见，政治哲学对于当代中国马克思主义哲学来说，决不应当仅仅是一种具有外在补充意义的分支哲学或部门哲学，相反，它成为当代中国马克思主义哲学的应有理论形态，是理所当然、顺理成章的事情。这也说明，我们现在开展马克思主义政治哲学的研究，不应当仅仅将目标定位于如何摆脱马克思主义哲学界在政治哲学问题面前的失语状态，而应当将目标定位于如何构建当代中国马克思主义哲学的新形态。这便是说，当代中国马克思主义政治哲学的理论建构，在其本有的意义上，表征的是当代中国马克思主义哲学新形态的建构。

三、全面界定马克思主义政治哲学与当代西方政治哲学的关系

十多年来马克思主义政治哲学研究在中国学术界的勃兴，是以中国改革开放的实践逻辑为最深刻原因和根基的。但是，我们也不能否认，20 世纪 70 年代以来，由罗尔斯《正义论》的出版所带动的西方规范性政治哲学的大复兴及其在世界范围引发的巨大学术效应，也是马克思主义政治哲学得以开展的一个重要背景或契机。由此一来，马克思主义政治哲学与当代西方政治哲学的关系，就成了一个我们不得不认真对待和思索的重大问题。

总体上，马克思主义政治哲学与当代西方政治哲学的关系，应当从两个方面来加以看待：一是我们要积极参照和借鉴当代西方政治哲学来构建、发展马克思主义政治哲学，二是我们要充分认识马克思主义政治哲学与当代西方政治哲学的异质性，从而在范式上将两者界划开来。

首先，我们为什么要参照和借鉴当代西方政治哲学来构建、发展马克思主义政治哲学？

虽然政治哲学在马克思的思想中具有根本的意义和地位，但因为传统的马克思主义哲学解释模式并未为政治哲学开辟一席之地，所以，马克思主义政治哲学作为一个研究模块，实际上是在没有充分的学术准备的情况下开始确立的。由这个情况来看，从已经拥有成熟结构的当代西方政治哲学中借用一些基本的概念和范畴来开展马克思主义政治哲学的研究，是一件很自然的事情，而且对于马克思主义政治哲学初始学术平台的构筑，是大有助益的。不过，更根本的是，从面对的问题和论定的价值上看，马克思主义政治哲学与当代西方政治哲学并不是截然对立的，毋宁说它们之间是存在对话乃至会通的可能性的，而这是我们之所以要参照和借鉴当代西方政治哲学来发展马克思主义政治哲学的一个更深层次的理由。对于我们把握这个问题，加拿大学者威尔·金里卡在《当代政治哲学》上卷中的如下重要论述富有启示："今天几乎所有的分析的马克思主义者都承认，匮乏、冲突、多元以及理性的不完善是人类的永久性特征；任何有吸引力的规范的政治理论都必须解释政治制度应该如何面对这些事实。而向这个方向迈进的第一步就是去发展一种马克思主义的正义理论。"[1] 金里卡在这里所提到的分析的马克思主义者的一项最重要工作，就是在当代西方语境下发展一种马克思主义的正义和政治哲学理论。正如金里卡所指，分析的马克思主义者发展正义理论的一个根本理由，就在于解决人类社会中的匮乏、冲突、多元以及理性的不完善等

1〔加〕威尔·金里卡：《当代政治哲学》上卷，刘莘译，上海三联书店，2004，第 319 页。

问题。而事实上，这些问题不仅为以柯亨、埃尔斯特等为代表的当今英美分析的马克思主义者所敏锐捕捉，同时也为以罗尔斯、诺奇克等为代表的当代西方政治哲学家所认真对待。在这个意义上，柯亨等人所发展的马克思主义正义和政治哲学理论，与罗尔斯等人所发展的当代西方政治哲学理论，是存在很大相似和类同性的。与此同时，这两种政治哲学理论予以立论的价值前提，也有一致的地方。比如说，罗尔斯所重视的权利、自由、平等、公正等基本价值，也必然是柯亨建构其政治哲学理论的前提，虽然在这些价值的排序上，他们的主张未必完全相同。

在发展政治哲学上，中国马克思主义哲学界所面对的问题，自然不能简单地概括为金里卡所说的匮乏、冲突、多元以及理性的不完善等所谓人类"永久性"的问题，而主要是在中国改革开放的历史进程中所凸显出来的前述两类规范性问题——具体的社会公平正义问题与从整体上构建社会伦理规范和行为规则的问题。这两类规范性问题虽然是在中国特定的历史语境和文化背景下凸显出来的，具有鲜明的中国印迹，但在现代市场社会中，它们也具有一定的普泛性。具体的社会公平正义问题，相当于兼政治哲学家和经济学家于一身的阿马蒂亚·森所侧重的部分服从的政治哲学问题；从整体上构建社会伦理规范和行为规则的问题，则相当于罗尔斯所侧重的严格服从的政治哲学问题。不管是阿马蒂亚·森的思考，还是罗尔斯的建构，对于发展当代中国马克思主义政治哲学，都是重要的资源，这一点我们不能否认。进一步说，作为一种政治哲学，当代中国马克思主义政治哲学必然要树立明确的价值主张，以此彰显其规范性力量。当代中国马克思主义政治哲学所要树立的价值主张，既不能脱离其所面对和解决的规范性问题，也不能脱离社会主义初级阶段这个更大的背景，所以，那些从属于现代社会（特别是现代市场社会）的价值，如权利、自由、平等、公正、公共理性以及契约精神等，都应当被纳入当代中国马克思主义政治哲学的价值框架。我们同样不能否认的是，当代西方政治哲学已经围绕这些价值进行了非常精细的讨论和建构，其对于我们构建、发展马克思主义政治哲学，自然具有重要的参照意义。从这一点来讲，今天人们自觉或不自觉地在罗尔斯所确立的价值坐标系中来研究马克思主义政治哲学的相关问题，也是有一定道理的。

其次，我们为什么要在范式上将马克思主义政治哲学与当代西方政治哲学界划开来?

由于当代西方政治哲学是在西方近现代政治哲学的基础上发展起来的，所以，马克思的政治哲学与西方近现代政治哲学的关系，是我们今天全面认识和界定马克思主义政治哲学与当代西方政治哲学之关系的一个重要根据。虽然马克思在对市民社会的批判中，整体性地介入了现代规范性政治哲学的基本论题和论域，但深入分析会发现，马克思的政治哲学与霍布斯、洛克以来的西方近现代政治哲学相比，存在以下三个根本差别：第一，西方近现代政治哲学的主体立论框架，是自然法、契约论和纯粹的“应当”，而马克思的政治哲学则完全突破了这个框架，从而与历史唯物主义、与“是”、与历史根本性地联系在了一起。所以，作为一种具有规范性力量的理论，马克思的政治哲学同时也是一种实至名归的历史性理论。而“历史”或“历史意识”在霍布斯、洛克、休谟、斯密、边沁等人的政治哲学中，是根本不存在的，虽然他们都是在市民社会的历史地基上来建构各自的理论学说的。第二，在价值论上，最为西方近现代政治哲学家所重视的是权利和自由，而最为马克思所重视的则是平等。西方近现代政治哲学家虽然也要求平等，但其所讲的平等，更多是权利上的，而非起点和结果上的，而这种权利上的平等，其核心还是权利和自由。马克思也强调权利和自由的基础性意义，但相比而言，平等是他的政治哲学中最根本、最坚实、最能昭显规范性意蕴的价值。如果说西方近现代政治哲学以权利和自由为价值基点所进行的立言，在事实上为私有财产制度做了辩护，那么马克思的政治哲学则在对平等的诉求中，成为私有财产制度最有力的批判性力量。第三，不管霍布斯、洛克、休谟、斯密、边沁等人的政治哲学存在什么具体不同，有一点是完全一致的，即它们都是一种只关注权利、自由、平等、公正、法等现实性价值的单一型理论。与此相对照，马克思的政治哲学则是一种具有立体感的复合型理论，因为它有两个内在贯通的理论指向和维度，即一是容纳权利、自由、平等、公正等价值的现实性指向和维度，二是以人的自由而全面发展为终极目标的超越性指向和维度。马克思政治哲学与西方近现代政治哲学的这三个差别，决定了它们在范式上的根本分野。

20 世纪 70 年代以来所发展起来的当代西方政治哲学，并没有真正走出近现代政治哲学的思维框架，因而也不可能克服后者在理论设计上的缺陷，即便对西方近现代政治哲学予以修正和补充的理论学说，如罗尔斯的正义理论，也不例外。我们在此就以罗尔斯为例，来具体说明这个问题。与霍布斯、洛克、康德等近现代契约论政治哲学家不同，罗尔斯已经意识到契约论框架下所设定的“应当”——正义的两条基本原则——在多元文化中的可能性和稳定性问题，所以他在《政治自由主义》中将“作为公平的正义”论定为“政治正义”。但罗尔斯并没有由此而像马克思那种走向对现实历史和现实社会关系的深刻考察，所以，其正义理论无论怎么修缮，都不可能拥有马克思政治哲学的那种现实感和历史感。在价值立场上，众所周知，与霍布斯、洛克、斯密、边沁等崇尚权利和自由的近现代政治哲学家也不一样，罗尔斯非常看重“平等”，这集中体现在他为分配正义所设定的第二条原则——差异原则上。但罗尔斯不是要用“平等”来抵制自由主义和资本主义体系中“自由”的优先性，相反他为分配正义所设定的第一条原则——自由和平等的权利原则，恰恰是优先于差异原则的。另外，在理论模型上，罗尔斯的正义理论并没有超出权利、自由、机会、收入和财富等社会基本善品的分配问题，所以归根结底，它依然是那种只有现实性维度而缺少超越性思考的单一型政治哲学。

我们今天开展马克思主义政治哲学研究的最重要工作之一，其实就是立足当代中国，构建和发展一种具有时代感的马克思主义政治哲学。但这项工作绝不可能在背离马克思的前提下进行，否则就不是“马克思主义”政治哲学，而是其他政治哲学了。同时，这种马克思主义政治哲学也不能混同于当代西方政治哲学，特别是要避免后者在理论设计上的漏洞和缺陷。所以，当代中国马克思主义政治哲学尤其需要具备马克思政治哲学的三个特点——突破纯粹“应当”的现实性和历史性、以平等为根本价值追求社会公正的规范性、兼现实性维度与超越性维度于一体的复合性。这个要求，不是从理论的外在形式上提出来的，而是有其现实针对性和现实意义。具体说来：其一，当代中国马克思主义政治哲学之所以要具有现实性和历史性，是因为只有从政治哲学的基本理论、范畴、命题，走向对改革开放以来中国具体的社会关系、具体的历史情境的分析，才能够真正提炼、概括出既具有描述性又具有规范性的理念和命题，理论与现实之间的可能性断裂，才能够有效避免。其二，当代中国马克思主义政治哲学之所以要把平等作为根本价值，是因为“共享发展”是中国特色社会主义将长期贯彻的发展理念，“共同富裕”是中国特色社会主义将长期坚持的一条原则和道路，而“共享发展”和“共同富裕”，都是以追求社会平等（不是平均）为首要价值目标的。其三，当代中国马克思主义政治哲学之所以要兼现实性维度与超越性维度于一体，是因为在社会主要矛盾发生转变，诉求和塑造美好生活的需要日益增长的新时代，既需要在收入分配等领域解决好公平正义这个现实性问题，也需要超出纯粹物质分配的界限，上升到“人的全面发展”这个更高界面，来思考、探索什么是美好生活以及如何实现美好生活这个根本问题。显而易见，当代中国马克思主义政治哲学只有在范式上与当代西方政治哲学界划开来，而不是把后者作为唯一合法样本，才能够具备以上三个特点，从而也才能够发挥对中国社会政治体制改革和中国社会持续健康发展可能具有的引导作用。

第二节　当代中国马克思主义政治哲学建构的现实导向、理论资源及思想原则

毫无疑问，现实导向、理论资源及思想原则，是对当代中国马克思主义政治哲学的建构具有规导意义的三个关键问题。从目前来看，这三个问题在学术界尚未得到充分而细密的思考和探讨。我们自然不能越过或者敷衍了事地对待和处理这三个问题，而应当本着一种“打地基”的姿态，严肃认真地对之予以分析和阐释，从而为当代中国马克思主义政治哲学的建构确立学术起点、理论支点以及思路和方案。

一、当代中国马克思主义政治哲学建构的现实导向

众所周知，虽然马克思主义政治哲学在近十多年来的中国学术界逐渐成为显学，但仍有部分学者对这个领域的研究持有消极态度和意见。产生这种现象的原因有多方面，一个可能性的方面是，这些持消极态度和意见的学者，并没有真正捕捉和洞见到马克思主义政治哲学研究的真实对象。马克思主义政治哲学研究的真实对象，其实不是一种被命名为“马克思主义政治哲学”的纯粹哲学，而是被命名为“马克思主义政治哲学”的哲学所指向的问题。在这里，“纯粹哲学”与“哲学问题”之间的区分是极其重要的。如果拘泥于前者来认识和对待马克思主义政治哲学，则很容易将之认定为马克思主义哲学中的一门无关紧要的“分支哲学”或“部门哲学”，从而也无法给予其应有的重视。但事实上，任何一门严肃的学问、任何一个经得起反复考问的学科、任何一个展现出无限生机的研究领域，都必定是面向真实的、重大的问题的，而作为一个研究领域的马克思主义政治哲学，自然也不例外。

马克思主义政治哲学所面向的重大问题，不是来自书本，也不是来自人们的观念或者逻辑上的推论，而是来自最鲜活的现实。就此说来，当我们回到马克思的历史性文本，去挖掘、开显和阐释其政治哲学的思想时，我们这项学术工作的逻辑起点，并不是马克思的历史性文本本身，而是当代现实问题。我们在某种意义上，是带着当代现实问题去研究马克思政治哲学的。马克思政治哲学的阐释如此，当代中国马克思主义政治哲学的建构更是如此。可以说，作为一项重大理论课题，当代中国马克思主义政治哲学的建构之所以会凸显出来，是因为支撑这项课题的重大现实问题在当代中国的历史方位上凸显了出来。所以，我们在把握这一课题上所应树立的根本问题意识，不在于为马克思主义哲学或广义的政治哲学予以学术上的“增补”，不在于建构一种缺乏问题导向的纯粹哲学理论，而在于以自觉回应和回答当代中国历史方位上凸显出来的一些重大现实问题为前提和基石，来建构当代中国马克思主义哲学的新形态，或者以建构当代中国马克思主义哲学的新形态为契机，为在当代中国历史方位上凸显出来的一些重大现实问题的解决提供可能性的启示。而根据马克思的名言——理论在一个国家实现的程度，总是取决于理论满足这个国家的需要的程度，作为马克思主义哲学的一种新形态，当代中国马克思主义政治哲学在理论上的实现程度，并不取决于它在理论“构件”上的完整程度，在很大意义上取决于它满足当代中国现实需要的程度。

在学科属性上，我们既可以把马克思主义政治哲学归到马克思主义哲学的学科下，也可以将之归到政治哲学的学科下。马克思主义政治哲学作为政治哲学，其所含纳的问题，必定是需要由政治哲学这门学科来回应和回答的问题。所以，我们需要追问的是，在当代中国的历史方位上，究竟有哪些需要由政治哲学来回应和回答的重大现实问题凸显了出来，从而让当代中国马克思主义政治哲学的建构也一并在课题的意义上得到了凸显？

习近平总书记在哲学社会科学工作座谈会上的讲话中指出，当代中国正经历着我国历史上最为广泛而深刻的社会变革，也正在进行着人类历史上最为宏大而独特的实践创新。这种前无古人的伟大实践，必将给理论创造、学术繁荣提供强大动力和广阔空间。如果说，马克思主义政治哲学所应含纳的问题正来自当代中国正在经历着的社会变革以及正在进行着的实践创新，那么，我们究竟应当如何来认识和概括这种社会变革、实践创新？这个问题的答案，需要到改革开放以来的历史实践，特别是需要到中国特色社会主义市场经济以及中国特色社会主义现代化的历史进程中来寻找。可以说，中国特色社会主义市场经济的确立以及中国特色社会主义现代化的生动展开，在相当大的意义上，既表征着在当代中国这个历史方位上所发生的深刻的社会变革，也表征着在这个历史方位上所经历的伟大的实践创新。而由这两者所表征的社会变革、实践创新，同时也代表了一次深广的、重大的社会转型。

历史表明，任何一次重大的社会变革、实践创新和社会转型，都会带来价值世界和规范世界的深刻变化。比如说，西方由中世纪向近现代的过渡，作为西方历史上极其重大的社会变革和社会转型，就带来了价值世界和规范世界的深刻变化。这种深刻变化，为政治哲学的发育和出场制造了重要契机。这也就是为什么近代之后相继产生出以霍布斯的《利维坦》、洛克的《政府论》、休谟的《人性论》、卢梭的《社会契约论》、康德的《实践理性批判》、亚当·斯密的《道德情操论》以及黑格尔的《法哲学原理》等为代表的一大批政治哲学经典，西方的知识界和思想界由此迎来了一个政治哲学大发展的时代。与西方近代所发生的社会变革和社会转型相比，中国改革开放以来所经历的社会变革、实践创新和社会转型有其自身的独特之处，但同样也带来了价值世界和规范世界的深刻变化。这种深刻变化的一个集中体现，就是在中国传统社会以及计划经济时代未曾普遍确立的价值——权利、自由、平等、公正、法治等，以及与市场经济和法治社会相契合的理性和精神性原则，都凸显了出来，并且得到了理论上的系统论证和辩护。不难看到，这种深刻变化所催生出的问题，正是需要由政治哲学来回应和回答的问题。其中最重大的一个问题，大概是如何在理论上，来对与社会主义市场经济和法治社会相匹配的价值和规范做出深入系统的论证、辨析和阐发，从而为社会主义市场经济的发展和法治社会的建设提供规范性论证并树立规范性目标。与此同时，存在于城乡、不同区域、不同行业和领域之间的收入分配差距问题和机会不平等问题，也是需要由政治哲学来回应和回答的问题。后者有其相当独立性，总体来看，与改革开放以来的社会变革、实践创新和社会转型关联度不大，但同样属于当代中国历史方位上备受关注的重大现实和理论问题，而且其所关涉的价值与前一问题相比并无不同，即同样涉及权利、自由、平等、公正、法治等与市场经济、现代化、法治社会相契合的现实性价值。

上述需要由政治哲学来回应和回答的重大现实与理论问题的凸显，为广义政治哲学在当代中国学术界的萌芽、生长和不断壮大提供了有利土壤，也使当代中国马克思主义政治哲学的建构成为一项紧迫的任务和课题。建构一种与当代中国的历史方位相照应的马克思主义政治哲学之所以紧迫，一个很重要的原因在于，如果说上述需要由政治哲学来回应和回答的问题本身就是当代中国历史方位上所不断形成和展开的现实之一，而马克思主义哲学的一个特质和使命，就是洞察和把握现实，那么，学术界要在“中国化”的范式下构建和发展实质性地面向并把握住现实的当代中国马克思主义哲学，就不能在上述需要由政治哲学来回应和回答的问题面前采取“事不关己，高高挂起”或沉默不语的态度，而应当积极地介入其中。

由上，我们可以看到如下两个问题：第一，当代中国马克思主义政治哲学的建构在其现实导向上，与当代中国马克思主义哲学或21世纪马克思主义哲学的建构和发展，具有对等的含义。因而，当代中国马克思主义政治哲学，无论如何不能被贬抑和降格为一种无关紧要的分支哲学或部门哲学，它在一定意义上，就代表了当代中国马克思主义哲学的一种根本理论定位或致思取向。第二，我们所要建构的当代中国马克思主义政治哲学，就其面向的重大现实问题而论，应是一种与社会主义市场经济、社会主义现代化、社会主义法治社会相顺应的，能够对权利、自由、平等、公正、法治等价值和问题做出有效回应的马克思主义哲学理论形态。这种哲学理论形态作为政治哲学，则属于现代政治哲学的范型，而非古典、古代政治哲学的范型。

二、当代中国马克思主义政治哲学建构的理论资源

一种有生命力的当代中国马克思主义政治哲学的建构，必然有赖于对当代中国历史方位上的重大现实问题的敏锐而切实的把握，同时也必定有赖于对既定的、积极有效的理论资源的充分吸收。在一定意义上，理论资源也就是立论基础和立论前提。一种理论的建构如果缺少了必要的理论资源、立论基础和立论前提，就难免会成为无源之水、无本之木。罗尔斯在构建其“作为公平的正义”理论时，就明确地强调，他的这项工作，是建立在概括和吸收传统契约理论基础上的：“我试图做的就是要进一步概括洛克、卢梭和康德所代表的社会契约理论，使之上升到一种更高的抽象水平。……作为这种解释之结果的正义论在性质上是高度康德式的。确实，我并不认为我提出的观点具有创始性，相反我承认其中主要的观念都是传统的和众所周知的。我的意图是要通过某些简化的手段把它们组织成一个一般的体系，以便它们的丰富内涵能被人们赏识。”[1]我们看到，罗尔斯在这里不仅强调他关于正义理论的建构是建立在传统契约理论基础上的，甚至还谦逊地指出，他是在从事一项没有多少原创性的组织和整理的工作。

就当代中国马克思主义政治哲学的建构来讲，我们所要着重思考的，就是这一工作的理论资源和立论基础，究竟是来自既有的马克思主义政治哲学

1〔美〕罗尔斯：《正义论》（修订版），何怀宏、何包钢、廖申白译，中国社会科学出版社，2009，初版序言第1—2页。

还是中国传统政治哲学，抑或是西方政治哲学？这是当代中国马克思主义政治哲学建构的一个前提性和根基性问题，也是一个容易产生争议和分歧的问题。这个问题之所以容易产生争议和分歧，是因为当我们将当代中国马克思主义政治哲学的建构理所当然地奠基于既有的马克思主义政治哲学特别是马克思政治哲学时，有人可能会立即提出不同意见：马克思并没有对市场经济、法治社会的价值、规范进行理论上的证成与辩护，他也不可能支持一种包含了权利、自由、平等、公正、法治等价值和问题的政治哲学理论，所以，要在当代的语境下建构和发展一种马克思主义政治哲学，恰恰需要用来自马克思主义哲学传统之外的、能够与马克思主义哲学形成很好融合的理论资源来做奠基。由此可见，这个问题的复杂性，远远超出了人们通常的认识和理解。破解这个问题的关键，是要抓住两点：一是与市场经济、现代化、法治社会在价值和规范上的匹配度，二是与马克思主义哲学传统在思想主张和理论底色上的融合度。

首先，我们来看中国传统政治哲学。以儒家为代表的中国传统哲学包含了丰富的政治哲学思想，甚至在很大意义上，可把儒家哲学认定为一种伦理政治哲学。中国传统政治哲学中的有些思想在今天依然有重要价值，也不排除能够从中挖掘和开显出支持现代政治哲学的思想资源的可能性，因而通过现代转化以及与马克思主义哲学在一定意义上的对话和融通，有些方面完全可以成为当代中国马克思主义政治哲学之构建的理论资源。不过，也要承认，中国传统政治哲学对建构马克思主义政治哲学所起的支持作用是有限的，无法将其整体性地作为后者的立论前提。原因不仅在于两个不同哲学传统之间的差异，同时也在于这个情况：中国传统政治哲学从总体来看，并没有真正容纳与市场经济、现代化、法治社会相匹配的价值和规范，所以，也很难将之认定为现代政治哲学或者隐在地支持权利、自由、平等、公正、法治等价值的准现代政治哲学。

其次，我们来看西方政治哲学。不容否认，近代以来的西方政治哲学，特别是上自霍布斯与洛克、下至罗尔斯与诺奇克的西方规范性政治哲学，是在西方市场社会、西方现代性及西方民主法治国家的背景和叙事框架下发展起来的，其所证立和辩护的主要价值，就是权利、自由、平等、公正、法等现代价值，所以将其在理论形态上，认定为实至名归的现代政治哲学，是没有任何疑问的。直观地看，西方政治哲学在理论形态上的这种属性，似乎赋予了其充当当代马克思主义政治哲学之构建的理论资源和立论前提的资格。而且，以柯亨为代表的英美分析的马克思主义在20世纪80年代中期转向政治哲学之后，也的确是通过与罗尔斯、诺奇克等西方政治哲学家相对话，甚至是在吸收后者的概念、方法的基础上，来建构一种从属于马克思主义传统的政治哲学理论的。然而，这个问题绝非如此简单。

我们并不否认近代之后所形成的西方政治哲学在政治哲学史上的重要地位及对政治哲学的发展所具有的贡献，同时也不否认其对当代中国政治哲学乃至当代中国马克思主义政治哲学的构建所具有的参考价值。但是，我们也要看到，西方政治哲学的意识形态载体主要是自由主义，其制度载体则是资本主义私有财产制度。这个情况决定了，西方政治哲学在市场社会和民主法治国家的叙事框架下对权利、自由、平等、公正、法等现代价值所进行的系统证成和辩护，虽然在一定意义上守护了人类的理性法则并起到了为一个良序社会制定规范的作用，但最终也难免会落定为对自由主义和资本主义私有财产制度或直接或间接、或显在或隐在的辩护。就这一点来说，西方政治哲学并不是建构马克思主义政治哲学的一个有效样本。作为容纳与市场经济、现代化、法治社会相匹配的价值和规范的现代政治哲学，当代中国马克思主义政治哲学需要在“社会主义”这个制度框架下来确立其根基，其所认定和容纳的是与中国特色社会主义的市场经济、现代化、法治社会相匹配的价值和规范。在中国特色社会主义的市场经济、现代化和法治社会叙事逻辑中，人民是价值主体；而在资本主义的市场经济、现代化和法治国家中，私利的、原子化的个人以及资本是价值主体。这意味着，在当代中国马克思主义政治哲学的视域内，权利、自由、平等、公正、法治等价值与以人民为中心的发展思想和共同富裕的发展道路形成了很好的呼应。所以，当代中国马克思主义政治哲学的建构，需要建基于既支持现代政治哲学的价值和规范，又支持以人民为价值主体的社会主义制度设计的政治哲学理论之上，而一目了然的事实是，西方自近代至当代的政治哲学，并不是这样的政治哲学理论。

最后，我们来看既有的马克思主义政治哲学。在既有的可统称作“马克思主义政治哲学”的理论中，以柯亨为代表的英美分析的马克思主义所构建和发展的以平等为价值内核的政治哲学理论，与我们所要建构的当代中国马克思主义政治哲学在理论范型上相类同，即前者就是那种支持和容纳与市场经济、现代化、法治社会相匹配的价值和规范的现代政治哲学。不过，需要阐明的一点是，英美分析的马克思主义在借用当代西方规范性政治哲学的概念和方法来构建自己的理论时，并没有在范式上与后者真正区分开来，虽然柯亨等人的一个目标，是要发展一种与以罗尔斯为代表的平等的自由主义和以诺奇克为代表的自由至上主义分庭抗礼的政治哲学。这样来看，英美分析的马克思主义政治哲学，尽管是我们构建当代中国马克思主义政治哲学需要认真对待和借鉴的一个理论资源，但其借鉴意义的限度问题，依然是一个不能忽视的问题。

在既有的马克思主义政治哲学理论中，马克思政治哲学是我们最需要认真挖掘与利用的一个理论资源和立论前提。马克思固然没有像洛克、斯密、康德等政治哲学家那样，直截了当地对权利、自由、平等、公正、法等与市场社会、法治社会相匹配的价值和规范提供一种系统的证成和辩护，但这绝不意味着马克思缺少一种现代意义上的规范性政治哲学。我们知道，马克思曾经站在自由主义的对立面上，对权利、自由、正义等进行言辞犀利的批判，不过，他批判的不是这些现代价值本身，而是这些价值在自由主义和资本主义体系中的实现形式。按照洛克、斯密等人的理论设计，权利、自由、正义等价值维护的是每个自由个体的利益，促成的是一种既利己又利他的和谐共同体。然而，事实上，在自由主义和资本主义的体系中，所谓自由个体，不过是私利的原子化个体。在私利的原子化个体中，不仅会产生出一种人与人相分隔乃至相对抗的非和谐关系，而且还会随着资本逻辑的固化，从中产生出一种以私有财产制为内核的剥削关系。马克思批判权利、正义等话语的潜台词，就是批判这种私利的原子化个体以及从中产生出的非和谐关系和剥削关系。他的这种批判不仅不是要消解权利、自由、正义等现代价值，相反是要为这些价值的真正实现，从而为生活在世的每一个人的尊严和发展机会的真正实现提供一个以社会主义和共产主义为制度语境的阐释、论证和说明。用他和恩格斯在《共产党宣言》中的话说便是，共产主义并不剥夺任何人占有社会产品的权力，它只剥夺利用这种占有去奴役他人劳动的权力。由此来说，我们不能因为马克思没有对市场社会和法治社会提供一种合法性上的证明，或者因为他没有对权利、自由、正义等现代价值提供一种规范论上的系统辩护，就将其政治哲学判定为一种与现代化、市场经济和法治社会格格不入的、无法相融的非现代政治哲学。情况恰恰相反，马克思的政治哲学不仅因为对权利、自由、正义等现代价值的支持和容纳而在理论范型上归属于现代政治哲学之列，而且其政治哲学又因为对私利的原子化个体以及从中产生出的非和谐关系和剥削关系的深刻批判而开显出一个以社会主义和共产主义为制度框架的特定理论维度。据此来说，马克思所阐发的这种独特的现代政治哲学思想，与中国特色社会主义理论和实践逻辑中以人民为中心的发展思想及共同富裕的发展道路是完全契合的。所以，马克思的政治哲学在为我们构建当代中国马克思主义政治哲学所能够提供的支持和奠基上，是其他各种类型、范式和传统的政治哲学所根本无法比拟的。可以说，我们若要将当代中国马克思主义政治哲学建构成为一种既能对现代市场社会和法治社会的规范性目标做出深刻回应，又能对中国特色社会主义在理论与实践上的本质规定性做出深刻把握的当代中国马克思主义哲学新形态，就特别需要将理论基础牢牢建立在马克思政治哲学之上。

以上论述，既不是要否认其他政治哲学对建构当代中国马克思主义政治哲学所具有的可能性参考和借鉴意义，也不是要对马克思的政治哲学做一种放大乃至夸大式的处理。事实上，马克思虽然拥有对我们今天建构政治哲学具有重要指导意义的政治哲学思想，但由于种种原因，他并没有像后来的罗尔斯那样，建构和发展一种在逻辑上接近严密自洽、在体系上几乎完整无缺的政治哲学理论。我们今天立足改革开放以来中国重大现实与理论问题来建构马克思主义政治哲学，并不能满足于马克思在政治哲学问题上的那种非直接的、非体系化的言说方式，而需要像罗尔斯那样，注重逻辑的自洽性和理论体系的完整性。另外，由于时空错位的原因，马克思在其有生之年，不可能专门就后来的社会发展，有针对性地提炼、概括一些重大的哲学概念和理论命题。我们今天建构马克思主义政治哲学，则需要在综合吸收各种有益思想资源的基础上，来创造性地概括、提出一些对当代中国所发生和经历的社会变革、实践创新、社会转型以及其他方面的重大现实问题能够做出生动描述并具有可能性的指导意义的新范畴、新概念、新命题。只有这样，当代中国马克思主义政治哲学作为一种 21 世纪的马克思主义哲学理论，才能够在立足实践、面向时代的开放性视野中，展现其与时俱进的应有理论品格。

三、当代中国马克思主义政治哲学建构的思想原则

需要先在表明的是，当代中国马克思主义政治哲学构建的思想原则，就是当代中国马克思主义政治哲学作为一种回应重大现实问题的哲学理论所应当具有的一种思想导向和思想定位，或者这一理论在思想层面所应当发挥的

功能。对于当代中国马克思主义政治哲学的构建而言，这也是一个需要辨明的关键问题。要辨明这个问题，则需要提及超越性政治哲学与现实性政治哲学的区分。

在理论类型上，正如本书第二章第一节所述，我们可以将古往今来的政治哲学区分为超越性政治哲学和现实性政治哲学两种。一种政治哲学是超越性政治哲学还是现实性政治哲学，关键要看这种政治哲学研究的是现实经验生活中的问题，还是在先验或至少是半先验思维框架中设计出来的问题，或者看这种政治哲学所提出的价值和规范是直接来自现实经验生活，还是来自先验或至少是半先验的思维框架。前者所对应的是现实性政治哲学，后者所对应的是超越性政治哲学。在政治哲学发展史上，柏拉图以“理想国”为立论支点而构建的“德性论”政治哲学，就是典型的超越性政治哲学。当然，整个古希腊的政治哲学，都可被一体化地概括和界定为以“德性”为最高追求的超越性政治哲学。与此不同，近代之后围绕权利、自由、平等、公正、法等价值和问题所发展起来的“法权论”政治哲学，则是典型的现实性政治哲学。这种现实性政治哲学，大致也就是上文所论及的现代政治哲学。

不管是超越性政治哲学还是现实性政治哲学，依自身的评价标准，在理论设计上都是最优的，甚至是没有瑕疵的。不过，站在一方的角度上来看另一方，两者则都具有缺陷。比如说，站在现实性政治哲学的角度来看超越性政治哲学，后者的一个缺陷在于缺少一个与经验生活以及重大现实问题相打通的维度，从而难免会出现理念因为“过高”而不能实现的问题。而站在超越性政治哲学的角度来看现实性政治哲学，后者的一个缺陷则在于缺少一个指向事情的本质、对经验生活具有批判价值和引导意义的思想维度，从而难免会存在理念因为“过低”而无法有效克服工具主义的问题。

对于现实性政治哲学的缺陷，要求回归古典的政治哲学家列奥·施特劳斯曾做出异常深刻的批判。在施特劳斯看来，古典的超越性政治哲学是政治哲学的经典范式和正宗样本。这种政治哲学致力于探求自然事物的本性和政治的本质，具有鲜明的目的论特色。然而，马基雅维利之后借助现代科学的思维方法所发展起来的现实性政治哲学，作为一种走下降路线的理论，则不再过问、探求何为自然事物的本性和政治的本质这个第一位的问题，而只是聚焦于利益如何分配这个次级问题。这个变化所导致的后果就是，"我们在所有第二等重要的事情上都可以是聪明的，或者可以变得聪明起来，可是在头等重要的事情上，我们就得退回到全然无知的地步。……如果我们所依据的原则除了我们盲目的喜好之外别无根据，那么凡是人们敢于去做的事就都是可以允许的"[1]。不过，一个有趣的事实是，近代之后关注和研究权利的平等性、分配的公正性等现实性问题的政治哲学家，对于施特劳斯这样的发问、质疑和批评，基本上不会给予理会。因为在他们眼中，古典政治哲学并不是他们要去继承和发展的理论传统，那种以探求事情之本质和政治之真理的超越性思考，对于解决现实利益如何公正分配这样的政治哲学"真"问题，是无济于事甚至多此一举的。正是出于这种认识，作为现实性政治哲学集大成者的罗尔斯才在《政治哲学史讲义》中明确地强调，在现代民主的框架下所发展起来的政治哲学，并不是柏拉图式的政治哲学。[2]

平心而论，近代之后自上而下的现实性政治哲学，为克服古典超越性政治哲学缺乏现实感、历史感的不足提供了一条重要出路，同时，在为现代政治制度的建立与现代社会秩序的确立提供价值前提和规范论引导上也做出了积极贡献。不过，作为哲学形态之一的政治哲学所承担的理论任务，不仅在于为现实层面的问题的解决提供规范、理论方案乃至具体实施的路线图，而且也在于发挥思想指引的重要功能。这个思想指引的功能，既体现为一种反

1〔美〕列奥·施特劳斯：《自然权利与历史》，彭刚译，生活·读书·新知三联书店，2003，第4—5页。

2〔美〕罗尔斯：《政治哲学史讲义》，杨通进、李丽丽、林航译，中国社会科学出版社，2011，第4页。

思性的批判思维的确立，也体现为一种指向未来的规范性思想目标的树立。近代之后现实性政治哲学在承担前一理论任务上有目共睹，但在后一理论任务上几乎无所作为。也正是因为这一点，近代之后西方政治哲学已经基本上不再具备那种洞若观火的深刻眼界和高屋建瓴的前瞻意识。就算是对政治哲学的诸个理论环节做出精心思考、设计及修改的罗尔斯，也始终没有建立起一种用思想来指引社会发展的问题意识。即便不是站在超越性政治哲学的角度看，近代之后西方政治哲学的这个缺陷，也是毋庸置疑和显而易见的。就此说来，施特劳斯对近代之后的政治哲学所做的批判，无论如何都是鞭辟入里和发人深省的，对于我们构建当代中国马克思主义政治哲学，特别是对于我们思考这一理论课题和理论工作的思想原则问题，富有深刻启示。

作为与中国改革开放以来的社会变革、实践创新和社会转型相呼应的当代马克思主义哲学理论或政治哲学理论，当代中国马克思主义政治哲学所要发挥的一个总的理论功能，是为中国特色社会主义市场经济、现代化、法治社会语境下的社会生活树立一种规范。我们对于规范的理解，既需要“务实”，也需要有思想高度。具体来说，当代中国马克思主义政治哲学的这个理论功能，可分解和表述为如下两点：一是围绕与市场经济、现代化、法治社会相匹配的价值和规范，如权利、自由、平等、公正、法治等，提供系统的理论证成和辩护，从而为社会公平正义等重大现实和理论问题的解决提供理论支持；二是为中国特色社会主义市场经济、现代化、法治社会语境下的社会生活提供一种理想性的、超越性的、具有终极意味的思想指引。当代中国马克思主义政治哲学的第二个理论功能，指涉的就是思想原则问题。

如果如上所述，我们应当把当代中国马克思主义政治哲学建构和发展为一种以现代价值为坐标系的现代政治哲学，那么，作为一种现代政治哲学，它必然也是一种实至名归的现实性政治哲学。而作为一种现实性政治哲学，当代中国马克思主义政治哲学就能够顺理成章地发挥其第一个理论功能。不过，如果仅仅按照现实性政治哲学的标准来构建当代中国马克思主义政治哲学，那么它就不可能真正发挥第二个理论功能，从而也就无法在一个理论和思想高点上彰显其思想原则。因为近代之后西方政治哲学的范例告诉我们，一种纯粹的现实性政治哲学，在思想指引方面是捉襟见肘的，这一功能往往留给了超越性政治哲学。就这个情况来说，我们既需要在现实性政治哲学的意义上，也需要在超越性政治哲学的意义上，来把握当代中国马克思主义政治哲学的构建。这里的问题在于，超越性政治哲学和现实性政治哲学虽然是政治哲学史上存在不可同日而语之差异的两种政治哲学类型，但对于一种政治哲学的构建而言，我们不能将这两种类型的政治哲学对立起来，从而在它们之间做出一种非此即彼的选择。毋宁说，要构建一种在理论功能上几近完备的马克思主义政治哲学理论，并将之提升到一个应有的思想高度，由此从根本上克服近代之后西方政治哲学的缺陷，我们就需要在这两种类型的政治哲学之间予以内在打通，从而既为马克思主义政治哲学赋予一个“向下”的现实性维度，又为之赋予一个“向上”的超越性维度。显而易见，当代中国马克思主义政治哲学只有具备这样一个“向上”的超越性维度，才能够实质性地彰显其思想原则，亦即才能够发挥其为中国特色社会主义市场经济、现代化、法治社会语境下的社会生活提供一种理想性的、超越性的、具有终极意味的思想指引的功能。

如果说古典的超越性政治哲学能够发挥对社会的思想指引功能，那么，这是借助于处在道德制高点上的德性概念以及对事情的本质和世界的最终真理的阐说来实现的，这是一种纯粹先验性的形而上学思考。我们要为当代中国马克思主义政治哲学赋予一个“向上”的超越性维度，在一定意义上也是要行使形而上学的使命。不过，这不是古典政治哲学的那种与实存的经验世界完全隔绝的纯粹先验性的形而上学。毋宁说，这个超越性维度作为一种形而上学的思考，依然要以鲜活的现实为坚实根基，这也是一种兼超越性维度与现实性维度于一体的政治哲学理论应当确立的学术定向，这与马克思基于对现实世界的考察、把握来发现、塑造未来新世界的形而上学致思路向也是一致的。就此来讲，我国社会主要矛盾的历史性转变，是我们阐发这个问题的一个关键支点。

众所周知，我国社会主要矛盾，已经历史性地转化为人民日益增长的美好生活需要和不平衡不充分的发展之间的矛盾。在关于社会主要矛盾的表述中，“美好生活”是一个全方位的概念，它不是仅仅指物质生活的富足，更是指朝向人的全面发展的一种生活状态和生活图景。亦即“美好生活”不是以“物”为目的的，而是以“人”为目的的，其所最终刻画和通向的不是物质堆积的世界，而是马克思所讲的“全面的人”和“完整的人”。在“美好生活”的概念中，现实与理想、经验与先验、当下与未来得到了一种有机、和谐、完美的统一。当代中国马克思主义政治哲学应当具有的“向上”的超越性维度，亦即其所应当具有和彰显的思想原则，需要紧扣以“人”为目的的“美好生活”概念而获得其规定性。在此意义上，当代中国马克思主义政治哲学在发挥其为中国特色社会主义市场经济、现代化、法治社会语境下的社会生活提供一种理想性的、超越性的、具有终极意味的思想指引的功能时，将实质性地发挥为“美好生活”的实现提供思想素材和思想目标的功能。

第三节　当代中国马克思主义政治哲学建构的实现路径

当代中国马克思主义政治哲学建构的实现路径，不是一个教我们如何操作的技术性问题，而是一个关涉理论内容、理论旨趣和理论导向的根本而重大的问题。从政治哲学史来看，任何一种政治哲学理论的构建，都内在地包含了这个问题，同时，这个问题也决定着该理论的基本特质和形态。但由于政治哲学家们在构建自己的理论体系时，往往不会直接提出这个问题，所以它又很容易为人们所忽视。这不仅没有掩蔽这个问题的重要性，反而凸显了围绕它所进行的探究的重大意义。要确立当代中国马克思主义政治哲学建构的实现路径，就需要着力对两对范畴的关系加以辨析和阐释，一对范畴是价值和事实，另一对范畴是抽象和具体。

一、从价值和事实来看

要考察包括马克思主义政治哲学在内的一切政治哲学之建构的路径，一个重要的切入点，是价值和事实的关系。之所以如此，乃是因为政治哲学的根本工作之一，在于从理论上塑造价值模型，从而为现实政治制度的建立和改进提供规范性前提，或者为人类生活目标的树立提供规范性指引。这里的问题倒不在于政治哲学是立足于价值的还是立足于事实的，实际上任何政治哲学都会在不同意义上涉及这两个方面（这里所讲的价值和事实，与价值判断和事实判断是两回事，这里的事实是指价值所关涉到的对象）。对于政治哲学建构的路径而言，问题的关键实质在于两点，即一种政治哲学的建构，究竟是从价值走向事实还是从事实走向价值，价值和事实究竟是保持了同质性还是保持了异质性。从这两点来看，在古往今来的政治哲学发展史上，有四条有代表性的理论路径，分别是柏拉图代表的从价值走向事实且保持两者相异质的路径、洛克代表的从事实走向价值且保持两者相同质的路径、罗尔斯代表的从价值走向事实且保持两者相同质的路径、马克思代表的从事实走向价值且既保持两者相同质又保持两者相异质的路径。在价值和事实的关联中探索当代中国马克思主义政治哲学建构的实现路径，需要对这四条有代表性的理论路径做出全面而深入的考察。

首先，我们来看柏拉图代表的从价值走向事实且保持两者相异质的路径。

正如列奥·施特劳斯所指，作为古希腊政治哲学的典范，柏拉图政治哲学的中心主题之一，是对最佳政制何以可能的追问与质询。在柏拉图的心目中，构成最佳政制的一个标志性要素，是正义。值得注意的是，他所讲的正义，不是近代之后以权利为价值基点和立论原则、体现平等原则的那种分配正义，而是人们各安其位、各尽其责的一种自然秩序。这种正义理论在一定意义上起到了为古希腊奴隶制度和等级制度辩护的作用，与当时的政治和历史在总体上是相顺应的。不过，这并不代表柏拉图是基于对现实和事实的体察来构建其政治哲学的，相反，其政治哲学是在一条严格的从价值走向事实且保持两者相异质的路径上构建起来的。这条路径建基于柏拉图的理念论，更具体地说，建基于他对感性与理性、可见的感性世界与不可见的超感性世界、意见世界与真理世界的二元划分。

根据人们的直觉和习常见识，可见的感性世界是真实可靠的世界，是认识的坚实起点和真理的源泉。但柏拉图的观点完全相反。在柏拉图看来，达到对实在世界和真理世界的认识和把握，是哲学的第一要务，也是人类智慧的最高追求。不过认识实在世界和真理世界的唯一有效思维工具，就是理性。而理性所能够通达且感性所不能通达的地方，则是不可见的、以“理念”形式存在的超感性世界。这个超感性世界固然难以出现在常人的视野当中，但它代表的却正是具有终极意义的真理，而仅仅依靠感性而得到证实的可见世界，往往只是一个意见世界。问题的关键就在于，感性与理性、可见的感性世界与不可见的超感性世界、意见世界与真理世界之间不仅存在严格的分界线，而且前者并不具备为后者提供源泉或灵感的资格和可能性。这就意味着，理性是人的一种不依赖于经验和感性的、纯粹的先验认识能力，而不可见的超感性世界和真理世界也并不建立在经验和感性世界的基础之上，不是后者的一种“进阶”和升华，在经验的、流变的感性世界中，无论如何都找不到纯粹的真理模型，纯粹的真理模型只能出自先验的“理念”和理性。这种情况最直接、最鲜明的范例，是数学和几何学。在所有的理学中，数学和几何学是离经验世界最远的学科，因为数学和几何学的原理往往不需要在经验世界中重新得到证实，其所提供给人们的，就是可直接作为推理前提的先验理性和纯粹真理。柏拉图之所以在《理想国》中对数学和几何学的重要意义给予了特别强调，在很大意义上，正是出于对其所提供的先验理性和纯粹真理的热切追求。

进一步说，柏拉图虽然对感性与理性、可见的感性世界与不可见的超感性世界、意见世界与真理世界进行了严格划界，同时也否认了在可见的感性世界中来把握实在和确立真理的可能性，但不可见的超感性世界和真理世界所具有的经验性意义，却同样是为柏拉图所重视的。这种经验性意义在于，如果说与超感性世界和真理世界相对应的乃是事物的本质，那么可见的感性世界并不只是简单地构成了前者的摹写（即一与多的关系），而且也总是可以以前者为先天标准和样板来加以不断改进，由此尽可能达到一个相对完美的状态。

柏拉图上述以先验主义为特色的二元论思维模式，标志着其政治哲学构建的特定路径。在柏拉图所尊崇的正义秩序，即各安其位、各尽其责的自然秩序中，占据主导地位的价值，包括德性、卓越、崇高、智慧、永恒等。依照柏拉图的思维模式，由这些价值所标示的政治生活，是最合政治本质、最和谐、最完善、最值得过的生活。然而，这些价值并不可能从人类事务和世俗政治生活中自行地生长出来，也不可能停留于人类事务和世俗政治生活来加以理解，因为人类事务和世俗政治生活不仅难免有这样那样的不和谐性和不完美性，而且也无法完全克服其不和谐性和不完美性。情况毋宁是，只有进入超感性世界和真理的层面，这些价值所负载的内涵，才是能被洞观和理解的。就此来讲，这些价值都是一些具有超越性特色的理想性价值，而由其所代表的政治哲学，则是典型的超越性政治哲学。同时，超感性世界和真理世界所具有的经验性意义表明，这些价值虽然由于其超越性和理想性而远离人类事务和世俗政治生活，但其对后者所具有的意义却是显而易见的。这种意义既在于其对人类事务和世俗政治生活的“照亮”功能，也在于其作为最高标准而对后者所具有的持久批判性功能和改造功能。从这些理想性价值与人类事务和世俗政治生活的此种关系来看，柏拉图政治哲学的构建，走的自然是一条自上而下的，从价值到事实且使两者保持异质的路径。

柏拉图构建政治哲学的这一特定路径，对后来的政治哲学具有明显的示范效应，在此方面最著名的范例，是康德。康德的政治哲学大致可界定为一种关于道德和法权的政治哲学，这与柏拉图至善论的政治哲学存在天壤之别。不过，就政治哲学构建的路径而言，康德与柏拉图是十分相似的。众所周知，康德也持有二元论的思想，他在理论理性和实践理性、知性和理性、现象和物自体之间所进行的二元划界，是其二元论哲学思想的重要标志。康德虽然并不像柏拉图那样，彻底否认经验知识对于人类认识的有效性和意义，但在实践理性领域，他却是旗帜鲜明地重申了柏拉图式的观点——是先验的纯粹理性而非可见的经验世界，构成了道德和法权的形而上学前提；同时，这个作为形而上学前提的先验纯粹理性，又具有在可见的经验世界中加以应用和推广的实际价值。用康德自己的话说就是：“仅仅就它们（指道德法则。——引者注）能够被看出是有先天根据的和必然的而言，它们才作为法则有效，甚至关于我们自己和我们的所为所不为的概念和判断，如果它们包含着仅仅可以从经验中学到的东西，那就根本就没有任何道德的涵义了，而且，如果人们会受到蛊惑，让来自经验源泉的某种东西成为道德原理，那么，人们就陷入最严重、最有害的错误的危险之中了。……如果一个出自纯粹概念的先天知识体系叫做形而上学，那么，一种不是以自然，而是以任性的自由为对象的实践哲学就将预设并且需要一种道德形而上学，也就是说，拥有这样一种道德形而上学甚至是义务。每个人心中也都拥有这种形而上学，虽然通常只是以模糊的方式拥有；因为他怎么可能没有先天原则就相信自己心中有一种普遍的立法呢？可是，正如在自然形而上学中必然也存在着把那些关于一个一般自然的普遍的最高原理应用到经验对象上去的原则一样，也不能让一种道德形而上学缺少这样的原则，而且，我们将经常不得不以人的仅仅通过经验来认识的特殊本性为对象，以便在它上面指明从普遍的道德原则得出的结论，但这样做并没有使后者的纯洁性有所损失，同样并没有使其先天的起源受到怀疑。——这要说的恰恰是：一种道德形而上学不能建立在人类学之上，但却可以被应用于它。"[1] 康德的这个论述告诉我们，在政治哲学的构建上，他所遵从的，正是一条先验的从价值走向事实且保持两者相异质的柏拉图式路径。

政治哲学构建的上述先验主义路径，充分展现了柏拉图、康德以形而上学的方式来构建政治哲学的良苦用心和努力。综合来看，这一路径对于一种政治哲学而言，既有其显而易见的优长之处，也有其显而易见的偏蔽和缺陷。就优长之处说，这一路径会让一种政治哲学始终保有"理论"的底色，从而也使之始终保持着对于现实和事实的超越性与批判性；就偏蔽和缺陷说，这一路径几乎屏蔽了面向历史和重大现实问题来发展政治哲学的空间，从而不仅从一开始就意味着价值和事实、理论和现实之间的非对称性与断裂，而且也容易使一种政治哲学背负上独断主义甚至极权主义的骂名，比如波普尔和阿伦特，就曾对柏拉图的政治哲学做出类似的批评。

其次，我们来看洛克代表的从事实走向价值且保持两者相同质的路径。

众所周知，近代之后，政治哲学发生了翻天覆地的变化，由柏拉图以及亚里士多德所代表的、以至善论为坐标系的古典政治哲学，开始被一种由权利、自由、平等、公正等价值标定的，以法权论为坐标系的现代政治哲学取

1《康德政治哲学文集》，李秋零译注，中国人民大学出版社，2016，第10—11页。

代。政治哲学的这种由古典转向现代的变化，同时意味着政治哲学构建路径的一次根本调整和倒转。先前柏拉图所开辟的从价值走向事实且保持两者相异质的路径虽然被康德承接，但总体来说，这一纯粹的先验主义路径已发生了不可逆转的式微，而与此同时，一条与之完全相反的路径，即从事实走向价值且保持两者相同质的路径，开始成为政治哲学构建的主流。这一路径的最主要开辟者和最重要代言人，是英国政治哲学家洛克。

作为现代法权论政治哲学的重要开创者之一，洛克是一位典型的经验主义哲学家。在经验主义看来，认识的唯一有效根据，就是可见或可感的经验性事物和现象，除此之外的任何他者都是不可靠的。这个见解决定了洛克构建政治哲学的反形而上学思路和反先验主义思路，意味着为洛克所重视的价值，无不取自经验世界和世俗生活，而非代表真理和实体的先验理念。不过，人们可能会立即指出，洛克构建政治哲学的一个基本框架，是自然法。从自然法中所推导出的，是人生而具有的、不可被剥夺的权利和自由。而自然法为权利和自由提供辩护的方式，却具有明显的先验主义特点。这是否表明洛克在政治哲学构建上存在悖论，即一方面反对先验主义，另一方面又支持先验主义？

这个问题的实质在于，自然法固然是我们理解洛克政治哲学的一个重要基点，但它至多只是洛克为现实人的权利和自由提供强力辩护的一种手法及理论工具，这并不代表权利和自由是洛克在形而上学层面上、用先验的方式塑造出的价值。事实上，在洛克政治哲学的构建中，存在一个经验先行和历史先行的问题。这个问题是指，权利和自由之所以进入洛克的视野，进而成为其政治哲学的价值内核，根本说来，绝不是因为他在纯粹理论层面发明了“自然法”这个具有推演能力的概念，同时也不仅仅是因为事关权利和自由的东西，都是人的世俗生活中几乎不可缺少的，更主要是因为他所经历的经验性存在，特别是以现代商品社会和市民社会的生成为标志的经验性存在，为权利和自由的出场提供了最为重要、最为深刻的历史背景及基础。在此问题上的一个最直接例证，是洛克对财产权的证立和辩护。

在洛克的辩护体系中，财产权是最根本、最有代表性的权利形式，同时也是自由这一价值的关键内核。而对财产权的证立和辩护，大概是洛克政治哲学最重要、最具有标志性意义的主题。洛克对财产权的重视显然不是一个偶然性的事件，归根结底，这乃是一个时代的重大现实问题在理论层面上的反映。具体地说，虽然在古罗马法中，就有关于财产权的规定，但财产权成为一个关涉到每一个人的、具有普遍意义的论题，则是近代以来，特别是16世纪以来的事情。实质上，正是16世纪以来渐次形成的现代商品社会和市民社会，将财产权的重要性推置和提升到一个前所未有的高度。按照黑格尔和马克思的界定，市民社会就是一个以私有财产的占有为内容，亦即由财产权或所有权所维系的经济关系体系。市民社会从形成到不断走向成熟的一个最主要标志，就是财产权或所有权的确立与巩固。这个重大的时代问题，必然又要以理论的方式反映出来，而洛克以及在他之后的政治哲学（特别是英国传统的政治哲学），则是这个重大的时代问题的理论表征，因而也必定是一个时代和历史的产物。由此来看，与其说是因为先有洛克等人在理论上的证成与辩护，才有财产权在现代社会的普遍实现与落定，倒不如说是因为先有以市民社会为表征的时代对财产权的呼唤，才有洛克的政治哲学。这绝不是要有意地否认或压缩洛克政治哲学的重大理论和现实意义，而是要表明，洛克构建政治哲学的路径，就是一条从事实走向价值的经验主义路径，而非与之完全相反的先验主义路径。自然法作为一个先验的论证框架的意义，仅仅在于强化以财产权为标志与内容的权利和自由的合法性。

认识和把握洛克构建政治哲学的路径，仅仅停留在从事实走向价值还是不够的，需要进一步说明的是，在从事实走向价值的基础上，同样为洛克所强调的，是价值和事实的同质性结构。在柏拉图那里，价值虽然具有介入并改变事实的资格和能力，但它永远保持着与事实的清晰分界。但按照洛克的政治哲学，价值是对事实的反映和理论表达，它与事实无论如何都是一个不可被硬性分割的整体，而柏拉图所讲的那种一方代表真实另一方代表虚假、一方代表真理另一方代表意见的情况，对于洛克而言并不存在。价值和事实之所以在洛克的政治哲学中达到了一致状态，一方面是因为价值是来自事实的，另一方面则是因为洛克所认定的事实，具有恒久不变的自然性和非历史性。

这里的问题在于，价值和事实要保持在一个同质性的结构中，要么需要两者同时具有不变性这个前提，要么需要两者同时发生变化这个前提。假如价值和事实中的任何一方发生了变化——如政治哲学家修正了自己的理论，或者在价值由以提出的现实中出现了新情况，而另一方却保持不变，那么这两者之间的同质性和一致状态就必然会被打破。洛克为以财产权为代表的权利和自由予以辩护的目标，在于为一个恒定的制度之建构提供一个一劳永逸的价值前提和规范论根基，故而对他来说并不存在修正理论的问题，甚至还可以说，洛克的辩护工作在他之后还定格为一个传统，亚当·斯密等后继者们即便是对洛克的理论有所补充和扩展，但也都没有超出洛克所开启的这个传统。这就表明，价值和事实在洛克政治哲学中始终保持同质性的前提，必然就是事实的不变性。问题的关键是，洛克身处一个由中世纪向现代商品社会过渡的历史转折期，这个历史转折期并不是一个恒定不变的稳态结构，其所经历的过程，总体来看是一个矛盾不断暴露与沉淀的过程，这正是现代市民社会从形成到不断走向成熟的一个真实写照。所以，所谓“事实的不变性”，并不是说洛克的政治哲学所反映的现实本身——现代市民社会乃是一个静态结构，而是说洛克是以一种非历史的方式来认识和界定这个现实的。

这种非历史的认识和界定现实的方式，集中体现在洛克对“平等的自然人”的描画中。根据洛克以及亚当·斯密等人的描画，市民社会中的人都是一些有权利诉求和利益要求的自然人。每个人都基于自己的劳动而获得财产，并且基于各自的财产而形成平等、公正的契约关系。人与人之间固然会因为自然禀赋的差异而有所不同，但这种不同不仅不会制造不平等和社会矛盾，相反这正是一个平等的自然社会的题中应有之义，同时也是权利和自由得到充分落实的重要体现。不难看到，洛克以及亚当·斯密等人借由对“平等的自然人”的描画而界定的市民社会，必定是一个具有静态或稳态结构的社会组合模式。借用马克思在《1844年经济学哲学手稿》中的指认来说，这个社会组合模式，代表的是一个“任何个人都是各种需要的整体，并且就人人互为手段而言，个人只为别人而存在，别人也只为他而存在”[1]的和谐关系体。而这个具有静态或稳态结构的和谐关系体，也正是呈现在洛克以及亚当·斯密等人眼中的现代社会本身。在他们的这种描画中，市民社会的实际在场与理论上的辩护，亦即事实和价值达到了一种几近无缝对接的一致性。

平心而论，洛克构建政治哲学的上述经验主义路径，对于克服柏拉图式政治哲学的缺陷，特别是对于实现理论和现实之间的可融贯性或可通达性，是有重要意义的，这也代表了现代政治哲学的一种大方向和总趋势。然而，与此同时，柏拉图式政治哲学的优长之处，也会很自然地随着这条洛克式的经验主义路径的确立而丧失。所以我们不难发现，在洛克以来自上而下的传统中，政治哲学已不再拥有超越性和批判性的品格以及高屋建瓴的思想性维度，在某种意义上，甚至下降到一种工具主义的、程序化的层面。从一个角度说，这是政治哲学传统的一种改头换面，但从另一个角度说，这是政治哲学的一种自我放逐。政治哲学虽然是一个歧义丛生的概念，我们虽然也需要将政治哲学史上的各种思想归放在不同的传统下，但对于政治生活的本性予以前提性的追问，却是任何传统的政治哲学都应当承担的一项任务，也是政治哲学之为政治哲学的一个几乎不可或缺的定位。但当政治哲学从形而上学

1《马克思恩格斯文集》第1卷，人民出版社，2009，第236页。

的高峰上降落下来成为一种工具时，它就很难对政治生活的本性做出前提性的追问。就此而言，将洛克构建政治哲学的路径认定为一条在一定程度上疏离政治哲学之本色的下降路径，是不为过的。不仅如此，洛克所界定的那个没有矛盾、具有稳态结构的市民社会，毕竟与现代资本主义历史的实际展开存在巨大鸿沟和深刻的不一致性。所以，洛克对价值和事实、理论和现实之同质性结构的追求，实际是以遮蔽真实的历史为代价的。依此来看，我们倒是可以说，价值和事实、理论和现实之间，并没有达到一种实质性的统一，这不仅直接意味着理论在反思、把握和刻画现实上出现了偏差，而且也意味着理论所勾绘的价值世界，在一定意义上成了一种停留于说辞的形式。如果说这是蕴藏在洛克及其后继者的政治哲学中的一个深层次的悖论，那么能够解决而且实际上也真正解决了这个悖论的人，是马克思（后文将论述之）。

再次，我们来看罗尔斯代表的从价值走向事实且保持两者相同质的路径。

作为当代最重要的政治哲学家之一，罗尔斯构建政治哲学的路径，与其提出的“作为公平的正义”思想具有不分伯仲的标志性意义。罗尔斯是在洛克以来的大传统中开展政治哲学研究的，其所构建的依然还是一种典型的法权论政治哲学。不过，我们不能由此而贸然地将其政治哲学构建的路径，归结为一条从事实走向价值且保持两者相同质的洛克式路径，而应当切实地看到罗尔斯与洛克相比的一种“变”。概括地说，罗尔斯的这种“变”，主要在于他不是从事实走向价值，而是从价值走向事实。

众所周知，罗尔斯政治哲学的精华在于他的正义理论。总体来看，罗尔斯的正义理论所涵盖和认可的价值，是霍布斯、洛克以来的西方政治哲学始终坚守的权利、自由、平等、公正、法等。不过，与洛克不同的是，罗尔斯的理论工作并不在于为这些价值提供一体化的辩护，因为这些价值已经沉积在西方的文化传统与法律制度中。毋宁说罗尔斯构建正义理论的最重要目标，是解决极端自由主义和功利主义所难以解决或曰潜含在这两种意识形态和政治哲学中的问题——如何保证让每一个人都有一种基于正义的不可侵犯性。罗尔斯将解决这个问题的方案，诉诸一种以社会结构的安排为主题、以权利和义务的划分为主要内容的制度正义。这个制度正义基本不涉及在日常生活中遇到的多种多样的、具体的正义问题，其内核是整个社会的利益分配以及相关规则的制定。用罗尔斯自己的语言来表述，这是一个“严格服从”而非“部分服从”的正义理论。[1]

问题就在于，这个适应于整个社会结构的、严格服从的制度正义理论，也就是一个能够被每一个人认可和接受的，亦即能够形成“重叠共识”的理论。但在美国的政治文化传统中，自由主义是一种根深蒂固的、有着广泛而深刻影响的观念。受自由主义文化观念的影响，人们在社会关系的处理以及价值取向的选择中，难免会从自己的利益和立场出发而提出各自的诉求。另外，美国又是一个充斥着多元主义价值观的国度，在这个国度里存在着各种各样的甚至相互对立的宗教信仰、道德和文化习俗。这两个情况决定了，要构建一种适应于整个社会结构的、能够被每一个人认可和接受的制度正义理论，是极其困难的。而这就需要设立一个将各种大异其趣的利益诉求和价值观念悬置或屏蔽起来的初始点，而不是首先就暴露在这些利益诉求和价值观念的丛林中。罗尔斯正是本着对这个问题的深思熟虑，才构造了著名的“无知之幕”概念。“无知之幕”是一个虚设的状况，但它在罗尔斯正义理论的构建中起着桥梁般的作用。罗尔斯提出的两个正义原则——平等的权利原则和差异原则，就是依靠“无知之幕”来推设的。在罗尔斯依靠“无知之幕”来构建其正义理论的步骤中，存在一个显而易见的价值先行的问题，这与洛克的情况大为不同。对于这个价值先行的问题，我们可以从两个方面来认识。

1〔美〕罗尔斯：《正义论》（修订版），何怀宏、何包钢、廖申白译，中国社会科学出版社，2009，第7页。

第一个方面是，罗尔斯依靠“无知之幕”来推设两个正义原则，是先于现实社会生活的。这个方面不难理解，因为根据罗尔斯的阐释，“无知之幕”是一个把人们的基本信息统统屏蔽起来的原初情境，人们在这个情境下对两个正义原则所做出的选择是非常纯粹的，其中并没有掺杂任何经验的、私利化的、社会化的东西，虽然在这个情境下做选择的人，被设定为对自己的命运有辨识力的理性人。第二个方面是，罗尔斯依靠“无知之幕”来推设差异原则，是以“平等”为价值先导的。这个方面的实质在于，差异原则是一个向社会最少受惠者或社会最不利者倾斜的原则，其价值内核是平等。对于平等的强烈诉求，是罗尔斯正义理论的一个显性标识，也是这一理论之所以能够打动人心的重要原因之一。毫无疑问，罗尔斯是本着对平等的诉求来设置“无知之幕”的，或者说，他设置“无知之幕”的最重要目的之一，就是在价值层面上论证一个问题，即向社会最少受惠者倾斜的平等原则为何合理以及何以可能的问题。且不论罗尔斯在这两个方面所进行的阐释和论证是否或者在多大程度上具有合理性，仅就其逻辑程序来讲，价值先行这一点是一目了然的。这说明在罗尔斯政治哲学构建的思路中，也存在一个类似于先验设计的前提。这倒不是说罗尔斯接受了来自柏拉图的思想教诲，在这个问题上真正影响罗尔斯的人，实际上是康德。当然，也不仅仅是因为吸收了康德的观点，罗尔斯才有了其政治哲学构建的近先验主义思路。其中最重要的原因，大概还是要以规避现实丛林为手法来在前提上证成两个正义原则。

进而论之，罗尔斯推设并证成两个正义原则，不是像柏拉图那样，用来与现实的社会政治生活相比照并形成一个价值上的排序，乃至将之作为一种高位或绝对的标准来批判和改造后者，而是以之来塑造一个先在理论上被证成，后在实践上被“无知之幕”外的人们普遍接受的“良序社会”的框架。这就意味着，价值和事实、理论和现实之间是否能够达到同质化与一体化，是检验罗尔斯正义理论的试金石。

应当说，罗尔斯运用“无知之幕”这个程序化的概念，比较巧妙地避开了多元利益冲突和多元价值观的丛林，从而也比较成功地在理论层面解决了人们能否普遍地接受一种制度正义观念的问题。但有趣的是，“无知之幕”下的理论设计毕竟不等同于活生生的现实社会。所以，在推设两个正义原则之后，罗尔斯依然还要面对这两个正义原则在现实社会中被普遍接受何以可能这个更关键也更棘手的问题。在《正义论》中，罗尔斯以“正义感”和“公平的正义与理性的善是否一致”为突破点而对正义理论的稳定性所进行的讨论，在一定意义上就是要解决这个关键和棘手的问题。但由于罗尔斯在这个解决方案中运用了大量道德心理学的知识资源以及一些分析哲学的逻辑推导手法，所以总体来看，这个方案并没有真正走出纯理论的范围，甚至还停留在“无知之幕”的情境中，从而也就没有触及最鲜活、最复杂、最真实的现实。换言之，在《正义论》的叙事框架内，正义原则在现实社会中被普遍接受何以可能的问题，始终是悬而未决的。

不过，在《正义论》的续篇——《政治自由主义》中，罗尔斯有了新的推进。罗尔斯充分地认识到，如果不能有效地回应来自复杂多元的价值观和道德观的挑战，就永远无法解决其正义理论的稳定性问题，从而也永远不可能使价值和事实、理论和现实成为一个整体。既定的现实是无法改变的，所以当理论和现实发生断裂时，唯一可行的办法，就是对理论做出修正，以便与现实形成实质性契合。所以在罗尔斯看来，要有效地回应复杂多元的价值观和道德观的挑战，就需要修正他之前构建的正义理论。这个修正，主要在于剔除具有整全意义的正义观中的道德成分，从而使之成为一种纯然的“政治正义”。根据罗尔斯的阐释，这个修正既避免了正义原则与多元价值观和道德观的纠缠，也可以使它们形成一个圆融无碍的相容性结构。而这个相容性结构，将直接意味着由正义理论所塑造的“良序社会”不仅具有理论上的说服力，而且也具有实践上的可行性。

罗尔斯在《政治自由主义》中是否成功解决了正义原则在现实社会中被普遍接受何以可能的问题？答案是否定的。之所以如此，主要是因为罗尔斯将正义修正和论定为政治正义，只不过是以一种看起来巧妙无比的方式，将多元价值观和道德观的现实丛林悬置了起来，而这并不代表人们在接受正义观念时，就不受既有的宗教信仰、道德观念和文化习俗的影响，政治与道德之关系的复杂性，往往会远超人们通常的想象。这样来看，虽然罗尔斯的目标之一在于达成价值和事实、理论和现实之间的同质化，从而使其正义理论能够在现实政治和法律制度的构建中切实地发挥引导作用，让"每一个人都有一种基于正义的不可侵犯性"成为一种生活常态，但他的这个目标自始至终都没有完全实现，也就是说，价值和事实、理论和现实之间的错位与断裂问题，自始至终都没有得到完全解决。由上文论述可知，在柏拉图以降自上而下的政治哲学史上，这个问题实际上始终存在。究其深层次的原因，则在于如下基本事实：不管是柏拉图还是洛克抑或是罗尔斯，都没有像马克思那样，将自己的理论建立在对社会现实和历史的深刻考察基础之上，即便是洛克从事实走向价值的思维路线，也不外于此。

最后，我们来看马克思代表的从事实走向价值且既保持两者相同质又保持两者相异质的路径。

与柏拉图、洛克、罗尔斯的情况不同，讨论和概括马克思政治哲学构建的路径，是一件相对困难的事。因为众所周知，马克思的问题意识在于聚焦和解决重大现实问题，而不在于构建在逻辑上严密而自洽的理论体系。就其政治哲学而言，目前甚至还处在一个被研究者们不断挖掘、开显和建构的阶段。不过，马克思毕竟有其丰富而深刻的政治哲学思想，从价值和事实这个切入点，我们同样能够对其政治哲学构建的路径做出一个比较明确的认定。

马克思在政治哲学上的探索，始于其青年时期，特别是《莱茵报》工作期间。马克思在那个阶段所走的路线，大致可归结为一条从价值到事实的路线。因为马克思那时主要是用黑格尔的“理性国家”概念，来批判现实国家的不合理性，这与柏拉图的思维方式存在一定共性。不过，马克思早期的探索，对于我们完整地认识其政治哲学的意义是十分有限的。马克思政治哲学的成熟形式，显然是他在《黑格尔法哲学批判》之后转向社会研究，特别是转向政治经济学研究之后才确立起来的。就其政治哲学的成熟形式来说，马克思所遵从的路径相对复杂，我们大概可以将之表述为一条从事实走向价值，且既保持两者相同质又保持两者相异质的复合式路径。要全面认识这条复合式路径，就需要把握马克思政治哲学所涉及的历史位阶。

在马克思的理论文本中，市民社会与人类社会是一对极其重要的范畴。这对范畴分别对应和表征着两个历史位阶。市民社会与人类社会，并不像柏拉图所界划的可见的感性世界与不可见的超感性世界那样，处在一种非此即彼的二元对立关系中，毋宁说它们是一种由前而后的历史推递和承接关系。马克思在社会理想上的终极指向，是人类社会即共产主义社会。但根据他的分析，人类社会的到来和实现，是以市民社会为阶梯的。所以，马克思虽然总体上对市民社会持有批判态度，认为旧唯物主义的立脚点就是市民社会，但他对市民社会所表征的历史位阶上的积极价值要素，并没有一味予以否定和排拒。如果说洛克以来的政治哲学家们所辩护的权利、自由、平等、公正等，是市民社会所表征的历史位阶上不可或缺的价值，那么马克思一方面承认这些价值的普遍确立对于历史发展的重要意义，另一方面他的政治哲学也建立在由这些价值所组成的问题链上。当然，马克思的理论工作，不在于像洛克那样，为这些价值的合法性提供一种规范性的辩护。这倒不是因为这些价值在马克思所生活的19世纪，已经缔结和定格为一种根深蒂固的政治文化传统，只需要去接受就可以了，而是因为那种洛克式的辩护工作，将会把马克思的哲学拉回到解释世界的老路，这与马克思通过革命而改变世界的旨趣背道而驰。实质上，面对权利、自由、平等、公正，马克思的重心，在于通过对经济生产关系的深刻考察和批判，来探明如下根本问题：这些价值在资本主义时代是否可能？

马克思对这个问题的探析，也意味着他对洛克悖论的解决。如上所述，洛克通过对“平等的自然人”的描画而界定的市民社会，是一个恒定不变的结构。但在马克思看来，现代市民社会从形成到不断走向成熟的过程，是一个存在巨大的内在变动的历史性过程。以财产权或所有权为例来说明：在市民社会的形成初期，即在资本主义的原初时期，每一个小生产者都可以基于自己的劳动来获得财产，从而拥有自己合法的财产权或所有权。但到了市民社会和资本主义社会的“成熟”阶段，如18、19世纪的机器大工业时代，这个情况就发生变化了。因为在这个阶段所发生的最深刻社会变动，是劳动与资本的分离与对立。在这种分离与对立中，从事劳动的广大工人阶级并不拥有劳动资料和其他劳动条件，所以也不可能真正占有其劳动成果，而只是得到了劳动力的价值即工资。在这个情况下，洛克和亚当·斯密所认定的那种财产权或所有权关系，转换为了一种以剥削为实质的占有关系。就得到劳动力的价值来说，工人拥有其权利和自由，其与资本家之间形成的是一种平等、公正的交换关系，这属于洛克与亚当·斯密所界定和认定的情况。但从占有关系来看，权利、自由、平等、公正只是一种与法律相符合的形式，而这种形式并不能真实地反映实际社会关系。在资本主义时代，实际社会关系绝不是由“平等的自然人”所代表的那种和谐关系，而是由资本所标定的、以占有为内容的社会生产关系。

我们需要看到，马克思的这个分析，不是一种围绕某个或某些价值做辩护的规范性政治哲学的分析，而是一种以唯物史观为坚实理论基础的历史主义的分析。在这种历史主义的分析中，为洛克之后的规范性政治哲学所深深遮蔽的历史事实被透彻地揭示了出来。我们不能由此而说马克思是从价值走向事实的，因为他不是先假定权利、自由、平等、公正等的合法性，再去揭示历史事实的。情况应当是，马克思对权利、自由、平等、公正等概念的分析，从一开始就是一种建基于唯物史观的历史主义分析，所以，事实和现实才是马克思政治哲学之构建的坚实逻辑起点，当然也是其政治哲学的一个重要落脚点。在这种以事实和现实为起点及落脚点的政治哲学中，价值和事实达到了一种浑然一体的同质化。在这种同质化中，权利、自由、平等、公正等概念嵌入了对社会关系的考察，其所呈现的，不是一个纯粹的规范性世界，而是一个包含了规范性论题的历史实体。与洛克、亚当·斯密所建立起来的那种虚假的同质化相比，这是一种真正意义上的同质化，因为不仅与价值相对应的事实得到了透彻揭示，而且构成价值的东西与构成事实的东西本身就没有了区分。这种同质化表明，柏拉图以降的政治哲学所不能克服的问题——理论和现实的错位与断裂，在马克思的政治哲学中已经得到了彻底的克服和解决。

从价值和事实相同质来讲，马克思的政治哲学关涉和处理的问题，主要是市民社会所表征的历史位阶上的问题。然而，仅仅停留在这个位阶上，我们对马克思政治哲学的理解就既不全面，也缺乏高度。要全面而高屋建瓴地把握马克思构建政治哲学的路径及他的政治哲学思想，就需要同时抓住人类社会所表征的历史位阶。

在人类社会所表征的历史位阶上，马克思所提出和着重强调的价值，已经不再是权利、自由、平等、公正等现实性价值，而是以人的解放和人的自由而全面发展为终极旨趣的超越性价值。这样的超越性价值与柏拉图所讲的德性、卓越、崇高、智慧、永恒等理想性价值具有可比拟性，在一定意义上，我们甚至同样可以将之归放在形而上学的层面上来加以理解。与这样的超越性价值形成对照的事实和现实，其实不是未来的共产主义，而是共产主义到来之前的历史阶段，特别是由市民社会所表征的历史时代。在由市民社会所表征的历史时代，人们尽管可以谈论人的解放和人的自由而全面发展，但这样的理想毕竟因为受制于历史的条件而难以成为一种现实。所以，就人类社会所表征的历史位阶来说，高位阶的价值与低位阶的事实是不对称的。这就意味着价值和事实之间的结构，是一种异质化的结构。不过，这种异质化的前提，不是从价值到事实的柏拉图式思维路线，而是从事实到价值的唯物主义路线，因为马克思的著名宣言是："我们不想教条地预期未来，而只是想通过批判旧世界发现新世界。"[1]如果说人类社会以及人的解放和人的自由而全面发展都代表了未来的新世界，那么，马克思不是在越过历史与现实的前提下先验地来创设这个新世界的，而是在考察和批判资本主义社会生产关系的基础上来为之的。就此来说，价值和事实的异质性只具有相对意义，这里存在一个从低位阶的事实到高位阶的价值过渡和上升的问题。这一点，既展现了马克思政治哲学在构建路径上的独特性，又展现了马克思政治哲学中不同部分之间的一种差异性互补关系。

要建构当代中国马克思主义政治哲学，我们自然需要吸收柏拉图、洛克、罗尔斯等人的理论路径中有价值的成分，但马克思政治哲学之构建的路径，即从事实走向价值，且既保持两者相同质又保持两者相异质的复合式路径，是尤其值得我们参考的。这不仅是因为，我们应当基于对社会实践和重大现实问题的深刻考察与把握，来思考当代中国马克思主义政治哲学的建构（从事实走向价值），同时也是因为，当代中国马克思主义政治哲学在理论类型上，正如本书第七章第一节所示，应当是一种能够全面而有效地回应在"当代中国"的历史语境中所折射和凸显出来的多重问题的复合型理论。作为一种复合型理论，当代中国马克思主义政治哲学既应当发挥在现实性维度上刻画和规范社会生活的功能，又应当发挥在超越性维度上引导社会生活的功能，亦即它应当像马克思的政治哲学那样，既包含一个坚实牢靠的现实性维度，也包含一个鼓舞人心的超越性维度。而从事实走向价值的复合式路

1《马克思恩格斯文集》第 10 卷，人民出版社，2009，第 7 页。

径，就是构建兼现实性维度和超越性维度于一体的政治哲学的重要保障。

二、从抽象和具体来看

任何一种理论的构建，都代表了一种思维上的概括和抽象；而任何一种抽象，也都是对具体事物和现实关系的反思性把握。所以如同价值和事实，抽象和具体也是政治哲学构建中所涉及的一对极其重要的范畴。而它们之间的不同比较与关联，自然也对应着政治哲学构建的不同路径。

从政治哲学史来看，大致说来，近代之后西方政治哲学，是在从具体到抽象的路径上构建起来的。这条路径的要旨就是，从对具体事物的“知性”认识和规定中，抽象出一般性的价值原则和理论结论，进而在此基础上完成整个理论体系的构建。就内容来讲，政治哲学家们在这条从具体到抽象的路径上所确立的价值和证成的问题，主要有权利、自由、平等、公正、道德、伦理、国家、法等。从历史性的角度来看，这些价值和问题，都是随着现代市民社会的形成而得以凸显的，其根基也就是现代市民社会所包含的社会生产关系。但以洛克和亚当·斯密为代表的近现代政治哲学家，以体认和把握现代市民社会的利益诉求为前提引申出这些价值和问题后，又借助于先验的自然法来为之做辩护，而不是回到具体的生产关系来从根基上做考察。这一套路，必然将这些价值和问题证立为抽象的、普遍适用的原则和范畴。而在这个意义上，“抽象”既成了近现代政治哲学的一个基本落脚点，也成了其基本特点之一。

从黑格尔开始，政治哲学的思考和建构路向发生了倒转，“从具体到抽象”被颠倒为“从抽象到具体”。黑格尔的这个颠倒，是基于其辩证法完成的。在黑格尔看来，一个事物若是仅仅停留在抽象知性的环节，它就只是一种既定的实存而不具有现实性可言。而唯有在辩证法所开显的生成论和存在论视域内为人们所理解，从而变为具体的东西，这个事物才是现实的。这个从抽象到具体的过程，实质上也就是人们把握事物内在实体、本质及其所表征的真理，从而又将其实体、本质和真理加以实现的过程。根据这个过程，近现代政治哲学所讲的那些基本概念和原则，并不能借助于先验的自然法或者抽象的自身获得直接性的证明，而只有经过辩证法这个环节进入实体和自身的内在真理，才能够得到根本性的说明。对于这个观点，黑格尔在《法哲学原理》中有这样一段指认："不言而喻，自从法律、公共道德和宗教被公开表述和承认，就有了关于法、伦理和国家的真理。但是，如果能思维的精神不满足于用这样近便的方法取得真理，那末真理还需要什么呢？它还需要被理解，并使本身已是合理的内容获得合理的形式，从而对自由思维说来显得有根有据。这种自由思维不死抱住现成的东西，不问这种现成的东西是得到国家或公意这类外实证的权威的支持，或是得到内心情感的权威以及精神直接赞同的证言的支持都好。相反地，这种自由思维是从其自身出发，因而就要求知道在内心深处自己与真理是一致的。"[1]在这段话中，黑格尔所提到的"近便的方法"，其实就是从具体到抽象的方法。而以他之见，这一方法并不能达及真理，而真正能够达及真理的方法，也就是自由思维理解合理的内容并以合理的形式实现这一内容的方法，亦即从抽象到具体的方法。

黑格尔关于从抽象到具体的说明，无疑是依附于其逻辑学的思辨结构的。但这并不意味着他的这种说明本身又是一种抽象，而是在很大程度上意味着，他开始将近现代政治哲学的问题投置和还原于历史的根基之处。因为黑格尔之所以要把实体作为他的一个最高根据，从现实来看，是因为他洞见到了这样一个深刻的问题，即近现代政治哲学所讲的价值不能只是一种应然，而更应当具有其现实性和历史性。也就是说，黑格尔的工作之一，是要以实体为根据，来为权利、自由、法、道德等问题确立现实性和历史性的根基。这样来看，黑格尔在从抽象到具体的路向上，重点解决的问题之一，就

1〔德〕黑格尔：《法哲学原理》，范扬、张企泰译，商务印书馆，1961，序言第3页。

是政治哲学的条件和历史基础问题。哈贝马斯在《在事实与规范之间》中，对此做出过一个准确的判断和深刻的指认："至少从约翰·罗尔斯开始的《正义论》（1971年）开始……不仅在哲学家和法学家中间，而且在经济学家中间，人们已经习惯于毫无拘束地采纳那些17、18世纪的理论，似乎人们可以用不着重视社会科学对法的解魅了。由于没有在元批判层次上涉及政治经济学和社会理论所造成的视角变化，在直接恢复理性法论证的同时，把这两个商谈域之间的桥梁给拆除了。但是，在规范性商谈的领域内，关于应当之软弱性的问题同时也紧迫地提了出来。这个问题曾经促使黑格尔去研究亚当·斯密和大卫·李嘉图，以便确切了解作为伦理理念之现实性的环节之一的现代市民社会的结构。"[1]

我们知道，在黑格尔之后，马克思是一位明确地要求从抽象走向具体的哲学家。在《〈政治经济学批判〉导言》中，马克思曾指认政治经济学研究的两种方法，也即两条路径：一是他所认定和遵照的"从抽象到具体"，二是近代以来英法经济学家认定和遵照的"从具体到抽象"。马克思在遵照"从抽象到具体"这条路径来开展经济学研究时，也遵照它来开展政治哲学的研究。如果说马克思将近代以来的政治哲学推进到了最深的思维界面，那么这与其研究路径是分不开的。如同黑格尔的情况，这一从抽象到具体的研究路径，将马克思引向了近现代政治哲学得以发生和发展的世俗基础——市民社会。所以，在马克思的眼中，权利、自由、平等、公正、法权等近代以来的政治哲学所反复申述的问题，只有在政治经济学的框架内，通过针对市民社会的历史性批判，才能够得到透彻的把握和实质性的规定。由于马克思在研究和批判市民社会上比黑格尔更加彻底，所以，他在政治哲学的条件和历史基础问题上所进行的追问也更加深刻。

总体来看，在当代政治哲学走向复兴的过程中，占主导地位的建构路

1〔德〕哈贝马斯：《在事实与规范之间》，童世骏译，生活·读书·新知三联书店，2003，第70页。

径依然是从具体到抽象，在契约论传统中尤其如此。这一点也大致表明了这样一个基本事实，即当代政治哲学如同近现代政治哲学，大都没有把工作的重点放在追问政治哲学的条件和历史基础上，而是放在如何有效地证明和辩护抽象的价值原则上。然而，当政治哲学家们在思考如何为一个抽象价值提供有效证明的时候，他们又总是回避不了这样一个问题，即抽象的原则何以能够为人们所接受，从而成为一种公共政治规范和制度设计的文化背景。而实质上，这个问题所涉及的就是政治哲学的条件和历史基础。所以，有趣的是，当代政治哲学家们一方面在从具体到抽象的路向上，从对正义的直觉出发来建立正义的普遍原则，另一方面又不得不从抽象走向具体，来使正义的普遍原则能够落地生根。这个情况，尤为鲜明地体现在罗尔斯政治哲学的建构逻辑中。众所周知，罗尔斯本着对人们生活经验中正义之基础性意义的直觉理解，在原初状态这个契约论所预设的点上，提出了正义的两条基本原则，即平等的权利原则和差异原则。然而，罗尔斯并不满足于提出这两条正义原则，而是要进一步思考其被人们认同和接受的问题。这个问题用罗尔斯自己的话说，就是正义的稳定性问题。“稳定性包含着两个问题：第一，在正义的制度（这些制度是按照政治正义观念来界定的）下成长起来的人是否获得了一种正常而充分的正义感，以使他们都能服膺这些制度。第二，考虑到表现一民主社会之公共文化特征的普遍事实，尤其是理性多元论的事实，该政治观念是否能够成为重叠共识的核心。”[1] 从这段话来看，罗尔斯在这里所着重考虑的一个问题，就是正义如何在理性多元论的背景下获得共识从而达到稳定。他之所以在《政治自由主义》中将正义修正为政治正义，就是要避开理性多元论给正义的稳定性所提出的挑战，换言之，就是要重构正义原则的社会条件和稳定性基础。

如果以上论述表明，与“从具体到抽象”相比，“从抽象到具体”更有

1〔美〕罗尔斯：《政治自由主义》，万俊人译，译林出版社，2000，第130页。

助于我们追溯到政治哲学的根基和始点，那么这一点对于当代中国马克思主义政治哲学的建构，具有至关重要的意义。总体判断，先前中国政治哲学界的相关讨论和探索，大都是在从具体到抽象甚至从抽象到抽象的路径上进行的。这一研究路径的一个基本体现，就是用一些看似具有普遍意义的概念，来诠释所谓永恒不变的问题。这一路径所折射出的一个必须要克服和解决的致命问题，就是对西方政治哲学的“话语依赖症”，及由之而造成的中国政治哲学研究的“源头失语症”。这个问题的实质在于，改革开放以来中国学术界政治哲学的研究，几乎是在没有任何独立的学术资料和理论框架的“空白”状态下开始的，所以，在译介西方政治哲学的基础上，人们很容易依据西方理论话语来确立自身的问题域和范式，并从中获取其所需要的原始资料，这就使政治哲学研究难以根本摆脱简单地向西方政治哲学取经的依赖状态，从而也容易将中国政治哲学研究的真正源头遮蔽起来。

无论如何，政治哲学研究在中国的兴起，既不仅仅是西方政治哲学的学术刺激和辐射所致，也不仅仅是中国学术界有意识地寻求新的学术生长点的结果，在根本上，这是中国改革开放尤其是市场经济的历史实践的全面展开在学术和理论上所激起的一个必然回响。所以，我们建构当代中国马克思主义政治哲学的理论准备和坚实基础，来自我们对中国历史实践和中国问题的深刻考察。由此而论，只有从政治哲学的基本理论、范畴、命题，走向对当代中国具体历史情境和具体社会问题的分析，我们才既能够根本性地摆脱“话语依赖症”和“源头失语症”，也能够建构起兼描述功能与规范功能于一体的政治哲学理念和理论模型。不过，从程序上说，要建构一种完备的理论，最后总是要落实到理论的抽象上，以此形成概念和范畴以及由这些概念和范畴所组合而成的理论体系。在这种情况下，我们又需要从具体走向抽象。当然，正像马克思所指出的，这个具体已不是一个“混沌的表象”，而是一个“具有许多规定和关系的丰富的总体”[1]。

从以上情况来看，当代中国马克思主义政治哲学的理论建构，确切地说，应当走一条从抽象到具体再到抽象的路径（从抽象到具体是最关键的环节）。这条路径既可以防止理论论证上的缺环，也可以防止理论与现实之间的可能性断裂。

1《马克思恩格斯文集》第 8 卷，人民出版社，2009，第 24 页。

余论
建构当代中国政治哲学的价值理论

近些年来，随着政治哲学研究从“我注六经”式的单一学术译介和学术阐释向“六经注我”式的独立性理论阐释和原创性思想探索的转变，学术界对建构当代中国本土的政治哲学理论表现出越来越强烈的兴趣。不容否认，当代中国政治哲学的建构，是一个比当代中国马克思主义政治哲学的建构有更大论域的理论课题。不过，当代中国政治哲学的建构与当代中国马克思主义政治哲学的建构在逻辑上具有一致性，在价值前提和理论目标上具有重合性。所以，对关涉当代中国政治哲学建构的问题所进行的探索，在一定意义上也正是我们思考当代中国马克思主义政治哲学建构的重要部分。

整体来看，当代中国政治哲学的建构尚属一个全新的理论课题，有许多基础性的理论问题尚未得到澄清。如果说只有从根本上澄清关乎本课题的那些基础性的理论问题，才可能实质性地推进这一课题，那么，其中最根本、最重要、最需要先在地予以澄清的一个问题，就是价值理论问题。原因在于，不同于描述性的实证理论，政治哲学是一种实至名归的规范性理论，其主要工作是通过证立某种或某些价值，来提供一种规范性目标或勾画一种理想的政治和生活图景，其内核和灵魂就是价值理论。在研究对象上，政治哲学理论往往各不相同，有的主要研究国家，有的主要研究社会分配，而有的主要研究身份认同。然而，这些研究不同对象的政治哲学理论，都是建立在某种或某些政治价值基础上的，最后都可以归结和还原到价值这个共识性平台上，价值问题构成了其原则性的“根”问题。这样来看，建构当代中国政治哲学的关键工作之一和最终目标之一，就是确立价值论上的主张，并设计完备的价值理论。不过，我们不应当轻描淡写地来对待、处理这个问题，而应当本着哲学具有的一种“前提性追问”的问题意识来从纵深层面予以把握，也就是要辨析、厘清与这个问题根本相关的前提性问题。

一、多维度的历史语境

从政治哲学史来看，古往今来的几乎所有政治哲学，都是在把握各自历史时代之问题的基础上建构起来的，都是各自历史时代之精神性原则的理论表征。这一点，不仅体现在具有宏大历史视野的黑格尔政治哲学和马克思政治哲学中，而且也体现在看似最不具有历史性的柏拉图政治哲学中。理由就在于，柏拉图虽然是通过勾绘理想国这个超感性世界来建构其政治哲学的，但这个理想国所表达的主导性观念和原则，却是和古希腊时代的社会历史正相吻合的。权利和自由等近现代政治哲学所强调的价值原则之所以没有在柏拉图的理想国中占有一席之地，并不是因为理想国本身与现实感性世界保持着不可打通的超越性，而是因为在古希腊时代，缺少权利和自由所由以滋生的社会历史基础。在此意义上，柏拉图的政治哲学依然是一个历史的产物，它依然将古希腊时代的精神性原则完整地展现了出来。黑格尔正是由于洞见到这个事实，才指出，“甚至柏拉图的理想国（已成为一个成语，指空虚理想而言）本质上也无非是对希腊伦理的本性的解释”[1]。这个情况，对于我们把握当代中国政治哲学价值理论的建构具有根本启示。

无论如何都不容否认，近二十多年来政治哲学研究在中国学术界的兴起，绝不是一个偶然的学术事件，而是改革开放的历史进程在理论上所激起

1〔德〕黑格尔：《法哲学原理》，范扬、张企泰译，商务印书馆，1961，序言第10页。

的一个必然回响，是以市场化转型为中轴的社会全面转型在学术层面上的一个必然反映。所以，当代中国政治哲学要确立什么样的价值理论，这不是一个纯粹学理层面的问题，而是一个如何用学理来回应和概括现实的问题。要言之，当代中国政治哲学的价值理论，必须通过针对“当代中国”所关涉的历史语境的深刻考察来加以设计，在这一语境中所展开的重大现实性问题，构成了当代中国政治哲学的实体性内容。问题在于，“当代中国”关涉到的是一个什么样的历史语境？我们应当从何种视角来对这个语境进行考察？

由于当代中国正经历着我国历史上最为广泛而深刻的社会变革，所以总体判断，其所关涉的历史语境，乃是一个多维度的、多层级的、包含多重矛盾性背景的历史语境，而要考察和廓清这个历史语境，就特别需要综合分析以下四个点：一是现代化转型，二是社会主义市场经济，三是中国特色社会主义，四是全球化。

首先是现代化转型。毋庸置疑，当代中国正处在一个社会全面转型时期。虽然人们会从多种角度来概括和界定这个转型，但都应当承认，这个转型的实质，就是现代化转型。我们虽然不能在一种非此即彼的排他心态下将传统与现代绝对对立起来，但我们也应当充分认识到，当代中国政治哲学的问题，在很大意义上，就是在从传统向现代的转型中产生出来的。历史地看，五四新文化运动之后，马克思主义政治哲学、新儒家的政治哲学以及自由主义等各种政治哲学思潮在中华大地上的先后出场及相互激荡，在一定意义上，也反映了“传统与现代”这个背景性的问题。而西方近代之后的政治哲学，同样也是“现代化”转型的产物，我们之所以将这个阶段的政治哲学统称为“现代政治哲学”，根本原因也就在此。然而，正如现代性并非一个单数概念，而是在不同的民族和国家有其不同的表现形式一样，现代化转型也并不是只有一种模式，在不同的历史情境中，这种转型往往是大不相同的。当代中国所面对和经历的是具有独特规定性与显著优越性的“中国式现代化”。这一现代化所表征的转型，既具有一般社会现代化转型的特点，又是一种在特定社会基础上以特定的方式进行、具有自身特色的转型。比如说，在这一转型中，我们既要确立现代社会的价值准则，也面对继承和弘扬中华优秀传统文化的重任；这一转型既与改革开放的历史实践相对应，也在一定意义上与改革开放之前的社会主义建设实践特别是工业化实践相衔接；这一转型既呼唤物质文明的建设，又要求物质文明和精神文明协调发展；这一转型既要求社会高效快速发展，也要求维护社会公平正义，着力促进全体人民共同富裕；这一转型既为生产力的发展提供了内在动力，也把人与自然的和谐共生作为目标。这个情况决定了，在这一具有中国特色的现代转型过程中所形成的政治哲学问题，必然与西方社会现代化转型中所形成的政治哲学问题有着重大不同。而设计和构建当代中国政治哲学的价值理论，既要考虑到现代化转型的一般性，也要考虑到其特殊性和特色。

其次是社会主义市场经济。市场经济是中国30年来现代化转型的重要推动力量，但我们又不能仅仅用市场经济来描述现代化转型，在市场经济体制确立之前，中国社会就开始了自己的现代化转型，同时也不能仅仅用现代化转型来概括市场经济，中国的市场经济是社会主义市场经济，是一个独特的实践创新。历史表明，政治哲学与市场经济向来存在一种紧密关联。西方近代之后，特别是霍布斯、洛克之后的政治哲学，实质上就是伴随现代市场经济的建立和发展而建构起来的，因为不同于传统自给自足的小农经济，现代市场经济的一个基本要求，就是按照契约原则进行平等的商品交换。这个要求本身就蕴含了所有权、契约精神以及公共理性等现代政治哲学的重大原则和主导性价值观念。市场经济在中国的发展，催生出的绝不仅仅是经济层面的问题，而必然同时也包含了重大的规范性问题，亦即政治哲学层面的问题。这方面的问题自然不单单是道德“爬坡”还是“滑坡”这样的表层问题，从根本来看，则是如何确立与市场社会相适应的价值原则这样的深层规范性问题。这样的规范性问题，决定着当代中国政治哲学的基本论域和价值目标。

再次是中国特色社会主义。中国特色社会主义是改革开放以来党的全部理论和实践的主题，现代化转型和社会主义市场经济，都要与这一理论和实践的主题相符合。中国特色社会主义有其自身的内在发展逻辑，或者用黑格尔的观点来说，就是有其必然性和最切实的内在真理。而中国特色社会主义的内在发展逻辑、必然性及其所表征的真理，同时也包含着重大的政治哲学问题，需要政治哲学研究者们从理论上来加以回应和研究。而当代中国政治哲学的价值理论，既要与中国特色社会主义内在逻辑相一致，也要用其特定的方式来概括和表达这一逻辑。

最后是全球化。改革开放以来的当代中国，自然是一个处于全球化背景中的中国，我们对于“当代中国”的界定，不能仅仅局限于国内，而应建立“向外看”的视界，放眼于全球。大致说来，当代政治哲学的研究是从罗尔斯开始的。在契约论的框架内，罗尔斯将其正义理论主要限定在他所界定的“组织良好的社会”中。但罗尔斯始料未及的是，随着全球化的全面展开，全球正义、全球治理越来越成为国际政治哲学界普遍关注的前沿问题和热点问题。中国在全球治理中扮演着越来越重要的角色，“构建人类命运共同体”理念成为推动世界文明进步的独特中国智慧。在这种历史语境下，中国政治哲学研究者就应责无旁贷地建立一种全球化的视野和高度，遵照“人类命运共同体”的思维来构建自己的价值和规范。

二、现代价值

如果将古往今来的政治哲学区分为两种，即一是古典和传统政治哲学，二是现代政治哲学，那么以柏拉图的理想国为代表的古希腊政治哲学，及以儒家的道义论政治哲学为代表的中国传统政治哲学，都属于前者；而西方近代之后所逐渐发展起来的政治哲学，如霍布斯、洛克、休谟、卢梭、康德、黑格尔、罗尔斯、诺奇克等人的政治哲学，都属于后者。这两种政治哲学的区别，不仅仅在于它们是在根本相异的历史时段形成的，更在于它们在价值理论上，论定和讲述的是殊为不同的价值规范。具体来看，西方古典政治哲学论定和讲述的，主要是德性、卓越、目的、永恒等超越性价值规范；中国传统政治哲学论定和讲述的，主要是仁爱、诚信、民本、和合等入世性价值规范；而现代政治哲学论定和讲述的，则主要是权利、自由、平等、公共理性、公正、民主、法治等现实性价值规范。与政治哲学的历史形态相对应，西方古典政治哲学和中国传统政治哲学所讲述的价值规范，可统称为古典和传统价值，而现代政治哲学所讲述的价值规范，可统称为现代价值。古典和传统价值与现代价值的不同，主要不是字面上的，而是内涵上的。在内涵上，它们之间之所以存在不同，根本原因就在于这些价值所赖以生成的社会历史基础存在根本差异，故而其所包含和表达的问题也判然有别。具体一点说，现代价值主要是在现代性和市场社会的历史基础上生成与凸显出来的，其所包含和表达的问题之一，就是如何为平等的权利及以之为基础的公正分配做辩护，而古典和传统政治哲学中之所以不讲现代价值，根本原因也就在于缺少现代性和市场社会的历史基础。

从现代化转型、社会主义市场经济、中国特色社会主义和全球化等方面来看，我们无疑要把“当代中国”置于现代社会的历史界面上加以把握，故而当代中国政治哲学的建构，也必然是一项在现代社会的历史基础上所进行的理论事业。从这个意义上讲，当代中国政治哲学的价值理论，应当是一种基于现代价值而得到证立的理论，宽泛地说，这一价值理论所要容纳的价值规范，应当包括平等的政治人格和权利、自由、理性、契约精神、公民意识、公正、法治等。这一结论大体来讲是正确的，在一个现代社会的历史地基上构建的政治哲学，无论如何都应当是一种与现代社会之要求相顺应的理论，而不应当是一种复古的理论。然而，这个问题绝不是一个简单的、平面的、可以一目了然的问题，而是一个包含了多维度和多层次的复杂问题。要对这个问题做出透彻的把握，则又需要从以下几个方面对其进行“细化”。

第一，权利、自由、平等、公共理性、公正、民主、法治等价值虽然都可以被一体性地视为现代价值，但历史地看，这些现代价值并不是平行出现的，有些价值实质是“前端”价值，而有些价值则是“后端”价值。可被视为“前端”价值的，主要是权利和自由，而可被视为“后端”价值的，则主要是平等、公共理性、契约精神、公正及法治等。这种区分的理由何在？

大致可以认为，西方近现代具有强规范意义的政治哲学起始于霍布斯和洛克。霍布斯和洛克的政治哲学确立起来的主要价值原则，就是权利和自由的原则，洛克虽然也重视平等这一价值，但他是围绕权利来界定平等的，具体来说，其所讲的平等是指“平等的权利”，而基本不具有我们通常所理解的“平等”二字的内涵。实质上，霍布斯和洛克的政治哲学是顺应早期市场社会的利益诉求和历史要求而建立起来的理论，其主要功能之一就在于为早期市场社会确立了基础性规范。但西方市场社会是通过资本主义的形式而得以确立的，在现实层面上，资本主义的历史发展过程，就是一个各种社会矛盾不断生成和积累的过程，其显性的矛盾之一，就是个体主义和群体主义、特殊性原则和普遍性原则之间的矛盾。休谟在《人性论》、黑格尔在《法哲学原理》中，都曾对这一矛盾做出深刻说明。如果说这一矛盾的形成，在很大程度上与权利和自由这一现代市场社会的主导性价值原则的不断膨胀存在因果关系，那么如何在政治哲学层面重建现代市场社会的价值规范，则就凸显为一个重大的历史性课题。政治哲学家们自然不会通过简单地取消权利和自由的方式来探索这个课题，事实上，近代以来几乎所有政治哲学，无论是诺奇克代表的自由至上主义，还是罗尔斯代表的平等的自由主义，甚至还包括穆勒代表的功利主义，都是以权利和自由为立论基础的。毋宁说，政治哲学家们要做的重点工作，就是如何在权利和自由的基础上为现代社会补入新的价值，从而也为权利和自由赋予更丰富的内涵。卢梭建构平等，康德建构公共理性，实际都是在做这项工作。从西方政治哲学的发展来看，平等、公共理性、契约精神、公正及法治等现代价值，实际是在卢梭及康德之后才逐步确立起来的。正是在此意义上，我们才把权利和自由视为近现代政治哲学的“前端”价值，并把平等、公共理性、契约精神、公正及法治视为“后端”价值。20 世纪 70 年代以来，以罗尔斯为代表的当代政治哲学家，不仅是基于“前端”价值，同时也是基于“后端”价值来建构各自的理论体系的。

需要注意的是，“前端”价值和“后端”价值的区别，绝不仅仅是时间上的，从根本来看，则是内涵上的。在内涵上，“后端”价值的确立，在一定意义上代表了一种更高的理论反思水平。这是因为，不同于传统人依附于人的社会结构，现代市场社会结构的一个根本要求，就是在政治解放的视界内，确立起权利和自由的原则，从而使人成为有人格、有自身独立性的人。然而，要使权利和自由成为针对每一个人的价值原则，由此构建一个既利己又利他的和谐关系结构，又不能仅仅就权利和自由来强调其重要性，而恰恰应当把平等、公共理性等“后端”价值纳入进来做整体性考量，特别是在一种相对复杂的社会关系中，这一点更为重要。这个情况启示我们，基于现代价值来建构当代中国政治哲学的价值理论，我们特别需要把握“前端”价值和“后端”价值的层次性及其关系，因为在一定意义上只有这样，当代中国政治哲学的价值理论才能够既具有理论的概括力，又具有现实的解释力。

第二，近代以来的西方政治哲学总体来看，是在一种价值性与事实性相统一的关系结构中建立起来的，其基本理论要求之一，就是使理论与现实保持一致，具体一点说，就是理论要能很好地反映现实。然而，现实历史的发展却常常打破这种一致性，从而使理论总是难以跟上现实的步伐，体现出某种滞后性。这个问题不能简单地归结为价值设定上的片面和褊狭，最根本的原因在于历史性视野的缺失。亦即西方政治哲学家们通常是通过一种自然论证的方式来静态地把握复杂的社会政治问题及据此提炼价值原则的，而基本没有通过历史性的考察来为之。马克思的一个重大贡献，就在于从历史性的视域来考察近代以来政治哲学所讲的基本价值，由此不仅追溯到了政治哲学的根基之处，而且也建立起了一种从市民社会到人类社会的、具有历史大跨度的思维视野，从而根本性地解决了理论相对于现实的滞后性问题。当代中国政治哲学要克服西方政治哲学所不能克服的弊病，就应当按照马克思所确立的历史性原则来确立自己的价值理论，不仅要深刻考察当代中国所发生的历史性变迁，而且也需要做到一点，即当为某种价值积极立言和为之提供辩护时，还应本着一种长远的、历史性的眼界，思考是否能够为这种价值赋予新的内涵或是否能够以其他价值来做补充的问题。例如，当我们为与市场经济相顺应的价值提供辩护时，我们还要将超越市场社会的价值包容进来。大概只有在这种长远的、历史性的眼界中来探索价值理论的建构问题，才真正能够使当代中国政治哲学成为一种既具有现实针对性又具有思想引领性的理论。

第三，政治哲学所讲的价值在一般意义上，总是具有抽象性的特点，而抽象地来看，价值实际就是没有指涉面和内容的。但价值不能成为抽象的原则和概念，而应处理和解决现实问题，现实问题才是其内容。这样说来，只有将抽象的价值落实到具体的历史情境和特定的社会中，其内涵和意义才能得到彰显，否则只能成为与现实社会、与人们的现实生活相隔而望的、外在的东西。所以，我们基于现代价值来确立当代中国政治哲学的价值理论，绝不能仅仅满足于对现代政治哲学所阐述的那些价值及其相互之间的关系在通常意义上予以一般性的界定和认定，而应结合当代中国的现实社会生活和我们的具体国情加以具体的理解，使其获得切实的内容。如果说这是确立当代中国政治哲学的价值理论所应贯彻的一个原则，那么这个原则概括地说，就是抽象与具体相结合或从抽象到具体的原则。在哲学史上，黑格尔和马克思都是贯彻从抽象到具体的原则的典范，而他们在政治哲学上所取得的突破性思想创造，与这一原则的贯彻是密不可分的。

只有把握和处理好以上三个方面的问题，我们才能够对“什么是现代价值”这个问题做出更具有反思性的说明，进而也才能够对“应当如何基于现代价值来证成当代中国政治哲学的价值理论”做出更具有整体意义的把握。

三、多传统的思想资源

人们通常认为，哲学研究有两种基本工作：一是立足于当下问题的原创性探索工作，二是回到文本和思想史的解释性工作。前一种工作意味着理论创新，而后一种工作只是意味着一种哲学史的研究。很显然，这种观点将哲学理论创新与哲学史的研究在某种意义上对立了起来。但实际上，哲学理论创新与哲学史研究恰恰有着密切联系，因为前者所需要的思想资源和理论根据，都不可能是凭空设想出来的，而是在认真踏实研究前人思想成果的基础上获取的。黑格尔和冯友兰先生，都非常重视哲学史的研究。在黑格尔看来，哲学就是哲学史。我们都知道，黑格尔在哲学理论的原创性建构上是一个标杆式的人物，而他的哲学建构显然就是在哲学史研究的坚实基础上进行的，这也使他的哲学具有一种恩格斯所指认的“巨大的历史感”[1]。建构当代中国政治哲学特别是确立其价值理论，是一项创新性的重大课题。我们应当通过开展相关的哲学史研究来推进这一课题，而绝不可能在隔绝哲学史和思想史的前提下进行。

在对待传统思想上，冯友兰先生提出了“照着讲”和“接着讲”的研究

1《马克思恩格斯文集》第 2 卷，人民出版社，2009，第 602 页。

思路。通过开展哲学史研究来确立当代中国政治哲学的价值理论，我们要做的关键工作，不是简单地“照着讲”，而是在“照着讲”的基础上创造性地“接着讲”。对于确立当代中国政治哲学的价值理论而言，“接着讲”的核心要义之一，就是寻找哲学史与当代中国之间的对接点，在一定意义上也可以理解为寻找思想资源。我们建构当代中国政治哲学，面对着三种政治哲学传统或思潮：一是马克思主义政治哲学，二是中国传统政治哲学，三是西方政治哲学。问题的关键在于，这三大不同的政治哲学传统或思潮，与当代中国之间的对接是否可能以及何以可能？这个问题不是一个很容易回答的问题，相反在实际的学术研究中，人们在对这个问题的认识上存在很大争议。

首先，关于马克思主义政治哲学。学术界普遍意识到，马克思主义哲学在建构当代中国政治哲学这个重大课题面前不仅不应当采取回避的态度，而且应当积极介入其中。由于根据过去的理解，马克思主义政治哲学的中心问题和核心范式是“阶级斗争”，而平等的权利和社会公正等现代价值并未占有一席之地，所以马克思主义政治哲学能否与当代中国相对接，能否从中开出思想资源的问题，就转换成了以下在逻辑上相互关联的两个方面的问题：一是马克思有没有与现代规范性政治哲学相通约且能有效回应当代中国现实问题的政治哲学？二是是否需要构建一种规范性的马克思主义政治哲学？

对于第一个问题，学术界虽然也有人因为受到挑起“马克思与正义”之争的艾伦·伍德的影响而提出否定性见解，但大部分对这个问题保持高度敏感性的学者，都通过对马克思文本的解读而给予了肯定性的解答。但与此同时，学术界也普遍认识到，不管马克思的政治哲学能够在多大意义上回应当代中国现实问题，也需要把握好一个从马克思到当代中国的“变”字。社会主义市场经济是一种前所未有的、独特的实践创新，确立当代中国马克思主义政治哲学的价值理论，我们不仅不能回避这一实践创新，而且应当责无旁贷地来回应、概括这一实践创新。这样一来，上述第二个问题就凸显了出来。

实质上，马克思主义政治哲学与建构当代中国政治哲学之间的关系，已经远远超出了是否能够提供思想资源的问题。根本来说，马克思主义政治哲学应当成为当代中国政治哲学建构的立论基点，原因至少在于以下几点：第一，五四运动以来百多年的时间内，无论在新民主主义革命时期、社会主义建设时期，还是改革开放以来的新时期，中国人始终是在一条“既非复古亦非西化”的独特道路上，塑造自己的政治生活和政治制度以及建构政治哲学理论的。在这一过程中，马克思主义虽然与中国传统政治哲学以及西方政治哲学形成了相激互融的关系格局，但总体来看，前者无疑发挥着基础性和主导性的作用。这既是中国道路的一条独特生成逻辑，也必定是中国政治哲学理论的一条独特生成逻辑。第二，当代中国政治哲学的建构，是在“当代中国”这个特定的历史方位和时空中进行的，而唯有对这个历史方位和时空做出综合判断与深刻把握，才能有的放矢地开展政治哲学理论的建构工作。与其他理论相比，马克思主义的一个巨大优势，就在于始终运用唯物史观和历史主义方法，不仅将问题投置于具体的历史情境中，而且又从人类历史发展的不同阶段和不同层级来建立研究及叙事结构。在一定意义上，只有遵照马克思主义的唯物史观和历史主义方法，才能够真正把握“当代中国”所关涉到的历史语境、矛盾性背景、真实社会基础、实践逻辑及其所蕴含和链接到的“中国问题”，当代中国政治哲学的建构才能够获得一个坚实的前提。第三，如果说建构当代中国政治哲学的目标之一，就在于从理论上来回应和呼应社会主义市场经济这一重大实践创新，并形成关于这一实践创新的高度理论概括，那么显而易见，当代中国政治哲学应当是一种与社会主义市场经济相匹配的政治哲学理论。而事实上，无论是西方政治哲学还是中国传统儒家的道义论政治哲学，都不能从根本上来回应和呼应社会主义市场经济这一实践创新，而唯有马克思主义政治哲学才能够做到这一点，原因就在于马克思主义政治哲学是一种具有极大包容性的理论，它既承认以权利为内核的个体性价值，也强调以平等为主旨的集体性价值；它既能够为市场经济下的社会生活提供伦理规范目标和积极建设性言说，又能够对资本逻辑和工具理性进行历史性的批判，而这正是与社会主义市场经济相匹配的政治哲学的题中应有之义。

实际上，“当代中国政治哲学的理论建构”这一课题，在已有的学术研究中，主要还是通过马克思主义政治哲学的理论建构得到开展的，这不仅是因为马克思主义政治哲学研究者们明确提出了“建构当代中国政治哲学”的任务和目标，从而将“马克思主义政治哲学的理论建构”直接定位在“当代中国政治哲学的理论建构”上，而且是因为马克思主义政治哲学理论建构所关涉的问题，也正是当代中国政治哲学的理论建构所指涉的核心问题，这两者在内在逻辑上具有深刻的一致性。马克思主义政治哲学的学术开展及其理论建构，不仅构成了当代中国政治哲学理论建构的一个核心组成部分，而且也为后者确立了一个根本基调，这就是，无论要借助于何种思想资源和理论传统来建构当代中国政治哲学，都要坚实地立足于“当代中国”这个特定的历史方位和时空，在唯物史观的视域内，运用历史主义的方法，对我们正在经历着的社会主义市场经济这个独特的实践创新予以历史性的把握。我们确立当代中国政治哲学的价值理论，务必要看到这一点。

其次，关于中国传统政治哲学。如上所述，当代中国政治哲学的价值理论，应当是一种基于现代价值而构建的理论。由于中国传统政治哲学本身并没有直接讲述任何一种现代价值，所以，中国传统政治哲学与当代中国之间是否能够对接亦即是否能够从前者中开出思想资源的问题，是一个相对复杂的问题。在这个问题上，存在一种全盘否定的观点。持此观点的学者，通常是在“传统和现代”这个二元对立框架中来立论的。他们往往认为，以儒家以核心的传统政治哲学是在宗族血亲、纲常人伦的关系系统中建立起来的，反过来也要为这种关系系统做辩护，既无法与现代以平等的权利为价值基准的法治社会相融通，也不可能与现代政治哲学相对接。他们认为，不仅封建传统的“礼教”是今天一定要清除的东西，而且“仁”的理念也无法成为现代法治社会的有益补充，甚至传统政治哲学所提倡和尊崇的“民本”观念，与现代的民主和权利等价值也存在差别。

然而，我们要看到，尽管以儒家政治哲学为核心的中国传统政治哲学不是现代政治哲学，它没有讲述现代价值，但在中国传统政治哲学中，却恰恰包含了与现代政治哲学和现代价值相对接的丰富思想要素，这至少展现在以下两个方面：

第一，以“仁”为核心的民本思想。这里关键是要区分“权利”这个现代政治哲学价值的两种含义：一是基于自我决定的权利（by people），二是基于人们福利的权利（for people）。儒家虽然没有第一种意义上的权利观念，但却包含了第二种意义上的权利观念，这主要指的是以“仁”为核心的民本思想。西方政治哲学家，特别是当代西方政治哲学家，向来都比较注重将第一种意义上的权利说成是真正的权利，从而忽视了第二种意义上的权利。但其实，无论从西方社会权利概念提出的现实历史基础即市民社会来看，还是从洛克、马克思等政治哲学家的权利概念来看，第二种意义上的权利都具有基础性的意义。比如说，作为近现代政治哲学的重要开创者之一，洛克所阐述的权利概念，主要指的是生存权和财产权，而这两种权利形式的原初含义，就是人们在占有自然物品上的福利。这正如洛克在《政府论》中所强调的，“人类一出生即享有生存权利，因而可以享用肉食和饮料以及自然所供应的以维持他们的生存的其他物品”[1]。我们今天从儒家思想中挖掘第二种意义上的权利之思想资源，有助于我们澄清权利这一价值的完整内涵，从而构建一个既由人民做主也为人民服务的价值体系。这与我国以人民为中

1〔英〕洛克：《政府论》下篇，叶启芳、瞿菊农译，商务印书馆，1964，第17页。

心的社会发展思想，与中国特色社会主义的理论和实践逻辑恰恰是完全一致的。

第二，儒家哲学特别是心性儒学通过本体论、形而上学所构建的既有经验性又有先验性的同情心和良知概念。当代中国政治哲学首先要突出权利这一价值，但不应当强调自私自利，而应当在突出权利的同时，强调公共权利、公民意识、公共理性和自律，这其实也是在卢梭和康德的基础上建构起来的当代西方规范性政治哲学不同于近代政治哲学的一个根本点。自由与义务和责任是紧密关联在一起的，仅有自由而没有自律，并不能带来真正的自由，自康德之后，政治哲学就一直强调这一点。从这一点来看，中国传统儒学虽然没有个体权利观念，但其所建构的同情心、良知及自律等概念和原则，却与我们今天所说的公民意识和公共理性正相融通。在此意义上，中国传统政治哲学与当代中国政治哲学在价值理论上的对接，就不仅是可能的，而且这种对接具有十分重大的意义。

最后，关于西方政治哲学。在西方政治哲学与当代中国是否能够对接这个问题上，学术界虽然存在否定和肯定这两种迥然有异的见解，但比较起来，后者的声音要远远大于前者。否定者通常不是在古今之争而是在中西之争中申述自己的观点的，故而其立论基点往往不是现代市场社会结构，而是中国传统思想文化。但因为由市场化转型及由此所带动的社会全面转型已经成为今天中国鲜活具体的历史实践，而西方近代以来的政治哲学就是在市场社会的历史界面上发展起来的，两者之间存在不可否认的历史联系，所以，主张个人权利的优先性和社会分配的公正性的西方规范性政治哲学，很容易在价值排序上被认定为是建构当代中国政治哲学最优的思想资源和理论基础。正是因为这一点，不少学者都倾向于弱化中西之间的差异而强调两者的同质性，不仅对西方政治哲学的概念、命题进行了深入细致的考究，而且将这些概念、命题认定为中西政治哲学研究的“常项”，从而在此基础上自觉不自觉地借助于西方政治哲学的范畴，或以西方政治哲学作为基本的理论参照系，来分析中国现实政治哲学问题，以及思考中国本土政治哲学理论的构建问题。然而，我们在这个问题上必须要看到，近代以来的西方政治哲学尽管都是作为现代形态的政治哲学出场的，对于我们建构自己的政治哲学尽管具有多方面的积极参照意义，但当代中国政治哲学的问题是植根于当代中国的历史实践的，问题决定了理论建构的方位。所以，我们应当始终以“当代中国”为核心和坚实支点，来设计和确立当代中国政治哲学的价值理论，而不应当简单移用西方规范性政治哲学的既定结论。这个道理不难理解，对于我们建构当代中国本土的政治哲学话语和理论体系意义十分重大。

附录一
阿伦特对马克思政治哲学的误解

作为20世纪最具原创性的政治哲学家之一，阿伦特既是通过构建和区分概念，又是通过梳理和确立思想史线索来形成其思想叙事的。在阿伦特所梳理和确立的思想史线索中，马克思是最关键的一个人物。阿伦特对马克思所做出的独特解读，通常被人们认定为后者的政治哲学得以开显的一个重要契机。理由是，如果说马克思丰富的政治哲学思想被19世纪后期以来所盛行的实证主义理解模式深深遮蔽，那么阿伦特大概是第一位将马克思整体性地界定为政治哲学家，并突出其政治哲学深刻影响力的人。或许正是因为这一点，如同施特劳斯、罗尔斯等政治哲学家，阿伦特成为人们理解和把握马克思政治哲学的一个极为重要的参照系。然而，人们在参照阿伦特来理解和把握马克思政治哲学时，却往往会忽视这样一个悖谬性的问题，即阿伦特在积极开显马克思政治哲学的同时，又以其特定的方式遮蔽了马克思的政治哲学。这个问题倒不意味着阿伦特一方面在政治哲学的谱系中来解释马克思，另一方面又要求离开这一解释谱系，而是意味着在她那看似精妙绝伦的“原创性”阐释中，处处夹杂着对马克思政治哲学的根本性误解。

一、马克思的政治哲学存在无法弥合的逻辑和思想矛盾吗？

在《马克思与西方政治思想传统》的第二手稿中，阿伦特这样说道：“马克思所产生的影响及其科学工作的根底里的东西是什么？要回答这个问题，很难找到合适的说辞。真要说的话，恐怕是他的政治哲学。马克思对此并未特别精雕细刻，也不是始终明确，但是它产生的冲击力要比那些精心论述的理论产生的影响的总和还要大。我不采用重构其哲学‘体系’的各个片段论述的方法来论述，而想抽出他论断的结论来再现他的政治哲学。……在此，首先我从马克思这种论断观点中选择三个结论，尽量简洁地论述它们的含义。这三个结论恐怕也是大家都熟悉的。第一个就是恩格斯把它概括、公式化了的‘劳动创造了人本身’。因为与其他马克思思想研究者之间流传的那些论述相反，恩格斯经常把马克思的论述转换成贴切而简洁的叙述。第二个结论是出自《资本论》，就是‘暴力是每一个孕育着新社会的旧社会的助产婆’。第三个结论是那篇有名的《关于费尔巴哈的提纲》里最后的总结：哲学家们只是用不同的方式解释世界，问题在于改变世界。”[1]

显而易见，在上述说明性文字中，阿伦特一方面将马克思理论工作的核心认定为政治哲学，另一方面又将马克思的政治哲学简化和概括为三个结论性的命题：一是劳动创造了人本身，二是暴力是每一个孕育着新社会的旧社会的助产婆，三是哲学家们只是用不同的方式解释世界，问题在于改变世界。平心而论，仅从这三个命题本身来看，我们不仅没有理由认为阿伦特误解了马克思的政治哲学，相反，我们应当看到阿伦特独具慧眼的深刻之处。因为不同于西方近代之后的规范性政治哲学，马克思政治哲学本质上是一种历史性理论。而作为一种历史性理论，马克思政治哲学又的确与这三个命题及其所包含的叙事在不同程度上发生关联。所以，与人们运用西方规范性政治哲学的框架来诠释马克思的通行研究路数相比，阿伦特所选择的视角，在一定意义上说更有助于我们揭示和还原马克思政治哲学的实体性内容。进而言之，如果说阿伦特终究还是从根本上误解了马克思的政治哲学，那么这种误解则主要来自她对这三个命题所做的自以为是的引申和发挥。

1〔美〕阿伦特：《马克思与西方政治思想传统》，孙传钊译，江苏人民出版社，2012，第84页。

在阿伦特看来，马克思的上述三个命题，构成了对欧洲政治思想传统的反叛、背离和颠覆。然而意味深长的是，这种反叛、背离和颠覆，却又是在传统的框架中借用传统的概念系统进行的。这种情况并不意味着马克思的政治哲学充满了思辨的张力，而是意味着它的前后不一致和自相矛盾。这种前后不一致和自相矛盾体现在：马克思一方面将“劳动”论定为人类最基础甚至最高的价值活动，另一方面又要求在未来社会实现劳动对立面上的“闲暇”；他一方面诉诸“暴力”来解释人类社会的发展变化，另一方面又要求在未来社会消灭阶级斗争；他一方面在“改变世界”的信条中将“哲学的现实化”确立为哲学的基本开展方式，另一方面又不得不面对“哲学彻底现实化之后，思想是否还存在”这一难题。不仅如此，“这些根本的矛盾，在马克思自己用词的论述中无法解决。因为在那里不能适用辩证法的规则，却往往无视这些根本的矛盾。这是因为无阶级社会，没有劳动和暴力的‘自由王国’、‘哲学的实现’等全都是被阐释为属于马克思学说的乌托邦主义的部分。确实，马克思在历史最初的‘原始共产主义’中发现历史终结后的、他自己描绘的共产主义社会具有人类学上的正当性要素的时候，就成了最早赋予乌托邦主义某种实体的思想家。但是，这种乍看之下的乌托邦主义性质不仅没有能消除矛盾，反而使矛盾更加明显。假如马克思确实论述了能找到自由的乌托邦，自己不被‘理想’之外的什么东西所左右，然后去追求这种理想的历史正当性的话，那么，就完全不能理解他为什么要从这个理想社会中的人们那里夺走他们历史中辉煌的本质特征”[1]。所以概言之，马克思的上述三个命题及其所表征的政治哲学，存在无法化解、弥合的逻辑和思想矛盾。这是阿伦特在理解和阐释马克思政治哲学上的一个实质性见解。

我不同意阿伦特所提出的这个见解。以我之见，马克思在阐发其政治哲学思想时虽然使用了一些看似对立的概念，但这并不表明他的政治哲学存在

1〔美〕阿伦特：《马克思与西方政治思想传统》，孙传钊译，江苏人民出版社，2012，第 87 页。

内在矛盾。阿伦特之所以没有看到这个问题的实质，原因之一就在于她并没有洞见到这样一个基本事实，即马克思是在不同的历史位阶上建立其政治哲学的叙事结构的，而这个基本事实，却正是把握马克思政治哲学独特性的一个重要依据和出发点。

我们检阅政治哲学史会发现，古往今来的大部分政治哲学，特别是20世纪以来以“分析”为进路的政治哲学，几乎都只是在一个位阶上建立其叙事结构的，并不存在不同位阶的问题。如果说作为一种规范性理论，政治哲学总是要设定其用以推理的价值前提和规范标准，那么对于只涉及一个位阶的政治哲学而言，其价值前提和规范标准必然不会是多重的而是单一的，否则，不仅会出现阿伦特所说的前后不一致和自相矛盾，而且还会因为缺少坚实的立论前提和稳固的理论框架而丧失其理论的解释力。比如说，洛克以“财产权”为基点、边沁以“最大化的功利”为准则、诺奇克以“至上的自由”为前提、罗尔斯以“作为公正的正义”为底线所构建起来的政治哲学，都符合这个特点。

进一步说，这类只涉及一个位阶的政治哲学还有一个共同点，就是都缺少纵贯历史的那种宏大视野，也就是缺少恩格斯在评价黑格尔时所指认的那种宏大的“历史感”。在我看来，马克思政治哲学与大部分政治哲学相比的一个突出特质，就是拥有了这种宏大的“历史感”。这种“历史感”使马克思政治哲学突破了近代以来政治哲学的知性论逻辑框架和平面化思维，进而使之成为一个“有层次”的理论。马克思政治哲学的“层次”，也就是它的不同历史位阶。我们知道，市民社会和人类社会是马克思政治哲学所关涉到的两个不同历史位阶，前者对应政治解放，后者对应人的解放（或人类解放）。比较而言，黑格尔的政治哲学也是一种历史性的理论，故而也存在不同的逻辑和思想层次，但黑格尔并没有由此而突破市民社会这一历史位阶，其政治哲学的不同层次，展现为同一历史位阶内的不断推进和发展。另外，柏拉图的政治哲学严格来说还不能算作一种历史性理论，但它却关涉两个不同的位阶：一是日常可见的感性世界，二是理念中的超感性世界。但由于这两个世界是一种“非此即彼”的对立关系，而不是历史发展的两个不同环节和阶段，所以柏拉图立足于后一世界所构建的政治哲学，并不存在多个立论前提和多重规范标准。与此不同，市民社会和人类社会是一前一后、不具有选择性的两个不同历史环节和阶段。所以与此相应，马克思政治哲学必然会包含不同的理论维度，存在不同的立论基点和规范标准，从而也必然会出现阿伦特所说的“前后不一致”和“自相矛盾”。具体一点说，在涉及市民社会这个历史位阶时，马克思政治哲学的立论基点和规范标准会有“向下”的现实性特征，从而与近代之后的规范性政治哲学存在会通乃至重合之处；而涉及人类社会这个历史位阶时，马克思政治哲学的立论基点和规范标准则会有“向上”的理想性特征，从而又大大超越了近代之后的规范性政治哲学，并与古典政治哲学形成一种相似性和类同性。阿伦特所指证的“劳动”与“闲暇”之间的对立，实质上就是马克思政治哲学“向下”的现实性与“向上”的理想性之间的反差。

至关重要的是，作为一前一后的两个历史位阶，市民社会和人类社会代表了马克思思考历史发展的一种“序列”。我们可以看到，一方面，马克思的最高政治理想虽然是迈向人类社会，并实现人类解放，但人类社会并不是没有基础、一步到位的，而市民社会在他看来正是迈向人类社会的基础和踏脚石；另一方面，人类社会虽然是高于市民社会的一个历史位阶，但它在马克思政治哲学中又具有回溯性的价值，亦即它作为一个历史的参照点，在马克思对市民社会的批判中起着思想引导的作用。这样来看，马克思政治哲学“向下”的现实性与“向上”的理想性之间的反差，及由之而造成的“前后不一致”和“自相矛盾”，既不是解释者们所炮制出来的“两个马克思”——如青年马克思与老年马克思、不成熟的马克思与成熟的马克思、作为人道主义者的马克思与作为科学主义者的马克思等——之间的对立，也没有像阿伦特所说的那样，“使马克思陷入比他自己预料的更大的混乱”[1]。换言之，这种反差、“前后不一致”和“自相矛盾”，表征的是马克思政治哲学不同理论指向、不同思想界面、不同理论维度、不同立论前提、不同规范标准之间的差异性和互补性，体现的是马克思考察不同历史环节所确立起来的一种有序的层级结构。一言以蔽之，这种反差、“前后不一致”和“自相矛盾”并没有牺牲马克思政治哲学在理论上的自洽性，相反，这深刻表明马克思政治哲学乃是一个具有宽广的解释力，既能上得去又能下得来，既能面对过去又能面对未来的历史性理论。由此说来，阿伦特的上述见解，即马克思政治哲学存在无法化解、弥合的逻辑和思想矛盾，是完全站不住脚的。

实质上，阿伦特对马克思政治哲学的误解是深层次的、根本性的和全方位的。如果说上述误解，是阿伦特对马克思的三个命题及其所表征的政治哲学在整体上的一个错误解读，那么，她对每一个命题的理解和阐释，实质上也都存在着致命的“硬伤”。

二、马克思对劳动的赞颂从根本上违背了自由原则吗?

众所周知，阿伦特是一个擅长构建和区分概念的政治哲学家，她的许多原创性观点，都是由此而来的。在《人的境况》中，阿伦特就将人类活动在概念上做了三重区分，分别是劳动（labor）、工作（work）和行动（action）。阿伦特认为，对于政治之本质的理解，必须要从这三个概念出发。具体地说，政治的本质之一就是自由，而自由就存在于行动之中。行动有两个特点：一是复数性，二是不可预见性。行动的这两个特点，就决定了它不是远离自由的一种人类活动，而是自由之可能的必要条件。然而，作为一种特定的人类活动形式，劳动并不具备行动的任何一个特质。具体地说，“劳

1〔美〕阿伦特:《过去与未来之间》，王寅丽、张立立译，译林出版社，2011，第20页。

动是与人身体的生物过程相应的活动，身体自发的生长、新陈代谢和最终的衰亡，都要依靠劳动产出和输入生命过程的生存必需品。劳动的人之境况是生命本身”[1]。这个情况决定了，由劳动所维系的领域，乃是一个与自由格格不入的必然性领域，“强制性”和“奴役性”乃是劳动的本质之所在。正是因为如此，崇尚自由的古希腊人才将劳动视作一种等而下之的、外于政治领域的活动，从而没有将劳动概念安置在政治哲学中予以特别考察。

依阿伦特的理解，行动固然是把握政治的最根本出发点，但在马克思的政治哲学中，行动却并不占有一席之地，相反劳动才是最核心的概念。“劳动创造了人本身”这个命题，就显而易见地表明了这一点，因为这个命题所暗含或折射的一个意思，就是马克思对劳动的赞颂。对劳动的赞颂虽然是近代之后的一个整体性事件，而不是马克思一个人的事情，但马克思却无疑是将劳动推向最高点的人。马克思对劳动的赞颂虽然对于工人阶级的政治解放具有重大意义，但却在根基上疏离了政治的原初意义，特别是违背了自由这个最具本质性的政治原则。“马克思在把劳动作为人类最重要的活动的时候，从传统来看，他并不是把自由的人、却是把强制的人作为人类来论说的。当进一步说到统治他人的人也是不自由的时候，他一边约定所有的人都拥有自由，一边否定所有人拥有的自由。”[2]

以上是阿伦特对“劳动创造了人本身”这个命题所做的进一步阐释，其核心点就是认为，马克思对劳动的赞颂从根本上违背了自由原则。从阿伦特自己的概念体系来看，她的这个观点似乎是可以成立的。但阿伦特并没有认识到这样一个问题，即马克思所讲的劳动与她所讲的劳动并不是同一个层次上的概念，前者具有比后者远为丰富而宽广的哲学和政治意蕴。阿伦特之所以会有这个认识上的盲点，原因之一在于，她与她的同时代政治哲学家施特

1〔美〕阿伦特：《人的境况》，王寅丽译，上海人民出版社，2009，第 1 页。

2〔美〕阿伦特：《马克思与西方政治思想传统》，孙传钊译，江苏人民出版社，2012，第 14 页。

劳斯一样，在理解马克思政治哲学上都犯了一个原则性错误，这就是只看到了马克思政治哲学与近现代西方政治哲学的同质性，而没有意识到前者对后者所构成的突破性推进和革命性转换。

具体到劳动问题，阿伦特认为，从历史来看，对劳动的赞颂，是近代之后随着经济活动从私人领域进入公共领域，从而随着“社会”这个以经济活动为内容的独特领域的兴起而形成的一个必然现象。所以与此相应，劳动概念在理论上的升格，大致来看始自英国古典经济学传统，而亚当·斯密具有奠基性意义。马克思在对劳动予以赞颂的程度上固然超出了前时代人，但其劳动概念追根溯源，还是植根于斯密所开创的英国古典经济学传统。由此而论，如果说英国古典经济学所讲的劳动是以物质需要和经济生产为前提的，故而从一开始就固定在自然生命这一必然性的层面上，那么马克思的劳动概念同样摆脱不了这个宿命。在我看来，阿伦特的这个解读，是一个极其明显的误读。误读的关键点，无疑就是模糊和遮蔽了马克思与英国古典经济学传统之间的根本断裂。马克思与英国古典经济学传统之间的断裂，不仅体现为前者用关于社会生产关系和资本批判的经济学（以《资本论》为代表），取代了后者关于致富术的经济学（以《国富论》为代表），同时也体现为前者用存在论或本体论意义上的劳动概念，取代了后者抽象化的劳动概念。

英国古典经济学中的劳动概念之所以是抽象的，不只是因为亚当·斯密及其后继者们总是在抽象一般的层面上来阐释劳动的价值，从而将之认定为社会财富的最终创造者，而且也是因为在这种对劳动的认定中，人类丰富多样的感性存在，统统抽象为干瘪的、仅有物质性意义而没有精神性意义的实存。对于这种抽象化的劳动概念，马克思始终保持一种批判的态度。不过，马克思的批判有一个至关重要的思想根源，这就是黑格尔在“精神现象学”的层面上对劳动概念所做出的本体论阐释和建构。要理解黑格尔的这一工作，就需要回到“实体即主体”这个著名论断。从这个论断来看，精神作为实体，最终是要经由“自我意识”的自为塑造，亦即经由具体的、有差异性的人类活动得到实现和展现的。精神得到实现和展现的这个过程，也就是黑格尔所讲的以实践为载体的辩证法在逻辑上的一个展开过程。由于劳动在这个过程中所具有的意义并不在于解决了人们物质上的这种或那种需要，而在于使人们在精神的视野下创造出了既属于自己也属于他人的生活世界，所以正如卡尔·洛维特所说，劳动对黑格尔来说，“既不是特殊意义上的体力劳动也不是特殊意义上的脑力劳动，而是在绝对本体论的意义上充满精神的”[1]。

黑格尔的劳动概念深刻影响了马克思。在《1844年经济学哲学手稿》中，马克思有这样一段人们耳熟能详的论述：“黑格尔的《**现象学**》及其最后成果——辩证法，作为推动原则和创造原则的否定性——的伟大之处首先在于，黑格尔把人的自我产生看做一个过程，把对象化看做非对象化，看做外化和这种外化的扬弃；可见，他抓住了**劳动**的本质，把对象性的人、现实的因而是真正的人理解为人**自己的劳动**的结果。人同作为类存在物的自身发生**现实的**、**能动的**关系，或者说，人作为现实的类存在物即作为人的存在物的实现，只有通过下述途径才有可能：人确实显示出自己的全部**类力量**——这又只有通过人的全部活动、只有作为历史的结果才有可能——并且把这些力量当做对象来对待，而这首先又只有通过异化的形式才有可能。”[2]在这段论述中，马克思不但敏锐地洞察到了黑格尔劳动概念的本体论意蕴，而且正确地指出了这一本体论的最重要环节或实质就是外化或对象化（人们在劳动中，总是以对象化的形式来创造自己的生活世界的）。在解读黑格尔劳动概念的基础上，马克思将人直截了当地界定为对象性的人，同时在概念层面将劳动界定为一种对象性活动。如同黑格尔，马克思并没有把对象性活动仅仅

1〔德〕卡尔·洛维特：《从黑格尔到尼采》，李秋零译，生活·读书·新知三联书店，2014，第357页。

2《马克思恩格斯文集》第1卷，人民出版社，2009，第205页。

指示为劳动，毋宁说他的这个概念同时也指涉劳动之外的其他活动类型，但在马克思以及黑格尔的语境中，劳动则无疑是最基始、最根本、最重要的对象性活动。不过，与黑格尔大为不同，马克思并未把对象性活动解释为精神实体实现和展现自我的方式与过程，而是在参照费尔巴哈的基础上，将之阐释为作为“类存在物”的人实现和确证自己类本性的方式与过程。所以与此相对应，在马克思的阐释结构中，劳动作为一种对象性活动的本质性内涵，就在于通过确证人根本有别于动物的自由本性（即类本性）来彰显其存在论或本体论意义。如果说这个情况充分表明，马克思以吸收黑格尔的思想为前提所建构的劳动概念，归根结底也是一个存在论或本体论概念，那么从内容来看，这个存在论或本体论概念的最高问题，就是自由。如果说马克思政治哲学不同于西方规范性政治哲学的一个重要方面，在于它存在两个既不同又融通的理论指向和理论维度——现实性指向和维度以及超越性指向和维度，那么，作为马克思劳动概念最高问题的自由，就对应着其政治哲学的超越性指向和维度，大致相当于“人的自我实现”。

马克思基于以自由为最高问题的劳动概念对英国古典经济学传统中抽象劳动概念的批判，是他与后者分道扬镳的一个根本标志，也是近代之后在劳动问题上所发生的最深刻的理论革命之一。我们都知道，马克思批判英国古典经济学的一个核心“靶子”，是劳动和资本的对立及由之而造成的私有财产关系的运动。人们通常会认为，劳动和资本的对立所反映出的关系，仅仅就是作为劳动者的工人与作为非劳动者的资本家在财产和财富占有上的剥削关系，但实质上，这个对立所反映出的另外一种关系，就是劳动作为确证和实现人之自由本性的根本方式与劳动作为维系生命的基本手段之间的紧张关系。劳动作为维系生命的基本手段，在最直接的意义上，关涉到吃、喝、住、穿等基本物质需要以及为满足这些需要所进行的生产。马克思固然强调这些需要在人类社会发展中的基础性意义，并将生产物质生活本身的活动称为“第一个历史活动”和“一切历史的基本条件”[1]，但马克思的这个观点包含了一层容易被人们忽视的深意，这便是，物质需要及相关生产活动的重要性对马克思而言，主要是一个事实性的发现而非价值性的建构（恩格斯在《在马克思墓前的讲话》中指出，马克思发现了人们首先必须吃、喝、住、穿然后才能从事其他活动的事实），所以，如果说马克思因为这个发现了而切近了历史并创立了历史唯物主义理论，那么，他并没有因为这个发现而将作为维系生命基本手段的劳动认定为第一位的人类活动形式。除了创立历史唯物主义，马克思做的另外一项工作，就是在维系生命基本手段的劳动基础上，建构起存在论或本体论意义上以自由为最高问题的劳动概念。这一点，决定了马克思对英国古典经济学予以批判的基本立场。在马克思看来，英国古典经济学将劳动抽象化为财富和资本的唯一本质，实质上也就把劳动降格为维系生命的基本手段。英国古典经济学的这个做法并未抓住人的机能，而仅仅是抓住了吃、喝、生殖等动物的机能。“吃、喝、生殖等等，固然也是真正的人的机能。但是，如果加以抽象，使这些机能脱离人的其他活动领域并成为最后的和唯一的终极目的，那它们就是动物的机能。”[2]英国古典经济学的错误之一，就在于忽略了作为类存在物的人的自由本性以及在对象性活动中来自为地展现这种自由本性的可能性，进而混淆了人的机能和动物的机能以及人的生产与动物的生产。所以，亚当·斯密及其后继者们虽然口口声声地在表面上承认人的独立性、自由和价值，但在实质上，却以最为彻底的方式否定和疏离了人。

根据阿尔都塞的“断裂论”，马克思对英国古典经济学的上述批判，似乎只是表达了在以《1844年经济学哲学手稿》为核心的早期文本中，在费尔巴哈的基点上所形成的一种以“类”概念为前提的、不成熟的想法，因而

1《马克思恩格斯文集》第1卷，人民出版社，2009，第531页。
2《马克思恩格斯文集》第1卷，人民出版社，2009，第160页。

不能代表马克思对劳动问题的实质性看法。但毋庸置疑的是，在后来的《德意志意识形态》与《资本论》及其相关手稿中，马克思以自由为最高问题对劳动所做的本体论预设，也都没有发生任何改变。在《德意志意识形态》中谈到“分工”时，马克思和恩格斯曾这样说道：“当分工一出现之后，任何人都有自己一定的特殊的活动范围，这个范围是强加于他的，他不能超出这个范围：他是一个猎人、渔夫或牧人，或者是一个批判的批判者，只要他不想失去生活资料，他就始终应该是这样的人。而在共产主义社会里，任何人都没有特殊的活动范围，而是都可以在任何部门内发展，社会调节着整个生产，因而使我有可能随自己的兴趣今天干这事，明天干那事，上午打猎，下午捕鱼，傍晚从事畜牧，晚饭后从事批判，这样就不会使我老是一个猎人、渔夫、牧人或批判者。社会活动的这种固定化，我们本身的产物聚合为一种统治我们、不受我们控制、使我们的愿望不能实现并使我们的打算落空的物质力量，这是迄今为止历史发展中的主要因素之一。”[1] 马克思和恩格斯在这段论述中将由分工所带来的职业上的固定视为一种强制，并憧憬在共产主义社会中以兴趣为中心的、充满诗意的生活方式。这充分说明马克思在清算费尔巴哈的影响、走上历史唯物主义创建之路后，依然没有把维持生命的、从属于必然领域的、具有奴役性的劳动，论定为在价值上最重要的人类活动，而是始终在本体论的层面，思考如何通过作为对象性活动的劳动来解决存在与本质、自由与必然之矛盾的问题，换言之，他始终在思考如何通过劳动来确证人的自由本性的问题。在《资本论》中讨论到“劳动过程”时，马克思虽然将劳动界定为“人和自然之间的过程，是人以自身的活动来中介、调整和控制人和自然之间的物质变换的过程”[2]，但他同时特意强调，他所考察的是“专属于人的那种形式的劳动”，而非蜘蛛、蜜蜂等动物的本能式的活动。

1《马克思恩格斯文集》第 1 卷，人民出版社，2009，第 537 页。

2《马克思恩格斯文集》第 5 卷，人民出版社，2009，第 207—208 页。

在《1857—1858 年经济学手稿》中对古代世界与现代世界进行比较时，马克思着重指出，人"表现为生产的目的"的古代世界，要比"生产表现为人的目的，而财富则表现为生产的目的"的现代世界崇高很多，而后者在相形之下则是鄙俗的。[1] 马克思在系统研究政治经济学、写作《资本论》时期的这些思想和话语，或直接或间接地告诉我们，他在劳动问题上自始至终都没有汇入英国古典经济学传统，而是一直保持着对生物、生命、财富意义上劳动概念的批判态度，同时也一直执守着劳动作为一种对象性活动的本体论承诺——实现人的自由个性。

以上论述确凿无疑地表明，阿伦特对马克思劳动概念的理解是极其肤浅和表层化的。她并没有从形形色色的现代劳动理论中甄别出马克思的独特思想创造，特别是没有看到马克思与英国古典经济学家在劳动问题上所形成的重大分殊。当她用自己为劳动所下的千篇一律的定义来将马克思僵固地划定在排拒行动、背离自由、疏远政治本质的传统中时，她完全遮蔽了这样一个问题，即马克思恰恰是在自由的基点上，来对劳动予以高度赞颂的。马克思语境中的这个自由虽然并不完全等同于阿伦特所诉求的自由，但它无论如何都不可能导向阿伦特为劳动所贴定的标签——强制性和奴役性，相反它正是以消解强制性和奴役性为根本前提的。阿伦特对马克思政治哲学在劳动问题上的深深误解，由此可见一斑。

三、马克思应当为 20 世纪的极权主义负责任吗？

在阿伦特看来，如果说马克思的上述第一个命题——劳动创造了人本身——折射出的是他对劳动的赞颂，那么与此相类似，他的上述第二个命题——暴力是每一个孕育着新社会的旧社会的助产婆——折射出的则是他对暴力的赞颂。无论是对劳动的赞颂还是对暴力的赞颂，马克思都把对于传统

1《马克思恩格斯文集》第 8 卷，人民出版社，2009，第 137—138 页。

的反叛推向极致，因为在传统社会例如在古希腊城邦社会，劳动和暴力都是外在于政治本质的东西。如果说劳动具有排斥自由的强制性和奴役性，那么暴力也具有这样的特征。而自由作为政治的本质，意味着良性的政治不是借助于劳动和暴力，而是借助于语言，以言谈的方式来处理人们的事务的。如同对劳动的赞颂，马克思同样不是第一个将暴力指认为可以登堂入室的权力形式并对其在理论上加以肯定和赞颂的人，毋宁说早在马克思之前，马基雅维利和霍布斯就已经这么做了。但马克思之前的这两位政治哲学家在此问题上所产生的影响，并不能与马克思相提并论。马克思对暴力予以赞颂的影响，不止于19世纪，而是一直延伸到20世纪，尤其是对20世纪极权主义的形成产生了潜移默化的影响。

根据阿伦特的分析，“从暴力到极权主义”并不是一个直接的等式，而是一个以“制作”（making）为中介的关系式。在阿伦特的概念体系中，“制作”是“工作”的开展方式，其基本含义是，人们在一个固定观念的引导下，以技艺人的角色来制造己所欲求的、具有恒久性与稳定性的物品和世界。以阿伦特之见，制作虽然同样不能体现政治的本质，但在历史经验中，它却是在政治现象背后起到支配性作用的一种思维形式，特别是作为政治现象的暴力和极权主义，都要归结到制作。

就暴力来说，阿伦特认为，其最直接含义无疑是武力、战争和革命等，但其最深层的思维根源，却正是看似与“暴力”的字面意思完全无关的“制作”。对于这一点，阿伦特在《人的境况》中有一个明确的指认：“在以制作来解释行动的政治规划和思考中，暴力一直扮演着重要角色（没有暴力，制造就无法进行）；……只有现代的这一信念——人所能知道的只是他制造的东西，他所谓的更高能力取决于制作，从而他首先是一个技艺人而非一个理性动物（animal rationale）的信念，才引出了在所有把人类事务领域当成一个制造空间的阐释中固有的暴力内涵。这种状况在一系列作为现代典型特征的革命中表现得尤为惊人，所有革命（美国革命除外）都显示了对建立一个新政治体的古罗马式的热情，和把暴力作为‘制造’它的唯一手段的颂扬。”[1] 在这段文字中，阿伦特实际上不仅将制作指认为暴力的思维根源，同时也反过来将暴力指认为制作的前提和条件。

进而言之，在阿伦特看来，不仅是暴力，极权主义这一 20 世纪独特政治现象的思维根源之一，也是制作。对于此，阿伦特在《过去与未来之间》中是这样说的：“在我对于极权主义的研究中，我试图表明，极权主义现象，尽管具有令人震惊的反功利主义特征和不可思议的对现实的漠视，但分析到最后，它建立在这样的信念基础上：任何事都是可能的，不仅仅是可允许的，不论在道德上还是在其他方面，就像早期虚无主义的情形一样。极权主义体系想要证明，行动可以以任何假设为基础，在融贯一致的行动推演中，特殊的假设会变成真的，会变成实际存在的现实。作为融贯行动之出发点的假定可以要多疯狂有多疯狂；行动总是以制造事实为结束，而事实到那时总是‘客观’真实的。于是，最初仅仅是个假设，可以被实际的事情证实或证伪的东西，在融贯行动的推演中变成了一个永远无法反驳的事实。换句话说，作为演绎出发点的公理并不需要像传统形而上学和逻辑学认为的那样，是一个自明真理；它也根本不需要符合在行动一开始被给定的客观世界内的事实；行动的过程如果是融贯一致的，它就会发展下去，直至创造出一个世界，在这个世界内，假设变成了公理性的和自明的。”[2] 在这段论述中，阿伦特将极权主义描述为一个根据某种假设来制造事实的融贯一致的过程，其实也就是将之界划为一个以制作为模型的政治形式，因为如果正像阿伦特所界定的，制作的根本特征在于它既有明确的开端又有明确的、可预见的结果[3]，那么作为一个过程的极权主义，与制作的这个特征是完全相符合的——假设

1〔美〕阿伦特：《人的境况》，王寅丽译，上海人民出版社，2009，第 177 页。

2〔美〕阿伦特：《过去与未来之间》，王寅丽、张立立译，译林出版社，2011，第 83—84 页。

3〔美〕阿伦特：《人的境况》，王寅丽译，上海人民出版社，2009，第 110 页。

构成了开端，事实构成了可预见的结果，从假设到事实的融贯一致性也就是从开端到结果的可预见性。

阿伦特考察暴力与制作以及制作与极权主义之间内在关联性的主要目的之一，就在于从马克思主义中追溯和寻找20世纪极权主义的起源。在阿伦特看来，如果说几乎所有的暴力概念都对应着一个制作层面上的核心信念，那么，马克思的暴力概念所对应的制作层面上的核心信念，就是“人创造历史”。用阿伦特的话说就是，“马克思的名言‘暴力是每个孕育新社会的旧社会的助产婆’，即暴力孕育了历史和政治的所有变革的看法，只是对整个现代所持信念的概括，并且引出了这个时代最核心信念的推论，那就是历史是人‘创造’的，正如自然是上帝‘创造’的一样”[1]。阿伦特认为，马克思虽然没有诚心制造一种极权主义的思维形式，但“人创造历史”这个制作层面上的信念却表明，在其对暴力的赞颂中已经包藏了导致极权主义的危险要素：“只有作为意识形态的马克思主义是将（西欧）传统与极权主义的统治形态连接起来的中介物，这一点是没有疑问的。假如没有马克思主义，要从西欧传统血脉中直接推导出极权主义的许多尝试，即使不是徒有其表，也是没有说服力的。它们往往一边粗率地表面上放弃了马克思的名字，一边在无意识中接受其学说带来的东西。”[2]“今天马克思思想的影响极大，也是因为这个事实，而且这也说明了他为什么会在一定程度上为极权主义统治发挥作用。”[3]

如果将阿伦特对马克思的上述分析与指控概括为一句话，即马克思（特别是马克思对暴力的赞颂）应当为20世纪的极权主义负责任，那么在我看来，阿伦特的这种分析和指控完全是建立在对马克思的严重误读和曲解基础上的。为什么？

1〔美〕阿伦特：《人的境况》，王寅丽译，上海人民出版社，2009，第177—178页。
2〔美〕阿伦特：《马克思与西方政治思想传统》，孙传钊译，江苏人民出版社，2012，第7页。
3〔美〕阿伦特：《马克思与西方政治思想传统》，孙传钊译，江苏人民出版社，2012，第12页。

我们再来看阿伦特在《过去与未来之间》中的一段针对马克思的话："马克思'创造历史'观念的影响大大超出了深信不疑的马克思主义者们和坚定的革命者们的圈子。……马克思将这一历史观念与现代早期的目的论政治哲学相结合，于是，按照历史哲学家的说法，'更高目的'是只对历史学家和哲学家向后回顾的眼光揭示出来的东西，在他的思考中，就能变成政治行动有意图的目的。……将未知、不可知的'更高目的'转化为有计划、有意志的意图的危险在于，意义和意义性（meaning and meaningfullness）被转化成了目的。这就是当马克思把黑格尔式的全部历史意义——自由理念的逐步展开和实现——转化为人类行动的目的，并且为了和传统一致，他进而把这个最终'目的'视作一个制造过程的最终产品时发生的事情。"[1] 从这段话可以看到，阿伦特之所以把马克思"人创造历史"认定为制作层面上的、与极权主义存在关联的一个信念，就是因为以她之见，在马克思的这一信念中，包含了一个用以指导人类行动和制造未来历史的、既构成开端又构成最终结果的"目的"。这意味着，阿伦特对马克思的批评，是建立在"目的主义"这个立论基点上的，亦即在她看来，马克思的历史主义归根结底是一种目的主义，或者用更符合阿伦特见解的用词，就是"以本质主义为前提的目的主义"。这种目的主义的基本展开，就是"为了……目的"的行为模式。

实质上，判断一个学说是否从属于以本质主义为前提的目的主义，关键要看其所遵从的是不是思维和存在相同质的理论结构，因为只有在思维和存在的同质性中，观念的东西才有资格成为支配历史的本质和目的，或者说，当观念的东西拥有这种支配历史的资格时，就必然会造成思维和存在的同质性。在哲学史上，柏拉图和黑格尔所建立的，都是思维和存在相同质的理论结构（当然，对于柏拉图而言，思维和存在相同质的前提是思维和存在相异质）。所以，将柏拉图和黑格尔的历史主义界定为以本质主义为前提的目的

1〔美〕阿伦特：《过去与未来之间》，王寅丽、张立立译，译林出版社，2011，第 74 页。

主义，是顺理成章的事情。然而，与柏拉图和黑格尔断然有别，马克思在康德的基础上、在实践哲学的视野内所建立的，则是思维和存在相异质的理论结构。我们知道，关于这一理论结构的最经典论述，来自马克思和恩格斯写于 1844 年 9—11 月的《神圣家族》中的下面这段话："'**宗教世界作为宗教世界**'只是作为**自我意识**的世界而存在，所以批判的批判家——职业的神学家——无论如何也不可能想到，竟然有这样一个世界，在那里**意识**和**存在**是不同的，而当我只是扬弃了这个世界的思想存在，即这个世界作为范畴、作为观点的存在的时候，也就是说，当我改变了我自己的主观意识而并没有用真正对象性的方式改变对象性现实，即并没有改变我自己的**对象性**现实和其他人的对象性现实的时候，这个世界仍然还像往昔一样继续存在。因此，**存在**和**思维**的思辨的**神秘的同一**，在批判那里作为**实践**和**理论**的同样神秘的同一重复着。因此，批判怒气冲冲地反对那种还想同理论有所区别的实践，同时也反对那种还想同把某一特定**范畴**变成'**自我意识的无限普遍性**'的做法有所区别的理论。批判本身的理论仅限于把一切确定的东西（如国家、私有财产等）宣布为自我意识的无限普遍性的对立物，因而也就把它们宣布为微不足道的东西。其实恰好相反，必须加以说明的是，国家、私有财产等怎样把人变为抽象概念，或者它们怎样成为**抽象的**人的产物，而不是成为单个的、具体的人的现实。"[1] 特别要注意的是，马克思和恩格斯在这段话中所表达的思维和存在相异质的理论结构，不仅针对业已完成和定格的历史与现实，而且也针对尚未到来和展开的历史与现实。换言之，马克思和恩格斯不仅要求运用这一理论结构来把握过去和现在，而且也要求运用这一理论结构来看待未来。由此可以看到，马克思在历史主义上所真正持有的观点是，脱离现实实践的先在观念并不能成为认识历史本质和规定历史行动的先验前提，历史只能在以理论为中介的实践活动中逐步展开其本质。马克思的这

1《马克思恩格斯文集》第 1 卷，人民出版社，2009，第 358 页。

个观点表明，他虽然在继承维科－黑格尔传统的基础上树立起了“人创造历史”这一基本信念，但他绝没有由此而建立起一种以本质主义为前提的目的主义，从而也绝没有由此而将历史认定为“为了……目的”的制作过程，相反这种目的主义和制作过程，恰好是马克思要极力批驳和反对的东西。这正如他和恩格斯在《神圣家族》中所指出的，“其实，正是**人**，现实的、活生生的人在创造这一切，拥有这一切并且进行战斗。并不是‘历史’把人当做手段来达到**自己**——仿佛历史是一个独具魅力的人——的目的。历史**不过是**追求着自己目的的人的活动而已”[1]。

当然，说马克思的历史主义不是一种建立在思维和存在相同质基础上的、以本质主义为前提的目的主义，并非要否认其哲学理论设计中“目的”的部分，相反我认为马克思政治哲学乃至其全部哲学的特色之一，就在于承认并确立起了既具有批判性又具有规范性的“目的”。综合来看，马克思所讲的“目的”包括两个方面：一是展现在人类历史活动中并推动历史不断运转的“目的”，二是表达马克思形而上学关怀并具有最高规范性意义的“目的”。前者实质上就是人们创造自己历史的自由意志，而后者实质上就是马克思所确立的“人的解放”这个对他而言唯一的乌托邦承诺。然而毋庸置疑，这两个方面的“目的”都不能在理论上被归结为以本质主义为前提的目的主义，这是因为，其一，作为人们创造自己历史的自由意志，第一个方面的“目的”在马克思看来并不具备本质主义那种首尾一贯的不变性要求，相反它由于受到“既定的、从过去承继下来的条件”的约束而展现出时代性和世代性变换的特点；其二，作为马克思唯一的乌托邦承诺，第二个方面的“目的”也并没有像本质主义那样为历史提供一个可供推测的原点，相反它由于设立了“人的解放”这个具有历史批判性的价值视角而又深刻地展现出一种“反乌托邦”的思想倾向（这与马克思的乌托邦承诺并不矛盾）。

1《马克思恩格斯文集》第1卷，人民出版社，2009，第295页。

如果以上论述充分表明，马克思的历史主义并非像阿伦特所认定的那样是一种以本质主义为前提的目的主义，那么阿伦特对马克思的指责与批判——马克思应当为20世纪的极权主义负责任——就必然是一个根本站不住脚的低级错误。阿伦特之所以会犯这样一个错误，原因之一，大概就在于她没有对马克思的文本做出真正深层次的、全方位的解读。

四、马克思“实现哲学”的思想终结了政治哲学的传统吗？

如果说阿伦特对马克思政治哲学的第二和第三个误解，分别来自她对马克思上述第一和第二个命题的片面审视与错误解读，那么她的第四个误解，则直接来自她对马克思上述第三个命题——哲学家们只是用不同的方式解释世界，问题在于改变世界——的片面审视与错误解读。在阿伦特看来，马克思在《关于费尔巴哈的提纲》中所提出的这个命题，实际上是对其在《〈黑格尔法哲学批判〉导言》中所提出的“**不使哲学成为现实，就不能够消灭哲学**”[1]这个说法的一个改写，所以这个命题的核心思想，就是“使哲学成为现实”或“实现哲学”。

尽管如上所述，阿伦特将马克思理论工作的核心认定为政治哲学，但在她看来，马克思第三个命题所表达的“实现哲学”的思想，实质上意味着政治哲学传统的历史性终结。对于这个悖谬性的观点，阿伦特在《过去与未来之间》中是这样阐述的：“我们的政治思想传统有一个明确的开端和终结，它开始于柏拉图和亚里士多德的教导，我相信，这个传统在卡尔·马克思的理论中差不多到了一个明确的终点。当柏拉图在《国家篇》的洞穴比喻中，将人类事务（human affairs）领域，即所有属于生活在共同世界中之人的事务，描述为黑暗、混乱和欺骗的时候，我们的传统就此发端。人类事务领域是如此混乱不堪，以至于那些渴求真正存在的人如果想发现永恒理念的

1《马克思恩格斯文集》第1卷，人民出版社，2009，第10页。

澄澈天空，就必须远离并弃置这一领域。当马克思宣布哲学及其真理不是处在人群事务及他们的共同世界之外，而是恰恰就处在人群事务及共同世界当中，并且只有在共同生活的领域中‘实现’[他将该领域称为‘社会’，基于‘社会化的人’（vergesellschaftete Menschen）的出现而存在] 的时候，政治思想传统就到达了它的终点。政治哲学必然暗含着哲学家对于政治的态度；其传统肇始于哲学家厌弃政治，之后又为了将他的标准强加于人类事务之上而回归政治。而当一个哲学家厌弃哲学以便将他的哲学‘实现’在政治当中的时候，这个传统的终结就来临了。后一种正是马克思的尝试，这个尝试首先表现在他放弃哲学的决定（这一决定本身是哲学性的）中，之后又表现在他‘改变世界’并由此用哲学武装人们的头脑，亦即改变人们‘意识’的意图中。”[1]

分析以上引文可知，阿伦特指认马克思“实现哲学”的思想终结了政治哲学的传统，是基于以下两个相互关联的理由：一是自柏拉图以来，政治哲学是在严格界划理论与实践、哲学与人类事务领域的前提下确立起来并形成一种传统的；二是自柏拉图以来，政治哲学是在真理的界面而非意见的层面上确立起来并形成一种传统的。根据阿伦特的阐释逻辑，由于马克思“实现哲学”的思想既打破了理论与实践、哲学与人类事务领域之间的界限，又存在将真理世界与意见世界加以混淆的倾向，所以将他指认为政治哲学传统的终结者，无论如何都是顺理成章的事。

如果说阿伦特的这种指认又一次折射出她对马克思政治哲学的根本性误解，那么这种误解就分布在上述两个理由当中。由此也可以说，阿伦特的这个根本性误解不是单向度的而是双重的：一是没有洞见和把握政治哲学中理论与实践、哲学与人类事务领域的真实关系；二是没有发现和领会马克思政治哲学在真理问题上的独特切入方式和展开路径。

1〔美〕阿伦特：《过去与未来之间》，王寅丽、张立立译，译林出版社，2011，第 13—14 页。

我们先来看第一重误解。毋庸置疑，阿伦特的这两个理由暗含着她对政治哲学的基本界定。从第一个理由来看，阿伦特实质上将政治哲学界定为一种远离并高于现实政治实践和人类事务领域、处在“这个世界之外”的哲学理论。以柏拉图对感性与理性或者感性生活世界与超感性理念世界的二元划分为参照系，阿伦特对政治哲学所做的这个界定似乎是极其深刻的。然而，阿伦特的致命缺陷在于没有提炼出这样一个贯穿于政治哲学史的问题，即自古代至近代再到当代，政治哲学始终存在一个从理论到现实、从价值观念之设计到社会政治制度之设计的过渡。换言之，政治哲学作为一门现实感很强的实践哲学，并不总是表现出一种“孤芳自赏”和“清高自傲”的理论姿态，而是会把介入和参与现实作为与纯粹的理论哲学相区别的重要品格和能力。由此我们可以看到，柏拉图将哲学界定为感性生活世界之外的思想，不是要在“思”与“行”的分离中，来堵住理论介入和参与现实的通道，反而是要通过提升“思”的高度来加强理论介入和参与现实的能力。进而言之，柏拉图对于最佳政制的思考，不是要以理念的方式来建立一个人类永远无法企及的理想王国，而是要通过建立一个理想王国，来为现实政治提供可以不断改进的范本。如果说以柏拉图为代表的古人已经为政治哲学赋予了介入和参与现实的品格和能力，那么这一做法也为后来人讨论政治哲学确立了一个基本模型。霍布斯、洛克之后的近现代政治哲学逐步放弃了古典政治哲学在形而上学意义上关于最佳政制的思考，并将论题转换为关于合法的所有权及以之为前提的正义问题的辨析和阐释，但政治哲学介入和参与现实的品格和能力却并没有由此而遭到摈弃，相反在政治哲学家与现实政治的复杂互动中得到了凸显和强化。正是因为这一点，才有了罗尔斯在《政治哲学史讲义》中所提出的如下问题：政治哲学在何种意义上以何种方式介入并影响日常政治的结果？而对于该问题，罗尔斯所给出的最重要回答是，由于政治哲学经常讨论的是涉及民主公民之基本权利和自由的宪法问题，所以它在具有司法复审制度的体制中，特别是在宪法问题上，往往扮演着重要的公共角色。[1]罗尔斯的这个回答表明，政治哲学介入和参与现实的品格和能力，在他看来主要就表征和体现在关于权利和自由的规范性理论与具体的法律制度之间的张力关系中。具体言之，这一张力关系的基本展开，就在于“将政治哲学讨论的权利、自由等问题转化到宪法中，由此从法律制度层面来保护这些属于现代人政治生活的基本构件，进而把政治哲学的基本主张转换为具体的、可操作的政治制度”[2]。

以上论述以无可辩驳的事实表明，政治哲学不仅没有像阿伦特所界定的那样，是“这个世界之外”的纯粹理论，相反它构成了“这个世界”最深刻的理论反思水平之一，是对“这个世界”所做的根本性修缮和补充，这是政治哲学作为一种理论与现实世界之间应有的张力关系。不过，需要进一步说明的是，从柏拉图直到罗尔斯的思想史来看，政治哲学与现实世界之间的张力关系，并不是以理论与现实的完全等同为前提的，而是以这两者的“分开”为前提的，因为只有在两者“分开”的前提下，政治哲学才既能够保持理论的反思性本质，又能够由此而为现实世界提供思想主张，并实现向现实世界的过渡。作为一位实践哲学家，马克思将哲学指认为一种世界化或现实化的理论，甚至将之直截了当地指认为一种现实的历史运动，这是其“实现哲学”思想的题中应有之义。马克思对哲学的这一指认无疑以最为彻底的方式彰显了理论介入和参与现实的品格和能力，但人们容易据此而认为马克思有一种将理论与现实加以等同化处理的倾向，这也是阿伦特指责马克思的理由之一。但实质上，正如海德格尔曾经指出的那样，马克思所讲的实践是通过一个关联于黑格尔哲学的确切理论想法而被规定的，所以马克思提出“实

1〔美〕罗尔斯：《政治哲学史讲义》，杨通进、李丽丽、林航译，中国社会科学出版社，2011，第5页。

2 李佃来：《施特劳斯、罗尔斯、马克思：政治哲学的谱系及其内在关系》，《中国人民大学学报》2014年第4期。

现哲学”的要求，并不是要取消理论之于现实的相对独立性，而是要以深刻的理论反思为条件，来将哲学的事业兑现为历史的事业。由此可以看到，马克思“实现哲学”的思想并没有消解政治哲学在理论与现实这两个端点之间所建立起的张力关系，从而也没有如阿伦特所解读的那样，历史性地终结了政治哲学的传统。

我们再来看第二重误解。从阿伦特所倚重的第二个理由来看，她不仅将政治哲学界定为“这个世界之外”的理论，而且也将之界定为真理的世界而非意见的世界。如果说阿伦特的第一个界定映射出她在把握政治哲学史上的某种“欠缺”，那么有趣的是，其第二个界定却透显出她在理解政治哲学上卓越的思想智慧。因为不争的事实是，政治哲学虽然从总体上从属于有别于理论哲学的实践哲学，但与理论哲学的问题往往又存在着深刻的内在关联性。作为理论哲学问题之一的真理，虽然通常被人们指示为外在于政治哲学的一个问题，但其实在上至苏格拉底和柏拉图、下至罗尔斯和哈贝马斯的思想长河中，真理常常构成政治哲学的前提或核心。在真理的制高点上来把握政治哲学的必要性在于，政治哲学是一门为现实的政治生活提供优良价值理念的规范性科学，而其所提供的价值理念及做出的规范性论证和说明，在某种意义上既要符合“善”的要求，也要符合“真”的要求。只追求“善”而不追求“真”的政治哲学理论，要么会因为缺乏长久的思想生命力而在现实情境的变化中走向枯竭，要么会因为缺少现实的社会历史根基而无法成为被人们普遍认同和接受的信念。所以，真理对于政治哲学而言具有双重重大意义：一是为政治哲学赋予长久的思想生命力，二是为政治哲学确立社会历史根基。以苏格拉底和柏拉图为代表的古希腊人所看重的是前者，而以黑格尔、罗尔斯和哈贝马斯为代表的近现代政治哲学家所看重的是后者。

由此而论，阿伦特对马克思的误解，绝不在于她将政治哲学界定为真理世界本身，而在于她从这个深刻的界定出发而对马克思做出的肤浅解读。阿伦特对马克思的肤浅解读，大致也反映出她在把握德国古典哲学以来的思想史上的偏蔽和粗疏。从阿伦特的相关论述来看，她实际持有如下观点：真理只能在远离现实实践的思想领域才得以证成和确立，在实际的生活过程中，意见往往要大于真理，甚至根本不存在真理。这个典型的柏拉图式的观点，完全忽视了这样一个问题，即从黑格尔到马克思，真理不是在纯然的思想领域，而是在以思想为前提和中介的现实实践领域得到开显的。具体而论，黑格尔提出了“理论的东西本质上包含于实践的东西之中”以及“不仅把真理理解为实体，同时也理解为主体”的观点，从而将真理直截了当地阐释为一种由人的自为创造活动所塑造的历史运动，实践的真理性和真理的实践性得到充分彰显。马克思对于真理的理解和阐释承接了黑格尔的思路，由此同样强调实践的真理性和真理的实践性问题：“人的思维是否具有客观的［gegenständliche Ⅰ］真理性，这不是一个理论的问题，而是一个**实践的**问题。人应该在实践中证明自己思维的真理性，即自己思维的现实性和力量，自己思维的此岸性。关于思维——离开实践的思维——的现实性或非现实性的争论，是一个纯粹**经院哲学的**问题。”[1]

实质上，马克思所讲的实践之所以具有真理性，就在于实践所代表的，并非阿伦特眼中的那个世俗化的意见世界，而是在德国古典哲学中得到初始昭示，之后又被马克思深刻把握的历史。实践的真理性，正是由实践的历史性所赋予的，历史是德国古典哲学以来所探求的真理世界的前提和内核。进一步说，由于马克思所把握到的历史的最关键部分，就是几个世纪以来逐渐形成和确立起来的资本主义生产关系及包含于其中的、不可自解的复杂社会矛盾，所以，以“改变世界”为主旨的社会实践和工人运动，作为马克思“实现哲学”思想的根本要求和最后落点，恰恰又构成了他在最深刻的意义上把握历史，从而又在最深刻的意义上展现真理的题中应有之义。由此来

1《马克思恩格斯文集》第 1 卷，人民出版社，2009，第 500 页。

看，恩格斯在《路德维希·费尔巴哈和德国古典哲学的终结》中的如下说法，是一个极具真理性的论断：“德国人的理论兴趣，只是在工人阶级中还没有衰退，继续存在着。……德国的工人运动是德国古典哲学的继承者。”[1]

如果以上论述足以证明，马克思“实现哲学”的思想并不存在将真理世界与意见世界加以混淆的倾向，相反这一思想既以占有真理为前提又以展现真理为旨归，那么阿伦特依据第二个理由而将马克思认定为政治哲学传统的终结者，就是无中生有的事。

阿伦特向来以观点的新颖性和思想的原创性而著称于政治哲学史。然而，她对马克思政治哲学的上述四个根本性误解，却使其思想的原创意义大打折扣。鉴于阿伦特在政治哲学史上的重要地位，特别是鉴于她在理解和阐释马克思上所产生的广泛影响，我们必须要全面澄清并认真对待阿伦特的这些误解。这无论对于如实地还原她与马克思之间的思想学案，还是对于真实地揭示和展现马克思政治哲学的独特思想状貌，都具有重大意义。

1《马克思恩格斯文集》第4卷，人民出版社，2009，第313页。

附录二
现代性问题域中的政治哲学

在人们通常的理解框架内，现代性与政治哲学是两个完全不同的事物，在它们之间并不存在相互打通或建立起内在勾连的可能性与必要性。正是因为如此，在谈论诸如柏拉图、洛克、休谟、黑格尔、马克思、罗尔斯等彪炳思想史册的政治哲学家的观点时，人们几乎不会将现代性问题引入进来。同时，在研究现代性问题时，人们往往也不会想到政治哲学。然而，现代性与政治哲学之间的真实关系，远远超出了人们通常的理解。这种真实关系在于，近代以来所形成的各种大异其趣的政治哲学思想，不管在传统归属和理论观点上存在多大分殊，但有一点几乎是共同的，这就是都与现代性的生成与不断展开有着或隐或显的关系，从而也都在理论主题上或直接或间接地关涉到如何概括、反思、批判、重建现代性这个根本问题。如果说这种关系决定了，要对近代以来的主流政治哲学做出直抵根基的理解和通透彻底的把握，就非常有必要将思维的触角切实地伸向现代性所开辟和占据的问题域，那么从现代性所开辟和占据的问题域中，我们至少可以梳理、概括出三种政治哲学的致思传统，它们分别是确证现代性的政治哲学、批判现代性的政治哲学、重建现代性的政治哲学。这三种政治哲学，也代表了对现代性的三种不同态度。

一、确证现代性的政治哲学

在《现代性的哲学话语》中，哈贝马斯开宗明义地提出了一个重要问题，这就是"现代性的自我确证"问题。这个问题是哈贝马斯理解现代性以及梳理现代性思想史的逻辑起点。厘清这个问题，对于我们把握现代性的发生、开展以及特质等，也都具有至关重要的意义。在哈贝马斯看来，"现代性的自我确证"成为一个问题，是从黑格尔开始的，亦即黑格尔是这个问题开始得到凸显的"临界点"。"黑格尔是使现代脱离外在于它的历史的规范影响这个过程并升格为哲学问题的第一人。……直到十八世纪末，现代性要求自我确证自己的问题才十分突出，因之，黑格尔才会把它作为哲学问题，甚至于作为其哲学的基本问题加以探讨。"[1]哈贝马斯之所以将黑格尔认定为现代性获得自我确证的"临界点"，是因为在他看来，只是到了黑格尔所生活的时代，作为一个崭新时代的"现代"才开始真正意识到自身，而只有当"现代"意识到自身时，才会产生一个基于自我意识的"确证"问题。

哈贝马斯对"现代性的自我确证"的上述理解固然有一定道理，但他在时间意识上犯了一个错误，即他把现代性的起点，锁定在现代性的自我意识得到确立的历史时刻。实质上，在这个历史时刻上所形成的"自我意识"，已经不是一种指向现代性之确证的哲学意识，而是一种对现代性予以反思的历史性和批判性意识，黑格尔所持守的，就是这样一种意识。严格地说，这种历史性和批判性意识的确立不是现代性的起点，这个起点应当是使现代性成为现代性的根本原则得到确立的时刻或时代，而这也是"现代性的自我确证"的内核之所在。具体言之，"现代性的自我确证"的内核，不是"傍晚才起飞的猫头鹰"，亦即不是已经得到开展的现代性在经历了一段历程之后，回过头来重新"反躬自问"地认识自己，而是作为一个新时代的"现代"基于何种原则来证成自身，从而与过去的时代在质上形成根本分野。如果从这

1〔德〕哈贝马斯:《现代性的哲学话语》，曹卫东译，译林出版社，2011，第19页。

个意义上讲，当表征现代性的根本原则和基本精神开始得到确立时，现代性就已经获得自我确证了，那么，这个自我确证，实质上是现代性从其形成的一开始就有的事情，也是现代性之为现代性的一个根本标志。这样来看，问题的关键就在于，表征现代性的根本原则是什么？现代性究竟是在何种意义上得到自我确证的？如果“现代性的自我确证”不是黑格尔之后才开始凸显的问题，那么要在这个问题上做出实质性的理解，究竟需要追溯到哪些哲学家？哈贝马斯在《现代性的哲学话语》中的论述，对于我们阐明这些问题富有启示。

在《现代性的哲学话语》中，哈贝马斯虽然没有准确地把握“现代性的自我确证”的“临界点”，但他却比较准确地把握到了现代性由以确证自身的根本原则。在他看来，现代性由以确证自身的根本原则，是主体性原则，黑格尔实际上就是以“主体性”为原则，来认定和刻画现代性的。具体地说，主体性原则包括四种内涵：一是个体主义，二是批判的判断，三是行为自由，四是唯心主义哲学自身。主体性原则确立了现代文化形态。在近代以来所发生的重大历史事件中，如在宗教改革、启蒙运动和法国大革命中，都贯彻和体现着主体性的原则。所以，现代的宗教生活、国家和社会，以及科学、道德和艺术，都体现了主体性原则。[1]哈贝马斯的这个理解和认识显然是准确而深刻的，因为事实上，在近代以来的思想开展和社会发展中，主体性的的确确构成了最为根本的一条建构性原则。由此来看，在主体性的意义上来把握“现代性的自我确证”问题，是符合现代性的基本定位的。而主体性原则得以确立与不断彰显的过程，也正是现代性得以确证与定型的过程，反之亦然。人们可能也会从理性、科学、民主等角度来界定和确认现代性，但这与主体性原则并不矛盾，因为从一定意义上说，正是在主体性原则的地基上，才普遍地在现代社会，产生出理性、科学、民主等现代性的标识物，

1〔德〕哈贝马斯：《现代性的哲学话语》，曹卫东译，译林出版社，2011，第 20—22 页。

主体性是这些现代性标识物的前提、基础、灵魂。

近代以来，主体性原则的确立与不断彰显，进而现代性的自我确证与定型，在哲学的意义上，特别明显地展现在认识论的传统中。我们都知道，认识论的基本学理架构，就是主体与客体的二元性架构。当主体成为一种哲学的立论原则时，就很自然地产生出一个与主体相对置的客体，因而也很自然地形成认识论哲学。如果这样来理解，那么显而易见，笛卡尔就是现代性获得自我确证的一个重要起点。因为在笛卡尔的著名命题“我思故我在”中，已经包含了一个将认识论哲学塑造起来的抽象主体，而在笛卡尔之后，这个主体以及认识论哲学又以不同的方式和形式，体现在自康德至黑格尔的德国古典哲学传统中。所以，在自笛卡尔至德国古典哲学的脉络和线索上，主体性和认识论是一条一以贯之的主线，而这条主线的不断延展，也在一定意义上见证了现代性获得自我确证的历程。不过，除了认识论传统，近代以来的主体性原则还特别明显地展现在政治哲学的传统中，而这一传统的形成与开展，也同样构成和见证了现代性的自我确证。情形何以至此?

众所周知，在西方，16—18世纪，是一个政治哲学得到大发展的时代。对于这个时代的政治哲学而言，最具有标志性意义的理论主题，是权利和自由。对于权利和自由的证立与辩护，是这个时代的大部分政治哲学家所面对的一项共同任务。在这种证立与辩护中，霍布斯、洛克和康德的工作，最具有代表性。霍布斯的政治哲学，集中体现在《利维坦》中。在这本名著中，霍布斯的一个基本立论逻辑是，每一个人都有一种按照自己的主观意志来保全自己的本能和自由，这种本能和自由作为一种趋利避害的自然权利，在自然状态下，会造成人与人相互为战的丛林状态，而为了避免这个丛林状态的发生，就需要建立一个强大的国家即“利维坦”。透过这个立论逻辑，我们需要看到，为霍布斯所着力辩护的，不仅仅是一个强大的以主权为灵魂的政治国家，更是一种被称为“自然权利”的东西，也就是人们“趋利避害”的自然本性和追求物质性享受的自然本能。实质上，正是因为如此，霍布斯才在《利维坦》的“引言”中强调，作为人造的人，国家虽然远比自然人的力量更强大，但其目标，只是在于保护自然人的利益，所以人民的安全是它的事业。[1]在另一本同时代的政治哲学名著《政府论》中，洛克更是直截了当地从生命、自由、财产这三个方面，提出了自然权利的问题。“自然状态有一种为人人所应遵守的自然法对它起着支配作用；而理性，也就是自然法，教导着有意遵从理性的全人类：人们既然都是平等和独立的，任何人就不得侵害他人的生命、健康、自由或财产。……正因为每一个人必须保存自己，不能擅自改变他的地位，所以基于同样理由，当他保存自身不成问题时，他就应该尽其所能保存其余的人类，而除非为了惩罚一个罪犯，不应该夺去或损害另一个人的生命以及一切有助于保存另一个人的生命、自由、健康、肢体或物品的事物。”[2]事实上，生命、自由、财产作为自然权利的具体定在形式，是洛克最为看重的东西，它们构成了洛克政治哲学的立论基石，自然也是洛克予以辩护的最重要对象。《政府论》的最直接主题，是政治国家和政府的起源、范围与目的。据洛克看来，政治国家和政府的起源，就在于自然权利，其根本职能和目的，就在于保护人们的生命、自由、财产。霍布斯和洛克的自然权利学说，为现代政治哲学提供一个基本范型和价值前提，使权利和自由成为现代政治哲学难以绕开的中心问题。

作为德国古典哲学的开创者，康德批判性地继承了霍布斯和洛克的传统，对自由问题给予了高度重视。不过，与霍布斯和洛克不同，康德是在纯粹先验意义上，来提出自由问题的。为霍布斯和洛克所辩护的权利和自由，作为自然权利，实质上是一种经验主义和物质主义的原则，其内核在于物质性的占有和享乐。据康德理论，这种经验主义和物质主义的原则，并不能给

1〔英〕霍布斯：《利维坦》，黎思复、黎廷弼译，商务印书馆，1985，第 1 页。

2〔英〕洛克：《政府论》下篇，叶启芳、瞿菊农译，商务印书馆，1964，第 4—5 页。

人们带来真正的自由，因为自由的最高主旨，在于把人当作目的而非手段，而人在这种经验主义和物质主义的原则面前，往往因为受到外在他者的决定而沦落为手段。毋宁说，自由是一种纯粹先验的、具有形而上学形式的理性法则。这种法则之所以是一种自由原则，就是因为它具有“不受感性冲动规定的那种独立性”[1]，人在这种法则面前成了目的而不再是手段。康德对自由的这种严格乃至是严苛的规定，不是压缩了自由的分量，相反大大强化和巩固了自由以及权利在现代政治哲学中的地位。

霍布斯、洛克以及康德对权利和自由原则的证立、辩护与阐释，既代表了一个时代的哲学和思想主张，也代表了一个时代的现实和历史诉求。至关重要的问题在于，不管是作为一种哲学和思想主张，还是作为一种现实和历史诉求，权利和自由原则，也都深刻体现着使现代性成为现代性的主体性原则。因为权利和自由原则的基本内涵，就是人从对他者的依赖和依附关系中解脱出来，成为有独立人格、有尊严、能够自己塑造自己生命结构的人，用黑格尔在《法哲学原理》中的话说就是，“成为一个人，并尊敬他人为人”[2]。权利和自由原则的这个内涵，显而易见也正是主体性原则的应有之义。由此，我们也可以看到，主体性作为一个时代的原则，实际是在两个方面得到体现的：一个方面是理论理性意义上的认知主体，另一个方面是实践理性意义上的价值和行动主体。认知主体的要旨在于“我能认识和知道什么”，价值和行动主体的要旨则是“我应当拥有什么和如何行动”。如果说前者塑造的是认识论的哲学传统，那么后者则就具体落实为政治哲学上的权利和自由原则。当然，在洛克和康德那里，理性是以理论理性和实践理性的双重形式建立起来的，因而，主体性原则不仅是体现为价值和行动主体，同时也体现为认知主体。与此相对应，除了政治哲学和道德哲学，认识论也在这两位哲

1《康德政治哲学文集》，李秋零译注，中国人民大学出版社，2016，第 9 页。

2〔德〕黑格尔：《法哲学原理》，范扬、张企泰译，商务印书馆，1961，第 46 页。

学家的理论谱系中占有一定位置。不过，相形之下，不管是洛克还是康德，都对实践理性意义上的价值和行动主体给予了重视，所以，政治哲学和道德哲学占有更重要的位置。

上述表明，在16—18世纪的历史跨度内，政治哲学的发展与现代性的定型，并不是相互无关的两个方面。相反，它们之间存在深刻的一致性。这种一致性就在于，如果将由16—18世纪所表征的时代，认定为一个与过去形成根本断裂的新时代即“现代”，那么，自霍布斯、洛克至康德的政治哲学，则正是在现代性的框架下确立起来并不断发展的，它既从现代和现代性中充分吸收了具有时代气息的灵感、素材和价值观念，也在相当大的程度上促成了现代性之特点的定格。据此而论，现代性的自我确证，与这个时代的政治哲学的发展，就成了一体两面的事。而将由霍布斯、洛克以及康德所代表的政治哲学认定和指称为一种“确证现代性的政治哲学”，自然就是站得住脚的。

二、批判现代性的政治哲学

在《精神现象学》的“序言”中，黑格尔曾动情地讲道：“我们这个时代是一个新时期的降生和过渡的时代。人的精神已经跟他旧日的生活与观念世界决裂，正使旧日的一切葬入于过去而着手进行他的自我改造。事实上，精神从来没有停止不动，它永远是在前进运动着。但是，犹如在母亲长期怀胎之后，第一次呼吸才把过去仅仅是逐渐增长的那种渐变性打断——一个质的飞跃——从而生出一个小孩来那样，成长着的精神也是慢慢地静悄悄地向着它新的形态发展，一块一块地拆除它旧有的世界结构。……升起的太阳就如闪电般一下子建立起了新世界的形象。”[1] 黑格尔在这段话中所刻画和描绘的“我们这个时代”，与“现代”并不完全对应。但黑格尔所刻画和描绘的

1〔德〕黑格尔：《精神现象学》上卷，贺麟、王玖兴译，商务印书馆，1962，第7—8页。

情形，却正是作为一个崭新时代的“现代”在形成之初曾展现出来的积极形象。这意味着，在现代和现代性得以形成的时间段内，比如在16—18世纪的时间段内，哲学家们基本不会建立起针对现代性的一种批判意识，相反，其理论工作的基本方向，还是在于顺应历史和思想的潮流，对作为新生事情的现代性保持着支持、迎接、参与推进的态度。这也决定了，在这个时间段内，如何对现代性予以确证，乃是哲学家们面对这个新生事物时必然关切的首要问题。

然而，到了20世纪，情况发生了根本性逆转。虽然仍有部分哲学家自觉不自觉地将自己的理论思考建立在现代性所开显的基本方向上，但主导性的思想状况，却是对现代性进行了全方位的、深层次的批判和检讨。之所以出现这个情况，与法西斯主义的崛起、两次世界大战的爆发等重大历史事件和历史变动的发生及其给人们所造成的巨大冲击有很大关系。在一些人看来，这些历史事件和历史变动虽然并不直接等同于现代性，但却与现代性有着一种隐在的关联，在一定意义上，它们的源头，就深植于现代性的叙事结构和开展逻辑中。

进一步说，20世纪的哲学家们在对现代性所进行的批判上，形成的是一种“合力”，比如说，存在主义、西方马克思主义等哲学流派，都曾对现代性做出深刻的批判。虽说当谈到现代性的批判时，人们很少会联想到政治哲学。但事实上，在20世纪的哲学家们对现代性所进行的批判中，政治哲学恰恰占据着不可撼动的一席之地，甚至可以说构成了一条主线。这一点，鲜明地展现在列奥·施特劳斯、汉娜·阿伦特以及第一代法兰克福学派的研究中。这些哲学家有着各自的生活和学术轨迹，彼此之间并无实质性对话，但在如何面对现代性这个问题上，都持有一个共同的态度——批判现代性。他们对现代性的批判是独特的。独特之处，正在于他们都以对现代性的批判为问题意识，或直接或间接地、或显在或隐在地发展了在20世纪独树一帜的政治哲学。

首先，我们来看列奥·施特劳斯。施特劳斯留给人们的最直接、最直观的印象，是一位与罗尔斯有着完全不同的理论关切点和价值旨趣的政治哲学家，而不是一位现代性批判者。但实际情况是，施特劳斯不仅对现代性的基本致思方向进行了检视和批判，而且他的这一检视和批判，既构成了他的政治哲学的基本前提，也构成了他的政治哲学的基本落脚点。

对于上述问题，我们可以从施特劳斯独具特色的致思路向上找到答案。在政治哲学上，施特劳斯的致思路向之所以是独具特色的，主要是因为他以回归古典政治哲学为根本方案，来建立政治哲学的叙事框架。在施特劳斯看来，以苏格拉底、柏拉图、亚里士多德为代表的古典政治哲学，是古往今来政治哲学的典范和最高形态，而马基雅维利以降的现代政治哲学，则越来越偏离政治哲学发展的正确道路并与政治哲学的本质渐行渐远。施特劳斯对古典政治哲学和现代政治哲学所做的这种评价及价值排序，涉及的并不仅是一个如何认识和处理政治哲学发展史的问题，同时涉及的还有如何认识和处理古代人与现代人之争的问题，而后一问题，则是一个现代性的问题。在《什么是政治哲学》中谈论“霍布斯政治哲学的基础”时，施特劳斯对此做出过比较明确的说明。他说道：“把霍布斯作为现代性的创始人来研究，即认真对待他的主张，现已成为必需。也就是说，如果我们正确地理解我们自身，我们就会看到自己与霍布斯的视角相同。现代哲学以公然反对古典哲学的面目出现。只有从古人与今人争论的角度入手，我们才能理解现代性。通过重新发现这一争论的迫切性，我们返回到现代性的开端。”[1]施特劳斯在这里明确地提出要认真对待作为现代性创始人的霍布斯，并在审视古人与今人的争论中返回到现代性的开端。施特劳斯的这个主张能够表明他对现代性是给予了切近关注的，但并不代表他是一位现代性的代言者，并深度参与到现代性

1〔美〕施特劳斯：《什么是政治哲学》，李世祥等译，华夏出版社，2011，第164页。

的继续推进和开展中。恰恰相反，施特劳斯要求回归现代性之开端的主旨，在于深度检视和批判现代性。

施特劳斯之所以对现代性持有批判态度，是因为在他看来，古代人所树立的崇高观念，在现代社会遭到了根本性的瓦解。古代人所树立的崇高观念，集中体现为古典政治哲学所讲的德性。德性不是现代意义上的道德，而是古代人的一种最高价值标准。这种最高价值标准的内核，是与事物的自然本性相符合的、具有永恒特质的真理。在施特劳斯看来，一个社会只有树立起德性的标准，才能够拥有一个正确的价值判断尺度，才能够在真实与虚假、好与坏、进步与倒退之间做出鉴别。然而，现代政治哲学以及现代社会所追求和辩护的价值，是权利、自由、平等、公正、法等，这都是一些具有相对意义的价值。这些价值不仅没有上升到德性所占据的制高点，而且与德性这个最高的价值标准正相背离。以这些具有相对意义的价值为标准，一个很极端的情况，就是一个食人者的社会和一个开化的社会一样，都可能会被赋予其合法性。这个情况，意味着一种彻底的虚无主义。现代社会的一个明显弊病，就是在虚无主义的道路上越陷越深，从而也就越来越失去甄别真实的需求和虚幻的需求的能力。现代社会的这个弊病，也是现代性从其开端就一直存在的一个负面问题。

上述表明，在施特劳斯这里，现代性批判与政治哲学并不是两条相互无关的线，而是紧密关联在一起的两个方面。在一定意义上，现代性批判是施特劳斯最根本的问题意识之所在，而政治哲学是其切入这一问题意识的学理形式。所以，如果在忽视其现代性批判的前提下泛泛地谈他的政治哲学，对于后者的理解，就难免会流于表面。

其次，我们来看汉娜·阿伦特。与施特劳斯的情况相似，当人们谈到阿伦特时，人们首先想到的，是她作为政治哲学家的形象及其政治哲学思想，而不会想到现代性问题。阿伦特的确很少直接论及现代性问题，但这并不代表这个问题在她的视野之外，自然也不代表她的政治哲学和现代性问题没有关系。实际情况是，阿伦特不但对现代性问题表现出强烈的兴趣，而且其政治哲学思想之创造的灵感，在很大意义上，也正来自对现代性的敏锐批判。阿伦特在《人的境况》一书中的有关论述，为我们把握这个问题提供了重要文本依据。

在《人的境况》的前言中，阿伦特写道："现代和现代世界还不是一回事。从科学上讲，肇始于17世纪的现代，已于20世纪初终结；从政治上讲，我们今天生活于其中的现代世界，诞生于首次原子弹爆炸。这里我不讨论作为本书写作背景的现代世界。一方面，我把自己局限于对那些一般人类能力的分析上，这些人类能力出自人之境况，因而是永恒的，即只要人类境况本身不改变，它们就不会无可挽回地丧失。另一方面，历史分析的目的是追溯现代的世界异化——人逃离地球进入宇宙和逃离世界返回自我的双重过程——的根源，以达到对这样一个社会之本性的理解：这个社会从它被一个崭新、未知的时代的来临所征服的那一刻起，就开始发展和表现自身了。"[1] 阿伦特在这里虽然将现代与现代世界做了区分，但毋庸置疑，作为一个以技术为重要标识的时代，现代世界依然处在近代以来所形成的现代性的框架中，而不是这个框架之外的一个新生时代。既然按照阿伦特的说法，现代世界是她写作《人的境况》一书的背景，那么由此可以推知，现代性也就构成了该书的一个基本叙事构架。当然，如同施特劳斯，阿伦特也是站在一个批判的立场上来面对现代性的，其所构建起的，是一个现代性批判的理论视域。正因为如此，她才强调，历史分析的目的是追溯现代的世界异化。

进而论之，在现代性批判的理论视域下，阿伦特重点分析和探察的问题之一，是现代社会的活动方式如何疏远了政治的本质。根据阿伦特的界划，人类的活动方式分为劳动、工作和行动这三种，而政治的本质就在于以复数

1〔美〕阿伦特：《人的境况》，王寅丽译，上海人民出版社，2009，前言第5页。

性和不可预见性为特点的、以自由为准则的行动。然而，在现代社会，作为一种活动方式的行动受到了另外两种活动方式——劳动和工作的挤压。劳动之所以在现代社会大行其道，是因为现代社会在一定意义上，是一个商业社会和工业社会。作为一种以生产生存必需品为目的的活动方式，劳动是维系商业社会和工业社会的重要纽带，这个社会因为劳动而得以建立，也因为劳动而持续不断地走向一种物质性的繁盛。劳动的这种不可替代的作用，使其在现代社会的地位得以不断巩固。工作之所以在现代社会大行其道，则是因为现代社会在一定意义上，也是一个技术社会。工作作为一种活动方式，旨在制造一个“人造”的事物世界。而现代社会作为一个技术社会的最大景观，就是以技术为手段制造新的事物，这表明工作在现代社会的地位也是极其牢固的。劳动和工作的牢固地位，意味着行动在现代社会的式微，从而也意味着政治的本质在现代西方社会的变异。阿伦特是一位具有原创性的政治哲学家，而她对三种活动方式的界划以及对政治的本质的阐释，让我们见证了其政治哲学的原创性特质。显而易见的是，在对现代社会的活动方式的分析和考察中，阿伦特一方面向人们展示了其政治哲学的原创性思想，另一方面又将现代性推上了被告席。现代性批判与政治哲学之间的关系，由此可见一斑。

最后，我们来看第一代法兰克福学派。与施特劳斯和阿伦特不同，以霍克海默、阿多诺、马尔库塞等人为代表的第一代法兰克福学派给人们的第一印象，不是政治哲学，而是批判理论及其对现代性的批判。这似乎表明，如果要研究法兰克福学派的政治哲学，那就只能聚焦于后期哈贝马斯以及霍耐特的著作，而要在第一代法兰克福学派那里耕作，将注定是徒劳无果的。人们形成这个印象自然有一定道理，因为 20 世纪 90 年代之后的哈贝马斯以及霍耐特，都曾明确地在罗尔斯以来所发展起来的当代规范性政治哲学的界面上开展有关法哲学和政治哲学的研究，而霍克海默、阿多诺、马尔库塞等人，则从来没有在这个领域著书立说。不过，我们也要看到，从第一代法兰克福学派对现代性的批判中，是能够开掘出有关政治哲学的思想要素或者是理解政治哲学的思想资源和视角的。之所以这么说，不仅是因为第一代法兰克福学派对现代性的批判，在指向以“文化工业”为特定方式的意识形态统治上，触及了当代资本主义政治统治的本质层面，同时也是因为，这种批判与施特劳斯以及阿伦特在政治哲学层面上对现代性的批判，形成了相互参照和相互印证的关系。这便是说，第一代法兰克福学派固然没有用“政治哲学”这个术语或者明确地强调在政治哲学的理论模型下来开展对现代性的批判，但其现代性批判所涉及和包含的问题，与作为政治哲学家的施特劳斯以及阿伦特在批判现代性时所指涉的问题，属于同一类问题。

对于上述情况，我们稍加分析便可以看清楚。比如说，霍克海默、阿多诺在《启蒙辩证法》中，是以工具理性的批判为切入点，来对现代性提出深刻批判的。这个针对工具理性的批判，与施特劳斯在政治哲学的形式、框架和视野中对疏远德性的现代政治价值以及整个现代社会的批判，在一定意义上是一回事。再比如说，马尔库塞在《单向度的人》中，是通过批判工业社会中“管理化的世界”，来对现代性予以批判的。马尔库塞的这个批判，与阿伦特在政治哲学的视点上，以对人类活动方式的区分和界划为工具而对现代技术社会的批判，也如出一辙。以霍克海默、阿多诺、马尔库塞为代表的第一代法兰克福学派与施特劳斯以及阿伦特在批判现代性上所形成的相互参照和相互印证的关系表明，这些生活在同时代的哲学家虽然没有思想历程和生活轨迹上的交叉，但他们在对现代性批判这个问题上，实际上是存在显而易见的“家族相似性”的。这种“家族相似性”告诉我们，第一代法兰克福学派对现代性所进行的批判，是我们理解和把握 20 世纪政治哲学思想的一个重要参照点。所以，在政治哲学的意义上来对这一批判予以定位和解读，也是合理而恰当的。

上述表明，如果我们不仅将施特劳斯和阿伦特认定为政治哲学家，也有理由从霍克海默、阿多诺、马尔库塞等第一代法兰克福学派成员的思想中开显出政治哲学的资源，那么，对于这些哲学家来讲，其所发展的乃是一种现代性批判的政治哲学理论或近政治哲学理论。

三、重建现代性的政治哲学

应该说，现代性遭到来自多种哲学力量的“围攻”和批判，是 20 世纪的事情。但这并不是说，在 20 世纪之前的历史时段，哲学家们对现代性始终是持有一种单向肯定的态度。实际情况是，对现代性予以批判，从黑格尔就已经开始了。不过，和 20 世纪的众多现代性批判者不同，黑格尔并不是全盘否定现代性，而是本着一种历史性的反思意识来审视现代性的不足，同时又基于这种审视，提出了“重建现代性”这一重大理论课题。显而易见，与确证现代性和批判现代性一样，重建现代性也是对现代性的一种基本态度。重建现代性作为一种对现代性的基本态度，既不是一味肯定现代性的成就和开展方向，也不是一味否定现代性的原则和思想方位，而是以检视现代性的已有不足为前提，来为现代性的开展赋予一个更加合理的思想方案。就重建现代性来说，最具有代表性的哲学家，除了黑格尔，还有马克思以及哈贝马斯。有趣的是，黑格尔和马克思对现代性的重建，和他们的政治哲学也是紧密关联在一起的。或者说，在他们对现代性的重建中，本身就蕴含着一种实质性的政治哲学。

黑格尔对现代性的重建，始于他对现代性之弊端的深刻省察。在黑格尔的视野中，现代性之弊端来自表征现代性的原则——主体性原则的膨胀。如上所述，在政治哲学的维度内，主体性原则的具体体现形式，是权利和自由。根据洛克以及亚当·斯密，一个权利和自由得到守护的社会，是一个公正的良序社会，在其中并不存在必然的矛盾和冲突。然而，黑格尔基于对现代资本主义的敏锐而深刻洞察，提出了与洛克和斯密大不相同的见解。黑格尔指出，权利和自由作为主体性原则在现代社会的大行其道，虽然一方面维护了个体的尊严，但另一方面又造成了特殊性原则与普遍性原则的冲撞。两者发生冲撞的最直接后果，就是让一个国家实体得到维系的普遍伦理崩溃和丧失。如果说这就是以主体性为原则的现代性在行进的过程中所逐步暴露出来的最大弊端，那么，黑格尔在哲学理论上克服这个弊端的基本方案，自然不是拒绝现代性。相反，他对于从现代性的生成逻辑中所生长出来的权利和自由原则，在总的方向上是予以肯定和支持的。当然，这种肯定和支持的前提，就是为他之前已经定格了的权利和自由原则，补入和赋予一个普遍性的维度与社会性的框架。这种情况，正如他在《法哲学原理》中提到的，"主观的利己心转化为对其他一切人的需要得到满足是有帮助的东西，即通过普遍物而转化为特殊物的中介。这是一种辩证运动。其结果，每个人在为自己取得、生产和享受的同时，也正为了其他一切人的享受而生产和取得。在一切人相互依赖全面交织中所含有的必然性，现在对每个人说来，就是普遍而持久的财富"[1]。毫无疑问，黑格尔的这个态度，就是一种重建现代性的态度。

进而论之，在黑格尔看来，作为现代性之主体性原则的定在形式，权利和自由从来就不是由先验的自然法所给出的东西，毋宁说这是植根于现代市民社会的通行法则。所以，要达到对现代性予以重建的目标，就需要对市民社会加以改造。在《法哲学原理》中，黑格尔改造市民社会的基本思想方案，就是从国家的制高点上，来重塑市民社会的规范体系，从而使市民社会实质性地具有双重原则，即一是"具体的人作为特殊的人本身就是目的"的特殊性原则，二是并非依靠唯利是图的私人，而是依靠国家来建立的普遍性原则。这一思想方案的主旨之所在，就是让生活在市民社会中的人，不仅充分地认识到由国家所代表的普遍伦理的重要意义，而且也实际地过上从国家

1〔德〕黑格尔：《法哲学原理》，范扬、张企泰译，商务印书馆，1961，第210页。

和普遍伦理出发来追求自己的利益与目的的生活。

一目了然的是，黑格尔对现代性的重建，作为一种有关现代性的理论，本身也是一种有关政治哲学的理论。权利、自由、法、市民社会、国家、特殊性、普遍性等，都是这种重建现代性的政治哲学的关键词。黑格尔对现代性的重建，与现代性的自我确证相比，已经构成了一种推进。与此相应，黑格尔的这种重建现代性的政治哲学，与霍布斯、洛克以及康德所代表的确证现代性的政治哲学相比，不仅是一种改造，同时也是一种大大的推进。推进之处一方面在于，黑格尔将个体自由和主体性置于一个由国家所代表的实体中来重新定位，从而为解决包藏在由洛克所代表的那种放任的自由主义中的、人与人相互为战的矛盾，提供了一个重要方案。推进之处还在于，黑格尔在市民社会的现实地基上来对权利和自由予以把握，乃是一种历史主义的视野。这一历史主义视野的确立，也为在自然法的前提下来立论的现代政治哲学，重新赋予了一个根本不同于自然法的历史性框架，从而也使现代政治哲学具有了一种前所未有的历史感和现实感。后一个推进，在马克思的政治哲学中，体现得更加彻底。

马克思虽然没有使用“现代性”这样的术语，但现代性问题却是包含在他的理论中的重大问题。对于现代性，马克思的态度和黑格尔大致相仿，总的来说，他所抱持的，是一种重建现代性的态度。具体地说，作为生活在现代社会的哲学家，马克思并没有全盘否定现代社会的成就，也没有对现代社会的一切主流价值予以无原则的批判。事实上，对于表征现代性的主体性原则以及这一原则的定在形式——权利和自由，马克思的基本态度，是一种“抽象肯定、具体否定”的态度。这便是说，马克思的确对有关权利、自由和公正等话语进行过批判，但他的矛头不是指向权利、自由和公正等价值本身，而是指向这些价值在现代社会的具体实现形式，以及这些价值的制度载体——资本主义，对于这些价值本身所蕴含的积极要素，他不仅予以肯定，而且也力求在全新的社会框架下予以实现。

和黑格尔一样，马克思没有在自然法的意义上，来证成和辩护主体性原则以及权利、自由、公正等价值，而是通过批判现实市民社会，来把握这些原则和价值。马克思深刻地认识到，这些原则和价值在现代社会的具体实现形式，就是市民社会中局限于自身的私人权利，特别是那种利益至上的私人财产权，而其制度载体，就是资本主义。对于由私人权利的确立与大行其道所造成的特殊性原则和普遍性原则的冲撞，马克思在不同时期的文本，如《论犹太人问题》、《1844年经济学哲学手稿》以及《1857—1858年经济学手稿》中，都曾做出指认。在重建现代性的意义上，马克思也是要求建构一种能够将特殊性原则予以整合的普遍性原则，从而使每个个体的自由与他者的自由相容。不过，马克思并没有采取黑格尔的方案，即没有依托伦理国家来建立普遍性原则。原因是在马克思看来，在资本主义的制度体系中，国家是一个完全为市民社会的私人利益所决定的领域，故而从中并不可能根本性地建立起一种可以对私人利益加以引导、纠正和整合的原则。解决这个问题的唯一方案，在于对市民社会做出透彻批判。马克思的这个观点，实质上意味着一个更深刻的问题，这就是在资本主义时代，现代性的行进所造成的矛盾，存在于因为市民社会的形成而确立的社会生产关系中。在这样的社会生产关系中，最主要、最深刻的矛盾，就体现为以劳动和资本的分离为前提的、以剩余价值的生产为实质的剥削关系。黑格尔的局限，不仅仅在于他对市民社会与国家之关系的误判，更在于他对这种剥削关系的忽视。在马克思看来，只有当这种剥削关系得以瓦解，一个全新的制度形态得以建立起来时，特殊性原则和普遍性原则的冲撞问题才可以得到根本性的解决，同时，权利、自由和公正等现代社会的价值，才可以真正地在规范人们的社会生活中起到应用的积极作用，并成为人们安身立命的重要元素。由此可见，马克思对于现代性的重建，建基于他对市民社会和资本主义社会的批判，而不是在市民社会和资本主义的原有地基上做修补式的工作。这是马克思与黑格尔的一个重大的、原则性的不同。

马克思重建现代性的方案，也就是他的政治哲学，这一点和黑格尔的情况又大致相同。我们可以看到，马克思的这种重建现代性的政治哲学的内核，不是在洛克等人的基础上，对权利、自由和公正等价值予以再辩护和再合法化，而是将这些价值与现实市民社会和资本主义直接联系起来，通过批判现实市民社会和资本主义，来对这些价值做出历史性的阐说。这种政治哲学不仅大大推进了由霍布斯、洛克及康德所代表的确证现代性的政治哲学，而且也将黑格尔的重建现代性的政治哲学向前推进了一大步。这两方面的推进，都在于一种最彻底的历史主义和现实主义的确立，因为马克思不仅消解了非历史性的自然法的解释力度，将政治哲学置于现实的界面，而且他所把握到的现实，又是最鲜活的、最真实的、最符合唯物主义原则的现实。如果说这种彻底的历史主义和现实主义也就是马克思的唯物史观，那么，说马克思的政治哲学与他的唯物史观是融合在一起的，就是有根据的、站得住脚的。

无论如何，黑格尔和马克思这一前一后的两位哲学家，都在如何重建现代性上做出了重要探索，也都在这种探索中阐发和建构了各自的政治哲学。将他们的政治哲学统称为“重建现代性的政治哲学”，应当说恰如其分地反映了其政治哲学思想的特色和主旨。

确证现代性的政治哲学、批判现代性的政治哲学和重建现代性的政治哲学，代表了三种不同的政治哲学传统，彼此之间存在相当大的差异和分歧。但是，这三种类型的政治哲学又因为现代性问题域而具有了可相互对话乃至可相互借鉴的共性。这一点，不仅对于我们把握不同的政治哲学之间的关系具有重要启示，而且对于我们构建当代中国马克思主义政治哲学和当代中国本土政治哲学也具有重要启示。启示意义在于，我们要构建一种既能够全面地反映和回应当代重大现实问题，又能够对当代社会的发展起到思想引导作用的、整全的当代中国马克思主义政治哲学和当代中国本土政治哲学，就有必要在古今中外看似完全不同的政治哲学传统的创造性整合中，来探索可能性的理论方案。

附录三
新中国成立 70 年来政治哲学的发展[1]

新中国成立 70 年来，中国哲学社会科学各学科均获得了长足的发展。作为哲学的一种特定理论形态或介于哲学和政治学之间的交叉性学科方向，政治哲学则经历了一个从无到有、从相对寂寥到不断勃兴的发展过程，在今天依然保持着昂扬的态势和强劲的生命力，是方兴未艾的热点领域和当仁不让的显学。在 70 年的历史跨度中回顾、盘点政治哲学的发展，不仅是一项关涉到如何整理学术史的总结性工作，而且也是一项关涉到如何为未来学术做奠基的准备性工作，具有非同寻常的积极意义。

一、政治哲学荒芜与空白的 30 年（1949—1979 年）

政治哲学是对政治现象和政治事件进行前提性追问与反思的学问，也是中西思想史长河中最悠久的学术支脉之一。我们只要一提到苏格拉底、柏拉图、亚里士多德、西塞罗、霍布斯、洛克、康德、黑格尔、马克思、施特劳斯、罗尔斯以及孔子、孟子、王阳明等彪炳思想史册的哲学家，就会很自然地想到他们在政治哲学上的理论及贡献。政治哲学无疑是一种至关重要的理论形式，在思想史的长河中甚至经常扮演着“第一哲学”的角色。尤其是在社会制度和社会形态发生重大转换的历史时代，政治哲学更是会脱颖而出，

1 该文写于新中国成立 70 周年之际（2019 年），发表于《武汉大学学报》（哲学社会科学版）2019 年第 6 期，系为回顾、总结新中国成立以来政治哲学的发展历程及成就而作。

发挥着其他形式的理论根本无法替代的重要作用。随着新中国的成立以及社会主义改造的完成，我国的社会和政治生活发生了翻天覆地的变化，社会主义制度得以确立，中国进入社会主义初级阶段。按理说，在这个伟大而独特的历史时期，必然蕴含着一系列需要由政治哲学来回应和回答的重大现实与理论问题，政治哲学层面上的理性思考对于这个时期具有特别重要的意义。然而，令人遗憾的是，在长达30年的时间内，政治哲学却始终没有成为人们的一种基本智识活动，更不可能在此期间产生出有关政治哲学的积极学术成果。比如，在“中国知网”平台上以“政治哲学”作为关键词进行检索，只有《现代外国哲学社会科学文摘》（后更名为《国外社会科学文摘》）分别于1959年、1960年、1961年、1965年摘译了4篇（条）西方学者有关政治哲学的学术成果和著作信息，而这并不意味着人们在政治哲学研究上的一种真正觉醒。将这个特定的30年界定为政治哲学荒芜与空白的30年，显然是符合事实的。从学科建设的层面上说，政治哲学在这30年中的荒芜与空白应当说不是一个个例，而是表征着一个特定时期的普遍现象，因为哲学社会科学的很多学科在这30年中都没有得到健康、充分的发展。不过，从学科特质和研究对象来看，政治哲学在这个时期之所以无法从学术上开展出来，又是有非常特殊的原因的。其中，哲学的知识化阐释，就是一个非常特殊的原因。

众所周知，新中国成立之后的头二三十年，哲学是严格遵照辩证唯物主义和历史唯物主义的框架，以两个对子——唯物主义和唯心主义、辩证法和形而上学的对立为判断标准来加以确立和发展的。在这样的理论框架和判断标准下，不仅中国哲学、西方哲学、伦理学等哲学的二级学科不能得到应有的重视和发展，而且马克思主义哲学本身也不可避免地走上了教条化的发展道路。教条化的马克思主义哲学所造成的后果之一，就是哲学的知识化。所谓哲学的知识化，即指马克思主义哲学乃至由其所代表的一般哲学在“唯物

论 + 辩证法 + 认识论 + 历史观”这四大板块中，被抽象、论定为一些固定不移的知识信条和放之四海而皆准的理论原则。哲学的知识化使哲学变成了简明扼要的、容易为人们所学习和掌握的东西，但对于哲学思维活动的开展来说显然是十分不利的。具体到政治哲学这种特定的哲学思维活动，情况就极其明显。我们可以很确定地指出，从这种知识化的哲学中，是很难生长出实质性的政治哲学来的。之所以存在这个情况，主要在于以下两个方面的问题：

第一，在知识化的哲学中，以理论思维为前提的反思性遭到了削弱。哲学是一种“思”的事业，反思性是哲学最重要的品格和特质之一。哲学的反思性不是以知识为前提的，而是以恩格斯所说的理论思维为前提的。理论思维的根基不是知识的确定性，而是思维的辩证性。知识化的哲学虽然也被指称为一种“理论”，但它却由于疏离了思维的辩证性而无法与理论思维发生实质性关联。就此而论，哲学的知识化不仅难以带来哲学的反思性，相反它构成了哲学反思性的一个天然对立面。问题就在于，以理论思维为前提的反思性作为哲学的一个重要品格和特质，也是政治哲学不可或缺的一个根本条件。政治哲学不是一门重在描述的实证性科学，它的根本任务不在于从经验的层面为人们提供关于政治的一般常识，而在于探寻政治的前提性问题，如政治制度之设计的理念、社会生活之塑造的目标、权利和义务之分配的原则，如此等等。政治哲学的这个任务，决定了它的理论特质。可以很明确地说，政治哲学作为一门实践哲学，虽然与以形而上学为代表的理论哲学相比更接近现实生活，但反思性对于它和形而上学等理论哲学而言，却具有同等重要的意义。不管是柏拉图还是黑格尔抑或是罗尔斯，其政治哲学都是一种具有深刻反思力的哲学理论，反思性是他们建构各自政治哲学的坚实思维基石。由这个情况可见，在知识化的哲学范式中，以理论思维为前提的反思性的削弱，几乎同时意味着政治哲学之条件的缺失和政治哲学思维活动的贫乏。哲学的知识化或知识化的哲学之于政治哲学的消极意义，由此可见一斑。

第二，在知识化的哲学中，以价值论为前提的规范性维度遭到了消解。众所周知，马克思主义哲学不仅以深刻揭示历史的发展规律为己任，而且也以深切诉求公正理想的社会制度为目标。所以，马克思主义哲学必然是真理性和道义性的统一，因而也必然包含了两个维度——事实的维度和价值或规范的维度。知识化的哲学在追求哲学知识的确定性时，虽然在一定意义上展现了事实的维度，但却将价值或规范的维度遮蔽了起来。由此可见，知识化的哲学不仅是一种“见物不见人”的哲学，而且同时也必然是一种“见确定知识不见规范诉求”的哲学。问题的关键也在于，作为一种以反思性为条件和特质的理论，政治哲学归根结底又是一门以价值论为前提的规范性科学。政治哲学作为规范性科学的根本宗旨，主要不在于以知识论的形式为人们提供一个“是什么”的客观世界，而主要在于引导人们思考和辨析“应是什么”或“应当怎样”的规范性问题。虽然施特劳斯曾经把获得“关于好生活、好社会的知识”看作政治哲学出现的标志，但“关于好生活、好社会的知识”不仅是一个知识论的问题，同时也是一个价值论的问题，原因是只有在价值论的层面上，人们才可以展开关于“好生活、好社会”的探讨。另外，在黑格尔所开创的政治哲学传统中，纯粹的“应当”虽然遭到了批判，但政治哲学却没有由此而变异为一种排斥规范性要求的知识论体系，毋宁说这一传统的一个基本特点，是以批判“应当”的先验性设定为前提，来思考如何在现实的地基上追问“应是”或“应当”的规范性问题。如果说这些情况表明，规范性是政治哲学的一个必要前提，那么毫无疑问，在知识化的哲学与政治哲学之间，并不存在相互贯通的有效桥梁。

二、改革开放以来政治哲学的发展契机与初步探索（1980—2000 年）

改革开放这一大幕的拉开，无疑在中国历史上具有里程碑式的意义，它为社会各个领域的发展都带来了无限的契机，而哲学社会科学各学科也在此背景下开始焕发出新的生命活力，分别都迎来了自己的春天。政治哲学的学科建设和学术研究，严格地说，就是在改革开放之后才开始的。综合来看，改革开放之后来自学术和来自现实的两方面原因，共同促成了政治哲学研究的出场。

首先，我们来看学术方面的原因。

哲学史表明，哲学研究的每一次重大推进，往往都离不开哲学观念的变革和哲学体系自身的调整与改革。政治哲学在改革开放之后的出场，是哲学领域具有标志性意义的学术推进，而这种推进恰恰也就与中国学术界哲学观念的变革和哲学体系的改革有密切关系。改革开放不仅带来了生产力的解放，也带来了人们思想观念上的解放。对于哲学工作者来讲，思想观念上的解放也就意味着哲学观念上的解放和哲学观念上的变革。改革开放之前的哲学，如上所述，是一种教条的、知识化的哲学，对于马克思主义哲学而言，也就是人们通常所说的教科书体系的哲学。总体说来，这种类型的哲学是一种“物”的哲学，而非“人”的哲学，其逻辑前提是与人、社会、历史存在隔膜的“物质本体论”。20 世纪 80 年代初到 90 年代，哲学界特别是马克思主义哲学界对这种哲学所进行的反思和批判，表征并引领着哲学观念上最重要的变革。以这种反思和批判为前提而确立起来的哲学，大大突破了物质本体论的框架，从而逐渐地成了“人”的哲学。作为一种具有反思性的规范性理论，政治哲学只能是“人”的哲学，而非“物”的哲学。当然，这并不是说经由对知识化哲学和教科书体系的批判而确立起来的“人”的哲学，就直接是一种政治哲学了。准确地说，这种“人”的哲学之于政治哲学的积极意义，在于为后者创造了可能的甚至也可以说是必要的学术条件。这种“人”

的哲学不是一个抽象的概念，而是具体展现在马克思主义哲学、中国哲学、西方哲学等二级学科的研究中。对于马克思主义哲学来说，这种“人”的哲学就具体展现为有关人道主义、异化、道德、自由、权利以及价值等诸方面的研究。在一定意义上，这些研究的挺立，意味着过去在知识化的哲学中遭到消解的规范性维度，重新恢复了其在哲学中的应有位置。而与此同时，随着“人”和“价值”的嵌入，哲学真正开始成为具有自我意识的哲学、自为的哲学。在某种意义上，哲学只有成为具有自我意识的哲学、自为的哲学，才可能建立起以理论思维为前提的反思能力。而实际情况就在于，改革开放之后所逐步确立起来的“人”的哲学，不仅是拥有规范性维度的哲学，而且也是拥有反思力的哲学。这样来看，这种“人”的哲学虽然并不直接等同于政治哲学，但却具备了政治哲学的智识活动得以发生的必要思维和学术前提。如果说在今天政治哲学已经成为一种表征时代主题的显学，那么这与80年代以来“人”的哲学之范式的逐步确立必然有着实质性的内在关联，即使这种关联是在人们非自觉的潜意识中建立起来的。

除了上述，学术方面的原因还在于西方政治哲学的直接影响与刺激。20世纪上半叶，受实证主义和行为主义政治学的影响，近代以来一直具有强大生命力的政治哲学一度陷入了低谷。之后，以施特劳斯、罗尔斯等人的开创性探索和理论建构为契机，政治哲学在西方学术界开始恢复其昔日的荣誉和地位。特别是罗尔斯《正义论》1971年发表之后，政治哲学更是走向了全面复兴。这种复兴所产生的效应实际超出了西方学术框架和学术共同体，从而成为一个具有世界性影响的学术事件。由于逐渐摆脱了思想教条的禁锢，改革开放以来中国学术有着一种如饥似渴地跟踪和捕捉国际学术前沿的“冲动”，而罗尔斯及其政治哲学在20世纪80年代以来的译介，似乎就是顺理成章的事。这种译介活动的起始点是《意大利哲学讲坛上的时髦学说——新契约论》一文在《国外社会科学》1983年第9期的刊载，而标志点则是《正义论》中文版于1988年在中国社会科学出版社的出版。《正义论》中文版出版之后，关于罗尔斯理论的介绍与研究，一直在政治哲学的话语系统中起着引领风潮的作用。值得注意的是，罗尔斯及其政治哲学的译介从一开始就超出了其作为研究对象的界限，从而与中国学术的走向发生了一定关联。换言之，这种译介不仅是中国学术界开展政治哲学研究的重要体现，而且也构成了改革开放以来政治哲学发展的一种重要的促动力量。

其次，我们再来看现实方面的原因。

政治哲学作为一种实践哲学，与形而上学、认识论、知识论等理论哲学分支相比，更接近社会生活和现实问题。而古往今来几乎每个时代的政治哲学，都是在把握、反思各个时代重大现实和历史问题的基础上发展起来的。这一点，对于我们把握中国政治哲学的发展逻辑具有重要启示。可以说，政治哲学之所以在改革开放以来获得了发展的契机，在很大意义上，则正是因为在改革开放的历史实践和历史进程中，孕育、包含了一系列需要用政治哲学所特有的思维方式来加以破解的重大现实和理论问题。具体来看，随着社会改革的持续推进和深化，特别是随着20世纪90年代以来社会主义市场经济体制的逐步建立，价值主体和社会利益关系出现了多样化的趋势，这在增强社会发展活力的同时，也带来了一个需要在理论上来阐释和回答的根本问题，这就是如何为社会生活特别是为社会主义市场经济树立一种规范性的目标，从而使个体价值与共同体价值、个体利益与集体利益协调在一个合理合适的平衡点上？进而论之，与这个问题相关联的问题，还有公平与效率的关系、自由与平等的关系、平等与正义的关系、权利与正义的关系以及法治与道德的关系等。这些由经济领域的改革和变革所带来的问题，显然都已经远远超出了经济领域本身，从而与人们的社会政治生活发生了广泛而深层次的勾连。这些问题固然也需要从经济学、社会学、法学、政治学等视角来加以探索和解答，但政治哲学的介入和回答却具有不可否认的重要意义。事实上，粗略地说，西方近代以来一直到罗尔斯的政治哲学，几乎都是以思考和阐释与这些问题相同类的问题为己任的，所以，个体、共同体、权利、自由、平等、公正、法等，构成了近代以来西方政治哲学的前提性价值和关键论题。而中国的政治哲学研究在一定意义上说，则正是因为这些问题的出现和存在，才具有了学术上的合法性和理论上的自我奠基。这一点，不管是对于理解改革开放以来政治哲学的出场和发展，还是对于把握中国政治哲学研究的历史使命，都是至关重要的。

事物的发展总是循序渐进的。改革开放以来虽然逐渐具备了政治哲学发育和发展的土壤和条件，但在 2000 年之前的 20 年左右的时间里，政治哲学的研究总体来说并没有达到一个突飞猛进的程度，而是处在一个以译介为主的试验和探索的阶段。在这 20 年里，涉足政治哲学的学者，主要来自西方哲学、中国哲学、伦理学及政治学等领域。就研究对象来说，在西方哲学的视域内，主要涉及罗尔斯、诺奇克、麦金太尔、哈贝马斯、阿伦特、泰勒等当代西方政治哲学家，以及霍布斯、洛克、卢梭、康德、孟德斯鸠、柏克等近现代西方政治哲学家；在中国哲学的视域内，则主要涉及老子、孔子、荀子、韩非、屈原、董仲舒、朱熹、黄宗羲、严复、孙中山、梁漱溟、张君劢等的政治哲学思想。在这些研究对象中，罗尔斯、卢梭及老子，是最受关注的人物。

学者们在这个试验和探索的 20 年中所进行的译介与研究，为 21 世纪以来政治哲学的蓬勃发展奠定了很好的基础，但也还存在一些在学术试验阶段所难以避免的不足：其一，政治哲学的学科观念和主题化意识并未根本性地建立起来。这个问题，不仅是指政治哲学在这个阶段完全没有从西方哲学、中国哲学等二级学科中独立出来从而成为一个自成一体的学科，更是指人们在这个阶段尚缺乏以“政治哲学”为前提来确立学术叙事的自觉。比如说，当人们研究某个哲学家的政治哲学思想时，“政治哲学”可能不是人们关注的重点和内核，毋宁说人们更注重的是以政治哲学为视角来考察这个哲学家的思想。在这个情况下，“政治哲学”似乎成了从属性的东西，而非主题化的、第一阶的问题。其二，与第一个问题相关联，政治哲学的属性、特质、论域、边界等前提性问题并未得到澄明。之所以说存在这个问题，是因为人们虽然在“政治哲学”的名称下进行了这样那样的研究，但对于政治哲学的概念却基本没有进行必要的追问。这种追问之所以又是必要的，则显然是因为人们只有对“什么是政治哲学”之类的问题形成清晰的认识，才真正有资格涉入政治哲学所涵盖和链接到的问题。而事实上，以论文的发表为例，在这 20 年的时间里，根据“中国知网”的检索，仅有万斌的《略论政治哲学》(《政治学研究》1987 年第 3 期)、刘晓的《政治哲学初探》(《政治学研究》2000 年第 3 期）及韩冬雪的《政治哲学论纲》(《政治学研究》2000 年第 4 期）等少数几篇文献，对政治哲学做了概念上的追问和界定。其三，政治哲学对于现实问题应有的敏感性还没有得到充分彰显。改革开放的历史实践和历史进程虽然既为政治哲学的发育提供了土壤又为政治哲学的研究提出了课题，但不容否认，在这 20 年里，人们在很大意义上并不是基于对现实问题的审视、把握、概括，来有目标、有规则、有重点地确立政治哲学的研究对象和研究主题的。所以，总体来看，这 20 年的政治哲学探索所呈现给人们的，还是一种与现实存在隔膜的学术性话语。这种话语与 20 世纪 80、90 年代哲学界的学术化转向是一致的，但这并不表明它就是政治哲学研究者们应当满足的东西。

三、政治哲学在 21 世纪的深入推进和多样化开展（2001 年至今）

政治哲学成为一种备受瞩目的、具有强大生命力的、展现出无限可能性的显学，是 21 世纪以来的事情。如果说在 2000 年之前的 20 年中，政治哲学的研究成果是以缓慢的速度在逐渐递增，那么 21 世纪以来将近 20 年的时间中，政治哲学的研究成果则明显呈现出加速度增长的态势。政治哲学在这个新时期走向兴盛已是一个不争的事实，而这种兴盛的标志之一和原因之一，则是不同学思传统的介入和不同学术力量的参与。在这个时期，人们不仅对先前的研究对象——罗尔斯、卢梭、老子等——进行了更为集中、更为系统、更为深入的研究，而且又自觉地将学术兴趣不断向外扩展。苏格拉底、柏拉图、亚里士多德、西塞罗、休谟、亚当·斯密、黑格尔、边沁、穆勒、马克思、施特劳斯、德沃金、阿马蒂亚·森等过去未被重视的政治哲学家，现在同样进入了人们的学术视野，甚至受到了人们的格外关注。而就中国传统哲学来说，人们在这个新时期对儒家政治哲学思想的挖掘与阐释成为新的亮点，而孔子、王阳明等人也由此成为新的研究焦点。如果说政治哲学在新世纪以来是以多样化的姿态开展的，那么我们实际上可以在“同类项”的意义上，从这种多样化的开展中梳理出三个关键人物——罗尔斯、施特劳斯、马克思。毫无疑问地说，借助于这三个关键人物，我们可以将政治哲学在新世纪以来的学术逻辑、发展脉络等大致梳理和勾勒出来。

首先，罗尔斯研究的发酵及其效应。

进入 21 世纪以来，随着人们对罗尔斯《正义论》了解程度的加深，以及随着其《政治自由主义》中文版（万俊人译）在译林出版社的出版，关于他的研究在短短几年中就迅速发酵为广受关注的热点。不仅如此，罗尔斯研究的发酵，同时还意味着“罗尔斯效应”的形成。罗尔斯作为一位当代政治哲学家，在学术志趣上与霍布斯、洛克以来的近现代政治哲学家存在不可否认的分野；他作为一位英美传统的政治哲学家，在研究路径上与以卢梭、康德为代表的欧陆政治哲学家也存在显而易见的差别；而他作为一位平等的自由主义者，在价值立场上与以诺奇克为代表的自由至上主义者及以麦金太尔为代表的社群主义者同样存在一目了然的不同。然而，有趣的事实还在于，对于罗尔斯而言，其所讲的“正义”不是一个无源之水、无本之木的概念，而是以近代以来政治哲学家所证立、辩护的权利和自由为价值前提的；其所使用的契约论也不是一个完全独创的方法，而是"进一步概括洛克、卢梭和康德所代表的社会契约理论，使之上升到一种更高的抽象水平"[1]的结果；而其对自由至上主义的批评也并不代表两种传统的完全对立，毋宁说他与后者在肯定"平等的权利"这一点上是享用共同的价值前提的。这个事实告诉我们，罗尔斯的正义理论并不具有排斥他者的封闭性和孤立性，相反它构成了对近代以来几乎全部政治哲学思想资源的一种创造性整合。在这种整合中，我们不仅能够看到罗尔斯，也能够看到霍布斯、洛克、休谟、卢梭、康德、马克思乃至诺奇克的身影。在很大意义上，正是罗尔斯正义理论的这种巨大包容性和涵摄力，决定了他在政治哲学研究中的关键地位。所以，"若想理解几百年来西方政治哲学发展的基本脉络，罗尔斯将是一个必然落点，甚至于在逻辑上将是一个必然起点"[2]。事实上，在新世纪以来政治哲学的多样化开展中，的确存在一个相当明显的"罗尔斯效应"。这个效应，不仅体现在人们以对罗尔斯的认识、了解、研究为前提而对当代政治哲学进行了系统的梳理和考察，而且也体现在人们以这种认识、了解、研究为前提而对以契约论为代表的近现代政治哲学进行了全面的探究和分析。这个效应甚至还体现在对中国传统政治哲学的综合研究上：如果说在新世纪前的 20 年中，人们对传统儒家政治哲学思想的阐发并没有超出儒家自身以德治、仁政、王道为标志的概念系统，那么人们在新世纪以来的这项工作，则开始从两个方面与罗尔斯进行了对接，即一是以借鉴和参照罗尔斯公平、正义的概念为前提，来从中国传统儒家中挖掘、开显与现代政治哲学相对话的思想资源[3]；二是用

1〔美〕罗尔斯：《正义论》（修订版），何怀宏、何包钢、廖申白译，中国社会科学出版社，2009，初版序言第 1 页。

2 李佃来：《施特劳斯、罗尔斯、马克思：政治哲学的谱系及其内在关系》，《中国人民大学学报》2014 年第 4 期。

3 相关探讨，可参见郭齐勇：《再论儒家的政治哲学及其正义论》，《孔子研究》2010 年第 6 期。

中国传统儒家的政治哲学，来批评性地回应罗尔斯基于公平的正义理论[1]。

其次，施特劳斯研究的异军突起及其延展。

政治哲学在20世纪走向复兴的过程中，施特劳斯做出了堪与罗尔斯相比肩的开创性贡献。不过，由于施特劳斯并不是像罗尔斯那样“接地气”地向人们讲述政治哲学，所以在很长一段时间内，其政治哲学的接受度是远远低于罗尔斯的。不过，施特劳斯为人们所认识、接受乃至反复研究是迟早的事。在新世纪前的20年中，这位政治哲学家对于中国学术界来说还是相对陌生的。但进入新世纪以来，情况发生了根本改变。在刘小枫、甘阳、彭刚等一批学者的努力下，施特劳斯的著作被相继地翻译成中文出版。例如，生活·读书·新知三联书店2003年出版了彭刚翻译的《自然权利与历史》，华夏出版社、华东师范大学出版社则陆续出版了刘小枫主编的《施特劳斯集》，包括《柏拉图式政治哲学研究》、《什么是政治哲学》、《苏格拉底问题与现代性》及《古今自由主义》等。如果说这些著作的翻译出版，为人们了解和研究施特劳斯提供了第一手资料进而也带来了一股激荡人心的“施特劳斯热”，那么在这种译介与研究的基础上，实际上也产生了一种如同“罗尔斯效应”的“施特劳斯效应”。施特劳斯的政治哲学，是一种以回归古典为前提、以辩护诸如德性和卓越等超越性价值为宗旨、以批判不断展开和推进的现代性为目标的政治哲学。这种政治哲学与阿伦特的政治哲学以及西方马克思主义中具有政治哲学样态的批判理论虽存在诸多不同，但在对现代性的批判上，却又属于同类。在一定意义上，新世纪以来学术界不管是对阿伦特的考察还是从政治哲学角度对批判理论所进行的研究，都与施特劳斯有着千丝万缕的联系。更为重要的是，新世纪以来学术界对古典政治哲学的强烈兴趣，进而对苏格拉底、柏拉图、亚里士多德思想的一次又一次的再考究，在很大程度

1 相关探讨，可参见黄玉顺:《作为基础伦理学的正义论——罗尔斯正义论批判》,《社会科学战线》2013年第8期。

上，正是对施特劳斯译介与研究活动的一个自觉不自觉的延伸。在此意义上，似乎可以说，施特劳斯不仅教导人们如何恰如其分地面对现代性，而且也教导人们如何实事求是地面对古典，特别是如何虚心地向古人学习。而与此同时，由于施特劳斯是通过与现代政治哲学进行对比来向人们介绍古典政治哲学的，所以，学术界对霍布斯、洛克等政治哲学家的研究乃至评价，在一定程度上也受到了施特劳斯的影响。十多年来施特劳斯译介与研究所产生的这种效应，不管是显在的还是隐在的，都是需要承认的。

最后，马克思主义政治哲学的兴起。

马克思主义政治哲学在21世纪的兴起，无论是对政治哲学界还是对马克思主义哲学界，都是一件激荡人心的大事。在20世纪80、90年代，马克思主义政治哲学不仅没有成为一个研究领域，甚至连“马克思主义政治哲学”这个术语和概念都不存在，因为在人们的心目中，作为马克思主义哲学主干的历史唯物主义并不包含一个实质性的规范性维度，因而是一个潜在地排斥政治哲学或者至少与政治哲学没有关系的学说。不过，陈晏清等学者所进行的社会哲学的研究，拉近了历史唯物主义与现实社会政治生活的距离，从而为马克思主义政治哲学的出场奠定了基础。21世纪以来，特别是2005年前后，受正在形成的政治哲学研究热潮的感染，马克思主义哲学界的一批学者开始明确地进入政治哲学领域，并从不同的视点做出了尝试性的、具有开创意义的探索。2006年，主题为“马克思主义政治哲学：阐释与创新”的第六届“马克思哲学论坛”的召开，将马克思主义政治哲学的研究推向一个新高度。虽然直到今天，仍有学者对“马克思究竟有没有政治哲学？”“马克思主义政治哲学的合法性何在？”等前提性问题持有消极的看法，但这并没有影响马克思主义政治哲学研究昂扬向上的姿态和旺盛的生命力。2006年以来，学术界围绕“历史唯物主义与政治哲学的关系”“马克思与正义”“思想史的马克思政治哲学”“马克思主义政治哲学与西方规范性政治哲学的比较”“马克思政治哲学与德国古典哲学的关系”“西方马克思主义政治哲学”“马克思主义政治哲学的方法论”“当代中国马克思主义政治哲学的建构”“马克思与当代中国政治哲学的建构”等一系列问题和论题，从不同的学术进路，进行了深入细致且卓有成效的探讨。这些探讨及由之而取得的积极而丰富的学术成果，向人们表明了这样一个基本事实：马克思主义政治哲学作为一个研究领域，在十多年的时间内，就已经基本完成了从稚嫩的状态走向成熟的质性蜕变。

实事求是地说，除了因阐释马克思政治哲学的需要而回溯性地研究黑格尔的政治哲学和法哲学之外，马克思主义政治哲学研究的兴起，并未带来像罗尔斯研究和施特劳斯研究那样的连锁效应。然而，我们同样坚定地认为，在新世纪政治哲学的多样化开展中，马克思无论如何都是一个关键性的人物，这不仅是因为有“量”上的体现，即马克思主义政治哲学的学术成果在全部政治哲学研究中占据了相当大的比重，而且更有“质”上的体现，即政治哲学因为马克思主义传统和视角的加入而获得的蓬勃生命力，是远远超出人们原初的想象的。

政治哲学在新世纪以来多样化开展的过程，同时也是这个领域走向深入和走向成熟的过程。新世纪之前20年的那些不足，在新世纪以来的近20年时间内逐渐得到了克服。先前因缺乏对政治哲学的界定而导致的一些学术盲点和模糊不清的地方，在这个新阶段则随着对政治哲学概念所进行的多维度、多视角的反思性追问和界定而逐渐得到消除。实质上，对政治哲学概念的追问和界定，同时也意味着政治哲学的学科观念和主题化意识在不断加强。这种观念和意识的加强更体现在，人们不仅大大改变了将“政治哲学”作为一种附加品来从事政治哲学研究的局面，而且还开始从研究课题、学术成果、梯队建设、人才培养等诸方面，思考、探索、推进政治哲学的学科建设。比如，中国人民大学在2011年，就率先成立了政治哲学专业，并招收博士研究生。2018年，武汉大学也本着政治哲学学科建设的需要，将原先的伦理学专业，更名为“伦理学和政治哲学”。

政治哲学在新世纪以来走向深入和走向成熟的一个更为重要、更为根本的标志，就是以从学术译介为主的初始性研究转向对政治哲学概念的界定及对政治哲学论题的拆解、组合、扩充、演绎或重新阐释之后，学术与现实之间的深度关联开始建立。这种推进不是在一般性意义上意味着政治哲学之“实践性”特质的充分彰显，更具有实质性意义的是，它意味着一种必不可少的“中国问题”意识和“中国化”主张开始切实地成为政治哲学研究的内在范式。姚大志以罗尔斯为思想资源、以旨在回答如何提高弱势群体的福利而对分配正义的阐释和理论建构[1]，段忠桥以马克思《哥达纲领批判》的论述为依据而对中国贫富差距之正义性的考察和分析[2]，王新生以建构中国政治哲学为问题意识而对当今中国社会转型期的公平正义问题的探讨和阐发[3]，韩庆祥通过对传统社会层级结构的解剖而对“以人为本”所进行的政治哲学分析[4]，俞吾金基于对思想史的考察而对平等观念和核心价值的论述[5]，都是这个方面的体现。这既是中国政治哲学研究在面对社会发展及现实重大问题时理应具有的一种责任担当，也必然是中国政治哲学获得自我奠基和确立自我主张的最根本要求。

四、中国政治哲学研究往何处去?

中国特色社会主义已经进入新时代，我国社会主要矛盾发生了历史性的转换。在新时代，中国政治哲学研究往何处去？这是一个关系到中国政治哲

1 姚大志：《分配正义：从弱势群体的观点看》，《哲学研究》2011年第3期。

2 段忠桥：《当前中国的贫富差距为什么是不正义的？——基于马克思〈哥达纲领批判〉的相关论述》，《中国人民大学学报》2013年第1期。

3 王新生：《当今中国社会转型期的公平正义问题》，《中国人民大学学报》2015年第5期。

4 韩庆祥：《社会层级结构与以人为本——一种政治哲学的分析》，《中共中央党校学报》2007年第1期。

5 俞吾金：《平等观念与核心价值》，《解放日报》2012年3月20日。

学未来生命力和未来发展格局的重要问题，我在此提两点想法。

第一，关注人类共同利益，为打造人类命运共同体提供思想智慧。

在西方政治哲学中，占据主导地位的理论框架是契约论，霍布斯、洛克、卢梭、康德以及罗尔斯等政治哲学家，都是运用这个框架的典型。由于契约论假定了一个完全同质和均衡的自然状态，并以此作为它的立论前提，所以这个框架往往只适合描绘、刻画一个封闭情境下的政治生活，并没有一个向外敞开的、面向全人类的开放性维度。正是因为如此，罗尔斯才在界定他的正义理论时，将其严格限定为只是针对美国社会的一个封闭体系。这既是契约论政治哲学的一个突出特点，也是它的一个明显不足。

习近平总书记在哲学社会科学工作座谈会的讲话中指出，我们“既向内看、深入研究关系国计民生的重大课题，又向外看、积极探索关系人类前途命运的重大问题”[1]。应当说，新世纪以来，政治哲学界在“向内看”，即在回应、思考、解答当代中国社会中的重大现实和理论问题上做了一些工作，也取得了一些成果，但在“向外看”上还存在欠缺。然而众所周知，当今时代，已是一个全球化程度日益加深、全人类共同利益日渐交织乃至日渐重合的时代。在这样一个时代，政治哲学要发挥更加广泛的作用、产生更加广泛的影响、提出更具有包容性的价值主张、形成更能惠及全人类的思想成果、更好地彰显它的时代使命，就特别需要在“向内看”的同时，也积极地“向外看”，亦即立足于全人类共同利益，密切关注和深入探索全球治理和全球正义等一系列重大的、前沿的、关系到人类前途命运的现实和理论问题，从而为打造人类命运共同体提供学理借鉴和思想智慧。这个“向外看”的开放性维度的确立，既在很大程度上决定着中国政治哲学研究能否很好地彰显它的时代使命，也在很大程度上决定着中国政治哲学研究能否很好地克服当今西方主流政治哲学的不足和缺陷。

1《习近平谈治国理政》第二卷，人民出版社，2017，第339页。

第二，构建本土政治哲学，增强理论自信与学术自信。

尽管如上所述，政治哲学研究在新世纪以来，已经与中国现实建立起了深度的关联。但总体来看，政治哲学界还没有真正从冯友兰先生所说的“照着讲”中走出来，因为基于文本的阐释性工作，依然构成了当前政治哲学研究活动的主干。“照着讲”固然有着基础性的学术意义，但从哲学史来看，政治哲学研究在各个时期兴起的最根本标志，并不是群体性的“照着讲”，而是在“照着讲”的基础上开始的“接着讲”以及由之而形成的理论创造和理论构建。实质上，中国学术界在开展政治哲学研究时之所以习惯于向西方取经，一个很重要的原因，就是缺少本土的、能够拿得出的政治哲学理论，从而缺少学术和理论上的自信。这是一个需要理论而且一定能够产生理论的时代，这是一个需要思想而且一定能够产生思想的时代。然而，与中国快速的经济社会发展相比，中国学术界在政治哲学的理论构建上明显滞后，这又是一个不争的事实。要让世界知道“学术中的中国”“理论中的中国”“哲学社会科学中的中国”，政治哲学研究者就需要在关注和探索“向内看”及“向外看”的问题之基础上，自觉遵照“接着讲”的原则，构建具有现实的针对性、理论的涵盖性及思想的引导性的政治哲学。这是时代为中国政治哲学研究所提出和赋予的一个重大使命，也是中国政治哲学研究能否真正走向世界、在国际上拥有自己的话语权的重要标志。

进一步说，我们要构建的政治哲学，应当是一种兼顾理想与现实的全方位的政治哲学。西方古往今来的政治哲学有两类：一是理想性政治哲学，二是现实性政治哲学。前者要求在形而上学的超越性界面上、在隔离现实政治生活的理想国中来确立价值主张，而后者则要求在消除形而上学的基础上、完全立足于现实政治生活来确立价值主张。前者的缺陷是过于理想而容易与人们的日常生活发生隔膜，后者的缺陷是过于现实而降低了思想的高度。马克思政治哲学的与众不同之处，就在于既拥有一个以实现人的自由而全面发展为旨趣的理想性维度，也拥有一个以承认并切实实现权利、自由、平等、公正等价值的现实性维度。要有效地避免西方政治哲学在理论设计上的缺陷，我们就需要参照马克思的政治哲学，在理想和现实的视域融合中，来构建中国本土的政治哲学理论。这不单单是一个学理上的需要，同时也具有现实的针对性。我国当前的社会主要矛盾，是人民日益增长的美好生活需要和不平衡不充分的发展之间的矛盾。“美好生活需要”是一个全方位的概念。我们需要既立足平等、公正、法治等现实性价值，也依托马克思所确立的“人的自由而全面发展”这个理想性价值，来描绘、勾画、实现人们的“美好生活”。与此相对应，我们所要构建的中国政治哲学，需要兼现实规范功能和思想指引功能于一体，所以既需要有一个现实性维度，也需要有一个理想性维度。这种政治哲学不仅在理论上更完备，而且在思想上也更具有历史感和前瞻意识。西方政治哲学尽管已经在诸多方面做了细致的工作，但中国政治哲学依然可以以昂扬的姿态自信地挺立于世界学术之林。这就有赖于一个完备的、具有历史感和前瞻意识的理论形态的构建。

主要参考文献

一、中文部分

《马克思恩格斯全集》中文第一版所有卷本。

《马克思恩格斯文集》第1—10卷，人民出版社，2009。

《马克思恩格斯选集》第1—4卷，人民出版社，2012。

《列宁选集》第1卷，人民出版社，2012。

《列宁专题文集　论辩证唯物主义和历史唯物主义》，人民出版社，2009。

《列宁专题文集　论无产阶级政党》，人民出版社，2009。

《国际共运史研究资料》第4辑，人民出版社，1982。

《国际共运史研究资料》第8辑，人民出版社，1983。

《国际共运史研究资料·卢森堡专辑》，人民出版社，1981。

〔法〕拉法格：《财产及其起源》，王子野译，生活·读书·新知三联书店，1962。

〔意〕安·拉布里奥拉：《关于历史唯物主义》，杨启潾、孙魁、朱中龙译，人民出版社，1984。

《卢森堡文选》上卷，人民出版社，1984。

《卢森堡文选》下卷，人民出版社，1990。

〔德〕罗莎·卢森堡：《社会改良还是社会革命？》，徐坚译，生活·读书·新知三联书店，1958。

〔古希腊〕柏拉图：《理想国》，郭斌和、张竹明译，商务印书馆，1986。

〔古希腊〕亚里士多德：《尼各马可伦理学》，廖申白译注，商务印书馆，2003。

〔古希腊〕亚里士多德：《政治学》，吴寿彭译，商务印书馆，1965。

〔英〕霍布斯:《利维坦》，黎思复、黎廷弼译，商务印书馆，1985。
〔英〕洛克:《政府论》下篇，叶启芳、瞿菊农译，商务印书馆，1964。
〔英〕休谟:《人性论》上、下册，关文运译，商务印书馆，1980。
〔法〕卢梭:《论人类不平等的起源和基础》，李常山译，商务印书馆，1962。
〔法〕卢梭:《社会契约论》，李平沤译，商务印书馆，2011。
〔英〕亚当·斯密:《道德情操论》，蒋自强等译，商务印书馆，1997。
〔英〕亚当·斯密:《国民财富的性质和原因的研究》下卷，郭大力、王亚南译，商务印书馆，1974。
〔德〕康德:《纯粹理性批判》，李秋零译，中国人民大学出版社，2004。
〔德〕康德:《实践理性批判》(注释本)，李秋零译注，中国人民大学出版社，2011。
〔德〕康德:《实践理性批判》，韩水法译，商务印书馆，1999。
《康德政治哲学文集》，李秋零译注，中国人民大学出版社，2016。
〔德〕黑格尔:《法哲学原理》，范扬、张企泰译，商务印书馆，1961。
〔德〕黑格尔:《小逻辑》，贺麟译，商务印书馆，1980。
〔德〕黑格尔:《精神现象学》上卷，贺麟、王玖兴译，商务印书馆，1962。
〔德〕黑格尔:《哲学史讲演录》第二卷，贺麟、王太庆译，商务印书馆，1960。
〔德〕黑格尔:《哲学史讲演录》第四卷，贺麟、王太庆译，商务印书馆，1978。
〔德〕费尔巴哈:《基督教的本质》，荣震华译，商务印书馆，1984。
〔英〕约翰·穆勒:《功利主义》，徐大建译，商务印书馆，2014。
〔英〕约翰·穆勒:《论自由》，孟凡礼译，广西师范大学出版社，2011。
〔法〕孔德:《论实证精神》，黄建华译，译林出版社，2011。
〔英〕罗素:《西方哲学史》上卷，何兆武、李约瑟译，商务印书馆，1963。
〔英〕罗素:《西方哲学史》下卷，马元德译，商务印书馆，1976。
〔匈〕卢卡奇:《历史与阶级意识》，杜章智、任立、燕宏远译，商务印书馆，1999。
〔匈〕卢卡奇:《青年黑格尔》，王玖兴译，商务印书馆，1963。
〔德〕柯尔施:《马克思主义和哲学》，王南湜、荣新海译，重庆出版社，1989。
〔意〕葛兰西:《狱中札记》，曹雷雨、姜丽、张跣译，中国社会科学出版社，2000。
〔德〕霍克海默:《批判理论》，李小兵等译，重庆出版社，1989。
〔德〕霍克海默、阿多诺:《启蒙辩证法》，渠敬东、曹卫东译，上海人民出版社，2003。
〔美〕马尔库塞:《单向度的人》，张峰、吕世平译，重庆出版社，1988。

〔法〕萨特:《辩证理性批判》上卷，林骧华、徐和瑾、陈伟丰译，安徽文艺出版社，1998。
〔法〕阿尔都塞:《保卫马克思》，顾良译，商务印书馆，1984。
〔德〕卡尔·施米特:《政治的浪漫派》，冯克利、刘锋译，上海人民出版社，2004。
《海德格尔选集》下，孙周兴选编，上海三联书店，1996。
〔德〕卡尔·洛维特:《从黑格尔到尼采》，李秋零译，生活·读书·新知三联书店，2006。
〔美〕列奥·施特劳斯:《自然权利与历史》，彭刚译，生活·读书·新知三联书店，2003。
〔美〕施特劳斯:《什么是政治哲学》，李世祥等译，华夏出版社，2011。
〔美〕汉娜·阿伦特:《马克思与西方政治思想传统》，孙传钊译，江苏人民出版社，2012。
〔美〕汉娜·阿伦特:《人的境况》，王寅丽译，上海人民出版社，2009。
〔美〕汉娜·阿伦特:《过去与未来之间》，王寅丽、张立立译，译林出版社，2011。
〔德〕哈贝马斯:《现代性的哲学话语》，曹卫东译，译林出版社，2011。
〔德〕哈贝马斯:《在事实与规范之间》，童世骏译，生活·读书·新知三联书店，2003。
〔德〕哈贝马斯:《包容他者》，曹卫东译，上海人民出版社，2002。
〔德〕哈贝马斯:《后民族结构》，曹卫东译，上海人民出版社，2002。
〔德〕哈贝马斯:《公共领域的结构转型》，曹卫东等译，学林出版社，1999。
〔德〕哈贝马斯:《理论与实践》，郭官义、李黎译，社会科学文献出版社，2004。
〔德〕哈贝马斯:《重建历史唯物主义》，郭官义译，社会科学文献出版社，2000。
〔德〕哈贝马斯:《后形而上学思想》，曹卫东、付德根译，译林出版社，2001。
〔德〕乌·贝克、哈贝马斯等:《全球化与政治》，王学东等译，中央编译出版社，2000。
〔美〕罗尔斯:《正义论》(修订版)，何怀宏、何包钢、廖申白译，中国社会科学出版社，2009。
〔美〕罗尔斯:《政治哲学史讲义》，杨通进、李丽丽、林航译，中国社会科学出版社，2011。
〔美〕罗尔斯:《政治自由主义》，万俊人译，译林出版社，2000。
〔美〕诺奇克:《无政府、国家和乌托邦》，姚大志译，中国社会科学出版社，2008。
《哈耶克文选》，冯克利译，江苏人民出版社，2007。
吕增奎编:《马克思与诺齐克之间：G. A. 柯亨文选》，江苏人民出版社，2007。
〔美〕约翰·罗默:《在自由中丧失——马克思主义经济哲学导论》，段忠桥、刘磊译，经济科学出版社，2003。
〔美〕乔恩·埃尔斯特:《理解马克思》，何怀远等译，中国人民大学出版社，2008。
〔美〕麦金太尔:《谁之正义？何种合理性？》，万俊人、吴海针、王今一译，当代中国出版社，1996。
〔美〕迈克尔·桑德尔:《公正：该如何做是好？》，朱慧玲译，中信出版社，2012。
〔加〕查尔斯·泰勒:《黑格尔》，张国清、朱进东译，译林出版社，2002。
〔美〕艾伦·布坎南:《马克思与正义》，林进平译，人民出版社，2013。
〔加〕凯·尼尔森:《马克思主义与道德观念》，李义天译，人民出版社，2014。
〔英〕史蒂文·卢克斯:《马克思主义与道德》，袁聚录译，高等教育出版社，2009。
〔美〕R.W. 米勒:《分析马克思——道德、权力和历史》，张伟译，高等教育出版社，2009。
〔印度〕阿马蒂亚·森:《正义的理念》，王磊、李航译，中国人民大学出版社，2012。
〔印度〕阿马蒂亚·森:《伦理学与经济学》，王宇、王文玉译，商务印书馆，2014。
〔英〕伦纳德·霍布豪斯:《社会正义要素》，孔兆政译，吉林人民出版社，2011。
〔英〕布莱恩·巴里:《正义诸理论》上、下，孙晓春、曹海军译，吉林人民出版社，2011。
〔英〕戴维·米勒:《社会正义原则》，应奇译，江苏人民出版社，2008。
〔加拿大〕威尔·金里卡:《当代政治哲学》上、下卷，刘莘译，上海三联书店，2004。
〔英〕杰弗里·托马斯:《政治哲学导论》，顾肃、刘雪梅译，中国人民大学出版社，2006。
〔英〕乔纳森·沃尔夫:《政治哲学导论》，王涛、赵荣华、陈任博译，吉林出版集团有限责任公司，2009。
〔英〕伯尔基:《马克思主义的起源》，伍庆、王文扬译，华东师范大学出版社，2007。
〔美〕麦卡锡:《马克思与古人》，王文扬译，华东师范大学出版社，2011。
〔美〕沃伦·布雷克曼:《废黜自我：马克思、青年黑格尔派及激进社会理论的起源》，李佃来译，北京师范大学出版社，2013。
〔美〕理查德·沃林:《文化批评的观念》，张国清译，商务印书馆，2000。
〔英〕尼格尔·多德:《社会理论与现代性》，陶传进译，社会科学文献出版社，2002。
〔美〕伊安·夏皮罗:《政治的道德基础》，姚建华、宋国友译，上海三联书店，2006。
〔德〕霍耐特:《自由的权利》，王旭译，社会科学文献出版社，2013。
〔德〕霍耐特:《不确定性之痛：黑格尔法哲学的再现实化》，王晓升译，华东师范大学出版社，2016。
〔美〕艾丽斯·M. 杨:《正义与差异政治》，李诚予、刘靖子译，中国政法大学出版社，2017。
〔美〕拉塞尔·柯克:《美国秩序的根基》，张大军译，江苏凤凰文艺出版社，2018。
李惠斌、李义天编:《马克思与正义理论》，中国人民大学出版社，2010。

二、英文部分

Alex Honneth, *Suffering from Indeterminacy: An Attempt at a Reactualization of Hegel's Philosophy of Right*, Van Gorcum Publishers, 2000.

Allen W. Wood, *Karl Marx*, 2nd ed., Taylor and Francis, 2004.

Andrew Levine, *A Future for Marxism?—Althusser, the Analytical Turn and the Revival of Socialist Theory*, Pluto Press, 2003.

Bernard Flynn, *Political Philosophy at the Closure of Metaphysics*, Humanities Press, 1992.

Bertell Ollman, *Dance of Dialectic: Steps in Marx's Method*, University of Illinois Press, 2003.

Craig Calhoun ed., *Habermas and the Public Sphere*, The MIT Press, 1992.

David Schmidtz, *Elements of Justice*, Cambridge University Press, 2006.

David Schmidtz, *Rational Choice and Moral Agency*, Princeton University Press, 1996.

Fredric Jameson, *Capital in Its Time and Space*, Verso, 2008.

Fredric Jameson, *Valences of the Dialectic*, Verso, 2009.

G. A. Cohen, *Rescuing Justice and Equality*, Harvard University Press, 2008.

G.A.Cohen, *History, Labour, and Freedom*, Oxford University Press, 1988.

G.A.Cohen, *On the Currency of Egalitarian Justice, and Other Essays in Political Philosophy*, edited by Michael Otsuka, Princeton University Press, 2011.

Gavin Kitching, *Karl Marx and the Philosophy of Praxis*, Routledge, 1988.

George G. Brenkert, *Marx's Ethics of Freedom*, Routledge & K. Paul, 1983.

J. Habermas, *The Philosophical Discourse of Modernity*, Polity Press, 1987.

John A. Hall ed., *Civil Society: Theory, History, Comparison*, Polity Press, 1995.

John Keane, *Global Civil Society?* Cambridge University Press, 2003.

John Roemer ed., *Analytical Marxism*, Cambridge University Press, 1986.

John Roemer, *A Future for Socialism*, Harvard University Press, 1994.

John Roemer, *A General Theory of Exploitation and Class*, Harvard University Press, 1982.

John Roemer, *Democracy, Education and Equality*, Cambridge University Press, 2006.

John Roemer, *Equality of Opportunity*, Harvard University Press, 1998.

Jon Elster, *Local Justice: How Institutions Allocate Scarce Goods and Necessary Burdens*, Russell Sage Foundation, 1992.

Jonathan Wolff, G.A.Cohen, *Lectures on the History of Moral and Political Philosophy*, Princeton University Press, 2014.

Kevin Anderson, *Lenin, Hegel, and Western Marxism*, University of Illinois Press, 1995.

R. N. Hunt, *The Political Ideas of Marx and Engels: Vol.I*, University of Pittsburgh Press, 1974.

Richard J. Bernsteined, *Habermas and Modernity*, The MIT Press, 1985.

Richard Kraut, A*ristotle: Political Philosophy*, Oxford University Press, 2002.

Richard W. Miller, *Analyzing Marx: Morality, Power, and History*, Princeton University Press, 1984.

Sean Sayers, *Marx and Alienation*, Palgrave Macmillan Press, 2011.

Stephen Bronner, *Of Critical Theory and Its Theorists*, Routledge, 2002.

Tom Mayer, *Analytical Marxism*, SAGE Publications, 1994.

Tony Smith, *Dialectical Social Theory and Its Critics:From Hegel to Analytical Marxism and Postmodernism*, State University of New York Press, 1993.

索　引

E

F

G

H

J

K

L

M

N

P

X

Y

Z

后　记

马克思主义政治哲学在中国学术界虽然尚属一个全新的领域，但屈指算来，这个领域的研究也已经历了十七八年的时间。在这个并不算短的时间跨度内，学术界从多个侧面、多个维度进行了积极探索，取得了一系列颇有深度和见地的创新性成果，使政治哲学几乎成为马克思主义哲学中“一枝独秀”的显学，也使马克思主义政治哲学在广义政治哲学的构图中牢牢占据了一席之地。就我而言，也在十多年前明确转向了马克思主义政治哲学，和一些志同道合的学界同人一起，“满腔热情”地、“执着”地就这个领域内的不少问题进行了思考和研讨，甚至在面对一些质疑和否定的声音时，也为这个领域的合法性与重要性做了必要辩护。不过，在推进这个领域的研究时，我不是漫无目标、忽此忽彼地确立自己的论题和发力点，而是始终聚焦于一个核心问题，这就是马克思主义政治哲学的理论体系和话语体系的建构问题。在我看来，一个学术领域是否进展到质性蜕变的阶段并真正趋向成熟，既不取决于研究队伍和研究成果在量上的增长情况，也不取决于这个领域受关注的情况，而在很大程度上取决于这个领域的研究者们是否确立起了构建理论体系的自觉意识。从政治哲学史来看，柏拉图、霍布斯、洛克、黑格尔、罗尔斯等人无不从各自的视点出发，基于各自的价值立场，建构了完备的、逻辑自洽的理论体系，这也是他们的政治哲学之所以能够彪炳思想史册的一个重要原因。就马克思主义政治哲学来说，围绕某个论题、某个概念、某个文本所进行的探讨固然也重要，但如果缺少一种理论建构的自觉意识，这个领域就难以走出散漫无定的状态，因而也难以真正趋向成熟。实际上，本书的写作旨趣与写作主线，就是基于对这一问题的思考和审视而确立起来的。

顾名思义，本书的核心工作之一，就在于立足于当代，体系化地建构马克思主义政治哲学理论。从字面上看，马克思政治哲学似乎只是本书“历史阐释”部分的对象，并不是“当代建构”这一工作的落脚点。但其实，“当代建构”本然地包含了两个部分：一是马克思政治哲学的建构，二是当代中国马克思主义政治哲学的建构。之所以如此，有两个原因。其一，我们十多年来开展马克思政治哲学研究的逻辑起点，并不是某个学理问题，也不是马克思的历史性文本，而是当代的现实和理论问题。也就是说，我们在很大意义上，是在 21 世纪以来政治哲学不断走向兴盛的背景下，带着在这一背景下被人们关注的政治哲学概念和问题，去“回溯”性地研究马克思政治哲学的。这样来看，马克思政治哲学的建构，就顺理成章地成为以当代为立足点来建构马克思主义政治哲学的题中应有之义。当然，更宽泛一点说，我们今天本着创新意识而对马克思哲学所做的很多研究，都意味着一种当代的理论建构。其二，马克思本人没有构建一种政治哲学的理论体系，也没有写过一本专门探讨政治哲学的著作，所以，“马克思政治哲学”并不具有现成在手的既定性和直接性，而只是有待挖掘、阐释、证成、建构的理论。在此意义上，要立足当代来建构马克思主义政治哲学，就不能不探索马克思政治哲学的建构问题，后者既是前者的一个不可缺少的组成部分，也是前者的坚实基础。当然，就本书书名来说，也不能把“历史阐释”和“当代建构”截然区分开来，这两者实际上是一个浑然不可分的整体。另外，我们都知道，与康德、黑格尔等人的哲学不同，马克思的哲学不具有明显的体系化特征，在某种意义上，它是一种以现实问题为指向的、非体系化的哲学，这正如恩格斯在 1890 年 8 月 5 日致康拉德·施米特的信中曾强调的，“我们的历史观首先是进行研究工作的指南，并不是按照黑格尔学派的方式构造体系的杠杆”。但这个情况并不意味着，我们体系化地建构马克思政治哲学就是非法的，相反，这一工作既是让马克思的哲学从其文本深处“绽”出来的关键一环，也是让马克思的哲学思想走向当代的重要一步。

不管是马克思政治哲学的阐释与建构，还是当代中国马克思主义政治哲学的阐释与建构，都是充满挑战的复杂学术工作。其挑战性和复杂性一方面来自马克思在特定语境下对规范性的话语和问题予以处理的方式，另一方面也来自人们在认知上所形成的一些固化了的偏见。就前者而言，马克思不仅没有像洛克或后来的罗尔斯那样，围绕财产权或正义等进行规范性的辩护，他甚至还对诸如平等的权利、公正的分配这样的话语提出了批评意见，这给研究者们“制造”了不小的困惑。就后者来说，人们通常认为，历史唯物主义是一种有关事实和客观规律的理论，而政治哲学则是不关乎事实的、纯粹的规范性理论，所以，要构建马克思主义政治哲学，就只能在历史唯物主义之外进行，而这又是极其困难的，因为历史唯物主义是马克思主义哲学的主干。另外，还有人认为，政治哲学是关于上层建筑层面上的“政治”的哲学，而马克思主义哲学强调的是经济基础决定上层建筑，所以，不仅马克思没有政治哲学，而且在“马克思主义政治哲学”的名下所进行的任何研究，都会偏离马克思主义哲学的理论本色。显而易见，要破解由这两方面的情况所带来的挑战性和复杂性，从而在阐释与建构马克思主义政治哲学上打开缺口，就需要找到切入点。化繁为简地说，本书是把市民社会批判、共产主义第一阶段的分配、当代中国社会变革等看似与政治哲学无关的问题，作为切入点的。以这些问题为切入点，本书不仅成功地跳出了一些看似“盖棺定论”实则存在误解的认知框架，而且也在为马克思有政治哲学这一点进行辩护的基础上，体系化地建构起了既可与西方规范性政治哲学相对话，又与后者大为不同且自成传统的“马克思政治哲学”。同时，本书还通过对一系列前提性学术问题的分析和阐发，为当代中国马克思主义政治哲学及当代中国本土政治哲学的建构提供了建设性的思路、方案和理论模型。本书的这些工作并不在于提供一种准确无误的标准答案，也不具有一劳永逸的封闭性。相反，本书所关联到的很多问题，都有待进一步研究；而本书的一些观点和说法也可能只是一孔之见、偏蔽之论，期待学界同人予以批评指正。

我在 2015 年出版的《马克思的政治哲学：理论与现实》一书的后记中，曾经提到我在马克思主义政治哲学研究上的“三部曲”计划——马克思主义政治哲学的原生结构研究、次生结构研究以及当代再生结构研究。本书既是第三部曲研究计划的兑现，也是第一部曲研究计划的推进和升华。本书原为我主持的国家社科基金重点项目“当代中国马克思主义政治哲学理论建构研究”的结项成果，该项目的结项等级为“优秀”。在本书入选《国家哲学社会科学成果文库》后，我又根据评审专家们提出的宝贵意见，认真地进行了修改和完善。

我要真诚感谢全国哲学社会科学工作办公室对我的研究工作的大力支持，也要感谢对我的成果予以肯定并提出建设性修改意见的评审专家们，同时还要感谢长期以来给予我莫大鼓励和支持的学界同人、单位同事以及家人们。中国人民大学出版社的杨宗元编审、崔毅编辑推动本书申报《国家哲学社会科学成果文库》，后期又落实本书的出版，一并向他们致以诚挚的谢意。

李佃来

2022 年 12 月于武汉